I0642389

Plato

Gorgias of Plato

With English Notes, Introduction, and Appendix by W.H. Thompson

Plato

Gorgias of Plato
With English Notes, Introduction, and Appendix by W.H. Thompson

ISBN/EAN: 9783337148799

Printed in Europe, USA, Canada, Australia, Japan

Cover: Foto ©Thomas Meinert / pixelio.de

More available books at **www.hansebooks.com**

BIBLIOTHECA CLASSICA.

EDITED BY

GEORGE LONG, M.A.

FORMERLY FELLOW OF TRINITY COLLEGE, CAMBRIDGE.

THE GORGIAS OF PLATO.

WITH

English Notes, Introduction, and Appendix,

By W. H. THOMPSON, D.D.

LONDON:
WHITTAKER & CO., AVE MARIA LANE;
GEORGE BELL, YORK STREET, COVENT GARDEN.
1871.

THE

GORGIAS OF PLATO.

WITH

English Notes, Introduction, and Appendix,

BY

W. H. THOMPSON, D.D.

MASTER OF TRINITY COLLEGE, CAMBRIDGE, AND
LATE REGIUS PROFESSOR OF GREEK.

Δεῖ ἄρα, εἴ τις μέλλει ἐν τοῖς πολιτικοῖς πρακτικὸς εἶναι, τὸ ἦθος εἶναι σπουδαῖον.—
AUCTOR MAGN. MORAL.

LONDON:
WHITTAKER & CO., AVE MARIA LANE;
GEORGE BELL, YORK STREET, COVENT GARDEN.
1871.

CONTENTS.

PREFACE.

Of the more important changes adopted in the text of this edition, or suggested in the notes, the following is a list :—

1. In p. 5 (448, B) τί for τινά.

2. In p. 19 (454, D) for γὰρ αὖ I give ἄρα with Olympiodorus, and with Dr. Badham ἐστόν for ἐστίν.

3. In p. 22 (456, B) ἐλθόντε, at Dobree's suggestion, for ἐλθόντα.

4. p. 28 (469, D) for οὐκοῦν ἀνάγκη τὸν ῥητορικὸν δίκαιον εἶναι, τὸν δὲ δίκαιον βούλεσθαι ἀεὶ δίκαια πράττειν, I add ἀει after βούλεσθαι, and with Woolsey and Hirschig omit the words ῥητορικόν to τὸν δέ inclusive.

5. p. 66 (478, E) I ought to have received into the text the emendation of Dobree recommended in the notes, ὁ ἔχων κακίαν for ὁ ἔχων ἀδικίαν.

6. p. 70 (481) for the solecistic ἀναλίσκηται in transitive sense, which, strange to say, has stood in all editions hitherto, I give ἀναλίσκῃ.

7. p. 84 (486, E) for τρία ἄρα, I venture to suggest the stereotyped Attic τρί' ἄττα.

8. In pp. 91, 92 (490, C, and 491, A) the prep. περί, bracketed by Hirschig, should be expelled from the text.

9. p. 96 (492, E) Dr. Badham's excellent emendation ὦν for ὡς is adopted, and justified in the note.

10. p. 99 (493, C) I ought to have mentioned the same

critic's ingenious conjecture ταῦτ' ἀπεικασμέν' ἐστὶν ὑπό τι ἄτοπα for the received ἐπιεικῶς μέν ἐστιν ὑπό τι ἄτοπα.

11. p. 106 (496, D) I omit with Badham καὶ ἐγώ before μανθάνω.

12. p. 118 (501, C) the words τὴν αὐτὴν δόξαν should cease to stand in the text.

13. p. 142 (512) for καὶ τοῦτον ὀνήσειεν, I now prefer ὀνήσει.

Of these changes some, it will be seen, rest on the authority of Olympiodorus, whose lemmata are perfectly distinguishable from his commentary. In no case have his readings been adopted without regard to their intrinsic merit, as compared with those of our surviving MSS., the oldest of which is more recent than that which he used by at least four centuries. The two emendations suggested by Dobree ("criticorum princeps," as Cobet calls him) seem to need no recommendation. Students of Plato can only regret that he did not bestow on their favourite author more of the time and pains spent on the minor orators. To the suggestions of the eminent Dutch scholar Cobet, and to those of his meritorious disciple M. Hirschig, I have always given careful attention, even when they have not commended themselves to my judgment. The latter scholar published in 1859 [1] an elaborate examination of the arguments contained in this dialogue and in the Philebus, with a view to removing the "non sequiturs" introduced by unintelligent or officious copyists. This book reached my hands before I had finished my commentary. The following extract gives a fair idea of its scope and method :—

" Non poenitet me investigationis et correctionis disputationum quas dixi, imprimis quod pro ineptiis genuinam disserendi subtilitatem auctori reddere mihi contigit, sed etiam quod, cum omnes de hujus generis emendationibus judicare possint, eas omnibus me probaturum spero, tam philosophis et caeteris quam grammaticis. Atque illos his lectis cautiores fore in laudandis Platonis

---

[1] Exploratio argumentationum Socraticarum in quibus scribae labefactarunt medios Platonis dialogos, Gorgiam et Philebum. Trajecti ad Rhenum ap. Kemink et fil.

scriptis confido, simulque in his luculentissima exempla visuros, unde liquido discant, quid possit critica et quam late pateat ejus provincia. Verum erunt fortasse qui hujusmodi emendationes minus certas esse suspicentur. Sed certo scio omnes mihi assensuros nullas esse posse certiores. Habet enim Socratica disserendi ratio mathematicam fere subtilitatem, et tantam ἀνάγκην logicam sive dialecticam (sit venia verbis) ut corrigenti ipsa quaeque disputatio certissima praebeat argumenta, et poetam emendans ne ex metro quidem evidentiora petere possit. Fieri enim potest ut metrum plures voces admittat, argumentationes autem illae partibus tam firmo et rationis et orationis vinculo connexis constant, *ut una tantum vox quemque locum occupare possit, alia, vel idem significans, omnem ἀνάγκην tollat.*"

Of German editions more recent than Stallbaum's latest, I know nothing but what may be learnt from Cron's "Beiträge zur Erklarung des Platonischen Gorgias [1]," which reached me a few weeks ago, and which I have cursorily inspected, long however after this book was in print. Of the older editions of the Gorgias I must not omit to speak with respect of that (published in his early manhood) of the late venerable President of Magdalen College, Oxford, Dr. Routh. Ast and Heindorf have of course been consulted, and I can also speak with praise of a very useful edition by Mr. Woolsey, formerly Professor of Greek in Yale College, U.S.A.

In the annotations, which in the main were written some ten years ago, I have endeavoured, as in those to the Phaedrus, to call the student's attention to the substance as well as to the words of the dialogue. In doing this I have in many cases ventured to criticize my author's premisses. This, I trust, has been done with candour, and with due allowance for the circumstances of the time and his own personal antecedents. It is certainly true that many of the arguments in this Dialogue are more logical than convincing; but it is also true that its purely ethical conclusions are as sound as they are noble and elevating. Of this, as of so many works of genius (if I may be

[1] Leipzig, Teubner, 1870.

allowed the quotation) it is the 'spirit' that 'giveth life:' nor is there one of the whole series of dialogues that may be more safely recommended to beginners in the study of Plato and his philosophy.

The Introduction prefixed to the Dialogue aims only at conveying a clear and connected notion, from the Editor's standing-point, of its general drift and purpose. A much more elaborate analysis was of course possible; but in such compositions there is always a danger of the details obstructing the student's view, and making it difficult for him "to see the wood for the trees."

In the text the critical reader will detect a few orthographical inconsistencies, arising from the circumstance that the sheets of the Zurich text from which these are printed were insufficiently corrected. These errors chiefly consist in the retention of the iota subscriptum where it ought to have been omitted; and in one case at least, in its omission where it ought to have been retained. A graver lapse will be found in p. viii of the Introduction, where 'Callicles' appears as 'Callias.'

The fragments of Gorgias, printed in the Appendix, seemed necessary in order to enable the student to form an independent judgment of the character of his writings, and of the fairness of the treatment which the great rhetorician receives in this dialogue. The collection will be found slightly more complete than those of previous editors.

TRINITY COLLEGE, CAMBRIDGE,
December, 1870.

ERRATA.

Preface, page xii, lines 17, 18, dele the concluding sentence of the
    paragraph.
Page 183, line 10, *for* Three *read* Four
  — 183, — 27, *for* two *read* three, *and for* third *read* fourth

INTRODUCTION.

Of the genuine Platonic Dialogues, the majority are named after some one of the different persons who bear a part in the discussion. Sometimes this distinction is conferred on the interlocutor who contributes the greatest or next to Socrates the greatest share towards the elucidation of the subject debated, as Timaeus, Critias, Parmenides; sometimes again on the most resolute or most formidable of Socrates' opponents, as in the Protagoras, Philebus, Hippias, Euthydemus. A third set of dialogues are named after persons whose part in the discussion is subordinate, but who appear to have been singled out in testimony of the respect and affection of the author. Such is the Phaedo, such the Charmides, and probably the Lysis. It cannot be said that the Gorgias falls into any one of these three classes. The part which the great rhetorician bears in the dialogue is comparatively insignificant. As the most distinguished of the assembled group he is naturally the first object of Socrates' curiosity, and for a while, notwithstanding the intimation given at the commencement that he is exhausted by a previous display, he seems the destined victim of the philosopher's dialectical prowess. But the encounter between Socrates and Gorgias is but a preliminary skirmish. The triumph or the defeat of the master is prevented by the officious zeal of his disciple Polus; whose retreat again is covered by the impetuous advance of their eloquent and reckless host. Not only is the larger half of the dialogue devoted to the single combat between Socrates and Callicles, but whether we regard the comparative importance of the subjects discussed, or the earnest tone assumed and maintained to the end, we are led to conclude that in this latter portion we are to look for the main scope and intended result of the entire discussion.

Such is in effect the view adopted by the Neo-Platonist Olympiodorus [1], in the introduction to his Scholia on the Gorgias, whose theory of the σκοπός, as he calls it, of the dialogue, though perhaps incomplete, is well worthy of attention. Some, says this philosopher, think that the purpose of the author is περὶ ῥητορικῆς διαλεχθῆναι,—to discuss the Art of Rhetoric,—and they accordingly prefix to the dialogue the words still found in the MSS., Γοργίας ἢ περὶ ῥητορικῆς. But, he justly observes, this were to characterize the whole by a part, and that not the larger part, καὶ γὰρ οὐδὲ πολλοὶ εἰσὶν οἱ τοιοῦτοι λόγοι. Others, he adds, conceive that Justice and Injustice form the subject of the dialogue : an account truer perhaps than the former, but still, he thinks, inadequate and partial. Much less can he admit the absurd notion of a third class of expositors, who pretend that the contemplation of the δημιουργός or Creator of the world, is the object to which Plato would conduct his readers. This notable explanation (a fair specimen, by the way, of the mystical interpretations of Proclus and some other later Platonists) is founded, says Olympiodorus, on the consideration that the δημιουργός (it may be presumed under his exoteric name Zeus) is introduced in the concluding mythus. His own account, it appears to me, is worthy of the reputation of Olympiodorus for comparative [2] good sense and insight into his master's meaning. Φαμὲν τοίνυν, he observes, ὅτι σκοπὸς αὐτῷ περὶ τῶν ἀρχῶν τῶν ἠθικῶν διαλεχθῆναι τῶν φερουσῶν ἡμᾶς ἐπὶ τὴν πολιτικὴν εὐδαιμονίαν [3]. The aim of the Gorgias is to discuss the ethical principles which conduct to political well-being. It explains, at least to a considerable extent, the later as well as the earlier discussions ; whereas, if we assume that the main end of the dialogue is to bring the art of rhetoric and its professors into discredit, we can assign no sufficient motive for the importance assigned to a character like Callicles, who heartily despises the profession of a Sophist, and hates the schools and their pedantry ; and who, though he makes an exception in favour of a

[1] Given by Routh, p. 561 of his ed. The entire Commentary is printed in the Supplement to Jahn's Jahrbücher, Bd. xiv., from a hitherto unedited MS., a copy of what profess to be contemporary notes of the oral lectures of the master.

[2] I say "comparative"—for Olymp. is a Neo-Platonist, and repeats much of the nonsense of his predecessors. But the Greeks, even in their decline, were excellent interpreters. The commentaries of Simplicius on Aristotle are, with the single exception of those of Alexander, the best ever written ; and he was a member of the Neo-Platonic brotherhood, on whom Justinian planted his armed heel. Proclus was by nature a 'weak vessel ;' but even in him treasure may occasionally be found.

[3] P. 4, ed. Jahn. πολιτικός is often used by the later Platonists where other writers would have preferred ἠθικός. In such passages it is used in a semi-mystical sense, to denote the relation of the Philosopher to his true country, the πόλις ἐν οὐρανῷ ἀνακειμένη of which Plato sublimely speaks in the ninth book of the Republic (592 ʙ).

polished and brilliant man of the world like Gorgias [4], would probably regard the frigid pedantries of his disciple Polus with a contempt as hearty as the author of the Phaedrus could himself have desired. Had Plato seriously harboured the intention of destroying the reputation of Gorgias, whether as a thinker or a speaker, it would have cost him little trouble to put words into his mouth which would have seemed to his readers sufficient for either purpose [5]. Had he wished, for instance, to impair his dialectical reputation, what expedient more obvious than to lead the veteran speculator into a discussion on the μὴ ὄν or "non-existent," the title of a metaphysical work of Gorgias, of which Aristotle or his epitomator has given us a careful analysis; fragments of which work, a good deal caricatured it is true, are paraded with much complacency by Gorgias's pupil Euthydemus in the dialogue which bears the name of this latter Sophist. Or if his rhetorical success had roused that spirit of envious emulation with which, according to Athenaeus and others, Plato was so strongly imbued, what was easier than to have put into his mouth an ἐπίδειξις or 'panegyrical oration,' full of pointless antitheses and glittering with meretricious ornament, like that famous Funeral Oration which is condemned by the very Scholiast [6] who quotes it, as "enunciating superficial thoughts in pompous and stilted phrase [7]"? That Plato was not afraid to let his Sophists tell their own tale in their choicest manner, is clear from the instances of the ἐπίδειξις delivered by Protagoras in the dialogue so named (p. 320), and of the epistle, assuredly a genuine work of Lysias, which is read aloud in the Phaedrus. The discourse of Protagoras meets with the unqualified approbation of an eminent modern historian, and is quite as moral in its tendency, and at least as elegant in style as any of the polished platitudes of "the estimable Isocrates." We hear, however, nothing of this kind from Gorgias, and as if to guard

---

[4] See Diod. § xii. 53, τῷ ξενίζοντι τῆς λέξεως ἐξέπληξε τοὺς Ἀθηναίους ὄντας εὐφυεῖς καὶ φιλολόγους. Diodorus here refers to the first visit of Gorgias to Athens, B.C. 427, as one of the Leontine embassy, which is mentioned also by Thucydides, though he seems to have considered it beneath the dignity of history to mention the names of the persons who composed it. Olymp., who repeats the account of Diodorus, adds, on what authority we know not, εἶχε δὲ μετ' αὐτοῦ Πῶλον. But the present interview is supposed to take place more than twenty years later.

[5] An ethical dogma of Gorgias, which is mentioned not without respect by Aristotle, is critically handled in the Menon (71 E seq.), but in this dialogue no similar opinion is attributed to him, the moral heresies refuted being those of Polus and of Callicles.

[6] On Hermogenes. See Spengel, Artt. Scriptt. pp. 78, 79, 80.

[7] σεμνὰς γὰρ ἐνταῦθα συμφορήσας λέξεις ὁ Γοργίας ἐννοίας ἐπιπολαιοτέρας ὑπεξαγγέλλει, ταῖς τε παρίσοις καὶ ὁμοιοτελεύτοις καὶ ὁμοιοκατάρκτοις καλλωπίζων δι' ὅλου προσκόρως τὸν λόγον. "Sickening his readers with the lavish and continued use of ornamental figures of speech, with clauses of exactly the same length, and sentences which rhyme at the end or at the beginning." This speech, or what remains of it, will be found in the Appendix.

against possible disappointment, we are warned at the outset of the dialogue, that the orator has already perorated, and that we are to expect no second display from the exhausted physical powers of the now elderly statesman[8]. And in truth, if we examine carefully that part of the dialogue in which Gorgias takes a part, and the few incidental remarks put into his mouth in the course of the conversation with Polus and Callicles, we cannot but feel the justice of Mr. Grote's observation that the treatment he receives in this dialogue is respectful rather than contumelious. It is true he is forced into certain admissions not favourable to the art he professes; true also that he shows himself no adept in the art of definition. This art, on which Greek philosophers lay so much stress, is mentioned as one of the two philosophical inventions of which Socrates was the undisputed author. It is not likely that Sophocles would have defined Poetry better than Gorgias defines Rhetoric[9]: and we know from Xenophon how poor a figure Pericles made when his irreverent ward Alcibiades, fresh from a διατριβή with Socrates[1], importuned him for a Socratic definition of Law. On the whole, if by any perverse fortune this dialogue had been lost, and the works of Gorgias had come down to us entire, there is reason to doubt whether his reputation would have stood so high as it does at present. However this may be, enough has been said to show that the Gorgias is not a direct attack upon the great Rhetor or his opinions: and it is still more evident that it is not, like the Phaedrus, a critical treatise on the Art of Rhetoric. Here, as in that dialogue, Plato recognizes, it must be granted, the distinction between a false rhetoric and a true: but his exposure of the former, instead of being reasoned out on sound æsthetic and psychological principles, as in the Phaedrus, is conducted in a spirit of mockery and caricature, skilfully covered by a show of dialectical precision. He treats Rhetoric in the Gorgias much as he treats 'Sophistic' in the Sophist: and stoops, intentionally or not, to the artifice of putting the abuse of a thing for its use. But whatever its philosophical value, this part of the conversation has not only a high dramatic propriety, but leads, as we

---

[8] ἤδη γηράσκοντος, according to Philostratus, p. 493, in B.C. 427, when he first came to Athens as ambassador from Leontini; and therefore a very old man at the period when the conversation is supposed to be held, viz. at or about B.C. 405; if we adopt the strict view of the Platonic chronology advocated by Mr. Cope in a note on p. 45 of his Translation.

[9] Compare Phaedr. 269 B, οὗ χρὴ χαλεπαίνειν εἴ τινες μὴ ἐπιστάμενοι διαλέγεσθαι ἀδύνατοι ἐγένοντο ὁρίσασθαι τί ποτ᾽ ἔστι ῥητορική, κ.τ.λ. This reads like a good-humoured apology for past severities; or like a caution to the reader not to exaggerate the intellectual deficiencies of the Sophists and Rhetoricians who succumb to the dialectical skill of Socrates, as he worries them with inquiries into the τί ἔστι of the matters on which they discourse or the arts and sciences they profess.

[1] Memorab. i. 2, 40.

shall see, by an easy and natural sequence to the later and more important discussions.

In the second Act[2], so to speak, of the Gorgias, the part of respondent is undertaken by Polus. Of this Rhetor we have but few and scanty notices. What little we know leads us to think that he was no unfit subject for the exercise of Plato's comic powers: and if the remark attributed to Gorgias by Athenaeus, ὡς καλῶς οἶδε Πλάτων ἰαμβίζειν (what a master in the art of lampooning is Plato!), was ever made, it is certainly more characteristic of this second portion of the dialogue than of the first. Gorgias himself could not have desired a better foil to set off his talents and character, than that which is afforded by the presence of his faithful famulus. The juvenile ardour of Polus[3] appears to have attracted the notice of others beside Socrates; for Aristotle[4], in enumerating various punning accusations brought against persons who had the misfortune to bear names susceptible of this species of wit, condescends to mention one of which Polus was the subject. His "coltish" humour betrays him into many misadventures in the course of the discussion. At the outset his indiscreet zeal provokes a most disparaging description of the art in which he gloried. Rhetoric, he is informed, is no art, but the counterfeit of an art. It seeks not Good but Pleasure: flattering the mental as the confectioner flatters the bodily palate. It recks no more of the health of the soul to which it serves up its highly flavoured compositions, than the cook is troubled by the vision of the dyspepsy or podagra which lurk beneath his covers. Both alike have attained their object, so long as the taste of the consumer is gratified.

The sarcasm implied in this comparison was calculated to touch Polus in a tender part. He had himself composed a work on Rhetoric, and Socrates[5] had just read it. To that work he had prefixed the very word Τέχνη by way of title. This term, as every reader of the Phaedrus knows, was appropriated by the Rhetoricians to Rhetoric as the art κατ' ἐξοχήν, or καλλίστη τῶν τεχνῶν, as Polus and Gorgias agree in calling it. So generally was this sense recognized, that ἡ Πώλου—ἡ Κόρακος—ἡ Τισίου τέχνη, without the addition of λόγων, would have conveyed to a Greek the idea of a treatise on Rhetoric, by Polus, Corax, or Tisias, as the case

---

[2] P. 461 seq.

[3] Gorg. 463, Πῶλος ὅδε νέος ἐστὶ καὶ ὀξύς, "This colt Polus is young and hot."

[4] Rhetoric, b. ii. c. 23, § 29, ἀεὶ σὺ Πῶλος εἶ, "Colt by name and colt by nature."

[5] P. 462, ἐν τῷ συγγράμματι ὃ ἐγὼ ἔναγχος ἀνέγνων, where the Schol. observes, ἐκ τούτου δῆλον, ὅτι οὐχ ὁ ἐξ ἀρχῆς Πώλου λόγος αὐτοσχέδιος ἦν ἀλλὰ σύγγραμμα.

might be. And as τέχνη meant Rhetoric, so τεχνογράφος meant a rhetorical teacher. Of this τέχνη of Polus, there can be little doubt, as indeed the Scholiast [6] relates, that Plato has preserved a characteristic fragment (perhaps the initial sentence) in the opening scene of this Dialogue [7].

This same treatise is the subject of a bantering notice in the Phaedrus, p. 267, where Polus is ridiculed for parading certain novel terms of art, diplasiology, gnomology, ciconology, and certain others not specified, which he borrowed from a brother rhetorician Licymnius "to help in the construction of an elegant style" (ὀνομάτων Λικυμνίων ἃ ἐκείνῳ ἐδωρήσατο πρὸς ποίησιν εὐεπείας). Polus [8] was by no means the earliest of the τεχνογράφοι—he had been preceded by Corax and Tisias and probably by others. As Polus and his book have both perished, and as no plea in their favour has been entered by any ancient or modern apologist of departed charlatanism, no great injustice will probably be done to his memory if we accept as sufficiently faithful the certainly life-like portrait with which Plato has presented us, and, assuming that he was a Euphuist and a coxcomb, resign ourselves without misgiving to the amusement which his maladroit proceedings are intended to afford. We have indeed the less compunction on this head, as Polus himself is thoroughly unaware of Socrates' satire. Even when informed (p. 463) that Rhetoric is "the counterfeit of a branch of the art Politic," he

---

[6] φασὶ μὴ ἐξ αὐτοσχεδίου τὸν Πῶλον ταῦτα εἰπεῖν, προσυγγραψάμενον δέ.

[7] P. 449, πολλαὶ τέχναι ἐν ἀνθρώποις εἰσὶν ἐκ τῶν ἐμπειριῶν ἐμπείρως εὑρημέναι· ἐμπειρία μὲν γὰρ ποιεῖ τὸν αἰῶνα ἡμῶν πορεύεσθαι κατὰ τέχνην, ἀπειρία δὲ κατὰ τύχην· ἑκάστων δὲ τούτων μεταλαμβάνουσιν ἄλλοι ἄλλως ἄλλων, τῶν δὲ ἀρίστων οἱ ἄριστοι.

[8] If, as seems not improbable, Polus handled rhetoric rather in an æsthetical than in a practical manner, the comparison of his τέχνη with that of the fancy-cook will appear more pointed and appropriate. Plato, though he had deeply studied, systematically depreciates the fine arts: poetry, painting, and music (p. 502), as well as rhetoric, he reckons among the arts that minister to Pleasure rather than to Good. This is undoubtedly one of the shallow places in his philosophy. We may trace in his way of treating such subjects, a vestige of that Socratic utilitarianism, which, in the hands of the Cynic school, degenerated into a worship of the physically and morally hideous. Plato is, however, inconsistent with himself in this disparagement of the fine in comparison with the useful arts. In the Philebus he distinguishes between pure and impure pleasure, and censures those who, like the coarse and really sensual Antisthenes, affect to condemn all pleasure as evil. [Compare Phileb. p. 44 c, where the speaker condemns the δυσχεράσματα of those who detest pleasure in all its forms, καὶ νενομικότων οὐδὲν ὑγιές, a passage generally allowed to refer to Antisthenes.] It is indeed not a little remarkable that Plato's own writings furnish the means of completely refuting those low views of the nature and object of the fine arts which alone could justify his disparaging treatment of them in this dialogue and in the Republic. At the same time it is impossible to deny the force of this portion of the Gorgias, considered as an argumentum ad hominem in relation to Polus and his much-boasted τέχνη: for there is no reason to suppose that Polus was prepared with any æsthetical theory sounder or purer than that exemplified in the εὐέπεια, of which he offers us a specimen in the passage (p. 449) quoted above.

asks with amusing naïveté, "Very well then, is it a fine thing or the contrary?" as if Socrates had uttered a truism which he had heard a hundred times. Not so Gorgias, who is at once struck with the singularity of the remark which Polus, true to his name, "doth gambol from," and putting his disciple aside with little ceremony, calls upon Socrates for a fuller explanation of his meaning[*]. A very delicate touch this, showing what was Plato's estimate of the relative powers of master and scholar.

The discussion, however, does not linger long over Rhetoric, but passes, by natural transition, into that Ethical speculation, which, as has been said, occupies the greater part of the Dialogue; the third and last Act into which the colloquial Drama resolves itself. The incautious rhetorician is speedily betrayed into a confession of his ethical faith, by the paradoxical statement of his opponent, that the public rhetors are not, as Polus thinks, the strongest, but the weakest members of the community, albeit they have the power which P. claims for them of "doing what seems them good," p. 468. "As if you yourself, Socrates," he exclaims, "would not rather have this power than be without it—as if you did not wish yourself in the rhetor's place, when you see him take the life or spoil the goods or imprison the person of any body he happens to dislike[1]." This, it may be conceded, is no theory characteristic of the Sophist. It is rather the voice of unsophisticated human nature, expressed with more than usual candour by the ingenuous Sicilian—being in effect none other than "That good old rule, that ancient plan, That those should take who have the power, And those should keep who can," of which our own philosophic poet sings. Socrates, however, promptly joins issue on this point, and proceeds to assert with equal boldness the two paradoxes "that no man wishes to do evil," and "that it is better to suffer than to inflict a wrong," inferring from both combined that the Rhetor is not only the weakest but the most miserable of his species.

The latter of these two propositions (κρεῖττον ἀδικεῖσθαι ἢ ἀδικεῖν) has excited the admiration of all ages, and its close approximation to the great principle of Christian Ethics is too obvious to need remark. Socrates, moreover, was soon to give his life in testimony of his sincere belief in its truth, and, paradox as it seems to his hearers, they fail to detect a flaw in the reasoning on which it is built. So much can hardly be said in favour of the paradox οὐδεὶς βούλεται

---

[*] ἀλλὰ τοῦτον μὲν ἔα, ἐμοὶ δ' εἰπὲ τῶς λέγεις.

[1] ὡς δὴ σύ, ὦ Σώκρατες, οὐκ ἂν δέξαιο ἐξεῖναί σοι ὅ τι δοκεῖ σοι ἐν τῇ πόλει μᾶλλον ἢ μή, οὐδὲ ζηλοῖς ὅταν ἴδῃς τινὰ ἢ ἀποκτείναντα ὃν ἔδοξεν αὐτῷ, ἢ ἀφελόμενον χρήματα, ἢ δήσαντα.

κακῶς ποιεῖν, or as it is sometimes worded, οὐδεὶς ἑκὼν κακός. The distinction between βούλομαι and δοκεῖ μοι, between Will and Judgment, is sufficiently obvious; but Socrates' reasoning is of that *à priori* type which alternately vexes and amuses us in the early dialogues; and his conclusion that every sin is but an error of opinion is one against which the common sense of mankind rebels. The paradox is, however, too closely connected with the leading principles of the Socratical ethics, that Virtue and Knowledge are one, to allow us to doubt that it was seriously maintained by Socrates, even if we had not the independent testimonies of Xenophon and of Aristotle to appeal to [2].

Not indeed that Plato affirms this dogma, that Virtue is Knowledge, in the Gorgias. It was one of those Socratic prejudices from which he gradually emancipated himself, as his Ethical views matured; and in the present dialogue he proposes a theory of Virtue substantially the same with that which is more fully developed in the Republic. The passage in the Gorgias which contains this newer theory occurs at a later stage of the dialogue, in that long and animated discussion with Callicles in which the "exagitator omnium rhetorum" proves himself a consummate master of the art which he has been disparaging. The Virtue or Excellence, he argues, of any thing which contains a multiplicity of parts, whether such parts be vitally or only mechanically connected,—whether the thing spoken of be characterized as a σκεῦος or a ζῷον—consists in the Law, order, or arrangement proper to the organism in question [3]. In living material organizations this order or harmony of parts is called Health; in the case of the human Soul it is called Temperance, Justice or Righteousness, Goodness or Virtue; and the regulating cause bears the name of Law or Right [4]. This description, if we compare it with those given in the purely Socratic dialogues, the Laches, for instance, the Charmides, or the Protagoras, will be seen to mark an epoch in Plato's mental growth, or, what is the same thing, in the History of Moral Science. Order or Harmony is the germinal idea of the Republic, as it gives unity and coherence to the parts, otherwise ill-connected, of the present dialogue. We shall illustrate this new standing-point by a fuller comparison of the two works and with parts of other dialogues, early and late.

First, then, every reader of the Republic knows that the Platonic

---

[2] Aristotle, Ethics, b. iii. 6 [4].   Xen. Mem. iii. 9. 4.

[3] P. 503 E—507 c.

[4] 504 D, ταῖς δὲ τῆς ψυχῆς τάξεσί τε καὶ κοσμήσεσι νόμιμόν τε καὶ νόμος, ὅθεν καὶ νόμιμοι γίγνονται καὶ κόσμοι· ταῦτα δ' ἐστι δικαιοσύνη τε καὶ σωφροσύνη: compared with 506 E, κόσμος τις ἄρα ἐγγενόμενος ἐν ἑκάστῳ ὁ ἑκάστου οἰκεῖος ἀγαθὸν παρέχει ἕκαστον τῶν ὄντων, κ.τ.λ.

δικαιοσύνη represents not any single feeling or faculty of the soul,
but the just proportion of the whole, as shown in the correlation
of its constituent parts. The same conception is expressed, as we
have seen, though less completely, in the Gorgias[5]. The readers of
the Republic also know how nearly the descriptions there given of
these two virtues δικαιοσύνη and σωφροσύνη coincide, and we should
be at a loss to account for Plato's using the former rather than the
latter word to designate the virtue which is to include all other
virtues, did we not know that his choice was determined by his
peculiar theory of the exact parallelism between the constituent ele-
ments of the State and of the individual Man, and by the consequent
necessity of denoting the corresponding virtues of each and every
part of each by one and the same word. Whatever objections may
be raised against the propriety of this terminology, the fact is so,
that in the Republic the description given of the particular virtue of
Justice is in effect a description of Virtue in general. Ἀρετή in that
dialogue is δικαιοσύνη, and δικαιοσύνη is ἀρετή. In the Gorgias too,
p. 506, we find the same thing predicated of ἀρετή which was pre-
dicated in p. 504 of σωφροσύνη, that it consists in κόσμος or τάξις, an
order or constitution or right state of the soul. As in the former pas-
sage δικαιοσύνη, so here σωφροσύνη is made synonymous with ἀρετή[6].

This, we repeat, is a proof that when Plato wrote the Gorgias
his ethical theory had grown into something different from that of
Socrates, who taught that ἀρετή and ἐπιστήμη, virtue and science,
are one: all special virtues being resolved into true theories of
certain external relations; courage, for instance, being but the exact
knowledge of what was really to be dreaded, temperance the know-
ledge of what was truly pleasurable, and so on. And to this
Socratic theory Plato adheres in his earlier dialogues; whereas in
those of his maturity ἐπιστήμη is dethroned from the exclusive
supremacy which Socrates assigned to her. At the conclusion
of that abstruse and closely reasoned dialogue, the Philebus
(pp. 65, 66), a passage occurs, containing in brief language
a summary of the whole intricate argument, and assigning their
relative precedence to three principles, μέτρον, ἐπιστήμη, and ἡδονή,
which had severally claimed to be considered the ἀγαθόν or
highest Good. The Philebus is indeed an ethico-metaphysical
rather than, like the Gorgias, an ethico-political dialogue, and

---

[5] This definition of Justice was preserved among the traditions of the Old
Academy. Thus, in the so-called Ὅροι Σπευσίππου, we read, Δικαιοσύνη· ὁμόνοια
τῆς ψυχῆς πρὸς αὑτήν, καὶ εὐταξία τῶν τῆς ψυχῆς μερῶν πρὸς ἄλληλα.

[6] ἡ ἄρα σώφρων ψυχὴ ἀγαθή. A passage by the way illustrative of Aristotle's
drift, when he censures τοὺς λίαν ἑνώσαντας τὴν ἀρετήν, 'those who unified virtue
overmuch.'

therefore the more abstract term μέτρον is preferred to κόσμος or τάξις. The same associations, however, are suggested by all three terms: for if Measure or Law is the supreme principle of the Universe, co-ordinate with the Creative Reason, it must also be the ruling principle in the microcosm called man; cognate but superior to the human intellect [7], whose noblest employment is to trace out the Law or Idea in all its varied manifestations. This theory of virtue as an Order, Constitution, or, as it is called in a parallel passage of the Republic (b. iv. 443 D), a Harmony, was probably suggested to Plato by Pythagorean teaching [8]; but as Plato handles it, the theory is neither extravagant nor unfruitful, for both here and in the Republic he carefully avoids confusing the sign with the thing signified, an error into which the Pythagoreans, like other "dreamers in the dawn of science," seem to have been betrayed.

Enough has been said to show the substantial identity of the notions of Justice or Virtue which are briefly sketched in the Gorgias, and thoroughly worked out in the Republic. We shall now see that there is a corresponding congruity between the political ideas, and still more in the tone of political feeling and sentiment which pervades the larger and the smaller dialogue.

Plato's contempt and dislike of the Athenian democracy are notorious. In the Republic [9] he represents Democracy as but one degree better than absolute government or tyranny, and in a picture, evidently a grotesque likeness of Athens and Athenian society, he gives a description, half humorous, half contemptuous, of the results of unbridled liberty. This is followed by an equally vivid portrait of one whom he calls the δημοκρατικὸς ἀνήρ, the man whose principles and disposition are framed upon the democratic model. Now of this 'democratic man,' allowing for the personal traits necessary for dramatic effect, the Callicles of the Gorgias [1] may be considered a fair specimen. He is a free and enlightened citizen of the freest state in the world; one to whom his lusts are law, keen of wit and ready of speech, without prejudice and without principle, to whom virtue and its semblance are alike contemptible: he is one who

---

[7] I say the "human intellect" advisedly: for Plato in more than one passage seems to identify the Supreme Good with the divine intelligence. This side of a difficult Platonic question is well argued by Bonitz in a short treatise 'De Idea Boni,' Dresden, 1837.

[8] The passage in the Gorgias bearing on this subject is, however, hardly sufficient to support Schleiermacher's inference that the dialogue cannot have been written until after its author's return from his sojourn in Magna Graecia, i. e. 388 B.C.

[9] B. viii. p. 557 seq.

[1] Compare p. 513 A, καὶ νῦν δὲ ἄρα δεῖ σε ὡς ὁμοιότατον γίγνεσθαι τῷ δήμῳ τῶν Ἀθηναίων, εἰ μέλλεις τούτῳ προσφιλὴς εἶναι καὶ μέγα δύνασθαι ἐν τῇ πόλει.

"calls shame silliness, and temperance cowardice, and moderation and frugal living the attributes of hinds and mechanics [2];" one who yields himself in turn to the instincts of his intellectual and his physical nature; whose life is spent in gratifying the desire that for the time is uppermost; giving one day to wine and music, another to idle pastime, a third it may be to literature and philosophy [3]. Frequently too he engages in politics, and rises on his feet in the assembly, speaking and acting with equal reckless-ness: καὶ οὔτε τις τάξις οὔτε ἀνάγκη ἔπεστιν αὐτοῦ τῷ βίῳ, ἀλλ' ἡδύν τε δὴ καὶ ἐλευθέριον καὶ μακάριον καλῶν τὸν βίον τοῦτον, χρῆται αὐτῷ διὰ παντός [4].

This description and its impersonation in Callicles are equally happy specimens of Plato's talent for the higher comedy. His tragic powers also are exemplified in passages of both dialogues, remarkable for their excellence and for their resemblance. Those who have once read will not easily forget that opening passage of the second book of the Republic, in which a comparison is instituted between the ideal Just Man and the ideal Unjust Man, for the purpose of ascertaining whether of the two is the happier [5]. The candidates, like statues at an exhibition, are stripped and cleaned for the inspection of the judges [6]: the unjust man is denuded of all moral scruples, the just man of all worldly prudence and of all the outward advantages which a reputation for honesty confers on a man wise in his generation. Each is endued with the intellectual qualities which will make him perfect in his own business; the unjust man with boundless cunning and perfect worldly wisdom, his rival with intelligence enough, and not more than enough, to render him perfectly just; the unjust man will consequently, by the hypothesis, have established a character for perfect justice and fair dealing, while the just man, who is to know nothing of the art of seeming, will seem to the vulgar eye as great a scoundrel as his rival is [7]. This being supposed, it is no longer difficult, says Glau-con in the dialogue, to foretell the fortunes of the two. The unjust man is of course promised a career of uninterrupted enjoyment, victory over his enemies, wealth, popularity among men, and, if

---

[2] τὴν μὲν αἰδὼ ἠλιθιότητα ὀνομάζοντες—σωφροσύνην δὲ ἀνανδρίαν καλοῦντες—μετριότητα δὲ καὶ κοσμίαν δαπάνην ὡς ἀγροικίαν καὶ ἀνελευθερίαν οὖσαν, Rep. 560 D. Comp. Gorg. 491.

[3] Compare Gorg. 484 D.

[4] Compare Gorg. 491, τοὺς ἠλιθίους λέγεις τοὺς σώφρονας: mox, δεῖ τὸν ὀρθῶς βιωσόμενον τὰς μὲν ἐπιθυμίας τὰς αὐτοῦ ἐᾶν ὡς μεγίστας εἶναι καὶ μὴ κολάζειν, κ.τ.λ.

[5] Rep. ii. 361 D, ἑκάτερον ὥσπερ ἀνδριάντα εἰς τὴν κρίσιν ἐκκαθαίρεις τοῖν ἀν-δροῖν.

[6] Rep. ii. 360 E.

[7] μηδὲν ἀδικῶν δόξαν ἐχέτω τὴν μεγίστην ἀδικίας, 361 C.

costly sacrifices avail with heaven, the favour of the gods. Of his opponent martyrdom is the too certain doom: he will be scourged, tormented, cast into prison, and will end a life of misery upon the cross. Whether of the two, it is asked, is the happier man [a].

This, it is clear, is but a statement in its most abstract form [b] of the question discussed with Polus in the second, and with Callicles in the third act of the Gorgias, and the prophecy in the latter passage [c] of the condemnation and death of Socrates completes the resemblance. Only, as Glaucon complains (Rep. p. 358 D), as if with reference to this dialogue, the case of the just man is not represented quite so unfavourably as it ought to be, in order to the final and irreversible decision of the suit between him and his rival. From which it would seem as if Plato himself had been dissatisfied with the too hasty decision of the question at issue which Socrates in the Gorgias pronounces, and accordingly it is much more elaborately discussed in the Republic: the arbitrator declining to adjudicate until many previous questions are disposed of; in fact until the definition of Justice, moral and political, is satisfactorily made out, and the various stages and modifications of Injustice discriminated. In the tenth book, however, Socrates sums up, and delivers sentence according to the evidence. And even here there is this analogy between the Gorgias and the Republic, that both end with mythical descriptions of the doom which awaits the righteous and the unrighteous after the soul shall be parted from the body. The scenery of the myth in the Gorgias is far less elaborate than that in the Republic: but the inference intended to be drawn is evidently the same in both cases.

To bring the points of resemblance between the two dialogues into yet clearer light, it may be well to quote in free translation, and with a few unimportant omissions, a passage of some length but great interest from the seventh of the thirteen Epistles attributed to Plato [d].

---

[a] This passage is perhaps glanced at by Arist. Eth. N. i. 9: τάχα δὲ καὶ μᾶλλον ἄν τις τέλος τοῦ πολιτικοῦ βίου ταύτην ὑπολάβοι. φαίνεται δὲ ὑποδεεστέρα καὶ αὕτη. δοκεῖ γὰρ ἐνδέχεσθαι καὶ καθεύδειν ἔχοντα τὴν ἀρετήν, ἢ ἀπρακτεῖν διὰ βίου, καὶ πρὸς τούτοις κακοπαθεῖν καὶ ἀτυχεῖν τὰ μέγιστα· τὸν δ' οὕτω ζῶντα οὐδεὶς ἂν εὐδαιμονίσειεν, εἰ μὴ θέσιν διαφυλάττων.

[b] P. 469 A, ἢ τοῦ ὅ γε ἀποθνήσκων ἀδίκως ἐλεινὸς καὶ ἄθλιος. ἧττον ἢ ὁ ἀποκτινύς, κ.τ.λ. The case of Archelaus follows, pp. 470, 471; an instance of successful wickedness to which Polus points with triumph.

[c] P. 521 B, C.

[d] The case for the Platonic Epistles has of late gained greatly from Mr. Grote's masterly historical analysis of their contents; while an eminent scholar of a totally different type, Gabriel Cobet, has pronounced in favour of their genuineness on grounds purely philological. This most fastidious of critics declares that no one but Plato could have written them. But however the question of *authorship* is decided, the *authority* of the seventh Epistle, of which the eighth is properly a part, has never been impugned by any competent scholar.

In this document, professing to be written when its author had reached an advanced age, Plato (if Plato it is) prefaces a detailed history of his dealings with Syracuse and her successive rulers, by a brief summary of his early political experiences in Athens[3]. "While young," he says, "I, like so many others, resolved that as soon as I became my own master I would try my fortune in public life. This resolution of mine coincided with certain changes in the state of Athens, which I shall describe. The then much-abused constitution underwent a radical change; and the government in its altered form was entrusted to a body of fifty-one magistrates, of whom eleven administered affairs in the city, and ten in Peiraeus. Over these twenty-one was set a board of Thirty with absolute powers. Among the fifty-one were several of my own kindred and acquaintance, who soon invited me to take part in carrying out a policy which they thought would suit me well. Young as I then was, who can wonder at the error into which I was betrayed? For I fondly thought, that their administration would be directed to the great end of leading their countrymen from an unrighteous to a righteous course of life and manners, and so thinking I began carefully to watch their proceedings. What was my surprise to find that faulty as was the old order of things, it was pure gold[4] in comparison with the iron rule now set up in its stead. Among their worst acts of tyranny, was one they practised on my friend Socrates, now advanced in life, who, I make bold to say, was the most righteous man then living. Him they ordered to go with certain others to fetch from Salamis one Leon, whom they had doomed to death, evidently for the purpose of compromising Socrates, and making him an enforced accomplice in their crimes. This order, however, he refused to obey, being prepared to face the consequences of disobedience rather than assist in their unhallowed proceedings. When I witnessed these and other equally infamous doings, I was filled with disgust, and withdrew myself altogether from the horrors of that evil time[5]. Ere long however the Thirty were unseated, and a counter-revolution took place; whereupon my old passion revived, though slowly, and I was again fain to take an active part in politics. Under this new regimen, affairs being still in an unsettled state, many things occurred which might justly be objected to: though on the whole the restored fugitives acted with considerable moderation. It is not wonderful that reprisals should be inflicted by political opponents in times of revolution, but it was a strange

---

[3] νέος ἐγὼ ὤν, κ.τ.λ., p. 324 c to 326 b.
[4] χρυσὸν ἀπέδειξαν τὴν ἔμπροσθεν πολιτείαν.
[5] ἐπανήγαγον ἐμαυτὸν ἀπὸ τῶν τότε κακῶν.

chance that led certain of the people then in power to arraign Socrates in a court of justice on an atrocious charge which fitted him less than any man. He was accused of impiety: and the judges had the ingratitude to condemn and put to death one who, when they were in trouble, had refused to perpetrate an act of unhallowed violence against one of their exiled friends. When I reflected, I say, on proceedings like these, and on the characters of the principal public men, and the laws and customs prevalent at the time; the longer I considered and the older I grew, the more difficult it appeared to me to govern Athens on right principles. In the first place it was impossible to act without a party; which the universal corruption rendered it difficult to find ready made, and which it was not easy to construct anew; in the next place both laws and manners were degenerating with fearful rapidity. The consequence was that, full as I had once been of political enthusiasm, the spectacle of the general disorder and confusion almost turned my brain: and though I would not desist from looking out for some opportunity of mending the present state of things and was prepared to bide my time, I finally arrived at the clear conviction that all existing forms of government are radically wrong; and that their reformation will require a machinery of extraordinary power, working under unusually favourable circumstances.

"Thus I was constrained to say, that it is true philosophy alone which can enlighten us to discern the principles of justice whether in the State or in the Individual; and that accordingly the crimes and misery of mankind will never have an end, until either the highest class of philosophic thinkers shall step into the seats of power, or the existing rulers shall by some miracle become imbued with philosophic ideas."

In this passage there is scarcely an expression of which we do not hear the echo either in the Gorgias or in the Republic. The tone of political despair which pervades the former dialogue, and the equal scorn poured on the professions of the rhetor of the agora and the rhetor of the schools, as exemplified in Callicles and in Polus; all the intolerance and all the exaggeration which mark its polemical passages, find, if not their complete apology, at least their explanation and palliation in the sad tale of his political experiences which Plato unfolds to his correspondents in the letter just quoted. His hopes of serving his country had twice been blighted. The severity of the first disappointment may be inferred from the fact that among the Thirty and their subordinates were men endeared to him by literary sympathies as well as by near relationship. Critias and Charmides are names that figure in his earliest dialogues; one was his uncle, the

other his cousin by the mother's side; and of Charmides he himself
says that he was φιλόσοφος καὶ πάνυ ποιητικός, a description also
applicable to Critias. Glaucon [6] too, his maternal grandfather, was
one of the Piraeic Decemvirate. Add to this, that Plato was an
Eupatrid both by father's and mother's side; and his aristocratical
prejudices, derived from his ancestors, and fed by a naturally nice
and fastidious temper, a δυσχέρεια φύσεως οὐκ ἀγεννοῦς, to use his own
phrase [7], would incline him to augur well of any attempt to reform
and remodel the state on Lacedaemonian principles, even had the
enterprise been confided to persons less known and trusted than
those friends and patrons of his youth, with whom he had spent
many an hour in the society of the man who was to him the ideal of
all that was wise and good in humanity. Disappointed in the hopes
he had formed of the aristocratic party, he was the better prepared
to take a favourable view of the proceedings of the people's friends
when their hour of triumph came: and for some time their conduct
was such as to encourage his reviving hopes of operating a bene-
ficial change in public and private morality by the methods (which
Socrates himself by no means despised) of the rhetor and legislator.
The extensive knowledge which the author of the Phaedrus displays
of the writings of the leaders of both the great schools of oratory,
the Attic and the Sicilian, may lead to the conjecture that he had at
one period of his life studied rhetoric with a view to its public
practice: and one can hardly doubt that under moderately favour-
able circumstances, his success as a speaker would have been bril-
liant. It is even probable that the interval which elapsed between
the overthrow of the Thirty and the death of Socrates—an interval
of from three to four years—was employed by Plato in studies pre-
paratory to political life. That he ever ascended the bema during
this period we do not indeed learn. He was not more than twenty-
six years of age at its commencement, and we know that Demos-
thenes did not begin to speak in public until he had entered on his
thirtieth year. Possibly, too, the unsettled state of parties to which
he alludes in the Epistle above quoted, may have contributed to the
delay. He himself says, βραδύτερον μέν, εἷλκε δέ με ὅμως ἡ περὶ τὸ
πράττειν τὰ κοινὰ καὶ πολιτικὰ ἐπιθυμία.

But whatever degree of maturity Plato's purpose may have
attained, it was checked at once and for ever by the unrighteous
sentence passed upon his Master and Friend. It was this that
forced upon him the conviction that oligarchs and democrats were
alike unprincipled, and that the task of forming a third party,

[6] So Taylor, Life of Lysias, p. xlv, note k.
[7] In Philebus, 44 c.

sufficiently honest and sufficiently powerful to effect a radical reform of Athenian institutions was a mere impossibility, and the hopes founded on such a contingency chimerical. We know from other authorities, that immediately after the perpetration of that great judicial crime, he retired from Athens, and took refuge in the neighbouring city of Megara, where Euclides, a native of that place, a friend and admiring disciple of Socrates, and the founder of the Megarian sect, is said to have received him under his roof. That residence, and his subsequent travels, may have contributed in more ways than one towards maturing and enlarging his philosophical views: but we have it on his own word, or the word at least of the author of that seventh Epistle, that the two most important practical convictions of his life,—the hopelessness of any attempt to amend the existing laws and practice of the Greek communities by any of the ordinary and constitutional means, and the necessity, and under given circumstances the feasibility, of an entire re-construction of the political fabric on principles of pure reason and philosophy—that these two convictions date from the death of Socrates, and were the result of conclusions deliberately drawn from that and his former experiences in Athens. Of the first of these convictions, as it seems to me, the Gorgias is the public vindication: of the latter, the Republic. Of the time and place at which these dialogues were composed, we have no distinct testimony; but it is difficult to believe that the Gorgias could have been written any where but at Athens; and we cannot but incline to the conjecture that it was the first or one of the first written after his return, which according to more than one witness must have taken place about four years after the death of Socrates, that is to say not later than 395 B.C. [8] Plato's deep and passionate disapproval of Athenian institutions does not seem to have deterred him from serving in his country's armies, and bearing his part in three distinct engagements, at Tanagra, at Corinth, and at Delium. His performance of the military duties of a citizen may have encouraged his friends in Athens to hope that his quarrel with the Athenian people was now made up, and that the disposition to public life of which he had twice before shown indications, would now ripen into act. Regard

---

[8] The fabulous extent and duration assigned to Plato's travels by his later biographers need not cause any embarrassment. The accounts are so discrepant and so ill-supported as to excite our wonder at the trouble which modern scholars have taken to manufacture them into history. As usual in such cases, the later the narrative, the better informed we find the narrator. The "doctrine of development" alone could give value to the discoveries of Lactantius and other Christian Apologists who have favoured us with Platonic Itineraries; but the Pagan Apuleius, and, in a less degree, the more accurate Cicero, have lent their names to very questionable statements.

for his own safety may have been one of the considerations by which
his friends would urge him to cultivate the power of public or judicial
speaking: for, they may have plausibly urged, it was the want of
this accomplishment that sealed the doom of Socrates. Ἀποκτενεῖ σε
ὦ Πλάτων ὁ βουλόμενος, καὶ εἰσαχθήσει εἰς δικαστήριον ὑπὸ πάνυ ἴσως
μοχθηροῦ ἀνθρώπου καὶ φαύλου, by a vulgar leather-seller like Anytus,
or a wretched scribbler for the stage such as Meletus,—may have
been among the warnings given by some friendly Callicles [9]. Or,
these considerations apart, what nobler end could be pursued by an
Athenian of family, than the acquisition of influence and wealth and
distinction in the State; or what nobler art than that of bridling
and taming the multitude, and riding into power on their backs?
They too, his friends and well-wishers, had philosophized in their
time: for philosophy was doubtless an elegant amusement [1] for a
young man of rank and leisure, and an excellent training for the
mind, as his fellow-pupil Isocrates, now making his fortune by his
pen, had substantial reasons for acknowledging.

The speech of Callicles is indeed throughout more applicable to
the circumstances of a comparatively young man, who, like Plato on
his first return to Athens, had his profession to choose, than to an
elderly and inveterate dialectician, such as Socrates must have
seemed at the time when this conversation is supposed to take place.
The readers of Plato will be at no loss for parallel instances of
passages in which his contemporaries would recognize the author
under the mask of his hero, or in which the opinions, the parties, and
the personages of his own time are antedated by some twenty or
thirty years.

But the best argument in favour of our hypothesis is, that it
affords a point of view from which the various divisions and sub-
divisions of the dialogue group themselves into unity. The Gorgias
is in effect an Ἀπολογία Πλάτωνος. It contains his reasons for
preferring, under existing circumstances, the contemplative to the
active, the philosophic to the rhetorical life. The philosopher, as
Socrates says [2], is the only true master of the science of Politics.

[9] See Gorg. p. 521 B, c.

[1] φιλοσοφία γάρ τοί ἐστιν ὦ Σώκρατες χαρίεν ἄν τις αὐτοῦ μετρίως ἅψηται
ἐν τῇ ἡλικίᾳ· ἐὰν δὲ περαιτέρω τοῦ δέοντος ἐνδιατρίψῃ, διαφθορὰ τῶν ἀνθρώπων.
ἐὰν γὰρ καὶ πάνυ εὐφυὴς ᾖ, καὶ πόρρω τῆς ἡλικίας φιλοσοφῇ, ἀνάγκη πάντων
ἄπειρον γεγονέναι ἐστίν, ὧν χρὴ ἔμπειρον εἶναι τὸν μέλλοντα καλὸν κἀγαθὸν καὶ
εὐδόκιμον ἔσεσθαι ἄνδρα, καὶ γὰρ τῶν νόμων ἄπειροι γίγνονται τῶν κατὰ τὴν
πόλιν, καὶ τῶν λόγων, οἷς δεῖ χρώμενον ὁμιλεῖν ἐν τοῖς συμβολαίοις τοῖς ἀνθρώ-
ποις καὶ ἰδίᾳ καὶ δημοσίᾳ, καὶ τῶν ἡδονῶν τε καὶ ἐπιθυμιῶν τῶν ἀνθρωπείων, καὶ
ξυλλήβδην τῶν ἠθῶν παντάπασιν ἄπειροι γίγνονται. Gorg. 484 D. Ib. 485 A, ἀλλ'
οἶμαι τὸ ὀρθότατόν ἐστιν ἀμφοτέρων μετέχειν, φιλοσοφίας μέν, ὅσον παιδείας
χάριν, καλὸν μετέχειν, καὶ οὐκ αἰσχρὸν μειρακίῳ ὄντι φιλοσοφεῖν.

[2] οἶμαι μετ' ὀλίγων Ἀθηναίων, ἵνα μὴ εἴπω μόνος, ἐπιχειρεῖν τῇ ὡς ἀληθῶς
πολιτικῇ τέχνῃ, p. 521 D.

The end of that science and of the art founded upon it is not to pander to the inclinations of a people, but to make them wiser, juster, and by that means happier[3]. The only true rhetoric is that of the philosopher who is able to persuade his fellow-citizens to cultivate these virtues in themselves, and to embody them in their legislation. Consequently[4], the true rhetorician must be just himself, and acquainted with the principles of justice. How then is it possible that one who holds these principles can take part in the administration of a state like that of Athens, where the statesman is but the tool, the διάκονος, or upper servant, of the Demus[5], hired for the purpose of supplying its outward needs, and gratifying its passions of vainglory and ambition ? As the ends pursued by the ablest of the only statesmen possible in a popular government, are such as no wise man can esteem ; so the means they are compelled to employ are such as no honest man can stoop to. The most approved of these means is Rhetoric, the Rhetoric taught by Gorgias and practised by Callicles, the πολιτικῆς μορίου εἴδωλον, or semblance of that true Rhetoric[6] which is auxiliary to the higher and only true art Politic, the art of producing justice in the souls of individual citizens, and in that aggregate of souls we call the State.

To complete this statement, it was necessary to describe the true nature of Justice, which, as we have seen, Plato expresses in terms substantially, and as far as they go, literally the same as those which he employs in the Republic.

With the same object in view, he seeks to establish the essential difference of Pleasure and Good, which is done briefly, but accurately enough for the purpose we assumed[7]. The question is determined on its own merits in the Philebus, which contains, as it seems to me, the most satisfactory analysis of Pleasure and its ingredients that is to be found in any Greek writer, and in which the discussion is of a more searching and speculative kind than that in the Gorgias. In the

---

[3] οὗτος ἔμοιγε δοκεῖ ὁ σκοπὸς εἶναι πρὸς ὃν βλέποντα δεῖ ζῆν, καὶ πάντα εἰς τοῦτο καὶ τὰ αὑτοῦ συντείνοντα καὶ τὰ τῆς πόλεως, ὅπως δικαιοσύνη παρέσται καὶ σωφροσύνη τῷ μακαρίῳ μέλλοντι ἔσεσθαι, p. 507.

[4] τὸν μέλλοντα ὀρθῶς ῥητορικὸν ἔσεσθαι δίκαιον δεῖ εἶναι καὶ ἐπιστήμονα τῶν δικαίων, p. 508 B.

[5] P. 517 A.

[6] See Phaedrus, Introd. p. xvii.

[7] P. 500 E, εἶναι μέν τι ἡδὺ εἶναι δέ τι ἀγαθόν, ἕτερον δὲ τὸ ἡδὺ τοῦ ἀγαθοῦ. If we compare this with a passage in the Protagoras, we shall see that Plato's views on this subject had undergone an important change during the interval between the composition of that dialogue and the Gorgias. εἴ πῃ ἔχετε ἄλλο τι φάναι εἶναι τὸ ἀγαθὸν ἢ τὴν ἡδονήν, ἢ τὸ κακὸν ἄλλο τι ἢ τὴν ἀνίαν, ἢ ἀρκεῖ ὑμῖν τὸ ἡδέως καταβιῶναι τὸν βίον ἄνευ λυπῶν: Protag. p. 354 E, compared with the context preceding and following. As the opinion in the Gorgias was certainly that of his later life, it seems irrational to doubt that the Protagoras was the earlier production of the two.

Philebus, there is little doubt that the tenets of the Cyrenaic school are attacked; but I cannot, with Schleiermacher, detect any such polemical reference in the Gorgias; where the "hedonistic" sentiments put into the mouth of Callicles are the expression of mere practical libertinism seeking arguments in defence of its own practice, and are totally unlike the scientific sensualism attributed to Aristippus.

Throughout the whole dialogue there reigns a spirit of passionate vehemence, scarcely reconcilable with a scientific or speculative purpose, but thoroughly consistent with that more practical object of justifying abstinence from political action in a depraved commonwealth which I suppose Plato to have had in view when he wrote. Bitter indeed must have been his feelings on revisiting the guilty city for the first time after his master's death: deep his abhorrence of that art whose professors, represented by the rhetor Lycon, had mainly contributed to the perpetration of that crime: not overfriendly his feelings towards the poets who had conspired with the rhetoricians in their attack upon the man whom both hated with nearly equal hatred. His dislike of public life, at least in Athens, never left him. It is expressed in the Theaetetus [8], but with more of scorn than of anger: but there is not one of his dialogues in which the public men of the best times of the Athenian History, such men as Pericles and Miltiades and Cimon, are treated with such indiscriminating severity as in the Gorgias [9].

After all, it may be said, the date here assigned to the Gorgias rests on mere hypothesis: for the dialogue itself contains no indication of the time at which it was written. This however is not exactly true. The prophecy of Socrates' death put into his own mouth (p. 521 D, οὐδὲν ἄτοπον εἰ ἀποθάνοιμι), coupled with the warning of Callicles before alluded to, compel us to place the composition of the dialogue after the year 399: and its evident applicability to Athenian life and to nothing else, almost compel us to defer its composition to the time of its author's return. It also expresses the very sentiments which, as we read in the seventh Epistle, were uppermost in the mind of Plato at that period. We are moreover told by Athenaeus, and there is no improbability in the story, that this dialogue was read by the personage after whom it was named, who assured his friends, somewhat gratuitously, one would have thought, that he never said or heard any of the things contained in it. Now Gorgias is said to have been ἤδη γηράσκων, already advanced in

---

[8] P. 172 c seq.

[9] Compare, e. g. Protagoras, 319 E, 322 A, and still more the Phaedrus, 270 A, in which the eloquence of Pericles is spoken of in terms of the most exalted admiration.

years, when he came as ambassador to Athens in the fifth year of the Peloponnesian war, B.C. 427, twenty-eight years before the death of Socrates. He is also said by Quintilian "ultra Socratem usque durasse," to have outlived Socrates; and the duration of his life is put at 105 and even 108 years, a longevity greater by ten or thirteen years than that attained by his celebrated pupil Isocrates. These and similar notices (which it would be tedious to enumerate) have induced his biographer Foss to assign the year 496 as his approximate birth-year, on which supposition he must have died not later than 388, which is the date of Plato's second return to Athens. If therefore we accept as true the story in Athenaeus, we must infer that the Gorgias was written before Plato's second departure from Athens, i. e. in the interval between 395 and 389. The date of the composition of the Republic, or at any rate of its commencement by Plato, is assigned by many scholars to the same period of time. This opinion seems a plausible inference from the concluding sentence of the passage quoted above from the seventh Epistle: λέγειν τε ἠναγκάσθην, ἐπαινῶν τὴν ὀρθὴν φιλοσοφίαν, ὡς ἐκ ταύτης ἔστι τά τε πολιτικὰ δίκαια καὶ τὰ τῶν ἰδιωτῶν κατιδεῖν· κακῶν οὖν οὐ λήξειν τὰ ἀνθρώπινα γένη, πρὶν ἂν ἢ τὸ τῶν φιλοσοφούντων ὀρθῶς τε καὶ ἀληθῶς γένος εἰς ἀρχὰς ἔλθῃ τὰς πολιτικάς, ἢ τὸ τῶν δυναστευόντων ἐν ταῖς πόλεσιν ἔκ τινος μοίρας θείας ὄντως φιλοσοφήσῃ. These two sentiments are, as I have before observed, the texts on which the Gorgias and the Republic are respectively founded; and when Plato goes on to say, that these ideas had been formed in his mind before he first visited Sicily[1] (B.C. 389), it is difficult to avoid the inference that the Gorgias was written and the Republic at least begun at the period last specified.

It is also a general opinion that the idea of a female common-wealth exhibited by Aristophanes in the Ecclesiazusae was written by the comic poet in ridicule of the Platonic commonwealth[2]. The Ecclesiazusae was represented in the year 392; it seems there-fore possible that at this date some part at least of the Republic was written, and had been publicly read, if we may not say published, in Athens.

---

[1] ταύτην τὴν διάνοιαν εἰς Ἰταλίαν τε καὶ Σικελίαν ἦλθον ὅτε πρῶτον ἀφικόμην.

[2] Meineke has even pointed out two passages, one in this play, and one in the Plutus, in which, as he supposes, Plato himself is ridiculed under the name of Aristyllus, the diminutive of Plato's original name Aristocles, which, if he ever bore it, was inherited from his grandfather. Com. Gr. i. p. 281. I confess, however, that such an allusion seems too far-fetched to have been intelligible to an Athenian or any other audience. The Aristyllus in question was probably some person notorious for low profligacy, and quite unconnected with Plato.

ΠΛΑΤΩΝΟΣ ΓΟΡΓΙΑΣ.

ΤΑ ΤΟΥ ΔΙΑΛΟΓΟΥ ΠΡΟΣΩΠΑ.

———

ΚΑΛΛΙΚΛΗΣ.
ΣΩΚΡΑΤΗΣ.
ΧΑΙΡΕΦΩΝ.
ΓΟΡΓΙΑΣ.
ΠΩΛΟΣ.

ΠΛΑΤΩΝΟΣ ΓΟΡΓΙΑΣ.

I. Πολέμου καὶ μάχης φασὶ χρῆναι, ὦ Σώκρατες, οὕτω μεταλαγχάνειν.

ΣΩ. Ἀλλ᾽ ἦ, τὸ λεγόμενον, κατόπιν ἑορτῆς ἥκομεν [καὶ ὑστεροῦμεν];

ΚΑΛ. Καὶ μάλα γε ἀστείας ἑορτῆς· πολλὰ γὰρ καὶ καλὰ Γοργίας ἡμῖν ὀλίγον πρότερον ἐπεδείξατο.

ΣΩ. Τούτων μέντοι, ὦ Καλλίκλεις, αἴτιος Χαιρεφῶν D ὅδε, ἐν ἀγορᾷ ἀναγκάσας ἡμᾶς διατρῖψαι.

ΧΑΙ. Οὐδὲν πρᾶγμα, ὦ Σώκρατες· ἐγὼ γὰρ καὶ ἰάσομαι. φίλος γάρ μοι Γοργίας, ὥστ᾽ ἐπιδείξεται ἡμῖν, εἰ μὲν δοκεῖ, νῦν, ἐὰν δὲ βούλῃ, εἰσαῦθις.

Πολέμου] "First at a feast, last at a fray," is the corresponding English saw.

κατόπιν ἑορτῆς] Olymp., τὰς ἡμέρας ἐν αἷς ἐπεδείκνυτο ὁ Γοργίας ἑορτὰς ἐκάλουν. Moeris, κατόπιν Ἀττικοί, ὄπισθεν Ἕλληνες. 'Are we come the day after the feast?'

[καὶ ὑστεροῦμεν] These words are apparently a mere interpretation of the foregoing proverb, the point of which is blunted by their retention. Olympiodorus quotes only as far as ἥκομεν. I have bracketed the words, thinking with Cobet (De Arte Interpret. p. 141) that they ought to be ejected from the text. A similar interpolation is detected by Cob. in the Axiochus, p. 366 c, διὰ παντὸς δὲ ἔθος ἐστὶν αὐτῷ φωνεῖν τὸ Ἐπιχάρμειον ἃ δὲ χεὶρ τὰν χεῖρα νίζει [δός τι καὶ λαβέ τι], where it is impossible to adapt the words in brackets to the trochaic metre.

μέντοι] The force of the particle is this: 'You may think it my fault; you are mistaken, however; Chaerephon is the person to be blamed.'

B. ἐγὼ γὰρ καὶ ἰάσομαι] 'for I who have done the mischief will repair it.' Such is the force of καὶ. Schol., ἀπὸ Τηλέφου καὶ τοῦ τρώσαντος Ἀχιλλέως, καὶ τοῦ χρηστηρίου ἀνελόντος ὅτι ὁ τρώσας καὶ ἰάσεται. Observe the special use of ἐπιδείξεται,=ἐπίδειξιν ποιήσεται, i. e. after the manner of the Sophists. Such an ἐπίδειξις, or exhibition of literary skill, according to Xenophon, was the celebrated apologue of Prodicus, called the Judgment of Hercules (Mem. ii. 1. 21). ὅπερ δὴ (Πρόδικος ὁ σοφός) καὶ πλείστοις ἐπιδείκνυνται. So after the long speech of Protagoras in the dialogue bearing his name, Socr. observes, Πρωταγόρας μὲν τοσαῦτα καὶ τοιαῦτα ἐπιδειξάμενος ἀπεπαύσατο τοῦ λόγου (p. 328 D). The active form of the verb has the sense 'indicare,' 'demonstrare,' as below, p. 464 B, σαφέστερον ἐπιδείξω ὃ λέγω.

B 2

ΚΑΛ. Τί δ᾽, ὦ Χαιρεφῶν ; ἐπιθυμεῖ Σωκράτης ἀκοῦσαι
Γοργίου ;

ΧΑΙ. Ἐπ᾽ αὐτό γέ τοι τοῦτο πάρεσμεν.

ΚΑΛ. Οὐκοῦν ὅταν βούλησθε παρ᾽ ἐμὲ ἥκειν οἴκαδε·
—παρ᾽ ἐμοὶ γὰρ Γοργίας καταλύει καὶ ἐπιδείξεται ὑμῖν.

ΣΩ. Εὖ λέγεις, ὦ Καλλίκλεις. ἀλλ᾽ ἆρα ἐθελήσειεν
ἂν ἡμῖν διαλεχθῆναι ; βούλομαι γὰρ πυθέσθαι παρ᾽ αὐτοῦ, ο
τίς ἡ δύναμις τῆς τέχνης τοῦ ἀνδρός, καὶ τί ἐστιν ὃ ἐπαγ-
γέλλεταί τε καὶ διδάσκει. τὴν δὲ ἄλλην ἐπίδειξιν εἰσ-
αὖθις, ὥσπερ σὺ λέγεις, ποιησάσθω.

ΚΑΛ. Οὐδὲν οἷον τὸ αὐτὸν ἐρωτᾶν, ὦ Σώκρατες. καὶ
γὰρ αὐτῷ ἓν τοῦτ᾽ ἦν τῆς ἐπιδείξεως· ἐκέλευε γοῦν νῦν
δὴ ἐρωτᾶν ὅ τι τις βούλοιτο τῶν ἔνδον ὄντων, καὶ πρὸς
ἅπαντα ἔφη ἀποκρινεῖσθαι.

ΣΩ. Ἦ καλῶς λέγεις. Ὦ Χαιρεφῶν, ἐροῦ αὐτόν.

ΧΑΙ. Τί ἔρωμαι ;

ΣΩ. Ὅστις ἐστίν.

ΧΑΙ. Πῶς λέγεις ;

ΣΩ. Ὥσπερ ἂν εἰ ἐτύγχανεν ὢν ὑποδημάτων δημι-

τί δ᾽] So Olymp.; vulg. τί δέ; Zür. τί δαί;

Οὐκοῦν ὅταν βούλησθε] Supply ἀκού-σεσθε from the foregoing ἀκοῦσαι. 'You shall hear him then, when you think proper to pay me a visit at my house; for Gorgias is my guest, and will exhibit to you.' Schleiermacher infers from this, that the scene of the conversation is not the house of Callicles, as commonly sup-posed, but a gymnasium or other place of public resort. The ὅταν, which "mar-vellously offends" Stallbaum, may thus be defended, and the εἰσαῦθις ὥσπερ σὺ λέγεις ποιησάσθω of Socr. explained. I cannot believe with Ast that ἥκειν is here used imperatively, or with Schleierm. that the καί before ἐπιδείξεται is in apodosi. Hemsterhuis conjectured ὃ 'ταν for ὅταν, retaining the vulg. βού-λεσθε, but has found no follower among the edd.

ὃ διαλεχθῆναι] Resigning himself to the loss of the formal ἐπίδειξις, Socr. hopes that Gorgias will not at any rate be indisposed for a conversation. The words τὴν ἄλλην ἐπίδειξιν are equival-ent to τὴν ἐπίδειξιν, ἄλλην οὖσαν. This use of ἄλλος is familiar to readers of Plato, and will be found illustrated in the note on p. 473 c.

Οὐδὲν οἷον] "Nothing like inquiring at head-quarters." "Best go to the fountain-head." "Il n'y a rien tel que de parler à lui mesme" (Steph.). "Nichts besser als ihn selbst fragen" (Schl.). In Demosth. Mid. 529, we find, οὐδὲν οἷον ἀκούειν αὐτοῦ τοῦ νόμου, the art. before the infin. being omitted ; as it is likewise in Aristoph. Aves 966, ἀλλ᾽ οὐδὲν οἷόν ἐστ᾽ ἀκούειν τῶν ἐπῶν. On the other hand τό is inserted both here and below, p. 481 B, as well as in Xen. Oec. 3. 14 adduced by Matth. (Gr. Gr. § 541, q. v.). In Lysistr. 135, οὐδὲν γὰρ οἷον ὃ φίλη Λυσιστράτη, the inf., or word answering to the inf., is suppressed. The Schol. on the last passage erroneously explains the phrase by οὐδὲν κωλύει.

ἐκέλευε γοῦν] Comp. Philostratus, Vitt. Soph. p. 487, σχεδὸν λόγου Γοργίας ἦρξεν ... παρελθὼν γὰρ ἐς τὸ Ἀθηναίων θέατρον ἐθάρρησεν εἰπεῖν, προβάλλετε ... ἐνδεικνύμενος δήπου πάντα μὲν εἰδέναι, περὶ παντὸς δ᾽ ἂν εἰπεῖν ἐφιεὶς τῷ καιρῷ.

D ουργός, ἀπεκρίνατο ἂν δή πού σοι ὅτι σκυτοτόμος. ἢ οὐ
μανθάνεις ὡς λέγω ;

Π. ΧΑΙ. Μανθάνω καὶ ἐρήσομαι. Εἰπέ μοι, ὦ
Γοργία, ἀληθῆ λέγει Καλλικλῆς ὅδε, ὅτι ἐπαγγέλλει ἀπο-
κρίνεσθαι ὅ τι ἄν τίς σε ἐρωτᾷ ;

ΓΟΡ. Ἀληθῆ, | ὦ Χαιρεφῶν· καὶ γὰρ νῦν δὴ αὐτὰ
448 ταῦτα ἐπηγγελλόμην, καὶ λέγω ὅτι οὐδείς μέ πω ἠρώτηκε
καινὸν οὐδὲν πολλῶν ἐτῶν.

ΧΑΙ. Ἦ που ἄρα ῥᾳδίως ἀποκρινεῖ, ὦ Γοργία.

ΓΟΡ. Πάρεστι τούτου πεῖραν, ὦ Χαιρεφῶν, λαμβά-
νειν.

ΠΩΛ. Νὴ Δί'· ἂν δέ γε βούλῃ, ὦ Χαιρεφῶν, ἐμοῦ.
Γοργίας μὲν γὰρ καὶ ἀπειρηκέναι μοι δοκεῖ· πολλὰ γὰρ
ἄρτι διελήλυθεν.

ΧΑΙ. Τί δαί, ὦ Πῶλε ; οἴει σὺ κάλλιον ἂν Γοργίου
ἀποκρίνασθαι ;

ΠΩΛ. Τί δὲ τοῦτο, ἐὰν σοί γε ἱκανῶς ;

B   ΧΑΙ. Οὐδέν· ἀλλ' ἐπειδὴ σὺ βούλει, ἀποκρίνου.

ΠΩΛ. Ἐρώτα.

.ΧΑΙ. Ἐρωτῶ δή. εἰ ἐτύγχανε Γοργίας ἐπιστήμων ὢν
τῆς τέχνης ἧσπερ ὁ ἀδελφὸς αὐτοῦ Ἡρόδικος, τί ἂν αὐτὸν
ὠνομάζομεν δικαίως ; οὐχ ὅπερ ἐκεῖνον ;

ΠΩΛ. Πάνυ γε.

ΧΑΙ. Ἰατρὸν ἄρα φάσκοντες αὐτὸν εἶναι καλῶς ἂν
ἐλέγομεν.

D. ἀπεκρίνατο] One MS. has ἀπεκρίθη, an aorist inadmissible in this sense, in an Attic writer. ἀποκριθῆναι occurs in the sense of 'answering' in the 2nd Alcib. 149 B, and is one among many indications of the spuriousness of that dialogue.

448. ἀποκρινεῖ] So the Bodl. The other MSS. and edd. except Hermann's have ἀποκρίνει. Chaerephon means to say, 'If such has been your past success, you will have no difficulty in answering any question I may propose.'

B. Ἡρόδικος] The Schol. cautions us against confounding this Herodicus with Herodicus the Selymbrian, also a physician, of whom see an amusing notice in Republ. iii. 406. The brother of Aristophon presently mentioned was no less a person than the famous Polygnotus, who painted the Lesche at Delphi. This is proved by an epigram quoted by the Schol. :—

γράψε Πολύγνωτος, Θάσιος γίνος,
Ἀγλαοφῶντος
υἱὸς, περθομένην Ἰλίου ἀκρόπολιν.

Also by a passage in the Ion, p. 532 E.
τί ἂν αὐτόν] The MSS. have τίνα. Olymp. reads τί, which had been conjectured by Buttmann, in consideration of the following ὅπερ.

ΠΩΛ. Ναί.

ΧΑΙ. Εἰ δέ γε ἦσπερ Ἀριστοφῶν ὁ Ἀγλαοφῶντος ἢ ὁ ἀδελφὸς αὐτοῦ ἔμπειρος ἦν τέχνης, τίνα ἂν αὐτὸν ὀρθῶς ἐκαλοῦμεν ;

ΠΩΛ. Δῆλον ὅτι ζωγράφον.　　　　　　　　　　　　　c

ΧΑΙ. Νῦν δ' ἐπειδὴ τίνος τέχνης ἐπιστήμων ἐστί, τίνα ἂν καλοῦντες αὐτὸν ὀρθῶς καλοῖμεν ;

ΠΩΛ. Ὦ Χαιρεφῶν, πολλαὶ τέχναι ἐν ἀνθρώποις εἰσὶν ἐκ τῶν ἐμπειριῶν ἐμπείρως εὑρημέναι· ἐμπειρία μὲν γὰρ ποιεῖ τὸν αἰῶνα ἡμῶν πορεύεσθαι κατὰ τέχνην, ἀπειρία δὲ κατὰ τύχην. ἑκάστων δὲ τούτων μεταλαμβάνουσιν ἄλλοι ἄλλων ἄλλως, τῶν δὲ ἀρίστων οἱ ἄριστοι· ὧν καὶ Γοργίας ἐστὶν ὅδε, καὶ μετέχει τῆς καλλίστης τῶν τεχνῶν.

III. ΣΩ. Καλῶς γε, ὦ Γοργία, φαίνεται Πῶλος παρ- D εσκευάσθαι εἰς λόγους· ἀλλὰ γὰρ ὃ ὑπέσχετο Χαιρε-. φῶντι οὐ ποιεῖ.

ΓΟΡ. Τί μάλιστα, ὦ Σώκρατες ;

ΣΩ. Τὸ ἐρωτώμενον οὐ πάνυ μοι φαίνεται ἀποκρί-νεσθαι.

ΓΟΡ. Ἀλλὰ σύ, εἰ βούλει, ἐροῦ αὐτόν.

ΣΩ. Οὐκ, εἰ αὐτῷ γε σοὶ βουλομένῳ ἐστὶν ἀποκρίνε-σθαι, ἀλλὰ πολὺ ἂν ἥδιον σέ. δῆλος γάρ μοι Πῶλος καὶ ἐξ ὧν εἴρηκεν, ὅτι τὴν καλουμένην ῥητορικὴν μᾶλλον μεμελέτηκεν ἢ διαλέγεσθαι.

---

c. Ὦ Χαιρεφῶν] This speech of Polus was a part of his τέχνη, or treatise on Rhetoric, of which we hear below, p. 462 c. So the Schol. on Harmogenes, p. 18 (Rhetores Graeci Walz. iv. 44), ὅθεν καὶ Πῶλος ὁ Γοργίου μαθητὴς ἐν τῇ τέχνῃ φησίν πολλαὶ τέχναι ἐν ἀνθρώποις εἰσὶν ἐκ τῶν ἐμπειριῶν ἐμπειρίας (L. ἐμπείρως) εὑρημέναι. Comp. Arist. Metaph. i. 1, ἡ μὲν γὰρ ἐμπειρία τέχνην ἐποίησεν, ὥς φησι Πῶλος, ὀρθῶς λέγων, κ.τ.λ.

τῆς καλλίστης τῶν τεχνῶν] Compare Philebus, p. 58, ἤκουον μὲν ἔγωγε, ὦ Σώκρατες, ἑκάστοτε Γοργίου λέγοντος πολλάκις, ὡς ἡ τοῦ πείθειν πολὺ διαφέροι πασῶν τεχνῶν· πάντα γὰρ ὑφ' αὑτῇ δοῦλα δι' ἑκόντων ἀλλ' οὐ διὰ βίας ποιοῖτο, καὶ μακρῷ πασῶν ἀρίστη εἴη τῶν τεχνῶν.

D. σοὶ βουλομένῳ ἐστίν] This sufficiently common idiom is illustrated in all the Grammars, as in Donaldson, § 458 gg. It is imitated in Latin by Sallust and Tacitus.

δῆλος γάρ μοι] This construction (for δῆλόν μοί ἐστιν ὅτι Πῶλος), which is illustrated by Stallb., is especially frequent in the case of the words δῆλος and δίκαιος. Soph. Ant. 400, δίκαιός εἰμι τῶνδ' ἀπηλλάχθαι κακῶν. δῆλος, and δηλοῦν in its intrans. sense, are more frequently used with participles, as ib. v. 20, δηλοῖς γάρ τι καλχαίνουσ' ἔπος. Stallb. quotes three instances from Plato in which ἀναγκαῖον is similarly used, among these the passage below, 449 c.

E   ΠΩΛ. Τί δή, ὦ Σώκρατες ;

ΣΩ. Ὅτι, ὦ Πῶλε, ἐρομένου Χαιρεφῶντος τίνος Γοργίας ἐπιστήμων τέχνης, ἐγκωμιάζεις μὲν αὐτοῦ τὴν τέχνην ὥσπερ τινὸς ψέγοντος, ἥτις δέ ἐστιν οὐκ ἀπεκρίνω.

ΠΩΛ. Οὐ γὰρ ἀπεκρινάμην ὅτι εἴη ἡ καλλίστη ;

ΣΩ. Καὶ μάλα γε. ἀλλ' οὐδεὶς ἠρώτα ποία τις εἴη ἡ Γοργίου τέχνη, ἀλλὰ τίς, καὶ ὄντινα δέοι καλεῖν τὸν Γοργίαν. ὥσπερ τὰ ἔμπροσθέν σοι ὑπετείνατο Χαιρεφῶν καὶ
449 αὐτῷ καλῶς καὶ | διὰ βραχέων ἀπεκρίνω, καὶ νῦν οὕτως εἰπέ, τίς ἡ τέχνη καὶ τίνα Γοργίαν καλεῖν χρὴ ἡμᾶς. μᾶλλον δέ, ὦ Γοργία, αὐτὸς ἡμῖν εἰπέ, τίνα σε χρὴ καλεῖν ὡς τίνος ἐπιστήμονα τέχνης.

ΓΟΡ. Τῆς ῥητορικῆς, ὦ Σώκρατες.

ΣΩ. Ῥήτορα ἄρα χρή σε καλεῖν ;

ΓΟΡ. Ἀγαθόν γε, ὦ Σώκρατες, εἰ δὴ ὅ γε εὔχομαι εἶναι, ὡς ἔφη Ὅμηρος, βούλει με καλεῖν.

ΣΩ. Ἀλλὰ βούλομαι.

ΓΟΡ. Κάλει δή.

ΣΩ. Οὐκοῦν καὶ ἄλλους σε φῶμεν δυνατὸν εἶναι ποιεῖν ;

B   ΓΟΡ. Ἐπαγγέλλομαί γε δὴ ταῦτα οὐ μόνον ἐνθάδε ἀλλὰ καὶ ἄλλοθι.

ΣΩ. Ἆρ' οὖν ἐθελήσαις ἄν, ὦ Γοργία, ὥσπερ νῦν διαλεγόμεθα, διατελέσαι τὸ μὲν ἐρωτῶν, τὸ δ' ἀποκρινόμενος, τὸ δὲ μῆκος τῶν λόγων τοῦτο, οἷον καὶ Πῶλος ἤρξατο,

---

E. ὥσπερ τὰ ἔμπροσθέν σοι ὑπετείνατο]
"Chéréphon t'a mis sur la voie par des exemples" (Cousin). ὑποτ. is used similarly in Theaet. 179 D, σκεπτέον ἐξ ἀρχῆς, ὥσπερ αὐτοὶ ὑποτείνονται. The active is found in like sense in Clitoph. 408 D. It is nearly equivalent to ὑφηγεῖσθαι (praeire, praemonstrare), as Heindorf remarks. Comp. 455 D, αὐτὸς γὰρ καλῶς ὑφηγήσω, 'have shown me the way.' The allusion here is to the examples of the physician and painter above proposed by Chaerephon. Observe the hendiadys, for ὥσπερ, . . . ὑποτεινομένου Χαιρεφῶντος, αὐτῷ καλῶς . . . ἀπεκρίνω, καὶ νῦν οὕτως εἰπέ. Comp. ὑπεγράψαμεν, Theaet. 171 E. The οὖν which used to

stand after νῦν, though patronized by Heind., is now properly omitted by the edd. It is absent from the Bodl.

449. Οὐκοῦν καὶ ἄλλους] Olymp. in l., ἕν ἐστι τῶν χαρακτηριζόντων τὸν ἐπιστήμονα τὸ καὶ ἄλλους δύνασθαι ποιεῖν ἐπιστήμονας, ὡς καὶ ἐν τῷ Ἀλκιβιάδῃ εἴρηται. "Ad v. ἄλλους int. ῥήτορας. Pleue infra c, ῥητορικῆς γὰρ φὴς ἐπιστήμων τέχνης εἶναι, καὶ ποιῆσαι ἂν καὶ ἄλλον ῥήτορα. Conviv. 196 E, ποιητὴς ὁ θεὸς σοφὸς οὕτως ὥστε καὶ ἄλλον ποιῆσαι" (Ast).

B. οἷον καὶ Πῶλος ἤρξατο] 'such as was the exordium of Polus,' as if he had said οἵαν ἀρχὴν ἤρξατο, as in Soph. 242 B, τίνα ἀρχὴν τις ἂν ἄρχαιτο λόγου ; Tim. 36 E, θείαν ἀρχὴν ἤρξατο.

εἰσαῦθις ἀποθέσθαι; ἀλλ' ὅπερ ὑπισχνεῖ, μὴ ψεύσῃ, ἀλλ' ἐθέλησον κατὰ βραχὺ τὸ ἐρωτώμενον ἀποκρίνεσθαι.

ΓΟΡ. Εἰσὶ μέν, ὦ Σώκρατες, ἔνιαι τῶν ἀποκρίσεων C ἀναγκαῖαι διὰ μακρῶν τοὺς λόγους ποιεῖσθαι· οὐ μὴν ἀλλὰ πειράσομαί γε ὡς διὰ βραχυτάτων. καὶ γὰρ αὖ καὶ τοῦτο ἕν ἐστιν ὧν φημί, μηδένα ἂν ἐν βραχυτέροις ἐμοῦ ταὐτὰ εἰπεῖν.

ΣΩ. Τούτου μὴν δεῖ, ὦ Γοργία· καί μοι ἐπίδειξιν αὐτοῦ τούτου ποίησαι, τῆς βραχυλογίας, μακρολογίας δὲ εἰσαῦθις.

ΓΟΡ. Ἀλλὰ ποιήσω, καὶ οὐδενὸς φήσεις βραχυλογωτέρου ἀκοῦσαι.

IV. ΣΩ. Φέρε δή· ῥητορικῆς γὰρ φὴς ἐπιστήμων τέχνης εἶναι καὶ ποιῆσαι ἂν καὶ ἄλλον ῥήτορα· ἡ ῥητο- D ρικὴ περὶ τί τῶν ὄντων τυγχάνει οὖσα; ὥσπερ ἡ ὑφαντικὴ περὶ τὴν τῶν ἱματίων ἐργασίαν· ἦ γάρ;

ΓΟΡ. Ναί.

ΣΩ. Οὐκοῦν καὶ ἡ μουσικὴ περὶ τὴν τῶν μελῶν ποίησιν;

ΓΟΡ. Ναί.

ΣΩ. Νὴ τὴν Ἥραν, ὦ Γοργία, ἄγαμαί γέ σου τὰς ἀποκρίσεις, ὅτι ἀποκρίνει ὡς οἷόν τε διὰ βραχυτάτων.

ἀλλ' ὅπερ ὑπισχνεῖ] Sup. 447 E, εἰπέ μοι, ὦ Γοργία, ἀληθῆ λέγει Καλλικλῆς ὅδε, ὅτι ἐπαγγέλλει ἀποκρίνασθαι ὅ τι ἄν τίς σε ἐρωτᾷ; Ἀληθῆ, ὦ Χαιρεφῶν, καὶ γὰρ νῦν δὴ αὐτὰ ταῦτα ἐπηγγελλόμην. After ἀποθέσθαι some few codd. give ναί. Buttmann would receive this into the text, as the answer of Gorgias to the request made by Socr. He urges that the general ἐπάγγελμα of Gorgias did not imply all that Socr. here requires of him. To evade the difficulty Ast proposes εἴπερ for ὅπερ. It is, I think, conceivable that Socr. refers to a boast which he regards as notorious, and which Gorgias presently repeats, μηδένα ἂν ἐν βραχυτέροις, κ.τ.λ. ὑπισχνεῖ will thus have its natural meaning—'the profession you habitually make.' I hesitate between this view and the expedient proposed by Buttm. Sext. Empir. (adv. Matth. ii. 7) gives a well-known anecdote in illustration of the contrast between dialectical brevity and rhetorical diffuseness: Ζήνων ὁ Κιττιεὺς ἐρωτηθεὶς ὅτῳ διαφέρει διαλεκτικὴ ῥητορικῆς, συστρέψας τὴν χεῖρα καὶ πάλιν ἐξαπλώσας ἔφη "τούτῳ," κατὰ μὲν τὴν συστροφὴν τὸ στρόγγυλον καὶ βραχὺ τῆς διαλεκτικῆς τάττων ἰδίωμα, διὰ δὲ τῆς ἐξαπλώσεως καὶ ἐκτάσεως τῶν δακτύλων τὸ πλατὺ τῆς ῥητορικῆς δυνάμεως αἰνιττόμενος.

c. Εἰσὶ μέν, ὦ Σώκρατες] Olymp., ὑπάρχουσι μέν τινες τῶν ἐρωτήσεων καὶ μακροῦ λόγου χρῄζουσαι. Rightly as regards the sense. For the use of ἀναγκαῖαι comp. Legg. i. 643 c; Soph. 242 B, and the note on 448 D above. Tr., 'There are answers, Socr., which cannot choose but be diffuse. Not but what I will try to be as brief as possible.'

καὶ γὰρ αὖ] This boast was common to Gorgias and his master Tisias. See Phaedr. 267 B.

Τούτου μὴν] Olymp. reads τούτου μέντοι, which is perhaps better.

D. ἄγαμαί γέ σου] So Heind. Some MSS. have γε only, some σου only, but both are required by usage. Hirschig in a recent tract insists on expelling τὰς

ΓΟΡ. Πάνυ γὰρ οἶμαι, ὦ Σώκρατες, ἐπιεικῶς τοῦτο ποιεῖν.

ΣΩ. Εὖ λέγεις. ἴθι δή μοι ἀπόκριναι οὕτω καὶ περὶ

E τῆς ῥητορικῆς, περὶ τί τῶν ὄντων ἐστὶν ἐπιστήμη ;

ΓΟΡ. Περὶ λόγους.

ΣΩ. Ποίους τούτους, ὦ Γοργία ; ἆρα οἳ δηλοῦσι τοὺς κάμνοντας, ὡς ἂν διαιτώμενοι ὑγιαίνοιεν ;

ΓΟΡ. Οὔ.

ΣΩ. Οὐκ ἄρα περὶ πάντας γε τοὺς λόγους ἡ ῥητορική ἐστιν.

ΓΟΡ. Οὐ δῆτα.

ΣΩ. Ἀλλὰ μὴν λέγειν γε ποιεῖ δυνατούς.

ΓΟΡ. Ναί.

ΣΩ. Οὐκοῦν περὶ ὧνπερ λέγειν, καὶ φρονεῖν ;

ΓΟΡ. Πῶς γὰρ οὔ ;

450 ΣΩ. Ἀρ᾽ οὖν, ἣν νῦν δὴ ἐλέγομεν, ἡ ἰατρικὴ | περὶ τῶν καμνόντων ποιεῖ δυνατοὺς εἶναι φρονεῖν καὶ λέγειν ;

ΓΟΡ. Ἀνάγκη.

ΣΩ. Καὶ ἡ ἰατρικὴ ἄρα, ὡς ἔοικε, περὶ λόγους ἐστί.

ΓΟΡ. Ναί.

ΣΩ. Τούς γε περὶ τὰ νοσήματα ;

ΓΟΡ. Μάλιστα.

ΣΩ. Οὐκοῦν καὶ ἡ γυμναστικὴ περὶ λόγους ἐστὶ τοὺς περὶ εὐεξίαν τε τῶν σωμάτων καὶ καχεξίαν ;

ΓΟΡ. Πάνυ γε.

ΣΩ. Καὶ μὴν καὶ αἱ ἄλλαι τέχναι, ὦ Γοργία, οὕτως

B ἔχουσιν· ἑκάστη αὐτῶν περὶ λόγους ἐστὶ τούτους, οἳ τυγχάνουσιν ὄντες περὶ τὸ πρᾶγμα οὗ ἑκάστη ἐστὶν ἡ τέχνη.

ΓΟΡ. Φαίνεται.

ἀποκρίσεις, reading ἄγαμαί γέ σου ὅτι ἀποκρίνει κ.τ.λ. So Hipp. Maj. 291 E, ἄγαμαί σου ὅτι μοι δοκεῖς κ.τ.λ.

E. ὡς ἂν διαιτώμενοι ὑγιαίνοιεν] 'how they must live in order to get well:' or more literally, 'by observing what rules of diet they will get well.'

450. περὶ τῶν καμνόντων ποιεῖ] ποιεῖ, which some of the best MSS. omit, seems to me indispensable.

ἡ γυμναστική] Olympiodorus makes a curious remark on this passage. He says, "Socr. is not speaking of the trainers (παιδοτρίβων) of the present day, but of ancient times, when it was the task of the physician to restore health, and of the trainer to preserve it" (ἡ δὲ γυμναστικὴ ἐφύλαττε). "In our day," he says, "the two functions are confounded"—συγκέχυνται ταῦτα.

ΣΩ. Τί οὖν δή ποτε τὰς ἄλλας τέχνας οὐ ῥητορικὰς καλεῖς, οὔσας περὶ λόγους, εἴπερ ταύτην ῥητορικὴν καλεῖς, ἣ ἂν ᾖ περὶ λόγους;

ΓΟΡ. Ὅτι, ὦ Σώκρατες, τῶν μὲν ἄλλων τεχνῶν περὶ χειρουργίας τε καὶ τοιαύτας πράξεις, ὡς ἔπος εἰπεῖν, πᾶσά ἐστιν ἡ ἐπιστήμη, τῆς δὲ ῥητορικῆς οὐδέν ἐστι τοιοῦτον χειρούργημα, ἀλλὰ πᾶσα ἡ πρᾶξις καὶ ἡ κύρωσις διὰ λόγων ἐστί. διὰ ταῦτ᾽ ἐγὼ τὴν ῥητορικὴν τέχνην ἀξιῶ c εἶναι περὶ λόγους, ὀρθῶς λέγων, ὡς ἐγώ φημι.

V. ΣΩ. Ἆρ᾽ οὖν μανθάνω οἵαν αὐτὴν βούλει καλεῖν; τάχα δ᾽ εἴσομαι σαφέστερον. ἀλλ᾽ ἀπόκριναι. εἰσὶν ἡμῖν τέχναι. ἢ γάρ;

ΓΟΡ. Ναί.

ΣΩ. Πασῶν δέ, οἶμαι, τῶν τεχνῶν τῶν μὲν ἐργασία τὸ πολύ ἐστι καὶ λόγου βραχέος δέονται, ἔνιαι δὲ οὐδενός, ἀλλὰ τὸ τῆς τέχνης περαίνοιτο ἂν καὶ διὰ σιγῆς, οἷον γραφικὴ καὶ ἀνδριαντοποιία καὶ ἄλλαι πολλαί· τὰς τοιαύτας μοι δοκεῖς λέγειν, περὶ ἃς οὐ φὴς τὴν ῥητορικὴν D εἶναι. ἢ οὔ;

ΓΟΡ. Πάνυ μὲν οὖν καλῶς ὑπολαμβάνεις, ὦ Σώκρατες.

ΣΩ. Ἕτεραι δέ γ᾽ εἰσὶ τῶν τεχνῶν αἳ διὰ λόγου πᾶν περαίνουσι, καὶ ἔργου, ὡς ἔπος εἰπεῖν, ἢ οὐδενὸς προσ-

---

B. χειρούργημα] This word and the following κύρωσις are pronounced Sicelisms by the Schol. κύρωσις is found in Thucyd. vi. 103, and perhaps may be set down as an instance of the Gorgiasm of which the ancient rhetoricians accuse him. κῦρος is presently used by Socr. in the same sense. Later writers do not scruple to employ both the words objected to. Olymp. quotes the Boeotism ἴττω Ζεύς put into the mouth of the Theban Cebes in Phaedo 62 A as a proof that Plato sometimes indulges his characters in the use of their native provincialisms.

c. Ἆρ᾽ οὖν μανθάνω] 'I am not sure that I understand what art you mean to call it: but I shall presently' &c. ἆρα is frequently used when the speaker questions himself. See below, 463 D, ἆρ᾽ οὖν

ἂν μάθοις ἀποκριναμένου; 'I should like to know whether you will understand my answer when I have given it.' τάχα = αὐτίκα, as freq. in Plato and Xenophon. Below, 466 A, τί τάχα δράσεις; where the gloss πρεσβύτης γενόμενος used to stand in the text but is now ejected. In Phaedr. 228 C τάχ᾽ ἐπειδὰν = ἐπειδὰν τάχιστα. With εἴσομαι, τάχα has nearly always this sense, but there is a seeming exception in the Minos, p. 314 C, καὶ ἴσως μὲν καλῶς λέγεις, τάχα δὲ ὧδε ἄμεινον εἰσόμεθα.

Πασῶν δέ, οἶμαι, τῶν τεχνῶν] 'of the various arts there are some in which work is the principal ingredient, and they require little or perhaps no discourse.'

D. ὡς ἔπος εἰπεῖν] 'paene dixerim,' opposed to ἀκριβεῖ λόγῳ in Rep. i. 341 B,

δέονται ἢ βραχέος πάνυ, οἷον ἀριθμητικὴ καὶ λογιστικὴ
καὶ γεωμετρικὴ καὶ πεττευτική γε καὶ ἄλλαι πολλαὶ τέχναι,
ὧν ἔνιαι σχεδόν τι ἴσους τοὺς λόγους ἔχουσι ταῖς πράξεσιν,
Ε αἱ δὲ πολλαὶ πλείους καὶ τὸ παράπαν πᾶσα ἡ πρᾶξις καὶ
τὸ κῦρος αὐταῖς διὰ λόγων ἐστί.   τῶν τοιούτων τινά μοι
δοκεῖς λέγειν τὴν ῥητορικήν.

   ΓΟΡ.   Ἀληθῆ λέγεις.

   ΣΩ.   Ἀλλ’ οὗτοι τούτων γε οὐδεμίαν οἶμαί σε βούλε-
σθαι ῥητορικὴν καλεῖν, οὐχ ὅτι τῷ ῥήματι οὕτως εἶπες,
ὅτι ἡ διὰ λόγου τὸ κῦρος ἔχουσα ῥητορική ἐστι, καὶ ὑπο-
λάβοι ἄν τις, εἰ βούλοιτο δυσχεραίνειν ἐν τοῖς λόγοις, Τὴν
ἀριθμητικὴν ἄρα ῥητορικήν, ὦ Γοργία, λέγεις; ἀλλ’ οὐκ
οἶμαί σε οὔτε τὴν ἀριθμητικὴν οὔτε τὴν γεωμετρίαν ῥητο-
ρικὴν λέγειν.

451   ΓΟΡ.   Ὀρθῶς γὰρ οἴει, ὦ Σώκρατες, καὶ δικαίως
ὑπολαμβάνεις.

   VI.   ΣΩ.   Ἴθι νυν καὶ σὺ τὴν ἀπόκρισιν ἣν ἠρόμην
διαπέρανον.   ἐπεὶ γὰρ ἡ ῥητορικὴ τυγχάνει μὲν οὖσα τού-

and to ὄντως in Legg. ii. 656 Ε, in which
passages tr. ‘in popular language,’ ‘in
vulgar parlance,’ or the like.

σχεδόν τι ἴσους] Schol., ὡς ἡ πετ-
τευτικὴ καὶ κιθαρῳδία. It is hard to see
how the game of draughts should require
speech and action in equal proportion.
Olympiodorus's explanation, which is
somewhat obscure, shows, however, that
a mixed game of chance and skill, like
our backgammon, is to be understood by
πεττευτική. The ‘speech’ consisted in
calling out the number of each throw of
the dice; the action in moving the pieces
to the best advantage under the cir-
cumstances. ἐξ ἴσου ἔχει τό τε ἔργον
καὶ τὸν λόγον· ἅμα γὰρ τῷ ῥίπτειν τὰς
ψήφους καὶ ἐπιλέγουσί τινα· οἷον ς' ε' δ'
ἢ τρίεκτα (sc. τρὶς ἕξ, Aesch. Ag. init.)
ἤ τι τοιοῦτον. By ψήφους I imagine
that he means κύβους, for the draught-
men can hardly have been made to
serve a double purpose even though
they were, as he says, like a split die
(διεστηκὼς κύβος ἐκ τριῶν τριγώνων
περιεχόμενος).

Ε. οὐχ ὅτι] ‘not but what, taken at
your word, you did say as much as that’
&c. Protag. 336 D, οὐχ ὅτι παίζει καὶ

φησιν ἐπιλήσμων εἶναι, ‘though he does
make believe and protest that he has no
memory.’

καὶ ὑπολάβοι ἄν τις] ‘and a captious
opponent, if so disposed, might reply,
“Oh, so it is arithmetic you mean when
you say rhetoric.”’ δυσχεραίνειν,
φιλονεικεῖν (Olymp.).

451. Ἴθι νυν] Most MSS. have νῦν.
Bekker reads οὖν on the authority of one
or two. I have restored the enclitic,
which Dindorf replaces likewise in
Sophist. p. 224 c, Ἴθι δὴ νυν συνα-
γάγωμεν αὐτό for the vulg. δὴ νῦν (Ad
Steph. Thes. ii. p. 1049). So in Xen.
Hell. v. 1. 32, ὅτε νυν καὶ ἐρωτᾶτε. “Non
est enim cur poeticum putetur νυν en-
cliticum, quod prosae quoque tribuere
videtur Schol. ad Eur. Hec. 975 Matth.”
(Dind. ibid. tom. v. p. 1613). The tem-
poral adverb is out of place here, and the
reading οὖν was probably a gloss on the
original νυν or νῦν. The same account
may be given of δή, which is found in
another MS. On the quantity of the
enclitic νυν see the accurate remarks of
Mr. J. Wordsworth in the Philological
Museum, i. p. 226.

τῶν τις τῶν τεχνῶν τῶν τὸ πολὺ λόγῳ χρωμένων, τυγχά-
νουσι δὲ καὶ ἄλλαι τοιαῦται οὖσαι, πειρῶ εἰπεῖν, ἡ περὶ τί
ἐν λόγοις τὸ κῦρος ἔχουσα ῥητορική ἐστιν· ὥσπερ ἂν εἰ
τίς με ἔροιτο ὧν νῦν δὴ ἔλεγον περὶ ἡστινοσοῦν τῶν τεχνῶν,
Ὦ Σώκρατες, τίς ἐστιν ἡ ἀριθμητικὴ τέχνη ; εἴποιμ' ἂν
αὐτῷ, ὥσπερ σὺ ἄρτι, ὅτι τῶν διὰ λόγου τις τὸ κῦρος B
ἐχουσῶν. καὶ εἴ με ἐπανέροιτο Τῶν περὶ τί ; εἴποιμ' ἂν
ὅτι τῶν περὶ τὸ ἀρτιόν τε καὶ περιττόν, ὅσ' ἂν ἑκάτερα τυγ-
χάνοι ὄντα. εἰ δ' αὖ ἔροιτο, Τὴν δὲ λογιστικὴν τίνα
καλεῖς τέχνην ; εἴποιμ' ἂν ὅτι καὶ αὕτη ἐστὶ τῶν λόγῳ τὸ
πᾶν κυρουμένων. καὶ εἰ ἐπανέροιτο Ἡ περὶ τί ; εἴποιμ'
ἂν ὥσπερ οἱ ἐν τῷ δήμῳ συγγραφόμενοι, ὅτι τὰ μὲν ἄλλα

B. περιττόν] After this word γνῶσις
stands in the MSS. Bekker and all sub-
sequent edd. have bracketed it. It is
so palpably a gloss that it is better
removed.

ὅσ' ἂν ἑκάτερα τυγχάνοι ὄντα] ὅσα
here and in 453 E is used for πόσα or
ὁπόσα. Soph. Oed. R. 1271, ὁθούνεκ' οὐκ
ὄψοιτό νιν Οὔθ' οἷ' ἔπασχεν οὔθ' ὁποῖ'
ἔδρα κακά. Xen. Cyr. v. 29, ἤγαγον
συμμάχους οὐχ ὅσους σὺ ἔπεισας ἀλλ'
ὁπόσους ἐγὼ πλείστους ἐδυνάμην. For
τυγχάνοι the Bodl. and others give
τυγχάνῃ, and so the Zür. edd. But this
could only mean, 'as many as there may
be of either sort,' whereas the meaning
required is, 'how many either may be;'
i. e. how many units there are, or 'may
be,' in any particular odd or even num-
ber. The potential ἂν τυγχάνοι will give
this sense, but we should have expected
to find ὅσα . . . τυγχάνει, as in the
passage of this dial. just referred to we
have ὅσα ἐστίν and ὅσον ἐστίν, and in
Theaet. 198 c σκοπεῖσθαι πόσος τις ἀριθμὸς
τυγχάνει ὄν. One MS. has τυγ-
χάνει, though apparently retaining ἄν.
—Arithmetic, in its popular acceptation
among the Greeks, was limited to Nota-
tion or Numeration : speculative or scien-
tific Arithmetic took a much wider range,
including the science of the forms and
properties of numbers, as developed for
instance in the four books of Euclid
succeeding the sixth. Logistic in like
manner was both popular and philo-
sophical, the former being confined to
the "four rules" and their applications.
It is evident that Socr. is here speaking

only of the *popular* Arithmetic and
Logistic : Olympiodorus is therefore wide
of the mark when he says, ἡ μὲν ἀριθ-
μητικὴ περὶ τὸ εἶδος αὐτῶν (sc. τοῦ ἀρτίου
καὶ τοῦ περιττοῦ) ἡ δὲ λογιστικὴ περὶ τὴν
ὕλην—for his statement, if true, is in-
applicable to the passage before us.
Those who are interested in the history
of Greek mathematics may consult upon
this point Klügel's Mathematisches Wör-
terbuch, i. 174 fol., comparing Plat.
Politic. 299 E, and Phileb. 56 c fol. The
theorem given in Theaet. 147 D is an
elegant specimen of the higher Arith-
metic.

κυρουμένων] 'which accomplish' or
'achieve :' nearly = διαπραττομένων, with
which it is coupled below (D). κυροῦν =
to give validity to the will or act of
another.

οἱ ἐν τῷ δήμῳ συγγραφόμενοι] 'those
who frame amendments in the assembly,'
i. e. upon the *probouleumata* brought
down from the Council. The force of
the following words will be at once evident
from an inscription in Boeckh (No. 84) :
τὰ μὲν ἄλλα καθάπερ τῇ βουλῇ, ἀναγράψαι
δὲ Φανόκριτον τὸν Παριανὸν πρόξενον καὶ
εὐεργέτην αὐτὸν καὶ τοὺς ἐκγόνους ἐν
στήλῃ λιθίνῃ. The honours decreed by
the Council to this Phanocritus had been
more limited, and the orator Cephalus
adds this 'rider.' In Aesch. c. Ctes. p.
71, § 127, we find σύγγραμμα used in the
corresponding sense of a clause in a bill :
καὶ πάλιν ἐν τῷ αὐτῷ ψηφίσματι πολὺ
καὶ σαφέστερον καὶ πικρότερον σύγγραμμα
γράφει, 'he inserts a much harsher pro-
vision.'

καθάπερ ἡ ἀριθμητικὴ ἡ λογιστικὴ ἔχει· περὶ τὸ αὐτὸ
C γάρ ἐστι, τό τε ἄρτιον καὶ τὸ περιττόν· διαφέρει δὲ
τοσοῦτον, ὅτι καὶ πρὸς αὑτὰ καὶ πρὸς ἄλληλα πῶς ἔχει
πλήθους ἐπισκοπεῖ τὸ περιττὸν καὶ τὸ ἄρτιον ἡ λογιστική.
καὶ εἴ τις τὴν ἀστρονομίαν ἀνέροιτο, ἐμοῦ λέγοντος ὅτι
καὶ αὕτη λόγῳ κυροῦται τὰ πάντα, Οἱ δὲ λόγοι οἱ τῆς
ἀστρονομίας, εἰ φαίη, περὶ τί εἰσιν, ὦ Σώκρατες; εἴποιμ'
ἂν ὅτι περὶ τὴν τῶν ἄστρων φορὰν καὶ ἡλίου καὶ σελήνης,
πῶς πρὸς ἄλληλα τάχους ἔχει.

　　ΓΟΡ. Ὀρθῶς γε λέγων σύ, ὦ Σώκρατες.

D　ΣΩ. Ἴθι δὴ καὶ σύ, ὦ Γοργία. τυγχάνει μὲν γὰρ δὴ
ἡ ῥητορικὴ οὖσα τῶν λόγῳ τὰ πάντα διαπραττομένων τε
καὶ κυρουμένων [τις] ἦ γάρ;

　　ΓΟΡ. Ἔστι ταῦτα.

　　ΣΩ. Λέγε δὴ τῶν περὶ τί; *τί* ἐστι τοῦτο τῶν ὄντων,
περὶ οὗ οὗτοι οἱ λόγοι εἰσίν, οἷς ἡ ῥητορικὴ χρῆται;

　　ΓΟΡ. Τὰ μέγιστα τῶν ἀνθρωπείων πραγμάτων, ὦ
Σώκρατες, καὶ ἄριστα.

VII. ΣΩ. Ἀλλ', ὦ Γοργία, ἀμφισβητήσιμον καὶ
τοῦτο λέγεις καὶ οὐδέν πω σαφές. οἶμαι γάρ σε ἀκη-
E κοέναι ἐν τοῖς συμποσίοις ἀδόντων ἀνθρώπων τοῦτο τὸ
σκολιόν, ἐν ᾧ καταριθμοῦνται ᾄδοντες ὅτι ὑγιαίνειν μὲν
ἄριστόν ἐστι, τὸ δὲ δεύτερον καλὸν γενέσθαι, τρίτον δέ,
ὥς φησιν ὁ ποιητὴς τοῦ σκολιοῦ, τὸ πλουτεῖν ἀδόλως.

D. τυγχάνει—[τις] For this τις the
Bodl. and some other MSS. have τινῶν,
possibly, as Herm. thinks, a relic of
τεχνῶν, which may have been itself a
gloss. I have followed his example in
bracketing τις, which though harmless
is unnecessary.

τί] This second τί was introduced
by Heind. Some MSS. omit τῶν περὶ,
which Ast inclines to do.

E. τοῦτο τὸ σκολιόν] This ran thus,
as edited by Bergk:—

ὑγιαίνειν μὲν ἄριστον ἀνδρὶ θνατῷ,
δεύτερον δὲ φυὰν καλὸν γενέσθαι,
τὸ τρίτον δὲ πλουτεῖν ἀδόλως,
καὶ τὸ τέταρτον ἡβᾶν μετὰ τῶν φίλων.
Anth. Lyr. p. 408.

"These Scolia were a kind of lyric com-
position sung either in concert or suc-
cessively, by all the guests after a
banquet : the subjects of them were
either the praises of some Attic Divinity,
or moral precepts, or reflections on life,
or gay exhortations to mirth or wine, or
to love. There were some scolia of great
antiquity ; the most esteemed were those
of Alcaeus, of Praxilla, and of Anacreon"
(T. Gray). Olympiodorus says that the
σκολιά were so called because the myrtle-
branch held by the singer inter can-
tandum, was not handed to his next
neighbour, but to the person opposite
him on the other side of the table : καὶ
σκολιὰ ἡ μετάδοσις ἐγίνετο. This par-
ticular scolium is quoted by Athen. (xv.

ΓΟΡ. Ἀκήκοα γάρ· ἀλλὰ πρὸς τί τοῦτο λέγεις ;

ΣΩ. Ὅτι σοι αὐτίκ᾽ ἂν | παρασταῖεν οἱ δημιουργοὶ 452
τούτων ὧν ἐπήνεσεν ὁ τὸ σκολιὸν ποιήσας, ἰατρός τε καὶ
παιδοτρίβης καὶ χρηματιστής, καὶ εἴποι ἂν πρῶτον μὲν ὁ
ἰατρὸς ὅτι Ὦ Σώκρατες, ἐξαπατᾷ σε Γοργίας· οὐ γάρ
ἐστιν ἡ τούτου τέχνη περὶ τὸ μέγιστον ἀγαθὸν τοῖς ἀν-
θρώποις, ἀλλ᾽ ἡ ἐμή. εἰ οὖν αὐτὸν ἐγὼ ἐροίμην Σὺ δὲ
τίς ὢν ταῦτα λέγεις ; εἴποι ἂν ἴσως ὅτι Ἰατρός. Τί οὖν
λέγεις ; ἢ τὸ τῆς σῆς τέχνης ἔργον μέγιστόν ἐστιν ἀγαθόν ;
Πῶς γὰρ οὔ, φαίη ἂν ἴσως, ὦ Σώκρατες, ὑγίεια ; τί δ᾽ ἐστὶ
μεῖζον ἀγαθὸν ἀνθρώποις ὑγιείας ; Εἰ δ᾽ αὖ μετὰ τοῦτον ὁ B
παιδοτρίβης εἴποι ὅτι Θαυμάζοιμί γ᾽ ἄν, ὦ Σώκρατες, καὶ
αὐτός, εἴ σοι ἔχει Γοργίας μεῖζον ἀγαθὸν ἐπιδεῖξαι τῆς
αὑτοῦ τέχνης ἢ ἐγὼ τῆς ἐμῆς· εἴποιμ᾽ ἂν αὖ καὶ πρὸς
τοῦτον Σὺ δὲ δὴ τίς εἶ, ὦ ἄνθρωπε ; καὶ τί τὸ σὸν ἔργον ;
Παιδοτρίβης, φαίη ἄν, τὸ δ᾽ ἔργον μού ἐστι καλούς τε καὶ
ἰσχυροὺς ποιεῖν τοὺς ἀνθρώπους τὰ σώματα. Μετὰ δὲ
τὸν παιδοτρίβην εἴποι ἂν ὁ χρηματιστής, ὡς ἐγῷμαι,
πάνυ καταφρονῶν ἁπάντων, Σκόπει δῆτα, ὦ Σώκρατες, ἐάν C
σοι πλούτου φανῇ τι μεῖζον ἀγαθὸν ὂν ἢ παρὰ Γοργίᾳ ἢ
παρ᾽ ἄλλῳ ὁτῳοῦν. φαῖμεν ἂν οὖν πρὸς αὐτὸν Τί δὲ δή ; ἦ
σὺ τούτου δημιουργός ; Φαίη ἄν. Τίς ὤν ; Χρηματιστής.
Τί οὖν ; κρίνεις σὺ μέγιστον ἀνθρώποις ἀγαθὸν εἶναι
πλοῦτον ; φήσομεν. Πῶς γὰρ οὔκ; ἐρεῖ. Καὶ μὴν ἀμ-
φισβητεῖ γε Γοργίας ὅδε τὴν παρ᾽ αὑτῷ τέχνην μείζονος
ἀγαθοῦ αἰτίαν εἶναι ἢ τὴν σήν, φαῖμεν ἂν ἡμεῖς. δῆλον
οὖν ὅτι τὸ μετὰ τοῦτο ἔροιτ᾽ ἂν Καὶ τί ἐστι τοῦτο τὸ
ἀγαθόν ; ἀποκρινάσθω Γοργίας. Ἴθι οὖν νομίσας, ὦ D
Γοργία, ἐρωτᾶσθαι καὶ ὑπ᾽ ἐκείνων καὶ ὑπ᾽ ἐμοῦ, ἀπό-
κριναι τί ἐστι τοῦτο ὃ φὴς σὺ μέγιστον ἀγαθὸν εἶναι τοῖς
ἀνθρώποις καὶ σὲ δημιουργὸν εἶναι αὐτοῦ.

p. 694) and attributed by Clemens Alex.
to Simonides.

452. καὶ εἴποι ἂν] I have followed
Hirschig in inserting ἄν. παρασταῖεν ἂν
.. καὶ εἴποιεν would have been agreeable
to usage, but the change in the subject

of the verb requires the repetition of the
particle.

D. ὃ φὴς σὺ —καὶ σέ] The same kind
of anacoluthia occurs inf. 454 B, ὃ δοκεῖ
μὲν δῆλον εἶναι ἐγὼ δ᾽ ἐπανερωτῶ.

ΓΟΡ. Ὅπερ ἔστιν, ὦ Σώκρατες, τῇ ἀληθείᾳ μέγιστον ἀγαθὸν καὶ αἴτιον ἅμα μὲν ἐλευθερίας αὐτοῖς τοῖς ἀνθρώποις, ἅμα δὲ τοῦ ἄλλων ἄρχειν ἐν τῇ αὐτοῦ πόλει ἑκάστῳ.

ΣΩ. Τί οὖν δὴ τοῦτο λέγεις;

Ε   ΓΟΡ. Τὸ πείθειν ἔγωγ' οἷόν τ' εἶναι τοῖς λόγοις καὶ ἐν δικαστηρίῳ δικαστὰς καὶ ἐν βουλευτηρίῳ βουλευτὰς καὶ ἐν ἐκκλησίᾳ ἐκκλησιαστὰς καὶ ἐν ἄλλῳ ξυλλόγῳ παντί, ὅστις ἂν πολιτικὸς ξύλλογος γίγνηται. καίτοι ἐν ταύτῃ τῇ δυνάμει δοῦλον μὲν ἕξεις τὸν ἰατρόν, δοῦλον δὲ τὸν παιδοτρίβην· ὁ δὲ χρηματιστὴς οὗτος ἄλλῳ ἀναφανήσεται χρηματιζόμενος καὶ οὐχ αὑτῷ, ἀλλὰ σοὶ τῷ δυναμένῳ λέγειν καὶ πείθειν τὰ πλήθη.

VIII. ΣΩ. Νῦν μοι δοκεῖς δηλῶσαι, ὦ Γοργία, ἐγγύ-
453 τατα τὴν ῥητορικὴν | ἥντινα τέχνην ἡγεῖ εἶναι, καὶ εἴ τι ἐγὼ συνίημι, λέγεις ὅτι πειθοῦς δημιουργός ἐστιν ἡ ῥητορική, καὶ ἡ πραγματεία αὐτῆς ἅπασα καὶ τὸ κεφάλαιον εἰς τοῦτο τελευτᾷ. ἢ ἔχεις τι λέγειν ἐπὶ πλέον τὴν ῥητορικὴν δύνασθαι ἢ πειθὼ τοῖς ἀκούουσιν ἐν τῇ ψυχῇ ποιεῖν;

ΓΟΡ. Οὐδαμῶς, ὦ Σώκρατες, ἀλλά μοι δοκεῖς ἱκανῶς ὁρίζεσθαι· ἔστι γὰρ τοῦτο τὸ κεφάλαιον αὐτῆς.

ΣΩ. Ἄκουσον δή, ὦ Γοργία. ἐγὼ γὰρ εὖ ἴσθ' ὅτι, ὡς

Ε. ἐν ταύτῃ τῇ δυνάμει] 'armed with this power you will hold in thraldom both physician and gymnast, while your great capitalist will be seen to be heaping up riches for another rather than himself, even for you who are able to move the masses by your eloquence.' For the use of ἐν comp. Xen. Cyr. viii. 6. 20, ταύτην τὴν στρατιὰν ἔχων ἐν ᾗ λέγεται καταστρέψασθαι πάντα τὰ ἔθνη. For that of ἀλλά see below, 454 c.

453. πειθοῦς δημιουργὸς—ἡ ῥητορική] This definition was not invented by Plato for the occasion. It appears to have been an heirloom in the schools of rhetoric, originating, according to the author of the Prolegomena to Hermogenes (p. 8), with Corax and Tisias, or, according to Quintilian, with Isocrates (Inst. Or. ii. c. 15, § 4): "Haec opinio originem ab Isocrate, si tamen revera ars quae circumfertur ejus est, duxit, qui cum longe sit a voluntate infa-mantium oratoris officia, finem artis temere comprehendit, dicens esse rhetoricen *persuadendi opificem*, id est, πειθοῦς δημιουργόν." The circumstance that it proceeds from the mouth of Socr. rather than of Gorgias, is an intimation that the definition was current in Athens when this dialogue was written. An amended definition is given by Socr. in Phaedr. 271 A: ἡ ῥητορικὴ ἂν εἴη τέχνη ψυχαγωγία τις διὰ λόγων.

ἐγὼ γὰρ εὖ ἴσθ' ὅτι—εἶναι τούτων ἕνα] An anacoluthon. The regular constr. would have been καὶ ἐγώ εἰμι τούτων εἷς, both εὖ ἴσθ' ὅτι and ὡς ἐμαυτὸν πείθω being parenthetical. The phrase εὖ ἴσθ' ὅτι is sometimes in construction and sometimes independent, as δῆλον ὅτι. In D, σαφῶς μὲν εὖ ἴσθ' ὅτι οὐκ οἶδα its use is ambiguous. Socr. alludes in this passage to his invariable practice of seeking a definition of the terms of an argument—the τί ἐστιν, in the language of Greek dialectic.

ἐμαυτὸν πείθω, εἴπερ τις ἄλλος ἄλλῳ διαλέγεται βου-
λόμενος εἰδέναι αὐτὸ τοῦτο περὶ ὅτου ὁ λόγος ἐστί, καὶ Β
ἐμὲ εἶναι τούτων ἕνα· ἀξιῶ δὲ καὶ σέ.

ΓΟΡ. Τί οὖν δή, ὦ Σώκρατες ;

ΣΩ. Ἐγὼ ἐρῶ νῦν. ἐγὼ τὴν ἀπὸ τῆς ῥητορικῆς πειθώ,
ἤ τίς ποτ᾽ ἐστὶν ἣν σὺ λέγεις καὶ περὶ ὧντινων πραγμάτων
ἐστὶ πειθώ, σαφῶς μὲν εὖ ἴσθ᾽ ὅτι οὐκ οἶδα, οὐ μὴν ἀλλ᾽
ὑποπτεύω γε ἣν οἶμαί σε λέγειν καὶ περὶ ὧν· οὐδὲν μέντοι
ἧττον ἐρήσομαί σε τίνα ποτὲ λέγεις τὴν πειθὼ τὴν ἀπὸ
τῆς ῥητορικῆς καὶ περὶ τίνων αὐτὴν εἶναι. τοῦ οὖν ἕνεκα C
δὴ αὐτὸς ὑποπτεύων σὲ ἐρήσομαι, ἀλλ᾽ οὐκ αὐτὸς λέγω ;
οὐ σοῦ ἕνεκα, ἀλλὰ τοῦ λόγου, ἵνα οὕτω προΐῃ, ὡς μάλιστ᾽
ἂν ἡμῖν καταφανὲς ποιοῖ περὶ ὅτου λέγεται. σκόπει γὰρ
εἰ σοι δοκῶ δικαίως ἀνερωτᾶν σε. ὥσπερ ἂν εἰ ἐτύγχανόν
σε ἐρωτῶν τίς ἐστι τῶν ζωγράφων Ζεῦξις, εἴ μοι εἶπες ὅτι
ὁ τὰ ζῷα γράφων, ἆρ᾽ οὐκ ἂν δικαίως σε ἠρόμην ὁ τὰ
ποῖα τῶν ζῴων γράφων ; [καὶ ποῦ ;]

ΓΟΡ. Πάνυ γε.

ΣΩ. Ἄρα διὰ τοῦτο ὅτι καὶ ἄλλοι εἰσὶ ζωγράφοι γρά-
φοντες ἄλλα πολλὰ ζῷα ;

B. Ἐγὼ ἐρῶ νῦν. ἐγώ] The first ἐγώ is
absent from the older edd. but is found
in the Bodl. and elsewhere. The re-
petition is, however, harsh, and one would
gladly dispense with the second ἐγώ,
which is omitted in one of the less im-
portant Paris MSS.

οὐ μὴν ἀλλ᾽] 'not but what I have my
suspicions as to its nature and its pro-
vince.'

C. ὡς μάλιστ᾽ ἂν—ποιοῖ] In this clause
ὡς is relative. Tr., 'so as it shall leave no
doubt in our minds what we are talking
about.' Lat., 'quo maxime modo.'

[καὶ ποῦ] These two little words
have greatly embarrassed the inter-
preters. It is, however, clear from the
next speech of Socr. (ἆρα . . . . ἄλλα
πολλὰ ζῷα ;) that the sentence closed
with γράφων, for otherwise καὶ ἄλλοθι
πολλαχοῦ or something equivalent must
have occurred after ζῷα. This considera-
tion may relieve us from the trouble of
discussing the merits, or rather perhaps
demerits, of the various conjectures (πῶς,
πόσου &c.) which have been made or

adopted by various interpreters from
Ficinus downwards. How the words
forced their way into the text it is hard
to understand. They were read by one
Scholiast, who adds the gloss, ἐν τῇ
ποικίλῃ στοᾷ, which, besides being irre-
levant, is untrue, for the portico in
question was painted by Polygnotus, not
by Zeuxis. Ast defends the vulgate,
translating thus: "welche Thiere malt
er, und von welcher Seite malt er sie,
d. h. was stellt er an ihnen dar?"
Another interpretation is 'whether he
painted on walls (in fresco) or on panel'
&c.; but if Plato had meant this, he
would certainly have expressed it differ-
ently. The clause, it seems to me, can
have no relevant meaning, nor is any
other clause needed in its stead. Hir-
schig leaves the text untouched, retain-
ing the old interpretation of Ficinus,
"quo pacto," as if he had read καὶ πῶς;
Olympiodorus quotes only as far as
γράφων, and ignores the καὶ ποῦ in his
paraphrase, which he could hardly have
done had he found the words in his copy.

ΓΟΡ.　Ναί.

ΣΩ.　Εἰ δέ γε μηδεὶς ἄλλος ἢ Ζεῦξις ἔγραφε, καλῶς ἄν σοι ἀπεκέκριτο ;

ΓΟΡ.　Πῶς γὰρ οὔ ;

ΣΩ.　Ἴθι δὴ καὶ περὶ τῆς ῥητορικῆς εἰπέ· πότερόν σοι δοκεῖ πειθὼ ποιεῖν ἡ ῥητορικὴ μόνη ἢ καὶ ἄλλαι τέχναι ; λέγω δὲ τό τοιόνδε· ὅστις διδάσκει ὁτιοῦν πρᾶγμα, πότερον ὃ διδάσκει πείθει ἢ οὔ ;

ΓΟΡ.　Οὐ δῆτα, ὦ Σώκρατες, ἀλλὰ πάντων μάλιστα πείθει.

Ε　ΣΩ.　Πάλιν δ' εἰ ἐπὶ τῶν αὐτῶν τεχνῶν λέγομεν ὧνπερ νῦν δή. ἡ ἀριθμητικὴ οὐ διδάσκει ἡμᾶς ὅσα ἐστὶ τὰ τοῦ ἀριθμοῦ, καὶ ὁ ἀριθμητικὸς ἄνθρωπος ;

ΓΟΡ.　Πάνυ γε.

ΣΩ.　Οὐκοῦν καὶ πείθει ;

ΓΟΡ.　Ναί.

ΣΩ.　Πειθοῦς ἄρα δημιουργός ἐστι καὶ ἡ ἀριθμητική.

ΓΟΡ.　Φαίνεται.

ΣΩ.　Οὐκοῦν ἐάν τις ἐρωτᾷ ἡμᾶς ποίας πειθοῦς καὶ περὶ τί, ἀποκρινούμεθά που αὐτῷ ὅτι τῆς διδασκαλικῆς 454 τῆς περὶ τὸ ἄρτιόν τε καὶ τὸ περιττὸν ὅσον ἐστί. | καὶ τὰς ἄλλας ἃς νῦν δὴ ἐλέγομεν τέχνας ἁπάσας ἕξομεν ἀποδεῖξαι πειθοῦς δημιουργοὺς οὔσας καὶ ἧστινος καὶ περὶ ὅ τι. ἢ οὔ ;

ΓΟΡ.　Ναί.

ΣΩ.　Οὐκ ἄρα ῥητορικὴ μόνη πειθοῦς ἐστι δημιουργός.

ΓΟΡ.　Ἀληθῆ λέγεις.

IX.　ΣΩ.　Ἐπειδὴ τοίνυν οὐ μόνη ἀπεργάζεται τοῦτο τὸ ἔργον, ἀλλὰ καὶ ἄλλαι, δικαίως ὥσπερ περὶ τοῦ ζωγράφου μετὰ τοῦτο ἐπανεροίμεθ' ἂν τὸν λέγοντα, ποίας δὴ πειθοῦς καὶ τῆς περὶ τί πειθοῦς ἡ ῥητορικὴ ἐστι τέχνη ; ἢ Β οὐ δοκεῖ σοι δίκαιον εἶναι ἐπανερέσθαι ;

ΓΟΡ.　Ἔμοιγε.

D. Ἴθι δή] Socr. objects to the definition that its terms are ambiguous. For there are two kinds of πειθώ, that which imparts knowledge with belief, and that which creates belief only. Below, p. 455 A.

Οὐ δῆτα] Not the negative of πείθει, but of οὐ πείθει. 'Nay, he persuades

ΣΩ. Ἀπόκριναι δή, ὦ Γοργία, ἐπειδή γε καὶ σοὶ δοκεῖ οὕτως.

ΓΟΡ. Ταύτης τοίνυν τῆς πειθοῦς λέγω, ὦ Σώκρατες, τῆς ἐν δικαστηρίοις καὶ ἐν τοῖς ἄλλοις ὄχλοις, ὥσπερ καὶ ἄρτι ἔλεγον, καὶ περὶ τούτων ἅ ἐστι δίκαιά τε καὶ ἄδικα.

ΣΩ. Καὶ ἐγώ τοι ὑπώπτευον ταύτην σε λέγειν τὴν πειθὼ καὶ περὶ τούτων, ὦ Γοργία· ἀλλ'—ἵνα μὴ θαυμάζῃς, ἐὰν ὀλίγον ὕστερον τοιοῦτόν τί σε ἀνέρωμαι, ὃ δοκεῖ μὲν δῆλον εἶναι, ἐγὼ δ' ἐπανερωτῶ—ὅπερ γὰρ λέγω, τοῦ ἑξῆς ο ἕνεκα περαίνεσθαι τὸν λόγον ἐρωτῶ, οὐ σοῦ ἕνεκα, ἀλλ' ἵνα μὴ ἐθιζώμεθα ὑπονοοῦντες προαρπάζειν ἀλλήλων τὰ λεγόμενα, ἀλλὰ σὺ τὰ σαυτοῦ κατὰ τὴν ὑπόθεσιν ὅπως ἂν βούλῃ περαίνῃς.

ΓΟΡ. Καὶ ὀρθῶς γέ μοι δοκεῖς ποιεῖν, ὦ Σώκρατες.

ΣΩ. Ἴθι δὴ καὶ τόδε ἐπισκεψώμεθα. καλεῖς τι μεμαθηκέναι;

ΓΟΡ. Καλῶ.

ΣΩ. Τί δέ; πεπιστευκέναι;

ΓΟΡ. Ἔγωγε.

ΣΩ. Πότερον οὖν ταὐτὸν δοκεῖ σοι εἶναι μεμαθηκέναι D καὶ πεπιστευκέναι, καὶ μάθησις καὶ πίστις, ἢ ἄλλο τι;

ΓΟΡ. Οἴομαι μὲν ἔγωγε, ὦ Σώκρατες, ἄλλο.

ΣΩ. Καλῶς γὰρ οἴει· γνώσει δὲ ἐνθένδε. εἰ γάρ τίς σε ἔροιτο Ἆρ' ἔστι τις, ὦ Γοργία, πίστις ψευδὴς καὶ ἀληθής; φαίης ἄν, ὡς ἐγὼ οἶμαι.

unquestionably.' So inf. 501 c, πότερον συγκατατίθεσαι ἡμῖν . . ἢ ἀντίφης; Κ. Οὐκ ἔγωγε, ἀλλὰ συγχωρῶ.

454 B. περὶ τούτων ἅ ἐστι δίκαιά τε καὶ ἄδικα] This definition applies in strictness only to δικανικοὶ λόγοι. The province of deliberative oratory (συμβουλευτική) is τὰ ἀγαθὰ καὶ κακά. See Phaedr. 261 c D, and the notes.

ἀλλ'—ἵνα μὴ—ὅπερ γὰρ λέγω] "Sed ut ne mirere . . . scito me interrogare" &c. (Heind.) The particle γὰρ is here in apodosi, as frequently after a parenthesis. See by all means Demosth. de F. L. § 107, and Mr. Shilleto's accurate remarks in the Vv. Ll. The idiom has escaped Stallb. ὅπερ λέγω is explained by 453 c, οὐ σοῦ ἕνεκα, κ.τ.λ.

c. τοῦ ἑξῆς] The order is, ἐρωτῶ ἕνεκα τοῦ ἑξῆς περαίνεσθαι τὸν λόγον. 'I ask in order that the argument may move towards its completion in regular order, by due steps.' περαίνεσθαι is passive, as below, 497 D, ἵνα περανθῶσιν οἱ λόγοι. Stallb. translates as if it were transitive and governed λόγον, which can hardly be the case, though the comp. διαπεραίνεσθαι is not unfrequently used in the middle, as Phaedr. 263 E, λόγου διεπεράνατο.

ἀλλ' ἵνα μὴ ἐθιζώμεθα] 'that we may not contract a habit of forestalling or taking for granted each other's statements from vague suspicions of what they are likely to be; but that you may rather develop your own views in your own way in accordance with the premises assumed.'

ΓΟΡ. Ναί.

ΣΩ. Τί δέ ; ἐπιστήμη ἐστὶ ψευδὴς καὶ ἀληθής ;

ΓΟΡ. Οὐδαμῶς.

ΣΩ. Δῆλον ἄρα ὅτι οὐ ταὐτόν ἐστον.

ΓΟΡ. Ἀληθῆ λέγεις.

ΣΩ. Ἀλλὰ μὴν οἵ τέ γε μεμαθηκότες πεπεισμένοι εἰσὶ
Ε καὶ οἱ πεπιστευκότες.

ΓΟΡ. Ἔστι ταῦτα.

ΣΩ. Βούλει οὖν δύο εἴδη θῶμεν πειθοῦς, τὸ μὲν πίστιν
παρεχόμενον ἄνευ τοῦ εἰδέναι, τὸ δ' ἐπιστήμην ;

ΓΟΡ. Πάνυ γε.

ΣΩ. Ποτέραν οὖν ἡ ῥητορικὴ πειθὼ ποιεῖ ἐν δικα-
στηρίοις τε καὶ τοῖς ἄλλοις ὄχλοις περὶ τῶν δικαίων τε καὶ
ἀδίκων ; ἐξ ἧς τὸ πιστεύειν γίγνεται ἄνευ τοῦ εἰδέναι ἢ ἐξ
ἧς τὸ εἰδέναι ;

ΓΟΡ. Δῆλον δήπου, ὦ Σώκρατες, ὅτι ἐξ ἧς τὸ πι-
στεύειν.

155 ΣΩ. Ἡ ῥητορικὴ ἄρα, ὡς ἔοικε, πειθοῦς | δημιουργός
ἐστι πιστευτικῆς, ἀλλ' οὐ διδασκαλικῆς περὶ τὸ δίκαιόν τε
καὶ ἄδικον.

ΓΟΡ. Ναί.

ΣΩ. Οὐδ' ἄρα διδασκαλικὸς ὁ ῥήτωρ ἐστὶ δικαστη-
ρίων τε καὶ τῶν ἄλλων ὄχλων δικαίων τε πέρι καὶ ἀδίκων,
ἀλλὰ πειστικὸς μόνον. οὐ γὰρ δήπου ὄχλον γ' ἂν δύναιτο
τοσοῦτον ἐν ὀλίγῳ χρόνῳ διδάξαι οὕτω μεγάλα πράγματα.

ΓΟΡ. Οὐ δῆτα.

Χ. ΣΩ. Φέρε δή, ἴδωμεν τί ποτε καὶ λέγομεν περὶ

D. Δῆλον ἄρα—ἐστον] Vulg. δῆλον γὰρ
αὖ ... ἐστιν. An illative particle being
evidently needed here, I have not scrupled
to adopt the excellent reading of Olym-
piodorus, ἄρα. The ἐστόν was suggested
by Dr. Badham, who had also acutely
conjectured γ' ἄρα for γὰρ αὖ. Olymp.
reads ταὐτὰ εἰσιν, but ταὐτόν, 'the same
thing,' is commonly used in such cases,
as in 462 Ε. The received γὰρ αὖ converts
an inference into a reason. ἐστόν is fre-
quently replaced by ἐστίν, as in Politicus
263 Α, where the vulg. has ἐστίν for the
ἐστόν of the Bodl. and other MSS.

455. πειστικός] πιστικός is the reading
of the Bodl. and the majority of MSS., the
rest giving πειστικός. Sext. Emp. (adv.
Math. ii. §§ 2, 75) seems to have read
πειστικός here and πειστικῆς for πιστευ-
τικῆς paul. sup. In the latter case he is
doubtless wrong, but both Buttm. and
Heind. seem with reason to question the
legitimacy of the form πιστικός. There
is the same confusion in the readings of
Aristot. Rhet. i. 2. 1, where πειστική is
now accepted by the edd. instead of the
old πιστική.

σ 2

τῆς ῥητορικῆς· ἐγὼ μὲν γάρ τοι οὐδ' αὐτός πω δύναμαι
κατανοῆσαι ὅ τι λέγω. ὅταν περὶ ἰατρῶν αἱρέσεως ᾖ τῇ Β
πόλει σύλλογος ἢ περὶ ναυπηγῶν ἢ περὶ ἄλλου τινὸς δη-
μιουργικοῦ ἔθνους, ἄλλο τι τότε ὁ ῥητορικὸς οὐ συμβου-
λεύσει; δῆλον γὰρ ὅτι ἐν ἑκάστῃ αἱρέσει τὸν τεχνικώτατον
δεῖ αἱρεῖσθαι· οὐδ' ὅταν τειχῶν περὶ οἰκοδομήσεως ἢ
λιμένων κατασκευῆς ἢ νεωρίων, ἀλλ'. οἱ ἀρχιτέκτονες· οὐδ'
αὖ ὅταν στρατηγῶν αἱρέσεως πέρι ἢ τάξεώς τινος πρὸς
πολεμίους ἢ χωρίων καταλήψεως συμβουλὴ ᾖ, ἀλλ' οἱ Ϲ
στρατηγικοὶ τότε συμβουλεύσουσιν, οἱ ῥητορικοὶ δὲ οὔ. ἢ
πῶς λέγεις, ὦ Γοργία, τὰ τοιαῦτα; ἐπειδὴ γὰρ αὐτός τε
φῂς ῥήτωρ εἶναι καὶ ἄλλους ποιεῖν ῥητορικούς, εὖ ἔχει
τὰ τῆς σῆς τέχνης παρὰ σοῦ πυνθάνεσθαι. καὶ ἐμὲ νῦν
νόμισον καὶ τὸ σὸν σπεύδειν. ἴσως γὰρ καὶ τυγχάνει τις
τῶν ἔνδον ὄντων μαθητής σου βουλόμενος γενέσθαι, ὡς
ἐγώ τινας σχεδὸν καὶ συχνοὺς αἰσθάνομαι, οἳ ἴσως αἰσχύ-
νοιντ' ἄν σε ἀνερέσθαι. ὑπ' ἐμοῦ οὖν ἀνερωτώμενος νό- D
μισον καὶ ὑπ' ἐκείνων ἀνερωτᾶσθαι Τί ἡμῖν, ὦ Γοργία,
ἔσται, ἐάν σοι συνῶμεν; περὶ τίνων τῇ πόλει συμβουλεύειν
οἷοί τε ἐσόμεθα; πότερον περὶ δικαίου μόνον καὶ ἀδίκου

Β. ὅταν περὶ ἰατρῶν αἱρέσεως] "There
were public physicians elected in most
of the Greek cities, who received a salary
from the commonwealth, and seem to
have taken no fees of particular people.
Those physicians who exercised this
office were said δημοσιεύειν. See Aristoph.
in Avibus 584, Εἶθ' ὃ γ' Ἀπόλλων ἰατρός
γ' ἂν ἰάσθω, μισθοφορεῖ δέ· Acharn. 994,
Ὑπάλειψον εἰρήνη με τὠφθαλμὼ ταχύ.
ΔΙ. 'Αλλ' ὦ πονήρ' οὐ δημοσιεύων τυγ-
χάνω. But this custom seems to have
been laid aside before Ol. 97. 4. Arist.
Plut. 407, Τίς δῆτ' ἰατρός ἐστι νῦν ἐν τῇ
πόλει; Οὔτε γὰρ ὁ μισθὸς οὐδέν ἐστ' οὔθ'
ἡ τέχνη. Gorg. 514. Politic. 259, εἴ τῳ
τις τῶν δημοσιευόντων ἰατρῶν ἱκανὸς
ξυμβουλεύειν ἰδιωτεύων αὐτός, ἆρ' οὐκ
ἀναγκαῖον αὐτῷ προσαγορεύεσθαι τοὔνομα
τῆς τέχνης ταὐτὸν ὅπερ ᾧ ξυμβουλεύει"
(T. Gray). Hesych., δημοσιεύειν τὸ
δημοσίᾳ ὑπηρετεῖν ἐπὶ μισθῷ. Suid. v.
δημοσιεύω. οἱ δημοσίᾳ χειροτονούμενοι
ἰατροὶ καὶ δημοσίᾳ προῖκα ἐθεράπευον.
Comp. Hom. Od. xvii. 382, Τίς γὰρ δὴ ξεῖνον
καλεῖ ἄλλοθεν ἄλλος ἐπελθών, 'Αλλον

γ' εἰ μὴ τῶν οἱ δημιοεργοὶ ἔασι; Μάντιν
ἢ ἰητῆρα κακῶν, ἢ τέκτονα δούρων,
Ἢ καὶ θέσπιν ἀοιδόν, ὅ κεν τέρπῃσιν ἀείδων.
These passages explain the origin of the
oft-recurring distinction of δημιουργός
and ἰδιώτης, equivalent in the time of
Plato to that between professional and
unprofessional, clerk and layman, the
learned and the vulgar.

ἢ περὶ ναυπηγῶν ἢ περὶ] Understand
αἱρέσεως, unless with Hirschig we sup-
pose the prepositions to have been im-
ported into the text. ἔθνους is used as
the Lat. natio in Cic. pro Murena 33,
"tota natio candidatorum." So Ast,
who refers to Rep. i. 351 c, &c.

ἄλλο τι τότε] So Bekk. after a few
MSS. Vulg. ἄλλο τι ἢ τότε. Here ἄλλο
τι is equiv. to ἆρ' οὐ, nonne; as inf.
495 c. It corresponds to the Germ.
nicht wahr, as Ast observes. I do not
deny that there are cases in which ἤ
is to be retained, as in Phaedo 79, ἄλλο
τι ἡμῶν αὐτῶν ἢ τὸ μὲν σῶμά ἐστι τὸ δὲ
ψυχή; to which the answer is, Οὐδὲν
ἄλλο.

ἢ καὶ περὶ ὧν νῦν δὴ Σωκράτης ἔλεγε; πειρῶ οὖν αὐτοῖς
ἀποκρίνεσθαι.

ΓΟΡ. Ἀλλ' ἐγώ σοι πειράσομαι, ὦ Σώκρατες, σαφῶς
ἀποκαλύψαι τὴν τῆς ῥητορικῆς δύναμιν ἅπασαν· αὐτὸς
γὰρ καλῶς ὑφηγήσω. οἶσθα γὰρ δήπου ὅτι τὰ νεώρια
E ταῦτα καὶ τὰ τείχη τὰ Ἀθηναίων καὶ ἡ τῶν λιμένων κατα-
σκευὴ ἐκ τῆς Θεμιστοκλέους συμβουλῆς γέγονε, τὰ δ' ἐκ
τῆς Περικλέους, ἀλλ' οὐκ ἐκ τῶν δημιουργῶν.

ΣΩ. Λέγεται ταῦτα, ὦ Γοργία, περὶ Θεμιστοκλέους·
Περικλέους δὲ καὶ αὐτὸς ἤκουον ὅτε συνεβούλευεν ἡμῖν
περὶ τοῦ διὰ μέσου τείχους.

456 ΓΟΡ. Καὶ ὅταν γέ τις αἵρεσις ᾖ ὧν νῦν δὴ | σὺ ἔλεγες,
ὦ Σώκρατες, ὁρᾷς ὅτι οἱ ῥήτορές εἰσιν οἱ συμβουλεύοντες
καὶ οἱ νικῶντες τὰς γνώμας περὶ τούτων.

ΣΩ. Ταῦτα καὶ θαυμάζων, ὦ Γοργία, πάλαι ἐρωτῶ
ἤ τίς ποτε ἡ δύναμίς ἐστι τῆς ῥητορικῆς. δαιμονία γάρ
τις ἔμοιγε καταφαίνεται τὸ μέγεθος οὕτω σκοποῦντι.

XI. ΓΟΡ. Εἰ πάντα γε εἰδείης, ὦ Σώκρατες, ὅτι
ὡς ἔπος εἰπεῖν ἁπάσας τὰς δυνάμεις συλλαβοῦσα ὑφ' αὑτῇ
B ἔχει. μέγα δέ σοι τεκμήριον ἐρῶ· πολλάκις γὰρ ἤδη ἔγωγε
μετὰ τοῦ ἀδελφοῦ καὶ μετὰ τῶν ἄλλων ἰατρῶν εἰσελθὼν

E. Περικλέους—τείχους] "The μακρά τείχη which joined Athens to the Piraeus were begun on the motion of Pericles, Ol. 80. 4, B.C. 457. Socr. at that time was about twelve years old. See Plutarch in Vitt. Pericl. et Cimon. Harpocration tells us that of the two walls which extended from the city to Piraeus, the southern only, or the innermost, was called τὸ διὰ μέσον, as lying between the innermost, τὸ βόρειον, and τὸ Φαληρικόν, which was a third wall drawn from Athens to the Port Phalerum, and he cites this very passage" (T. Gray). This statement is substantially correct, but Gray is mistaken in supposing that the intermediate or southern Peiraic wall was projected at the same time with the two mentioned in Thuc. i. 107, 108. It was not built until a later period, when the northern Peiraic and the Phaleric wall were finished, i. e. after B.C. 456. We thus get rid of the difficulty, such as it is, of supposing Socr. a hearer of Peri- cles at the early age of twelve. The two Peiraic Long Walls run parallel to each other, enclosing an oblong space of four or five miles in length (40 stades) and 550 feet in width. That to Phalerum was built at an angle to the other two. Since the appearance of the work of Ulrichs on the subject, most topographers have agreed to place Phalerum on the spot called Trispyrgi, rather than on that now appropriated as the site of Munychia, and distant from the former by the whole extent of the Phaleric bay. See Leake (Topog. Ath. i. 422), who differs however in regard of the situation of Phalerum. This latter question is probably not yet definitively settled.

ὧν νῦν δή] One MS. has νῦν αὖ. The rest omit νῦν. Heind. properly insists on retaining it. See note to p. 462.

456. Εἰ πάντα γε εἰδείης] 'well it might, Socr., if you knew all—if you were aware that Rhetoric includes in her domain—I may say all the faculties.'

παρά τινα τῶν καμνόντων οὐχὶ ἐθέλοντα ἢ φάρμακον
πιεῖν ἢ τεμεῖν ἢ καῦσαι παρασχεῖν τῷ ἰατρῷ, οὐ δυναμέ-
νου τοῦ ἰατροῦ πεῖσαι, ἐγὼ ἔπεισα, οὐκ ἄλλη τέχνη ἢ τῇ
ῥητορικῇ. φημὶ δὲ καὶ εἰς πόλιν ὅποι βούλει ἐλθόντε ῥη-
τορικὸν ἄνδρα καὶ ἰατρόν, εἰ δέοι λόγῳ διαγωνίζεσθαι ἐν
ἐκκλησίᾳ ἢ ἐν ἄλλῳ τινὶ συλλόγῳ, ὁπότερον δεῖ αἱρεθῆναι
ἰατρόν, οὐδαμοῦ ἂν φανῆναι τὸν ἰατρόν, ἀλλ' αἱρεθῆναι O
ἂν τὸν εἰπεῖν δυνατόν, εἰ βούλοιτο. καὶ εἰ πρὸς ἄλλον
γε δημιουργὸν ὁντιναοῦν ἀγωνίζοιτο, πείσειεν ἂν αὑτὸν
ἐλέσθαι ὁ ῥητορικὸς μᾶλλον ἢ ἄλλος ὁστισοῦν· οὐ γὰρ
ἔστι περὶ ὅτου οὐκ ἂν πιθανώτερον εἴποι ὁ ῥητορικὸς
ἢ ἄλλος ὁστισοῦν τῶν δημιουργῶν ἐν πλήθει. Ἡ μὲν οὖν
δύναμις τοσαύτη ἐστὶ καὶ τοιαύτη τῆς τέχνης. δεῖ μέντοι,
ὦ Σώκρατες, τῇ ῥητορικῇ χρῆσθαι ὥσπερ τῇ ἄλλῃ πάσῃ
ἀγωνίᾳ. καὶ γὰρ τῇ ἄλλῃ ἀγωνίᾳ οὐ τούτου ἕνεκα δεῖ πρὸς D
ἅπαντας χρῆσθαι ἀνθρώπους, ὅτι ἔμαθέ τις πυκτεύειν
τε καὶ παγκρατιάζειν καὶ ἐν ὅπλοις μάχεσθαι, ὥστε κρείτ-
των εἶναι καὶ φίλων καὶ ἐχθρῶν· οὐ τούτου ἕνεκα τοὺς
φίλους δεῖ τύπτειν οὐδὲ κεντεῖν τε καὶ ἀποκτιννύναι. οὐδέ
γε μὰ Δία ἐάν τις εἰς παλαίστραν φοιτήσας, εὖ ἔχων τὸ
σῶμα καὶ πυκτικὸς γενόμενος, ἔπειτα τὸν πατέρα τύπτῃ
καὶ τὴν μητέρα ἢ ἄλλον τινὰ τῶν οἰκείων ἢ τῶν φίλων,
οὐ τούτου ἕνεκα δεῖ τοὺς παιδοτρίβας καὶ τοὺς ἐν τοῖς E
ὅπλοις διδάσκοντας μάχεσθαι μισεῖν τε καὶ ἐκβάλλειν ἐκ
τῶν πόλεων. ἐκεῖνοι μὲν γὰρ παρέδοσαν ἐπὶ τῷ δικαίως
χρῆσθαι τούτοις πρὸς τοὺς πολεμίους καὶ τοὺς ἀδικοῦν-
τας, ἀμυνομένους, μὴ ὑπάρχοντας· οἱ | δὲ μεταστρέψαντες 457

B. ἐλθόντε] Vulg. ἐλθόντα, corr. Do-
bree.
   O. οὐδαμοῦ ἂν φανῆναι] Tr., 'would
he entirely distanced,' as we say of a
beaten horse, 'he is nowhere.' Soph.
Ant. 183, τοῦτον οὐδαμοῦ λέγω. For
ὁπότερον δεῖ αἱρεθῆναι ἰατρόν, which is
the reading of the Bodl. and several
codd., the edd. retain the inferior, ὁπό-
τερον δεῖ αἱρεθῆναι, ῥήτορα ἢ ἰατρόν,
which destroys the point of the example.
The rhetor will persuade the people to
elect him state-physician in preference
to a regularly trained practitioner. See

above, 455 B, ὅταν περὶ ἰατρῶν αἱρέσεως ᾖ
τῇ πόλει σύλλογος.
   D. ἔμαθέ τις] The Bodl. omits τις.
So the Ald., which Heind. was disposed
to follow. I retain it, with Bekk. and
the majority of MSS.
   457. μεταστρέψαντες] "Vern. es um-
kehrend, h. e. umgekehrt, i. q. ἐναντίως
(ut c) Latinor. ex contrario. Polit. ix.
587 D, ἐὰν τις μεταστρέψας . . λέγῃ,
κ.τ.λ." (Ast). Participles are frequently
used thus adverbially, of which usage
τελευτῶν, 'tandem,' is a familiar in-
stance. See not. on Phædr. 228.

χρῶνται τῇ ἰσχύϊ καὶ τῇ τέχνῃ οὐκ ὀρθῶς. οὔκουν οἱ δι-
δάξαντες πονηροί, οὐδὲ ἡ τέχνη οὔτε αἰτία οὔτε πονηρὰ
τούτου ἕνεκά ἐστιν, ἀλλ' οἱ μὴ χρώμενοι, οἶμαι, ὀρθῶς.
ὁ αὐτὸς δὴ λόγος καὶ περὶ τῆς ῥητορικῆς. δυνατὸς μὲν
γὰρ πρὸς ἅπαντάς ἐστιν ὁ ῥήτωρ καὶ περὶ παντὸς λέγειν,
ὥστε πιθανώτερος εἶναι ἐν τοῖς πλήθεσιν ἔμβραχυ περὶ
B ὅτου ἂν βούληται· ἀλλ' οὐδέν τι μᾶλλον τούτου ἕνεκα δεῖ
οὔτε τοὺς ἰατροὺς τὴν δόξαν ἀφαιρεῖσθαι, ὅτι δύναιτο ἂν
τοῦτο ποιῆσαι, οὔτε τοὺς ἄλλους δημιουργούς, ἀλλὰ δικαίως
καὶ τῇ ῥητορικῇ χρῆσθαι, ὥσπερ καὶ τῇ ἀγωνίᾳ. ἐὰν δέ,
οἶμαι, ῥητορικὸς γενόμενός τις κᾆτα ταύτῃ τῇ δυνάμει καὶ
τῇ τέχνῃ ἀδικῇ, οὐ τὸν διδάξαντα δεῖ μισεῖν τε καὶ ἐκβάλ-
λειν ἐκ τῶν πόλεων. ἐκεῖνος μὲν γὰρ ἐπὶ δικαίᾳ χρείᾳ
C παρέδωκεν, ὁ δ' ἐναντίως χρῆται. τὸν οὖν οὐκ ὀρθῶς
χρώμενον μισεῖν δίκαιον καὶ ἐκβάλλειν καὶ ἀποκτιννύναι,
ἀλλ' οὐ τὸν διδάξαντα.

XII. ΣΩ. Οἶμαι, ὦ Γοργία, καὶ σὲ ἔμπειρον εἶναι
πολλῶν λόγων καὶ καθεορακέναι ἐν αὐτοῖς τὸ τοιόνδε,
ὅτι οὐ ῥᾳδίως δύνανται περὶ ὧν ἂν ἐπιχειρήσωσι διαλέγε-
σθαι διορισάμενοι πρὸς ἀλλήλους καὶ μαθόντες καὶ διδά-

ἔμβραχυ περὶ ὅτου ἂν βούληται] "Vox
ἐμβραχύ, quam veteres συντόμως vel
ἁπλῶς explicant, eodem fere modo, quo
formula illa ὡς ἔπος εἰπεῖν orationi mo-
deste restringendae inservit, nisi quod
illa fere ante οὐδέν et πάντες inferri
solent, hoc ante ὅστις ἄν, ὅστις βούλει,
ὅπουπερ et talia. V. Tim. Lex. v. ἔμ-
βραχυ ibique Ruhnk. imprimisque Schol.
Plat. ad Theagem, p. 88" (Heind.).
The Schol. iu question quotes a line of
Cratinus thus: ἔδει παρέχειν ὅ τι τις
εὔξαιτ' ἔμβραχυ, where read, with Cobet,
ἔδει παρασχεῖν. The use of the formula
is restricted, in good authors, to the
cases noted by Heind., though later
writers do not scruple to use it generally
in the sense of ἁπλῶς, συντόμως, as Dion
Chrys. (p. 446 c), ὁ δὲ λόγος οὗτος ἔμ-
βραχυ ἐσπούδακε ξυναρμόσαι τῷ θεῷ τὸ
ἀνθρώπειον γένος. I quote this from
Cobet's Varr. Lectt., p. 208, where ἔμ-
βραχυ is shown to be frequently altered
by copyists into ἐν βραχεῖ, as in Plat.
Sympos. 217 A, ὥστε ποιητέον εἶναι ἐν
βραχεῖ ὅ τι κελεύοι Σωκράτης. Cobet

adds, "Apparebit nunc quam infeliciter
Stallbaum in Platonis Hippia minore,
365 D, pro ἐρώτα ἔμβραχυ ὅ τι βούλει ex
deterioribus receperit ἐν βραχεῖ." Cobet
justly observes that ἐν βραχεῖ is not
synonymous with ἔμβραχυ, but means
rather 'briefly' (as in Soph. El. 637,
ἐν βραχεῖ συνθεὶς λέγω). Ast in his
Lexicon correctly renders ἔμβραχυ by
the Latin 'cunque' (Germ. was nur
immer). The form of the word is illus-
trated by ἔμπας, ἔμπαν, ἔμπα.

B. κᾆτα] κᾆτα and κᾄπειτα not unfre-
quently occur after participles, where we
should have expected εἶτα and ἔπειτα.
Of this usage Heind. quotes two in-
stances from Aristophanes: Equit. 391,
ἀλλ' ὅμως οὗτος τοιοῦτος ὢν ἅπαντα τὸν
βίον κᾆτ' ἀνὴρ ἔδοξεν εἶναι: Nub. 623,
ἀνθ' ὧν λαχὼν Ὑπέρβολος Τῆτες ἱερομνη-
μονεῖν κᾄπειθ' ὑφ' ὑμῶν τῶν θεῶν Τὸν
στέφανον ἀφῃρέθη. Add Xen. Mem. i.
1. 5, εἰ προαγορεύων ὡς ὑπὸ θεοῦ φαινό-
μενα κᾆτα ψευδόμενος ἐφαίνετο: and the
reff. in Kühner's note.

ξαντες ἑαυτοὺς οὕτω διαλύεσθαι τὰς συνουσίας, ἀλλ' ἐὰν
περί του ἀμφισβητήσωσι καὶ μὴ φῇ ὁ ἕτερος τὸν ἕτερον D
ὀρθῶς λέγειν ἢ μὴ σαφῶς, χαλεπαίνουσί τε καὶ κατὰ
φθόνον οἴονται τὸν ἑαυτῶν λέγειν, φιλονεικοῦντας ἀλλ' οὐ
ζητοῦντας τὸ προκείμενον ἐν τῷ λόγῳ. καὶ ἔνιοί γε τελευ-
τῶντες αἴσχιστα ἀπαλλάττονται, λοιδορηθέντες τε καὶ
εἰπόντες καὶ ἀκούσαντες περὶ σφῶν αὐτῶν τοιαῦτα, οἷα
καὶ τοὺς παρόντας ἄχθεσθαι ὑπὲρ σφῶν αὐτῶν, ὅτι τοι-
ούτων ἀνθρώπων ἠξίωσαν ἀκροαταὶ γενέσθαι. Τοῦ δὴ E
ἕνεκα λέγω ταῦτα; ὅτι νῦν ἐμοὶ δοκεῖς σὺ οὐ πάνυ ἀκό-
λουθα λέγειν οὐδὲ σύμφωνα οἷς τὸ πρῶτον ἔλεγες περὶ τῆς
ῥητορικῆς. φοβοῦμαι οὖν διελέγχειν σε, μή με ὑπολάβῃς
οὐ πρὸς τὸ πρᾶγμα φιλονεικοῦντα λέγειν τοῦ καταφανὲς
γενέσθαι, ἀλλὰ πρὸς σέ. ἐγὼ οὖν, εἰ μὲν καὶ σὺ εἶ τῶν
ἀνθρώπων | ὧνπερ καὶ ἐγώ, ἡδέως ἄν σε διερωτῴην· εἰ δὲ 458
μή, ἐῴην ἄν. ἐγὼ δὲ τίνων εἰμί; τῶν ἡδέως μὲν ἂν ἐλεγχ-
θέντων, εἴ τι μὴ ἀληθὲς λέγω, ἡδέως δ' ἂν ἐλεγξάντων, εἴ
τίς τι μὴ ἀληθὲς λέγοι, οὐκ ἀηδέστερον μέντ' ἂν ἐλεγχθέν-
των ἢ ἐλεγξάντων· μεῖζον γὰρ αὐτὸ ἀγαθὸν ἡγοῦμαι,
ὅσῳπερ μεῖζον ἀγαθόν ἐστιν αὐτὸν ἀπαλλαγῆναι κακοῦ
τοῦ μεγίστου ἢ ἄλλον ἀπαλλάξαι. οὐδὲν γὰρ οἶμαι τοσ-
οῦτον κακὸν εἶναι ἀνθρώπῳ, ὅσον δόξα ψευδὴς περὶ ὧν B

E. οὐ πάνυ ἀκόλουθα] Olymp., ὅρα
ἦθος θεῖον τοῦ Σωκράτους· οὐκ εἶπε γὰρ
ὅτι ἀνακόλουθα ἢ ψευδῆ λέγεις, ἀλλ' οὐ
πάνυ ἀκόλουθα, τῷ μετρίῳ κολάζων τὸ
δριμὺ τῆς ἐγκλήσεως. This use of οὐ
πάνυ as a qualified negative is common, if
not universal, in the Atticists of the Em-
pire, as in Lucian according to Cobet (Vv.
Ll. p. 222), who at the same time denies
that this sense was known to the Attics
themselves. Mr. Cope, in a carefully-
written and candid Excursus to his Trans-
lation of this dialogue, strenuously main-
tains the view expressed by Olympio-
dorus, and I observe that the late Mr.
Riddell, in the "Digest of Idioms," at-
tached to his edition of the Apology, held
the same opinion. On the other hand, see
among Greek authorities, the Scholiast
on Phaedo 57 A (οὐδεὶς πάνυ τι ἐπι-
χωριάζει . . .), who writes ἀντὶ τοῦ οὐ-
δαμῶς· ἐστὶ γὰρ τὸ ἑξῆς οὕτως· πάνυ
οὐδεὶς ἐπιχωριάζει. It seems also diffi-
cult to explain Lysis 204 E, οὐ γὰρ
πάνυ τι αὐτοῦ τοὔνομα λέγουσιν, ἀλλ'
ἔτι πατρόθεν ἐπονομάζεται—except as an
unqualified negation. The same remark
applies to Legg. iv. 704 C, γείτων δὲ
αὐτῆς πόλις ἆρ' ἔσται τις πλησίον; K. Οὐ
πάνυ διὸ καὶ κατοικίζεται, to Aristot.
Eth. N. 1. 5. 4, χαίροντες ὁτφοῦν σφόδρα
οὐ πάνυ δρῶμεν ἕτερον, to Menander,
frag. 198, οὐ πάνυ Εἴωθ' ἀληθὲς οὐδὲ
ἐν γύνη λέγειν—and, as Mr. Cope seems
to admit, to οὐδὲν πάνυ wheresoever it
occurs. In Plat. Rep. 549 D, ἑαυτὴν
δὲ μήτε πάνυ τιμῶντα μήτε ἀτιμάζοντα
—we should perhaps adopt the variant
of Cod. D and two others, μήτε πάντη
ἀτιμάζοντα. If πάνυ be retained, the
passage makes unequivocally in favour
of Mr. Cope's view, and we shall have to
admit that the same negative is some-
times used in the qualified, and some-
times in the unqualified sense by the
same authors.

τυγχάνει νῦν ἡμῖν ὁ λόγος ὤν. εἰ μὲν οὖν καὶ σὺ φῂς
τοιοῦτος εἶναι, διαλεγώμεθα· εἰ δὲ καὶ δοκεῖ χρῆναι ἐᾶν,
ἐῶμεν ἤδη χαίρειν καὶ διαλύωμεν τὸν λόγον.

ΓΟΡ. Ἀλλὰ φημὶ μὲν ἔγωγε, ὦ Σώκρατες, καὶ αὐτὸς
τοιοῦτος εἶναι οἷον σὺ ὑφηγεῖ· ἴσως μέντοι χρῆν ἐννοεῖν
καὶ τὸ τῶν παρόντων. πάλαι γάρ τοι, πρὶν καὶ ὑμᾶς
ἐλθεῖν, ἐγὼ τοῖς παροῦσι πολλὰ ἐπεδειξάμην, καὶ νῦν ἴσως
C πόρρω ἀποτενοῦμεν, ἢν διαλεγώμεθα. σκοπεῖν οὖν χρὴ
καὶ τὸ τούτων, μή τινας αὐτῶν κατέχωμεν βουλομένους τι
καὶ ἄλλο πράττειν.

XIII. ΧΑΙ. Τοῦ μὲν θορύβου, ὦ Γοργία τε καὶ
Σώκρατες, αὐτοὶ ἀκούετε τούτων τῶν ἀνδρῶν, βουλο-
μένων ἀκούειν ἐάν τι λέγητε· ἐμοὶ δ' οὖν καὶ αὐτῷ μὴ
γένοιτο τοσαύτη ἀσχολία, ὥστε τοιούτων λόγων καὶ οὕτω
λεγομένων ἀφεμένῳ προυργιαίτερόν τι γενέσθαι ἄλλο πράτ-
τειν.

D ΚΑΛ. Νὴ τοὺς θεούς, ὦ Χαιρεφῶν. καὶ μὲν δὴ καὶ
αὐτὸς πολλοῖς ἤδη λόγοις παραγενόμενος οὐκ οἶδ' εἰ πώ-
ποτε ἥσθην οὕτως ὥσπερ νυνί, ὥστ' ἔμοιγε, κἂν τὴν ἡμέ-
ραν ὅλην ἐθέλητε διαλέγεσθαι, χαριεῖσθε.

ΣΩ. Ἀλλὰ μήν, ὦ Καλλίκλεις, τό γ' ἐμὸν οὐδὲν κω-
λύει, εἴπερ ἐθέλει Γοργίας.

ΓΟΡ. Αἰσχρὸν δὴ τὸ λοιπόν, ὦ Σώκρατες, γίγνεται
ἐμέ γε μὴ ἐθέλειν, αὐτὸν ἐπαγγειλάμενον ἐρωτᾶν ὅ τί τις
E βούλεται. ἀλλ' εἰ δοκεῖ τουτοισί, διαλέγου τε καὶ ἐρώτα ὅ
τι βούλει.

ΣΩ. Ἄκουε δή, ὦ Γοργία, ἃ θαυμάζω ἐν τοῖς λεγο-
μένοις ὑπὸ σοῦ· ἴσως γάρ τοι σοῦ ὀρθῶς λέγοντος ἐγὼ
οὐκ ὀρθῶς ὑπολαμβάνω. ῥητορικὸν φῂς ποιεῖν οἷός τ'
εἶναι, ἐάν τις βούληται παρὰ σοῦ μανθάνειν ;

ΓΟΡ. Ναί.

458. c. ἐμοὶ δ' οὖν] γοῦν Olymp., and
for τοσαύτη, τοιαύτη. 'And for my
own part, God forbid that my hands
should ever be so full, that I must
abandon a discussion so interesting and
so ably conducted, in favour of any other
employment however profitable.'

D. Αἰσχρὸν δὴ—βούλεται] 'After my
voluntary challenge to all questioners I
cannot for very shame refuse henceforth.'
αὐτόν = 'ultro.' After ἐθέλειν formerly
stood καὶ ταῦτα, now omitted by the
edd. in conformity with the Bodl. and
some other MSS.

ΣΩ.   Οὐκοῦν περὶ πάντων ὥστ᾽ ἐν ὄχλῳ πιθανὸν εἶναι,
οὐ διδάσκοντα ἀλλὰ πείθοντα;

ΓΟΡ.   Πάνυ μὲν οὖν.   459

ΣΩ.   Ἔλεγές τοι νῦν δὴ ὅτι καὶ περὶ τοῦ ὑγιεινοῦ τοῦ
ἰατροῦ πιθανώτερος ἔσται ὁ ῥήτωρ.

ΓΟΡ.   Καὶ γὰρ ἔλεγον, ἔν γε ὄχλῳ.

ΣΩ.   Οὐκοῦν τὸ ἐν ὄχλῳ τοῦτό ἐστιν, ἐν τοῖς μὴ εἰδό-
σιν; οὐ γὰρ δήπου ἔν γε τοῖς εἰδόσι τοῦ ἰατροῦ πιθανώ-
τερος ἔσται.

ΓΟΡ.   Ἀληθῆ λέγεις.

ΣΩ.   Οὐκοῦν εἴπερ τοῦ ἰατροῦ πιθανώτερος ἔσται, τοῦ
εἰδότος πιθανώτερος γίγνεται;

ΓΟΡ.   Πάνυ γε.

ΣΩ.   Οὐκ ἰατρός γε ὤν· ἢ γάρ;

ΓΟΡ.   Ναί.   B

ΣΩ.   Ὁ δὲ μὴ ἰατρός γε δήπου ἀνεπιστήμων ὧν ὁ
ἰατρὸς ἐπιστήμων.

ΓΟΡ.   Δῆλον ὅτι.

ΣΩ.   Ὁ οὐκ εἰδὼς ἄρα τοῦ εἰδότος ἐν οὐκ εἰδόσι πι-
θανώτερος ἔσται, ὅταν ὁ ῥήτωρ τοῦ ἰατροῦ πιθανώτερος
ᾖ. τοῦτο συμβαίνει ἢ ἄλλο τι;

ΓΟΡ.   Τοῦτο ἐνταῦθά γε συμβαίνει.

ΣΩ.   Οὐκοῦν καὶ περὶ τὰς ἄλλας ἁπάσας τέχνας ὡσ-
αύτως ἔχει ὁ ῥήτωρ καὶ ἡ ῥητορική; αὐτὰ μὲν τὰ πράγ-
ματα οὐδὲν δεῖ αὐτὴν εἰδέναι ὅπως ἔχει, μηχανὴν δέ τινα C
πειθοῦς εὑρηκέναι, ὥστε φαίνεσθαι τοῖς οὐκ εἰδόσι μᾶλ-
λον εἰδέναι τῶν εἰδότων.

XIV.   ΓΟΡ.   Οὐκοῦν πολλὴ ῥᾳστώνη, ὦ Σώκρατες,
γίγνεται, μὴ μαθόντα τὰς ἄλλας τέχνας, ἀλλὰ μίαν ταύ-
την, μηδὲν ἐλαττοῦσθαι τῶν δημιουργῶν;

ΣΩ.   Εἰ μὲν ἐλαττοῦται ἢ μὴ ἐλαττοῦται ὁ ῥήτωρ

---

459. B. αὐτὰ μὲν τὰ πράγματα] This
was distinctly maintained by Tisias, ac-
cording to Phaedr. 272 D, ὅτι οὐδὲν
ἀληθείας μετέχειν δέοι ... τὸν μέλλοντα
ἱκανῶς ῥητορικὸν εἶναι. Presently in p.
460, Gorgias seems disposed to qualify
this broad statement of his master. His

disciple Polus is less scrupulous, as we
shall find below, 461 B.

c. Οὐκοῦν πολλὴ ῥᾳστώνη] 'And is it
not a great comfort, Socr., to find yourself
fully a match for the professors of any
other art, without having had the trouble
of learning any but this one?'

τῶν ἄλλων διὰ τὸ οὕτως ἔχειν, αὐτίκα ἐπισκεψόμεθα, ἐάν
τι ἡμῖν πρὸς λόγου ᾖ· νῦν δὲ τόδε πρότερον σκεψώμεθα,
D ἆρα τυγχάνει περὶ τὸ δίκαιον καὶ τὸ ἄδικον καὶ τὸ αἰσχρὸν
καὶ τὸ καλὸν καὶ ἀγαθὸν καὶ κακὸν οὕτως ἔχων ὁ ῥητο-
ρικὸς ὡς περὶ τὸ ὑγιεινὸν καὶ περὶ τὰ ἄλλα ὧν αἱ ἄλλαι
τέχναι, αὐτὰ μὲν οὐκ εἰδώς, τί ἀγαθὸν ἢ τί κακόν ἐστιν ἢ
τί καλὸν ἢ τί αἰσχρὸν ἢ δίκαιον ἢ ἄδικον, πειθὼ δὲ περὶ
αὐτῶν μεμηχανημένος, ὥστε δοκεῖν εἰδέναι οὐκ εἰδὼς ἐν
οὐκ εἰδόσι μᾶλλον τοῦ εἰδότος ; ἢ ἀνάγκη εἰδέναι, καὶ δεῖ
E προεπιστάμενον ταῦτα ἀφικέσθαι παρὰ σὲ τὸν μελλοντα
μαθήσεσθαι τὴν ῥητορικήν ; εἰ δὲ μή, σὺ ὁ τῆς ῥητορικῆς
διδάσκαλος τούτων μὲν οὐδὲν διδάξεις τὸν ἀφικνούμενον—
οὐ γὰρ σὸν ἔργον,—ποιήσεις δ' ἐν τοῖς πολλοῖς δοκεῖν
εἰδέναι αὐτὸν τὰ τοιαῦτα οὐκ εἰδότα καὶ δοκεῖν ἀγαθὸν
εἶναι οὐκ ὄντα ; ἢ τὸ παράπαν οὐχ οἷός τε ἔσει διδάξαι
αὐτὸν τὴν ῥητορικήν, ἐὰν μὴ προειδῇ περὶ τούτων τὴν
460 ἀλήθειαν ; ἢ πῶς τὰ τοιαῦτα ἔχει, ὦ Γοργία ; | καὶ πρὸς
Διός, ὥσπερ ἄρτι εἶπες, ἀποκαλύψας τῆς ῥητορικῆς εἰπὲ
τίς ποθ' ἡ δύναμίς ἐστιν.

ΓΟΡ. Ἀλλ' ἐγὼ μὲν οἶμαι, ὦ Σώκρατες, ἐὰν τύχῃ μὴ
εἰδώς, καὶ ταῦτα παρ' ἐμοῦ μαθήσεται.

ΣΩ. Ἔχε δή· καλῶς γὰρ λέγεις. ἐάνπερ ῥητορικὸν

πρὸς λόγου] C. F. Herm. proposes
πρὸς λόγον, on the ground that πρὸς
λόγου is found nowhere else. Phileb. 33
C, ἐὰν πρὸς λόγον τι ᾖ. So πρὸς ἔπος,
ibid. 18 D. But πρὸς λόγου is supported
by πρὸς τρόπου, Phaedr. 252 D, and
Theophr. Char. xxx., to which the anti-
theton is ἀπὸ τρόπου. Comp. οὐκ ἀπὸ
σκοποῦ εἴρηκεν, Theaet. 179 C. Olymp.
gives πρὸ λόγου, which, if not a copyist's
error, has the analogy of πρὸ ὁδοῦ and
προὔργου in its favour. Tr., 'If it should
answer our purpose;' 'if it be in the
interest of our discussion to do so.' After
τυγχάνει in the next line Olymp. inserts
καί.

460. ὥσπερ ἄρτι εἶπες, ἀποκαλύψας]
Above, 455 D, ἀλλ' ἐγώ σοι πειράσομαι,
ὦ Σώκρατες, σαφῶς ἀποκαλύψαι τὴν
τῆς ῥητορικῆς δύναμιν.

Ἀλλ' ἐγὼ μὲν—μαθήσεται] Perhaps
the cloud of quotations collected by
Stallb. may be sufficient to protect

this reading of the MSS. against Ste-
phen, who alters μαθήσεται into μαθή-
σεσθαι. I confess that the position of
ἐγὼ μὲν οἶμαι in the sentence seems to
me to distinguish it from cases in which
οἶμαι δέ, δοκῶ δέ, δοκῶ μέν, δοκεῖ δέ μοι,
and the like are placed in parenthesi.
Heind. reads μαθήσεσθαι with Steph.
Stallb.'s argument, "quod indicativus
longe accommodatior est Sophistae con-
fidentiae quam oratio aliunde suspensa,"
is characteristic.

Ἔχε δή] This phrase occurs again
490 B, ἔχε δὴ αὐτοῦ, evidently in the
sense of ἐπίσχες, 'hold,' a meaning how-
ever which it will not always bear. The
grammarians explain it by πρόσεχε, ἄγε
δή, ὅρα δή, and the like: but the parallel
passage in this dialogue justifies Heind.'s
version, "subsiste," with which Stallb.
quarrels. Compare Protag. 349 D, and
Heind.'s note. The argument which
follows is to our notions sophistical

σύ τινα ποιήσῃς, ἀνάγκη αὐτὸν εἰδέναι τὰ δίκαια καὶ τὰ
ἄδικα ἤτοι πότερόν γε ἢ ὕστερον μαθόντα παρὰ σοῦ.

ΓΟΡ. Πάνυ γε.

ΣΩ. Τί οὖν ; ὁ τὰ τεκτονικὰ μεμαθηκὼς τεκτονικός, Β
ἢ οὔ ;

ΓΟΡ. Ναί.

ΣΩ. Οὐκοῦν καὶ ὁ τὰ μουσικὰ μουσικός ;

ΓΟΡ. Ναί.

ΣΩ. Καὶ ὁ τὰ ἰατρικὰ ἰατρικός ; καὶ τἆλλα οὕτω κατὰ
τὸν αὐτὸν λόγον, ὁ μεμαθηκὼς ἕκαστα τοιοῦτός ἐστιν οἷον
ἡ ἐπιστήμη ἕκαστον ἀπεργάζεται ;

ΓΟΡ. Πάνυ γε.

ΣΩ. Οὐκοῦν κατὰ τοῦτον τὸν λόγον καὶ ὁ τὰ δίκαια
μεμαθηκὼς δίκαιος ;

ΓΟΡ. Πάντως δήπου.

ΣΩ. Ὁ δὲ δίκαιος δίκαιά που πράττει.

ΓΟΡ. Ναί.

ΣΩ. Οὐκοῦν ἀνάγκη τὸν [ῥητορικὸν δίκαιον εἶναι, τὸν Ο
δὲ] δίκαιον βούλεσθαι * ἀεὶ * δίκαια πράττειν ;

enough. Not so, however, from the
Socratic point of view, according to
which every virtue is a form of know-
ledge, and every vice the result of igno-
rance. Comp. Xen. Mem. iii. 9. 4, 5.
It may seem that Gorgias might have
turned the tables upon Socr. by simply
substituting ἄδικος for δίκαιος in the pre-
misses, as indeed Olymp. remarks (p. 49),
ἰστέον δὲ ὅτι δυνατὸν καὶ ἐκ τοῦ ἐναντίου
συμπεράναι καὶ εἰπεῖν ʻΟ ῥήτωρ ἐπιστή-
μων τοῦ ἀδίκου· ὁ ἐπιστήμων τοῦ ἀδίκου
ἄδικα βούλεται· ὁ ἄδικα βουλόμενος ἄδικα
διαπράττεται· ὁ διαπραττόμενος ἄδικα οὐκ
ἔστι ποτὲ δίκαιος· ὁ ἄρα ῥήτωρ οὐδέποτε
δίκαιός ἐστιν. ʻΑλλὰ φαμέν, he adds,
ὅτι δύναται ὁ ῥήτωρ εἰδέναι τὸ δίκαιον
οὐχ ἵνα χρήσηται ἀλλ᾽ ἵνα φύγῃ αὐτὸ καὶ
μὴ ἀγνοῶν περιπέσῃ. The objection how-
ever is fallacious, for, according to the
doctrine of Socr., the ἄδικος is not ὁ τὰ
ἄδικα εἰδώς, but ὁ τὰ δίκαια, and (as a
consequence) τὰ ἄδικα μὴ εἰδώς.

c. Οὐκοῦν ἀνάγκη] Quintilian adverts
to this passage in terms which prove
that he read it nearly as it now stands,
but in a different position, at the end,
namely, of the argument, after φαίνεται

γε. "Disputatio IIIa contra Gorgiam ita
clauditur: οὐκοῦν ἀνάγκη τὸν ῥητορικὸν
δίκαιον εἶναι, τὸν δὲ δίκαιον βούλεσθαι
δίκαια πράττειν" (Inst. ii. 15. 27). From
this it is pretty evident that the text
had been disturbed before his time, and
the sequence of the reasoning inter-
rupted. The mention of ῥητορικός in the
sentence as it stands in our copies is
clearly premature, his turn coming after
the δίκαιος has been disposed of. Another
fault is, that the proposition οὐδέποτε
βουλήσεται ὁ δίκαιος ἀδικεῖν is more than
the premiss, as it stands, can support.
If we insert ἀεί, which may easily have
been absorbed by the last syllable of
βούλεσθαι, the reasoning becomes conse-
quent, as, by expelling the clause I have
bracketed, it is made regular in its form.
'The just man performs just actions,
does he not?' 'He does.' 'In fact he
wills to do just actions always.' 'Ap-
parently.' 'If so, the just man will
never will to act unjustly.' 'That fol-
lows of necessity.' 'But from the pre-
misses it follows of necessity that the
rhetorical man is just' (sc. ὅτι τὰ δίκαια
μεμάθηκεν, sup. Α and Β). 'Yes.' 'If

ΓΟΡ.   Φαίνεταί γε.

ΣΩ.   Οὐδέποτε ἄρα βουλήσεται ὅ γε δίκαιος ἀδικεῖν.

ΓΟΡ.   Ἀνάγκη.

ΣΩ.   Τὸν δὲ ῥητορικὸν ἀνάγκη ἐκ τοῦ λόγου δίκαιον εἶναι.

ΓΟΡ.   Ναί.

ΣΩ.   Οὐδέποτε ἄρα βουλήσεται ὁ ῥητορικὸς ἀδικεῖν.

ΓΟΡ.   Οὐ φαίνεταί γε.

XV.   ΣΩ.   Μέμνησαι οὖν λέγων ὀλίγῳ πρότερον ὅτι
D οὐ δεῖ τοῖς παιδοτρίβαις ἐγκαλεῖν οὐδ' ἐκβάλλειν ἐκ τῶν
πόλεων, ἐὰν ὁ πύκτης τῇ πυκτικῇ χρῆταί τε καὶ ἀδικῇ;
ὡσαύτως δὲ οὕτω καὶ ἐὰν ὁ ῥήτωρ τῇ ῥητορικῇ ἀδίκως
χρῆται, μὴ τῷ διδάξαντι ἐγκαλεῖν μηδὲ ἐξελαύνειν ἐκ τῆς
πόλεως, ἀλλὰ τῷ ἀδικοῦντι καὶ οὐκ ὀρθῶς χρωμένῳ τῇ
ῥητορικῇ; ἐρρήθη ταῦτα ἢ οὔ;

ΓΟΡ.   Ἐρρήθη.

ΣΩ.   Νῦν δέ γε ὁ αὐτὸς οὗτος φαίνεται, ὁ ῥητορικός,
E οὐκ ἄν ποτε ἀδικήσας. ἢ οὔ;

ΓΟΡ.   Φαίνεται.

ΣΩ.   Καὶ ἐν τοῖς πρώτοις γε, ὦ Γοργία, λόγοις ἐλέγετο,
ὅτι ἡ ῥητορικὴ περὶ λόγους εἴη οὐ τοὺς τοῦ ἀρτίου καὶ
περιττοῦ, ἀλλὰ τοὺς τοῦ δικαίου καὶ ἀδίκου. ἢ γάρ;

ΓΟΡ.   Ναί.

ΣΩ.   Ἐγὼ τοίνυν σου τότε ταῦτα λέγοντος ὑπέλαβον
ὡς οὐδέποτ' ἂν εἴη ἡ ῥητορικὴ ἄδικον πρᾶγμα, ὅ γ' ἀεὶ
περὶ δικαιοσύνης τοὺς λόγους ποιεῖται· ἐπειδὴ δὲ ὀλίγον
ὕστερον ἔλεγες ὅτι ὁ ῥήτωρ τῇ ῥητορικῇ κἂν ἀδίκως χρῷτο,
461 οὕτω θαυμάσας καὶ ἡγησάμενος οὐ συνᾴδειν τὰ λεγό-
μενα ἐκείνους εἶπον τοὺς λόγους, ὅτι εἰ μὲν κέρδος ἡγοῖο

---

so, the rhetorical man will be incapable of willing to act unjustly.' [Of these alterations the first was anticipated by Professor Woolsey of Boston, U. S., in his edition, p. 147. The second (the insertion of ἀεί) occurred to me some years ago. All three have, I now see, occurred independently to M. Hirschig (Exploratic Argumentationum Socraticarum, &c., 1859). I mention this by way of external evidence in favour of the emendations proposed, which, however, need no recommendation beyond their intrinsic necessity. In defence of ἀεί, which Hirschig places *before* βούλεσθαι, he justly appeals to 460 Σ, οὐδέποτ' ἂν εἴη ἡ ῥητορικὴ ἄδικον πρᾶγμα, ὅ γ' ἀεὶ περὶ δικαιοσύνης τοὺς λόγους ποιεῖται.]

D. ὡσαύτως δὲ οὕτω] So Protag. 351 C, τὰ ἀνιαρὰ ὡσαύτως οὕτως οὐ καθ' ὅσον ἀνιαρὰ κακά.

εἶναι τὸ ἐλέγχεσθαι ὥσπερ ἐγώ, ἄξιον εἴη διαλέγεσθαι, εἰ
δὲ μή, ἔαν χαίρειν· ὕστερον δὲ ἡμῶν ἐπισκοπουμένων ὁρᾷς
δὴ καὶ αὐτὸς ὅτι αὖ ὁμολογεῖται τὸν ῥητορικὸν ἀδύνατον
εἶναι ἀδίκως χρῆσθαι τῇ ῥητορικῇ καὶ ἐθέλειν ἀδικεῖν.
ταῦτα οὖν ὅπη ποτὲ ἔχει, μὰ τὸν κύνα, ὦ Γοργία, οὐκ
ὀλίγης συνουσίας ἐστὶν ὥστε ἱκανῶς διασκέψασθαι.   Β

XVI. ΠΩΛ. Τί δαί, ὦ Σώκρατες; οὕτω καὶ σὺ περὶ
τῆς ῥητορικῆς δοξάζεις ὥσπερ νῦν λέγεις; ἢ οἴει ὅτι Γορ-
γίας ᾐσχύνθη σοι μὴ προσομολογῆσαι τὸν ῥητορικὸν
ἄνδρα μὴ οὐχὶ καὶ τὰ δίκαια εἰδέναι καὶ τὰ καλὰ καὶ τὰ
ἀγαθά, καὶ ἐὰν μὴ ἔλθῃ ταῦτα εἰδὼς παρ' αὐτόν, αὐτὸς
διδάξειν; ἔπειτα ἐκ ταύτης ἴσως τῆς ὁμολογίας ἐναντίον
τι συνέβη ἐν τοῖς λόγοις, τοῦθ' ὃ δὴ ἀγαπᾷς, αὐτὸς ἀγα-   C
γὼν ἐπὶ τοιαῦτα ἐρωτήματα. ἐπεὶ τίνα οἴει ἀπαρνήσεσθαι
μὴ οὐχὶ καὶ αὐτὸν ἐπίστασθαι τὰ δίκαια καὶ ἄλλους διδά-
ξειν; ἀλλ' εἰς τὰ τοιαῦτα ἄγειν πολλὴ ἀγροικία ἐστὶ τοὺς
λόγους.

ΣΩ. Ὦ κάλλιστε Πῶλε, ἀλλά τοι ἐξεπίτηδες κτώμεθα
ἑταίρους καὶ υἱεῖς, ἵνα ἐπειδὰν αὐτοὶ πρεσβύτεροι γιγνό-

---

461. μὰ τὸν κύνα] A choice specimen
of Neoplatonic trifling is the following
scholium of Olympiodorus: μὰ τὸν κύνα.
συμβολικῶς τοῦτο. ὁ γὰρ κύων σύμβολόν
ἐστι τῆς λογικῆς ζωῆς, ὡς εἴρηται ἐν ταῖς
πολιτείαις· ἔχει τι ὁ κύων φιλόσοφον, τὸ
διακριτικόν, κ.τ.λ. He alludes to Rep. ii.
376 Α. The Socratic oaths, not however
peculiar to Socr., νὴ or μὰ τὸν κύνα,
or τὸν χῆνα, find an odd counterpart in
the old Engl. "by cock and pye."

B. ἢ οἴει ὅτι] Stallb. stops before and
after οἴει, and interprets ὅτι by "prop-
terea quod," quoting Theaet. 147 Α, ἤ,
οἴει, τίς τι συνίησί τινος ὄνομα, κ.τ.λ.
The 2nd Zürich ed. agrees with him and
with Hirschig in placing the interrog.
after λόγοις. I am not sure that this is
any improvement on the punctuation of
the first ed., which I have retained.
Professor Woolsey conceives that the
sentence ends abruptly at διδάξειν, and
that Polus meant to have added, 'that
therefore his inconsistency is to be
charged to rhetoric,' or something to
that effect. And certainly the clause
ἔπειτα κ.τ.λ. would he no just apodosis to

the causal clause ὅτι Γοργίας κ.τ.λ. The
passage however seems to me to make
sense without resorting to either sup-
position. 'Do you who maintain these
paradoxes yourself believe them? or do
you think (with me) that Gorgias was
ashamed, &c. And then, in consequence
of this unlucky admission of his, I dare
say a contradiction did occur in the
reasoning — the thing we know you
dearly love — for it was you, not he, who
gave the conversation this interrogative
turn.' In οὕτω καὶ σύ the καί does not
belong to δοξάζεις, as Ast strangely sup-
poses, but to σύ: 'Do even you think as
you say — to say nothing of your audi-
ence?'

C. Ὦ κάλλιστε Πῶλε] It is possible that
this homœoteleuton was intentional, and
by way of parody of the Sicilian practice.
In sense it is much the same as ὦ λῷστε
Πῶλε, inf. 467 B. See note to Phaedr.
278 Ε.

ἀλλά τοι] A Paris MS. (C) gives
τι, perhaps a relic of an old reading ἄλλο
τι. But τοί and τί are perpetually con-
founded in the MSS.

μένοι σφαλλώμεθα, παρόντες ὑμεῖς οἱ νεώτεροι ἐπανορ-
θοῖτε ἡμῶν τὸν βίον καὶ ἐν ἔργοις καὶ ἐν λόγοις. καὶ νῦν
D εἴ τι ἐγὼ καὶ Γοργίας ἐν τοῖς λόγοις σφαλλόμεθα, σὺ
παρὼν ἐπανόρθου· δίκαιος δ' εἶ. καὶ ἐγὼ ἐθέλω τῶν ὡμο-
λογημένων εἴ τί σοι δοκεῖ μὴ καλῶς ὡμολογῆσθαι, ἀνα-
θέσθαι ὅ τι ἂν σὺ βούλῃ, ἐάν μοι ἓν μόνον φυλάττῃς.

ΠΩΛ. Τί τοῦτο λέγεις;

ΣΩ. Τὴν μακρολογίαν, ὦ Πῶλε, ἣν καθέρξῃς, ᾗ τὸ
πρῶτον ἐπεχείρησας χρῆσθαι.

ΠΩΛ. Τί δαί; οὐκ ἐξέσται μοι λέγειν ὁπόσα ἂν βού-
λωμαι;

E ΣΩ. Δεινὰ μέντ' ἂν πάθοις, ὦ βέλτιστε, εἰ Ἀθήναζε
ἀφικόμενος, οὗ τῆς Ἑλλάδος πλείστη ἐστὶν ἐξουσία τοῦ
λέγειν, ἔπειτα σὺ ἐνταῦθα τούτου μόνος ἀτυχήσαις. ἀλλ'
ἀντίθες τοι· σοῦ μακρὰ λέγοντος καὶ μὴ ἐθέλοντος τὸ
ἐρωτώμενον ἀποκρίνεσθαι, οὐ δείν' ἂν αὖ ἐγὼ πάθοιμι, εἰ

ἐπανορθοῖτε] Heind. reads, with one
MS., ἐπανορθῶτε, adding, "Vulgo ἐπανορ-
θοῖτε, quod soloece infertur post prae-
gressum praesatus tempus κτώμεθα. V.
Dawes, Misc. Cr. p. 85." See however
Porson on Eur. Ph. l. 68, "Hanc regu-
lam (sc. Dawesianam) non videntur per
omnia servasse Tragici: cf. Hec. 1121,
1131;" and Gram. Meerm. ap. Schaef.
Greg. Cor. p. 647, τὰ εἰκτικὰ ἀντὶ ὑπο-
τακτικῶν λαμβάνουσιν (οἱ Ἀττικοί).
Comp. also Rep. iii. 410 c. "Hoc dicit,
ut nos, id quod optamus, sustentetis et
erigatis" (Stallb.).

καὶ νῦν] Tr., 'and if in the present
discussion Gorgias and I are in danger
of breaking down, pray come and help
us up again, as it is but fair you should.
On my part too I am prepared to cancel
any of the premisses you may disapprove
of, if you will oblige me by observing
one condition.' ἀναθέσθαι is properly
to revoke a move in a game of draughts.
Hipparch. 229 E, ἀλλὰ μὴν καὶ ὥσπερ
πεττεύων ἐθέλω σοι ἀναθέσθαι ὅ τι
βούλει τῶν εἰρημένων.

D. καθέρξῃς] Vulg. καθείρξῃς: St.
καθέξῃς with one MS., an impossible
tense. The older form καθέρξῃς is pre-
served by Olymp. and the Bodl. and
seven other MSS. Baiter, who has
changed the καθείρξῃς of the first into
καθέρξῃς in the second ed. of the Zürich,

gives the following passages in justifi-
cation: Rep. v. 401 B, ξυνέρξαντος: Tim.
34 c, ξυνέρξας: Polit. 285 B, ἔρξας: Tim.
18 D, σύνερξιν: Rep. v. 460 A, συνέρξεως:
Thuc. v. 11, περιέρξαντες: Soph. Aj. 593,
ξυνέρξετε: Oed. T. 890, 894, ἔρξεται. He
might have added καθέργνυται in Cratin.
ap. Polluc. 10. 160. As the tendency of
the scribes would be to alter the older
form into the more modern, I have
adopted καθέρξῃς, which, as Baiter ob-
serves, is further confirmed by the cor-
rupt reading καθέξῃς.

E. ἀτυχήσαις] Bas. 2 ἀποτυχήσαις:
"bene" (Findeisen). Rather male, for
Plato would have written ἀποτύχοις, an
objection which seems to have escaped
Ast. ἀτυχῶ occurs with the gen. in
Isocr. Nicocl. p. 20, St., ἐὰν . . . μηδενὸς
τούτων ἀτυχῇς.

ἀλλ' ἀντίθες τοι] This reading of the
Bodl. and many other MSS. was restored
by Bekk. in place of the vulg. τό or τί.
Comp. Soph. El. 298, ἀλλ' ἴσθι τοι
τίσουσά γ' ἀξίαν δίκην, as one instance
among many of the separation of ἀλλά
and τοι. The meaning is, 'as a set-off to
this, think what a hard case mine will be,
if you are to hold forth without deign-
ing to answer my questions, while I am
not to be at liberty to leave the room, and
get out of hearing.'

μὴ ἐξέσται μοι ἀπιέναι καὶ μὴ ἀκούειν σου; | ἀλλ' εἴ τι 462
κήδει τοῦ λόγου τοῦ εἰρημένου καὶ ἐπανορθώσασθαι αὐτὸν
βούλει, ὥσπερ νῦν δὴ ἔλεγον, ἀναθέμενος ὅ τί σοι δοκεῖ,
ἐν τῷ μέρει ἐρωτῶν τε καὶ ἐρωτώμενος, ὥσπερ ἐγώ τε καὶ
Γοργίας, ἔλεγχέ τε καὶ ἐλέγχου. φὴς γὰρ δήπου καὶ σὺ
ἐπίστασθαι ἅπερ Γοργίας. ἢ οὔ;

ΠΩΛ. Ἔγωγε.

ΣΩ. Οὐκοῦν καὶ σὺ κελεύεις σαυτὸν ἐρωτᾶν ἑκάστοτε
ὅ τι ἄν τις βούληται, ὡς ἐπιστάμενος ἀποκρίνεσθαι;

ΠΩΛ. Πάνυ μὲν οὖν.

ΣΩ. Καὶ νῦν δὴ τούτων ὁπότερον βούλει ποίει· ἐρώτα
ἢ ἀποκρίνου.   B

XVII. ΠΩΛ. Ἀλλὰ ποιήσω ταῦτα. καί μοι ἀπό-
κριναι, ὦ Σώκρατες· ἐπειδὴ Γοργίας ἀπορεῖν σοι δοκεῖ
περὶ τῆς ῥητορικῆς, σὺ αὐτὴν τίνα φὴς εἶναι;

ΣΩ. Ἆρα ἐρωτᾷς ἥντινα τέχνην φημὶ εἶναι;

ΠΩΛ. Ἔγωγε.

ΣΩ. Οὐδεμία ἔμοιγε δοκεῖ, ὦ Πῶλε, ὥς γε πρὸς σὲ
τἀληθῆ εἰρῆσθαι.

ΠΩΛ. Ἀλλὰ τί σοι δοκεῖ ἡ ῥητορικὴ εἶναι;

ΣΩ. Πρᾶγμα ὃ φὴς σὺ ποιῆσαι τέχνην ἐν τῷ συγ-
γράμματι ὃ ἐγὼ ἔναγχος ἀνέγνων.   C

ΠΩΛ. Τί τοῦτο λέγεις;

ΣΩ. Ἐμπειρίαν ἔγωγέ τινα.

---

462. Καὶ νῦν δή] νῦν δή, it is scarcely
necessary to observe, has usually the
sense of 'modo,' 'but now,' 'a short time
ago' (ὀλίγον ἔμπροσθεν, as the gram-
marians explain it), and takes an imperf.
and sometimes an aorist. It is so used a
few lines above, ὥσπερ νῦν δὴ ἔλεγον,
and in this sense is occasionally opposed
to νῦν, as in a passage of the Laws (iii.
683 E), ἡ νῦν δὴ μὲν [ὀλίγον ἔμπροσθεν]
τούτοις περιτυχόντες τοῖς λόγοις οὕτω
ταῦτ' ἐτίθεμεν, νῦν δ' ἐπιλελήσμεθα,
whence Cobet ejects the palpable gloss
ὀλίγον ἔμπροσθεν. Magnes Comicus (ap.
Meineke ii. p. 10), εἰπέ μοι, νῦν δὴ μὲν
ὤμνυς μὴ γεγονέναι, νῦν δὲ φής, where,
as well as in Eurip. Hipp. 233, Cobet
reads νυνδή (following the analogy of
ἐπειδή, δηλαδή, &c.). Compare by all

means his Vv. Lectt. p. 233, "Con-
firmat hanc observationem et veram esse
demonstrat quod νυνδή non dirimitur
interposita particula, et dicitur νυνδὴ
μέν, non νῦν μὲν δή, quod sicubi legitur
videbis ad νῦν δή referendum, et cum
praesenti tempore et futuro conjungi."
In the passage before us, however, νῦν
δή is used as τότε δή, αὐτίκα δή, &c.,
each adverb and particle retaining its
ordinary sense. Stallb. has collected in-
stances in his note: which perhaps are
hardly called for.

D. Πρᾶγμα ὃ φὴς σὺ ποιῆσαι τέχνην]
'a thing which you say created Art.'
See the quotation from his own book
given by Polus, sup. 448 C, ἐμπειρία
μὲν γὰρ ποιεῖ τὸν αἰῶνα ἡμῶν πορεύεσθαι
κατὰ τέχνην.

ΠΩΛ. Ἐμπειρία ἄρα σοι δοκεῖ ἡ ῥητορικὴ εἶναι ;

ΣΩ. Ἔμοιγε, εἰ μή τι σὺ ἄλλο λέγεις.

ΠΩΛ. Τίνος ἐμπειρία ;

ΣΩ. Χάριτός τωος καὶ ἡδονῆς ἀπεργασίας.

ΠΩΛ. Οὐκοῦν καλόν σοι δοκεῖ ἡ ῥητορικὴ εἶναι, χαρί-
ζεσθαι οἷόν τ᾽ εἶναι ἀνθρώποις ;

ΣΩ. Τί δέ, ὦ Πῶλε ; ἤδη πέπυσαι παρ᾽ ἐμοῦ ὅ τι
φημὶ αὐτὴν εἶναι, ὥστε τὸ μετὰ τοῦτο ἐρωτᾷς εἰ οὐ καλή
Ɔ μοι δοκεῖ εἶναι ;

ΠΩΛ. Οὐ γὰρ πέπυσμαι ὅτι ἐμπειρίαν τινὰ αὐτὴν φὴς
εἶναι ;

ΣΩ. Βούλει οὖν, ἐπειδὴ τιμᾷς τὸ χαρίζεσθαι, σμικρόν
τί μοι χαρίσασθαι ;

ΠΩΛ. Ἔγωγε.

ΣΩ. Ἐροῦ νῦν με, ὀψοποιία ἥτις μοι δοκεῖ τέχνη εἶναι.

ΠΩΛ. Ἐρωτῶ δή, τίς τέχνη ὀψοποιία ;

ΣΩ. Οὐδεμία, ὦ Πῶλε.

ΠΩΛ. Ἀλλὰ τί ; φάθι.

ΣΩ. Φημὶ δή, ἐμπειρία τις.

ΠΩΛ. Τίνος ; φάθι.

E   *ΣΩ.* Φημὶ δή, χάριτος καὶ ἡδονῆς ἀπεργασίας, ὦ Πῶλε.

ΠΩΛ. Ταὐτὸν ἄρ᾽ ἐστὶν ὀψοποιία καὶ ῥητορική ;

ΣΩ. Οὐδαμῶς γε, ἀλλὰ τῆς αὐτῆς μὲν ἐπιτηδεύσεως
μόριον.

ΠΩΛ. Τίνος λέγεις ταύτης ;

ΣΩ. Μὴ ἀγροικότερον ᾖ τὸ ἀληθὲς εἰπεῖν· ὀκνῶ γὰρ
Γοργίου ἕνεκα λέγειν, μὴ οἴηταί με διακωμῳδεῖν τὸ ἑαυ-
τοῦ ἐπιτήδευμα. ἐγὼ δέ, εἰ μὲν τοῦτό ἐστιν ἡ ῥητορικὴ
163 ἣν | Γοργίας ἐπιτηδεύει οὐκ οἶδα· καὶ γὰρ ἄρτι ἐκ τοῦ
λόγου οὐδὲν ἡμῖν καταφανὲς ἐγένετο τί ποτε οὗτος ἡγεῖται·
ὃ δ᾽ ἐγὼ καλῶ τὴν ῥητορικήν, πράγματός τινός ἐστι μόριον
οὐδενὸς τῶν καλῶν.

ΓΟΡ. Τίνος, ὦ Σώκρατες ; εἰπέ, μηδὲν ἐμὲ αἰσχυνθείς.

E. Μὴ ἀγροικότερον ᾖ] 'I fear it may
be somewhat uncivil to say the truth;
for I shrink from speaking, out of defer-
ence to Gorgias, lest he should think
that I am caricaturing his special pur-
suit."

XVIII. ΣΩ. Δοκεῖ τοίνυν μοι, ὦ Γοργία, εἶναί
τι ἐπιτήδευμα τεχνικὸν μὲν οὔ, ψυχῆς δὲ στοχαστικῆς καὶ
ἀνδρείας καὶ φύσει δεινῆς προσομιλεῖν τοῖς ἀνθρώποις·
καλῶ δὲ αὐτοῦ ἐγὼ τὸ κεφάλαιον κολακείαν. ταύτης μοι D
δοκεῖ τῆς ἐπιτηδεύσεως πολλὰ μὲν καὶ ἄλλα μόρια εἶναι,
ἓν δὲ καὶ ἡ ὀψοποιική· ὃ δοκεῖ μὲν εἶναι τέχνη, ὡς δ᾽ ὁ
ἐμὸς λόγος, οὐκ ἔστι τέχνη, ἀλλ᾽ ἐμπειρία καὶ τριβή.
ταύτης μόριον καὶ τὴν ῥητορικὴν ἐγὼ καλῶ καὶ τήν γε
κομμωτικὴν καὶ τὴν σοφιστικήν, τέτταρα ταῦτα μόρια ἐπὶ
τέτταρσι πράγμασιν. εἰ οὖν βούλεται Πῶλος πυνθάνεσθαι,
πυνθανέσθω· οὐ γάρ πω πέπυσται ὁποῖόν φημ᾽ ἐγὼ τῆς C
κολακείας μόριον εἶναι τὴν ῥητορικήν, ἀλλ᾽ αὐτὸν λέληθα
οὔπω ἀποκεκριμένος, ὁ δὲ ἐπανερωτᾷ εἰ οὐ καλὸν ἡγοῦμαι
εἶναι. ἐγὼ δ᾽ αὐτῷ οὐκ ἀποκρινοῦμαι πρότερον εἴτε καλὸν
εἴτε αἰσχρὸν ἡγοῦμαι εἶναι τὴν ῥητορικήν, πρὶν ἂν πρῶτον
ἀποκρίνωμαι ὅ τι ἐστίν. οὐ γὰρ δίκαιον, ὦ Πῶλε· ἀλλ᾽
εἴπερ βούλει πυθέσθαι, ἐρώτα ὁποῖον μόριον τῆς κολα-
κείας φημὶ εἶναι τὴν ῥητορικήν.

ΠΩΛ. Ἐρωτῶ δή, καὶ ἀπόκριναι, ὁποῖον μόριον.

---

463. Δοκεῖ τοίνυν] This entire passage,
as far as δικαιοσύνη, 466 C, is quoted by
Aristides Rhetor in his spirited but ver-
bose treatise De Rhetorica (p. 6, Dind.).
I have noted many and adopted some of
his various readings.

τι] Om. A. Rh.

ψυχῆς δὲ στοχαστικῆς] Isocr. c. Soph.
294, ταῦτα δὲ πολλῆς ἐπιμελείας δεῖσθαι,
καὶ ψυχῆς ἀνδρικῆς καὶ δοξαστικῆς (f.
στοχαστικῆς, Hirschig) ἔργον εἶναι,—as
here, an enumeration of the qualities re-
quired in a rhetor. The coincidence be-
tween this passage and that in the text
cannot be thought fortuitous; and as
Isocrates wrote the speech against the
Sophists at an early period (see Antid.
§ 7, p. 280, Zür.), it is probably Plato
who is the borrower. There is some
malice in the substitution of στοχαστικῆς,
'shrewd,' for the δοξαστικῆς of Isocr.,
who meant to describe a person, δοξάσαι
περὶ ἑκάστου τὴν ἀλήθειαν μᾶλλον δυνά-
μενον τῶν εἰδέναι φασκόντων, which he
boasts to have been his own case (Panath.
234 D). These considerations should, I
think, prevent the acceptance of Hir-
schig's plausible conjecture noted above.

B. ἡ ὀψοποιική] A qualitative adj. de-
rived directly from ὀψοποιός. The art
of the fancy-cook or cuisinier. Stephen
injudiciously adopts ὀψοποιητική on in-
ferior MS. authority. In A. Rh. the
article ἡ is omitted.

ὡς δ᾽ ὁ] So A. Rh.; vulg. ὡς δὲ ὁ.

C. φημ᾽ ἐγώ] So A. Rh.; vulg. φημὶ
ἐγώ.

ἐγὼ δ᾽] A. Rh.; vulg. ἐγὼ δέ.

εἴτε καλὸν εἴτε αἰσχρόν] A. Rh. εἴτε
αἰσχρὸν εἴτε καλόν.

ὅ τι ἐστίν] A. Rh. ὃ ἐστίν.

πυθέσθαι] A. Rh. πυνθάνεσθαι.

ἀπόκριναι] A. Rh. ἀποκρ. μοι. With
the entire passage which follows, and its
tabulation of sciences and pseudo-sciences,
the reader may compare a passage in the
Antidosis of Isocrates, possibly suggested
by the present. βούλομαι δὲ περὶ τῆς
τῶν λόγων παιδείας ὥσπερ οἱ γενεα-
λογοῦντες πρῶτον διελθεῖν . . . ὁμολο-
γεῖται μὲν γὰρ τὴν φύσιν ἡμῶν ἔκ τε τοῦ
σώματος συγκεῖσθαι καὶ τῆς ψυχῆς . . .
οὕτω δὲ τούτων ἐχόντων ὁρῶντές τινες
περὶ μὲν τῶν ἄλλων πολλὰς τέχνας συνε-
στηκυίας, περὶ δὲ τὸ σῶμα καὶ τὴν ψυχὴν
οὐδὲν τοιοῦτον συντεταγμένον, εὑρόντες

D   ΣΩ. Ἆρ' οὖν ἂν μάθοις ἀποκριναμένου; ἔστι γὰρ ἡ
ῥητορικὴ κατὰ τὸν ἐμὸν λόγον πολιτικῆς μορίου εἴδωλον.

ΠΩΛ. Τί οὖν; καλὸν ἢ αἰσχρὸν λέγεις αὐτὴν εἶναι;

ΣΩ. Αἰσχρὸν ἔγωγε· τὰ γὰρ κακὰ αἰσχρὰ καλῶ·
ἐπειδὴ δεῖ σοι ἀποκρίνασθαι ὡς ἤδη εἰδότι ἃ ἐγὼ λέγω.

ΓΟΡ. Μὰ τὸν Δία, ὦ Σώκρατες, ἀλλ' ἐγὼ οὐδὲ αὐτὸς
Ε συνίημι ὅ τι λέγεις.

ΣΩ. Εἰκότως γε, ὦ Γοργία· οὐδὲν γάρ πω σαφὲς
λέγω, Πῶλος δὲ ὅδε νέος ἐστὶ καὶ ὀξύς.

ΓΟΡ. Ἀλλὰ τοῦτον μὲν ἔα, ἐμοὶ δ' εἰπὲ πῶς λέγεις
πολιτικῆς μορίου εἴδωλον εἶναι τὴν ῥητορικήν.

ΣΩ. Ἀλλ' ἐγὼ πειράσομαι φράσαι ὅ γέ μοι φαίνεται
εἶναι ἡ ῥητορική· εἰ δὲ μὴ τυγχάνει ὂν τοῦτο, Πῶλος ὅδε
ἐλέγξει. σῶμά που καλεῖς τι καὶ ψυχήν;

464   ΓΟΡ. Πῶς γὰρ οὔ;

ΣΩ. Οὐκοῦν καὶ τούτων οἴει τινὰ εἶναι ἑκατέρου
εὐεξίαν;

ΓΟΡ. Ἔγωγε.

ΣΩ. Τί δέ; δοκοῦσαν μὲν εὐεξίαν, οὖσαν δ' οὔ; οἷον
τοιόνδε λέγω· πολλοὶ δοκοῦσιν εὖ ἔχειν τὰ σώματα, οὓς
οὐκ ἂν ῥᾳδίως αἴσθοιτό τις, ὅτι οὐκ εὖ ἔχουσιν, ἀλλ' ἢ
ἰατρός τε καὶ τῶν γυμναστικῶν τις.

ΓΟΡ. Ἀληθῆ λέγεις.

ΣΩ. Τὸ τοιοῦτον λέγω καὶ ἐν σώματι εἶναι καὶ ἐν
ψυχῇ, ὃ ποιεῖ μὲν δοκεῖν εὖ ἔχειν τὸ σῶμα καὶ τὴν ψυχήν,
ἔχει δὲ οὐδὲν μᾶλλον.

διττὰς ἐπιμελείας κατέλιπον ἡμῖν, περὶ
μὲν τὰ σώματα τὴν παιδοτριβικὴν ἧς ἡ
γυμναστικὴ μέρος ἐστί, περὶ δὲ τὰς ψυχὰς
τὴν φιλοσοφίαν περὶ ἧς ἐγὼ μέλλω ποιεῖ-
σθαι τοὺς λόγους, ἀντιστρόφους καὶ
σύζυγας καὶ σφίσιν αὐταῖς ὁμολογου-
μένας, κ.τ.λ. Antid. § 193, Bekk. Observe
the expressions ὥσπερ οἱ γενεαλογοῦντες
and σύζυγας, as illustrative of those tabu-
lar arrangements of which Plato is so
fond; and of which we have elaborate
specimens in the Sophistes and Politicus.

E. Πῶλος δὲ ὅδε] Of course a play
upon the name Polus. See Introd. and
the passage there quoted from Aristotle's

Rhet. The ὀξύτης of Polus arose from
his failing to perceive the importance of
knowing the τί ἐστι of the thing discoursed
of. He inverts the natural order by
asking for the ποιόν before he knows the
τί. In fact he was ignorant of the first
elements of the dialectic art. Gorgias
is better instructed, and exclaims, with
something of impatience, 'Oh! never
mind him. Tell me what you mean by
saying that Rhetoric is the image or coun-
terfeit of a branch of the art Politic.'

464. ἀλλ' ἤ] So A. Rh.; vulg. ἔλλος ἤ.
ὃ ποιεῖ] So A. Rh.; vulg. ὅ τι.

ΓΟΡ. Ἔστι ταῦτα.   Β

XIX. ΣΩ. Φέρε δή σοι, ἐὰν δύνωμαι, σαφέστερον ἐπιδείξω ὃ λέγω. Δυοῖν ὄντοιν τοῖν πραγμάτοιν δύο λέγω τέχνας· τὴν μὲν ἐπὶ τῇ ψυχῇ πολιτικὴν καλῶ, τὴν δ' ἐπὶ [τῷ] σώματι μίαν μὲν οὕτως ὀνομάσαι οὐκ ἔχω σοι, μιᾶς δὲ οὔσης τῆς τοῦ σώματος θεραπείας δύο μόρια λέγω, τὴν μὲν γυμναστικήν, τὴν δὲ ἰατρικήν· τῆς δὲ πολιτικῆς ἀντίστροφον μὲν τῇ γυμναστικῇ τὴν νομοθετικήν, ἀντί-στροφον δὲ τῇ ἰατρικῇ τὴν δικαιοσύνην. ἐπικοινωνοῦσι Ο μὲν δὴ ἀλλήλαις, ἅτε περὶ τὸ αὐτὸ οὖσαι, ἑκάτεραι τούτων, ἥ τε ἰατρικὴ τῇ γυμναστικῇ καὶ ἡ δικαιοσύνη τῇ νομο-θετικῇ· ὅμως δὲ διαφέρουσί τι ἀλλήλων. τεττάρων δὴ τούτων οὐσῶν, καὶ ἀεὶ πρὸς τὸ βέλτιστον θεραπευουσῶν τῶν μὲν τὸ σῶμα, τῶν δὲ τὴν ψυχήν, ἡ κολακευτικὴ αἰσ-θομένη, οὐ γνοῦσα λέγω ἀλλὰ στοχασαμένη, τέτραχα

D. τὴν μέν] A. Rh. τὴν μὲν οὖν. Bekk. καὶ τὴν μέν, with one MS. τῷ before σώματι omitted in Dodl.

μίαν μὲν οὕτως] Of this idiomatic use of οὕτως see exx. Phaedr. 235 c, 'I cannot invent a single name on the instant.'

ἀντίστροφον μὲν τῇ γυμναστικῇ] So A. Rh.; valg. ἀντὶ μὲν τῆς γυμναστικῆς. The repetition of ἀντίστροφον seems to me more forcible. The word is used with a dative Rep. x. 616 B; with a gen. Phileb. 40 D and elsewhere, as below, 465 D. It denotes a relation like that of 'strophe' and 'antistrophe' in poetry; or between the two wings of a regular façade in architecture, or a picture and its 'pendant,' &c.

c. δικαιοσύνην] I have retained δικαιο-σύνην in preference to the rival reading δικαστικήν, which has the support of two inferior MSS., and is confirmed by the authors of the Prolegomena to Hermo-genes, p. 9 (Rhett. Graeci, p. 22. 15, ed. Walz). But Quintilian certainly read δικαιοσύνην (Inst. Or. ii. c. 15, "duas partes civilitatis .. animo assignet, lega-lem atque justitiam "), which is also found in Aristides Rh., in the Schol. on this passage, and in Olympiodorus, who has the gloss, πρὸς δικαιοσύνην ἀντὶ τοῦ πρὸς δικαστικήν. Socr. is en-titled to assume the identity of justice and dicastic, for he has just proved ὅτι ὁ

μεμαθηκὼς τὰ δίκαια δίκαιος. He 'who has learnt all about justice' is the ideal dicast, and it is of his art that Socr. now speaks under the name of justice. A passage in the Politicus is illustrative of the present: λείπεσθαι δὲ τὰ τίμια καὶ ξυγγενῆ (πολιτικῆς ἐπιστήμης), τούτων δ' ἐστί του στρατηγία καὶ δικαστική (303 Β). So inf. 520 Β, we read, κάλ-λιόν ἐστι σοφιστικὴ ῥητορικῆς ὥσπερ νομοθετικὴ δικαστικῆς, where however we find in the text quoted by Arist. Rh., as here, δικαιοσύνης. The passage of Rep. i. 332 D, where δικαιοσύνη is for the sake of the argument virtually iden-tified with δικαστική, is not really in point, as the opinion is only advanced for the purpose of being refuted: nor is it safe to build upon a passage in a doubtful dialogue like the Clitophon (408 D), where δικαιοσύνη is identified with both πολιτική and δικαστική. But the passage from the Politicus proves that Plato could use δικαστική in a good sense, as the art of the model δικαστής, who, as we have seen, has been shown to be δίκαιος.

ἡ κολακευτική] Olymp. p. 62, ἰστέον ὅτι τοσοῦτον διαφέρει, ὡς φησὶν 'Αριστο-τέλης, φίλος κόλακος ὅσον τὸ ἀγαθὸν τοῦ ἡδέος, alluding perhaps to Eth. N. ii. 7. 13.

τέτραχα—διανείμασα] The following scheme will assist the reader:—

ἑαυτὴν διανείμασα, ὑποδῦσα ὑπὸ ἕκαστον τῶν μορίων,
D προσποιεῖται εἶναι τοῦτο ὅπερ ὑπέδυ, καὶ τοῦ μὲν βελτί-
στου οὐδὲν φροντίζει, τῷ δὲ ἀεὶ ἡδίστῳ θηρεύεται τὴν
ἄνοιαν καὶ ἐξαπατᾷ, ὥστε δοκεῖ πλείστου ἀξία εἶναι. ὑπὸ
μὲν οὖν τὴν ἰατρικὴν ἡ ὀψοποιικὴ ὑποδέδυκε, καὶ προσ-
ποιεῖται τὰ βέλτιστα σιτία τῷ σώματι εἰδέναι, ὥστ᾽ εὖ
δέοι ἐν παισὶ διαγωνίζεσθαι ὀψοποιόν τε καὶ ἰατρὸν ἢ ἐν
ἀνδράσιν οὕτως ἀνοήτοις ὥσπερ οἱ παῖδες, πότερος ἐπαΐει
περὶ τῶν χρηστῶν σιτίων καὶ πονηρῶν, ὁ ἰατρὸς ἢ ὁ
E ὀψοποιός, λιμῷ ἂν ἀποθανεῖν τὸν ἰατρόν. κολακείαν μὲν
465 οὖν αὐτὸ καλῶ, καὶ αἰσχρόν φημι εἶναι τὸ τοιοῦτον, | ὦ
Πῶλε—τοῦτο γὰρ πρὸς σὲ λέγω,—ὅτι τοῦ ἡδέος στοχά-
ζεται ἄνευ τοῦ βελτίστου· τέχνην δὲ αὐτὴν οὔ φημι εἶναι,
ἀλλ᾽ ἐμπειρίαν, ὅτι οὐκ ἔχει λόγον οὐδένα ὧν προσφέρει,
ὁποῖ᾽ ἄττα τὴν φύσιν ἐστίν, ὥστε τὴν αἰτίαν ἑκάστου μὴ
ἔχειν εἰπεῖν. ἐγὼ δὲ τέχνην οὐ καλῶ ὃ ἂν ᾖ ἄλογον
πρᾶγμα. τούτων δὲ πέρι εἰ ἀμφισβητεῖς, ἐθέλω ὑπο-
σχεῖν λόγον.

XX. Τῇ μὲν οὖν ἰατρικῇ, ὥσπερ λέγω, ἡ ὀψοποιικὴ
B κολακεία ὑπόκειται· τῇ δὲ γυμναστικῇ κατὰ τὸν αὐτὸν
τρόπον τοῦτον ἡ κομμωτική, κακοῦργός τε οὖσα καὶ ἀπα-
τηλὴ καὶ ἀγεννὴς καὶ ἀνελεύθερος, σχήμασι καὶ χρώμασι

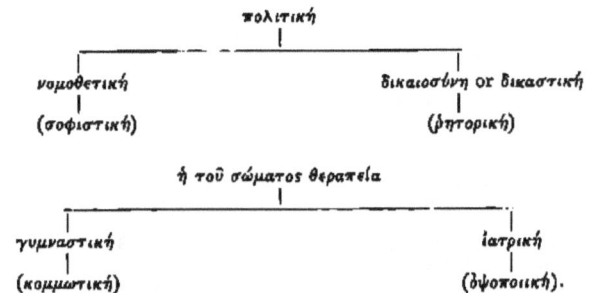

ὑπέδυ] Arist. Met. 3. 2. 19, οἱ δια-
λεκτικοὶ καὶ σοφισταὶ ταὐτὸν ὑποδύον-
ται σχῆμα τῷ φιλοσόφῳ. Id. Rhet. i. 2.
7, διὸ καὶ ὑποδύεται ὑπὸ τὸ σχῆμα τὸ
τῆς πολιτικῆς ἡ ῥητορική. The metaphor
seems taken from the stage: Luc. Pisc.
c. 33, ὑποδύεσθαι τὸν Δία, ' to personate

Jupiter;' Tim. Lex., κομψὸς λόγος.
καὶ ὁ ἀγαθὸς δὲ καὶ ὁ πιθανότητι ὑποδυό-
μενος τὴν ἀλήθειαν. (In Xen. Oec. 14.
3, ἢ καὶ τὴν δικαιοσύνην ὑποδύει δι-
δάσκειν, used for ὑποδέχει.)
D. ὥστε δοκεῖ—ἀξία] Ar. Rh. has
δοκεῖν and ἀξίαν.

καὶ λειότησι καὶ ἐσθῆσιν ἀπατῶσα, ὥστε ποιεῖν ἀλλότριον
κάλλος ἐφελκομένους τοῦ οἰκείου τοῦ διὰ τῆς γυμναστικῆς
ἀμελεῖν. ἵν᾽ οὖν μὴ μακρολογῶ, ἐθέλω σοι εἰπεῖν ὥσπερ
οἱ γεωμέτραι—ἤδη γὰρ ἂν ἴσως ἀκολουθήσαις—[ὅτι ὃ
κομμωτικὴ πρὸς γυμναστικήν, τοῦτο ὀψοποιικὴ πρὸς ἰατρι-
κήν· μᾶλλον δὲ ὧδε,] ὅτι ὃ κομμωτικὴ πρὸς γυμναστικήν, c
τοῦτο σοφιστικὴ πρὸς νομοθετικήν, καὶ [ὅτι] ὃ ὀψοποιικὴ
πρὸς ἰατρικήν, τοῦτο ῥητορικὴ πρὸς δικαιοσύνην. ὅπερ
μέντοι λέγω, διέστηκε μὲν οὕτω φύσει· ἅτε δ᾽ ἐγγὺς ὄντων
φύρονται ἐν τῷ αὐτῷ καὶ περὶ ταὐτὰ σοφισταὶ καὶ ῥήτο-
ρες, καὶ οὐκ ἔχουσιν ὅ τι χρήσωνται οὔτε αὐτοὶ ἑαυτοῖς
οὔτε οἱ ἄλλοι ἄνθρωποι τούτοις. καὶ γὰρ ἄν, εἰ μὴ ἡ
ψυχὴ τῷ σώματι ἐπεστάτει, ἀλλ᾽ αὐτὸ αὑτῷ, καὶ μὴ ὑπὸ

465 B. λειότησι καὶ ἐσθῆσιν] Vulg.
λειότητι καὶ αἰσθήσει. Ar. Rh. has ἐσθῆτι,
which confirms the (as it seems to me)
certain emendation adopted by Bekker
from three MSS., two of which give
λειότησι and the other ἐσθῆσιν, which is
also recommended by Heind. Tim. 65 c,
τραχύτησί τε καὶ λειότησι. Hirschig
gives ἐσθῆσει, a word of doubtful note, to
say nothing of the inelegance of the change
from a significant plural to singular.

[ὅτι ὃ κομμωτική] The brackets in the
text include the words omitted by Ar.
Rh. μᾶλλον δὲ ὧδε sound to me like a
gloss, introducing a duplicate reading.
Certainly the terms of the proportion
which Aristides retains are all that are
necessary for Socr.'s purpose. The word
κομμοῦν is of somewhat uncertain lineage.
A scholiast derives it from κόμμι, gummi,
which can hardly be true. Modern lexi-
cographers connect it with κομεῖν, comere,
or, still better, with κόσμος, κομψός. The
arts of the κομμώτης or κομμωτρία are
vividly described in a passage of the
comic poet Alexis, quoted by Athen. xiii.
p. 568 (Meineke iii. p. 422, Ἰσοστάσιον),
and more briefly by Philostratus, Ep. 39,
as ὀφθαλμῶν ὑπογραφαί, καὶ κομῶν προσ-
θέσεις καὶ ζωγραφίαι παρειῶν καὶ χειλέων
βαφαί. The corresponding Latin terms
are mango, mangonizare, as in Plin.
N. H. xxiii. 1, "Succus radicis vitis
nigrae cum ervo laetiore quodam colore
et cutis teneritate mangonizat corpora,"
a passage which illustrates λειότησι in
the text. κομῶν προσθέσεις would come
under the head of σχήμασι, which would

not include ἐσθῆσι. Other σχήματα were
the paddings with which lean persons
eked out their figures, and the thick
soles with which the dwarfish supplied
their lack of stature, as set forth by
Alexis in the edifying passage referred
to. This use of σχήματα is analogous to
its rhetorical sense. Illustrative of this
analogy of the decorative and rhetorical
art is likewise the following passage of
Photius quoted by Jacobs (ap. Steph.
Lex. ed. Dind.): ἐπανθεῖ τοῖς λόγοις (τοῦ
Ἰσοκράτους) οὐ μόνον ἔμφυτον, ἀλλὰ καὶ
κομμωτικὸν κάλλος.

c. ὅπερ—ῥήτορες] This passage seems
to be correctly explained by Stallb., who
understands ταῦτα after διέστηκε, and
retains σοφισταὶ καὶ ῥήτορες as absolutely
necessary to the sense, though omitted
in one MS. and by Bekker at Schleier-
macher's instigation. ὄντων refers ap-
parently to rhetoric and sophistic. Tr.,
'However, though as I say, there is this
essential difference between the arts in
question, yet as they are near neighbours,
their professors, the sophist and the
rhetor, are apt to be confounded as oc-
cupying common ground and employed
upon the same subject-matter, insomuch
that they know not what to make of
each other (αὐτοῖς for ἀλλήλοις as freq.),
nor indeed does the rest of the world
know what to make of them.' Invectives
against 'Sophists,' it may be observed,
are as frequent in some of Isocrates's
orations as in the Platonic dialogues (see
esp. Isocr. c. Sophistas, Busiris, Helenes
Encomium), and the Eristics entertained

D ταύτης κατεθεωρεῖτο καὶ διεκρίνετο ἥ τε ὀψοποιικὴ καὶ
ἡ ἰατρική, ἀλλ' αὐτὸ τὸ σῶμα ἔκρινε σταθμώμενον ταῖς
χάρισι ταῖς πρὸς αὐτό, τὸ τοῦ Ἀναξαγόρου ἂν πολὺ ἦν, ὦ
φίλε Πῶλε—σὺ γὰρ τούτων ἔμπειρος,—ὁμοῦ ἂν πάντα
χρήματα ἐφύρετο ἐν τῷ αὐτῷ, ἀκρίτων ὄντων τῶν τε
ἰατρικῶν καὶ ὑγιεινῶν καὶ ὀψοποιικῶν. ὃ μὲν οὖν ἐγώ
φημι τὴν ῥητορικὴν εἶναι, ἀκήκοας· ἀντίστροφον ὀψο-
ποιίας ἐν ψυχῇ, ὡς ἐκεῖνο ἐν σώματι. Ἴσως μὲν οὖν ἄτο-
E πον πεποίηκα, ὅτι σε οὐκ ἐῶν μακροὺς λόγους λέγειν
αὐτὸς συχνὸν λόγον ἀποτέτακα. ἄξιον μὲν οὖν ἐμοὶ συγ-
γνώμην ἔχειν ἐστί· λέγοντος γάρ μου βραχέα οὐκ ἐμάν-
θανες, οὐδὲ χρῆσθαι τῇ ἀποκρίσει ἣν σοι ἀπεκρινάμην
οὐδὲν οἷός τ' ἦσθα, ἀλλ' ἐδέου διηγήσεως. ἐὰν μὲν οὖν
166 καὶ ἐγὼ σοῦ ἀποκρινομένου μὴ ἔχω ὅ τι χρήσωμαι, | ἀπό-
τεινε καὶ σὺ λόγον, ἐὰν δὲ ἔχω, ἔα με χρῆσθαι· δίκαιον
γάρ. καὶ νῦν ταύτῃ τῇ ἀποκρίσει εἴ τι ἔχεις χρῆσθαι, χρῶ.

XXI. ΠΩΛ. Τί οὖν φής; κολακεία δοκεῖ σοι εἶναι
ἡ ῥητορική;

ΣΩ. Κολακείας μὲν οὖν ἔγωγε εἶπον μόριον. ἀλλ' οὐ
μνημονεύεις τηλικοῦτος ὤν, ὦ Πῶλε; τί τάχα δράσεις;

ΠΩΛ. Ἆρ' οὖν δοκοῦσί σοι ὡς κόλακες ἐν ταῖς πόλεσι
φαῦλοι νομίζεσθαι οἱ ἀγαθοὶ ῥήτορες;

B ΣΩ. Ἐρώτημα τοῦτ' ἐρωτᾷς ἢ λόγου τινὸς ἀρχὴν
λέγεις;

doubtless an equal contempt for the more
popular accomplishments of the pro-
fessed rhetor, while both were in dis-
repute with the simple citizens, the
ἰδιῶται of the day.

D. τὸ τοῦ Ἀναξαγόρου ἂν πολὺ ἦν]
"Late pateret ac frequens esset illud
Anaxagorae dictum" (Stallb.). The
"dictum" occurred at the commence-
ment of his celebrated treatise. See the
authorities in Ritt. and Preller, Hist.
Ph. § 61. Anaxagoras was the first to
give to νοῦς or ψυχή the pre-eminence of
which Socr. has just spoken.

ὡς ἐκεῖνο ἐν σώματι] i. e. ὡς ἡ
ὀψοποιία ἀντίστροφόν ἐστι τῇ ῥητορικῇ
ἐν σώματι. Rhetoric is a spiritual cookery,
as cookery is a corporeal rhetoric. Each
is the pendant or counterpart of the other.

466. Κολακείας μὲν οὖν — δράσεις]
'No! I called it a branch of Flattery.
Is your memory failing, Polus, and you
so young? What will you do presently?'
He had understood Socr. to identify
Rhetoric with Flattery, as if they had
been co-extensive terms. πρεσβύτης
γενόμενος formerly stood in the edd.
after δράσεις, but some of the best
MSS., including the Bodl., omit the
words. That they are a gloss appears
from another v. l., νέος ὢν πρεσβύτης
γενόμενος—an interpretation of τηλικ-
οῦτος as well as τάχα. There is certainly
some difficulty about the use of τάχα,
but perhaps Stallb.'s defence is satis-
factory, "τάχα nunc facete et jocose de
longiore temporis spatio dicitur." Comp.
Ar. Ran. 528, οὐ τάχ' ἀλλ' ἤδη ποιῶ.

ΠΩΛ. Ἐρωτῶ ἔγωγε.

ΣΩ. Οὐδὲ νομίζεσθαι ἔμοιγε δοκοῦσιν.

ΠΩΛ. Πῶς οὐ νομίζεσθαι; οὐ μέγιστον δύνανται ἐν
ταῖς πόλεσιν;

ΣΩ. Οὔκ, εἰ τὸ δύνασθαί γε λέγεις ἀγαθόν τι εἶναι τῷ
δυναμένῳ.

ΠΩΛ. Ἀλλὰ μὲν δὴ λέγω γε.

ΣΩ. Ἐλάχιστον τοίνυν μοι δοκοῦσι τῶν ἐν τῇ πόλει
δύνασθαι οἱ ῥήτορες.

ΠΩΛ. Τί δέ; οὐχ, ὥσπερ οἱ τύραννοι, ἀποκτιννύασί C
τε ὃν ἂν βούλωνται, καὶ ἀφαιροῦνται χρήματα καὶ ἐκ-
βάλλουσιν ἐκ τῶν πόλεων ὃν ἂν δοκῇ αὐτοῖς;

ΣΩ. Νὴ τὸν κύνα, ἀμφιγνοῶ μέντοι, ὦ Πῶλε, ἐφ᾽
ἑκάστου ὧν λέγεις, πότερον αὐτὸς ταῦτα λέγεις καὶ γνώμην
σαυτοῦ ἀποφαίνει, ἢ ἐμὲ ἐρωτᾷς.

ΠΩΛ. Ἀλλ᾽ ἔγωγε σὲ ἐρωτῶ.

ΣΩ. Εἶεν, ὦ φίλε· ἔπειτα δύο ἅμα με ἐρωτᾷς;

ΠΩΛ. Πῶς δύο;

ΣΩ. Οὐκ ἄρτι οὕτω πως ἔλεγες, ὅτι ἀποκτιννύασιν
οἱ ῥήτορες οὓς ἂν βούλωνται, ὥσπερ οἱ τύραννοι, καὶ
χρήματ᾽ ἀφαιροῦνται καὶ ἐξελαύνουσιν ἐκ τῶν πόλεων ὃν D
ἂν δοκῇ αὐτοῖς;

ΠΩΛ. Ἔγωγε.

XXII. ΣΩ. Λέγω τοίνυν σοι ὅτι δύο ταῦτ᾽ ἐστὶ τὰ
ἐρωτήματα, καὶ ἀποκρινοῦμαί γέ σοι πρὸς ἀμφότερα.
φημὶ γάρ, ὦ Πῶλε, ἐγὼ καὶ τοὺς ῥήτορας καὶ τοὺς τυράν-
νους δύνασθαι μὲν ἐν ταῖς πόλεσι σμικρότατον, ὥσπερ
νῦν δὴ ἔλεγον· οὐδὲν γὰρ ποιεῖν ὧν βούλονται, ὡς ἔπος
εἰπεῖν· ποιεῖν μέντοι ὅ τι ἂν αὐτοῖς δόξῃ βέλτιστον εἶναι. E

---

c. Νὴ τὸν κύνα] 'I swear to you,
Polus, that I am really in doubt, each
time you speak, whether you are stating
your own views, or asking my opinion.'

ἀποφαίνει] So Protag. 336 D, τὴν
ἑαυτοῦ γνώμην ἀποφαίνεσθαι: ib. 340 D.
Stallb., following Bekk., places a colon
after νὴ τὸν κύνα, thus making Socr.
answer Polus's question in the affirma-
tive, though he immediately afterwards
declines to reply to it, as involving two

questions instead of one. It seems to me
that the position of μέντοι in the sen-
tence is sufficiently justified by the pas-
sages adduced by Ast, viz. Gorg. 481 B,
νὴ τοὺς θεοὺς ἀλλ᾽ ἐπιθυμῶ: Arist. Nub.
652, νὴ τὸν ΔΙ᾽ ἀλλ᾽ οἶδα. Clearly μέντοι
could not precede ἀμφιγνοῶ, as ἀλλά
could not have followed it. I do not
therefore perceive the force of Stallb.'s
objection.

ΠΩΛ.   Οὐκοῦν τοῦτό ἐστι τὸ μέγα δύνασθαι ;

ΣΩ.   Οὔχ, ὡς γέ φησι Πῶλος.

ΠΩΛ.   Ἐγὼ οὔ φημι ; φημὶ μὲν οὖν ἔγωγε.

ΣΩ.   Μὰ τὸν οὐ σύ γε, ἐπεὶ τὸ μέγα δύνασθαι φὴς ἀγαθὸν εἶναι τῷ δυναμένῳ.

ΠΩΛ.   Φημὶ γὰρ οὖν.

ΣΩ.   Ἀγαθὸν οὖν οἴει εἶναι, ἐάν τις ποιῇ ταῦτα ἃ ἂν δοκῇ αὐτῷ βέλτιστα εἶναι, νοῦν μὴ ἔχων ; καὶ τοῦτο καλεῖς μέγα δύνασθαι ;

ΠΩΛ.   Οὐκ ἔγωγε.

ΣΩ.   Οὐκοῦν ἀποδείξεις τοὺς ῥήτορας νοῦν ἔχοντας
467 καὶ τέχνην τὴν ῥητορικὴν ἀλλὰ | μὴ κολακείαν, ἐμὲ ἐξελέγξας. εἰ δέ με ἐάσεις ἀνέλεγκτον, οἱ ῥήτορες οἱ ποιοῦντες ἐν ταῖς πόλεσιν ἃ δοκεῖ αὐτοῖς καὶ οἱ τύραννοι οὐδὲν ἀγαθὸν τοῦτο κεκτήσονται, εἰ δὴ δύναμίς ἐστιν, ὡς σὺ φής, ἀγαθόν, τὸ δὲ ποιεῖν ἄνευ νοῦ ἃ δοκεῖ καὶ σὺ ὁμολογεῖς κακὸν εἶναι. ἢ οὔ ;

ΠΩΛ.   Ἔγωγε.

ΣΩ.   Πῶς ἂν οὖν οἱ ῥήτορες μέγα δύναιντο ἢ οἱ τύραννοι ἐν ταῖς πόλεσιν, ἐὰν μὴ Σωκράτης ἐξελεγχθῇ ὑπὸ Πώλου ὅτι ποιοῦσιν ἃ βούλονται ;

ΠΩΛ.   Οὗτος ἀνήρ—

Σ. Οὐκοῦν τοῦτό ἐστι τὸ μέγα δύνασθαι] In illustration of this use of the article in the predicate, compare Mr. Shilleto's note on Dem. F. L. § 130, τοῦτο γὰρ ἐστι τὸ λαμπρόν, where he refers to the expression of Callicles (492 c), τὰ δὲ ἄλλα ταῦτ' ἐστὶ τὰ καλλωπίσματα, τὰ παρὰ φύσιν συνθήματα. Tr., 'Is not this what I called' (above, B) 'having great power?'

'Ἐγὼ οὔ φημι] 'I say no? I tell you I say yes!'

Μὰ τόν] Olymp., διδάσκει ἡμᾶς ὡς δεῖ ἐθίζεσθαι κρατεῖν τῶν ὅρκων. A similar pious motive is assigned by the Greek interpreters for Socr.'s habit of swearing 'by the dog' and 'by the goose.' This however, it is to be feared, arose as much from whim as from piety, for in this dialogue (449 D) we find him swearing νὴ τὴν Ἥραν, and adjuring πρὸς Διός, in cases which hardly require the interposition of a deity. And as to the μὰ

τόν, we find a like aposiopesis in Arist. Ran. 1374, μὰ τόν, ἐγὼ μὲν οὐδ' ἂν εἴς, κ.τ.λ., where no such motive can be assigned. See however the Schol. on that passage and Routh's learned note on this place. Compare also the sixth Platonic Epistle, ad fin., where the writer's friends are bid to swear "at once with scholarly seriousness, and with that sportiveness, of which seriousness is twin-sister"—no inapt description, by the way, of the true Socratic temperament.

φής] Vulg. ἔφης, corr. Baiter.

467. κεκτήσονται] 'will have herein no advantage—nothing to congratulate themselves on:' a future distinguished from κτήσομαι as κέκτημαι 'to have' from κτῶμαι 'to acquire.'

Οὗτος ἀνήρ—] Schol., ὡσανεὶ ἔλεγεν, ὁ ἄνθρωπος οὗτος τί πάσχει; Socr. finishes the sentence for him. Comp. Rep. 606 D, οὗτος, ἦν δ' ἐγώ, ἀνὴρ καλός.

ΣΩ. Οὔ φημι ποιεῖν αὐτοὺς ἃ βούλονται· ἀλλά μ' Β ἔλεγχε.

ΠΩΛ. Οὐκ ἄρτι ὡμολόγεις ποιεῖν ἃ δοκεῖ αὐτοῖς βέλτιστα εἶναι [, τούτου πρόσθεν] ;

ΣΩ. Καὶ γὰρ νῦν ὁμολογῶ.

ΠΩΛ. Οὐκοῦν ποιοῦσιν ἃ βούλονται.

ΣΩ. Οὔ φημι.

ΠΩΛ. Ποιοῦντες δὲ ἃ δοκεῖ αὐτοῖς ;

ΣΩ. Φημί.

ΠΩΛ. Σχέτλιά γε λέγεις καὶ ὑπερφυῆ, ὦ Σώκρατες.

ΣΩ. Μὴ κατηγόρει, ὦ λῷστε Πῶλε, ἵνα προσείπω σε κατὰ σέ· ἀλλ' εἰ μὲν ἔχεις ἐμὲ ἐρωτᾶν, ἐπίδειξον ὅτι ψεύδομαι, εἰ δὲ μή, αὐτὸς ἀποκρίνου. C

ΠΩΛ. Ἀλλ' ἐθέλω ἀποκρίνεσθαι, ἵνα καὶ εἰδῶ ὅ τι λέγεις.

XXIII. ΣΩ. Πότερον οὖν σοι δοκοῦσιν οἱ ἄνθρωποι τοῦτο βούλεσθαι ὃ ἂν πράττωσιν ἑκάστοτε, ἢ ἐκεῖνο οὗ ἕνεκα πράττουσι τοῦθ' ὃ πράττουσιν ; οἷον οἱ τὰ φάρμακα πίνοντες παρὰ τῶν ἰατρῶν πότερόν σοι δοκοῦσι τοῦτο

B. [τούτου πρόσθεν] There can be no doubt that these words are a mere interpretation of ἄρτι, as Bekk. perceived. Stallb. defends them on the remarkable ground that they are "agreeable to the genius of the man," namely of Polus. See the note on νῦν δή, 462 A, and the passage there quoted from the Laws.

Σχέτλιά γε λέγεις] Vulg. σχέτλια λέγεις. The γέ is added from Olymp., as freq. in quasi exclamatory passages like the present. So, from Stobaeus, Heind. also; who refers to p. 473, ἄτοπά γε .. ἐπιχειρεῖς λέγειν.

ὦ λῷστε Πῶλε] "A jingle of sounds, such as Polus had prescribed in his art of Rhetoric. So in the Symp. (p. 185), Παυσανίου δὲ παυσαμένου (διδάσκουσι γάρ με ἴσα λέγειν οἱ σοφοί), and Hipparch. p. 225, καὶ χώρᾳ καὶ ὥρᾳ" (T. Gray). So also Olymp. p. 70, and Philostr. Vitt. Soph. § 13, who observe the same jingle in the foll. Ἵνα προσείπω σε κατὰ σέ. Here again possibly Plato casts a side glance at Isocrates, who, as a pupil of Gorgias, frequently sins in this way.

C. Πότερον οὖν—πράττουσιν] "He is proving that fundamental principle of his doctrine, viz. that the wicked man is doing he knows not what, and sins only through ignorance: and that the end of his actions, like that of all other men, is good, but he mistakes the nature of it, and uses wrong means to attain it" (T. Gray). Compare Arist. Eth. Nic. iii. 6, ἡ δὲ βούλησις ὅτι μὲν τοῦ τέλους ἐστίν, εἴρηται, δοκεῖ δὲ τοῖς μὲν ἀγαθοῦ εἶναι, τοῖς δὲ τοῦ φαινομένου ἀγαθοῦ. συμβαίνει δὲ τοῖς μὲν τὸ βουλητὸν τἀγαθὸν λέγουσι μὴ εἶναι βουλητὸν ὃ βούλεται ὁ μὴ ὀρθῶς αἱρούμενος (εἰ γὰρ ἔσται βουλητόν, καὶ ἀγαθόν, ἦν δ', εἰ οὕτως ἔτυχε, κακόν), τοῖς δ' αὖ τὸ φαινόμενον ἀγαθὸν τὸ βουλητὸν λέγουσι μὴ εἶναι φύσει βουλητόν, ἀλλ' ἑκάστῳ τὸ δοκοῦν· ἄλλο δ' ἄλλῳ φαίνεται, καὶ εἰ οὕτως ἔτυχε, τἀναντία, κ.τ.λ. Also Meno, pp. 77, 78; Protag. 357 c. Gray refers his readers also to Locke's celebrated chapter on Power (Essay on Human Understanding, b. ii. c. xxi. §§ 41, 42), which is interesting from its coincidence with the Socratic view.

βούλεσθαι ὅπερ ποιοῦσι, πίνειν τὸ φάρμακον καὶ ἀλγεῖν, ἢ ἐκεῖνο, τὸ ὑγιαίνειν, οὗ ἕνεκα πίνουσιν;

ΠΩΛ. Δῆλον ὅτι τὸ ὑγιαίνειν [,οὗ ἕνεκα πίνουσιν].

D ΣΩ. Οὐκοῦν καὶ οἱ πλέοντές τε καὶ τὸν ἄλλον χρηματισμὸν χρηματιζόμενοι οὐ τοῦτό ἐστιν ὃ βούλονται, ὃ ποιοῦσιν ἑκάστοτε· τίς γὰρ βούλεται πλεῖν τε καὶ κινδυνεύειν καὶ πράγματ᾽ ἔχειν; ἀλλ᾽ ἐκεῖνο, οἶμαι, οὗ ἕνεκα πλέουσι, πλουτεῖν· πλούτου γὰρ ἕνεκα πλέουσιν.

ΠΩΛ. Πάνυ γε.

ΣΩ. Ἄλλο τι οὖν οὕτω καὶ περὶ πάντων; ἐάν τίς τι πράττῃ ἕνεκά του, οὐ τοῦτο βούλεται ὃ πράττει, ἀλλ᾽ ἐκεῖνο οὗ ἕνεκα πράττει;

E ΠΩΛ. Ναί.

ΣΩ. Ἆρ᾽ οὖν ἔστι τι τῶν ὄντων, ὃ οὐχὶ ἤτοι ἀγαθόν γ᾽ ἐστὶν ἢ κακὸν ἢ μεταξὺ τούτων, οὔτε ἀγαθὸν οὔτε κακόν;

ΠΩΛ. Πολλὴ ἀνάγκη, ὦ Σώκρατες.

ΣΩ. Οὐκοῦν λέγεις εἶναι ἀγαθὸν μὲν σοφίαν τε καὶ ὑγίειαν καὶ πλοῦτον καὶ τἆλλα τὰ τοιαῦτα, κακὰ δὲ τἀναντία τούτων;

ΠΩΛ. Ἔγωγε.

ΣΩ. Τὰ δὲ μήτε ἀγαθὰ μήτε κακὰ ἆρα τοιάδε λέγεις,
468 ἃ ἐνίοτε μὲν μετέχει τοῦ ἀγαθοῦ, | ἐνίοτε δὲ τοῦ κακοῦ, ἐνίοτε δὲ οὐδετέρου, οἷον καθῆσθαι καὶ βαδίζειν καὶ τρέχειν καὶ πλεῖν, καὶ οἷον αὖ λίθους καὶ ξύλα καὶ τἆλλα τὰ τοιαῦτα; οὐ ταῦτα λέγεις; ἢ ἀλλ᾽ ἄττα καλεῖς τὰ μήτε ἀγαθὰ μήτε κακά;

Δῆλον ὅτι—[πίνουσιν] This second οὗ ἕνεκα πίνουσιν is omitted in two MSS., and in Stobaeus, as it seems to me, rightly.

E. Ἆρ᾽ οὖν ἔστι τι] This theory of ἀδιάφορα is put forward more hesitatingly in the Lysis, p. 216 D : δοκεῖ μοι ὡσπερεὶ τρί᾽ ἄττα εἶναι γένη, τὸ μὲν ἀγαθόν, τὸ δὲ κακόν, τὸ δ᾽ οὔτ᾽ ἀγαθὸν οὔτε κακόν. τί δὲ σοί;—Καὶ ἐμοί, ἔφη. The terms of Polus's reply are to be understood κατὰ τὸ σημαινόμενον. "Necesse est omnino, sc. omne quod sit unum ex his tribus esse" (Buttm.). In the Lysis the theory is worked out in considerable detail, not, as here, assumed as self-evident: which we may take, with Schleierm., as an indication of the later date of the Gorgias. For Plato will often be found to take for granted in a later what he has been at great pains to prove in some earlier dialogue. In the Philebus (p. 43) we find an analogous distribution of ἡδέα, λυπηρά and· μηδέτερα, which Plato employs in refutation of a well-known Cynical paradox.

ΠΩΛ.   Οὐκ, ἀλλὰ ταῦτα.

ΣΩ.   Πότερον οὖν τὰ μεταξὺ ταῦτα ἕνεκεν τῶν ἀγαθῶν πράττουσιν, ὅταν πράττωσιν, ἢ τἀγαθὰ τῶν μεταξύ;

ΠΩΛ.   Τὰ μεταξὺ δήπου τῶν ἀγαθῶν.

ΣΩ.   Τὸ ἀγαθὸν ἄρα διώκοντες καὶ βαδίζομεν, ὅταν B βαδίζωμεν, οἰόμενοι βέλτιον εἶναι, καὶ τὸ ἐναντίον ἕσταμεν, ὅταν ἑστῶμεν, τοῦ αὐτοῦ ἕνεκα, τοῦ ἀγαθοῦ. ἢ οὔ;

ΠΩΛ.   Ναί.

ΣΩ.   Οὐκοῦν καὶ ἀποκτίννυμεν, εἴ τινα ἀποκτίννυμεν, καὶ ἐκβάλλομεν καὶ ἀφαιρούμεθα χρήματα, οἰόμενοι ἄμεινον εἶναι ἡμῖν ταῦτα ποιεῖν ἢ μή;

ΠΩΛ.   Πάνυ γε.

ΣΩ.   Ἕνεκ᾿ ἄρα τοῦ ἀγαθοῦ ἅπαντα ταῦτα ποιοῦσιν οἱ ποιοῦντες.

ΠΩΛ.   Φημί.

XXIV.   ΣΩ.   Οὐκοῦν ὡμολογήσαμεν, ἃ ἕνεκά του ποιοῦμεν, μὴ ἐκεῖνα βούλεσθαι, ἀλλ᾿ ἐκεῖνο οὗ ἕνεκα C ταῦτα ποιοῦμεν;

ΠΩΛ.   Μάλιστα.

ΣΩ.   Οὐκ ἄρα σφάττειν βουλόμεθα οὐδ᾿ ἐκβάλλειν ἐκ τῶν πόλεων οὐδὲ χρήματα ἀφαιρεῖσθαι ἁπλῶς οὕτως, ἀλλ᾿ ἐὰν μὲν ὠφέλιμα ᾖ ταῦτα, βουλόμεθα πράττειν αὐτά, βλαβερὰ δὲ ὄντα οὐ βουλόμεθα. τὰ γὰρ ἀγαθὰ βουλόμεθα, ὡς φὴς σύ, τὰ δὲ μήτε ἀγαθὰ μήτε κακὰ οὐ βουλόμεθα, οὐδὲ τὰ κακά. ἢ γάρ; ἀληθῆ σοι δοκῶ λέγειν, ὦ Πῶλε, ἢ οὔ; Τί οὐκ ἀποκρίνει;

ΠΩΛ.   Ἀληθῆ.

ΣΩ.   Οὐκοῦν εἴπερ ταῦτα ὁμολογοῦμεν, εἴ τις ἀπο- D κτείνει τινὰ ἢ ἐκβάλλει ἐκ πόλεως ἢ ἀφαιρεῖται χρήματα, εἴτε τύραννος ὢν εἴτε ῥήτωρ, οἰόμενος ἄμεινον εἶναι αὐτῷ, τυγχάνει δὲ ὂν κάκιον, οὗτος δήπου ποιεῖ ἃ δοκεῖ αὐτῷ. ἢ γάρ;

ΠΩΛ.   Ναί.

---

468 c. ἁπλῶς οὕτως] In the abstract; 'we do not will murder for murder's out of mere wantonness and without any   sake,' &c. ulterior view. Or, as we should say,

ΣΩ. Ἆρ' οὖν καὶ ἃ βούλεται, εἴπερ τυγχάνει ταῦτα κακὰ ὄντα; Τί οὐκ ἀποκρίνει;

ΠΩΛ. Ἀλλ' οὔ μοι δοκεῖ ποιεῖν ἃ βούλεται.

ΣΩ. Ἔστιν οὖν ὅπως ὁ τοιοῦτος μέγα δύναται ἐν τῇ E πόλει ταύτῃ, εἴπερ ἐστὶ τὸ μέγα δύνασθαι ἀγαθόν τι κατὰ τὴν σὴν ὁμολογίαν;

ΠΩΛ. Οὐκ ἔστιν.

ΣΩ. Ἀληθῆ ἄρα ἐγὼ ἔλεγον, λέγων ὅτι ἔστιν ἄνθρωπον ποιοῦντα ἐν πόλει ἃ δοκεῖ αὐτῷ μὴ μέγα δύνασθαι μηδὲ ποιεῖν ἃ βούλεται.

ΠΩΛ. Ὡς δὴ σύ, ὦ Σώκρατες, οὐκ ἂν δέξαιο ἐξεῖναί σοι ποιεῖν ὅ τι δοκεῖ σοι ἐν τῇ πόλει μᾶλλον ἢ μή, οὐδὲ ζηλοῖς ὅταν ἴδῃς τινὰ ἢ ἀποκτείναντα ὃν ἔδοξεν αὐτῷ ἢ ἀφελόμενον χρήματα ἢ δήσαντα.

ΣΩ. Δικαίως λέγεις ἢ ἀδίκως;

469　ΠΩΛ. Ὁπότερ' | ἂν ποιῇ, οὐκ ἀμφοτέρως ζηλωτόν ἐστιν;

ΣΩ. Εὐφήμει, ὦ Πῶλε.

ΠΩΛ. Τί δή;

ΣΩ. Ὅτι οὐ χρὴ οὔτε τοὺς ἀζηλώτους ζηλοῦν οὔτε τοὺς ἀθλίους, ἀλλ' ἐλεεῖν.

ΠΩΛ. Τί δαί; οὕτω σοι δοκεῖ ἔχειν περὶ ὧν ἐγὼ λέγω τῶν ἀνθρώπων;

ΣΩ. Πῶς γὰρ οὔ;

ΠΩΛ. Ὅστις οὖν ἀποκτίννυσιν ὃν ἂν δόξῃ αὐτῷ, δικαίως ἀποκτινύς, ἄθλιος δοκεῖ σοι εἶναι καὶ ἐλεινός;

ΣΩ. Οὐκ ἔμοιγε, οὐδὲ μέντοι ζηλωτός.

ΠΩΛ. Οὐκ ἄρτι ἄθλιον ἔφησθα εἶναι;

ΣΩ. Τὸν ἀδίκως γε, ὦ ἑταῖρε, ἀποκτείναντα, καὶ B ἐλεινόν γε πρός· τὸν δὲ δικαίως ἀζήλωτον.

---

469. ἐλεινός] Vulg. ἐλεεινός. See Porson's Praef. ad Hec. p. vi: "Atticae linguae analogia hanc scripturam flagitat. Ut enim a δέος formatur δεινός, ut a κλέος κλεινός, sic ab ἔλεος formatur ἐλεινός." The circumstance that the form ἐλεεινός is almost universally found in the tragedians, where the metre requires ἐλεινός, is a proof that the authority of the MSS. may be safely set aside in prose writers also. The Attic form is preserved in the case of the derivative adverb in Arist. Thesm. 1063, κλάειν ἐλεινῶς, and by one MS. in Soph. Phil. 870.

ΠΩΛ. Ἦ που ὅ γε ἀποθνήσκων ἀδίκως ἐλεινός τε καὶ ἄθλιός ἐστιν.

ΣΩ. Ἧττον ἢ ὁ ἀποκτιννύς, ὦ Πῶλε, καὶ ἧττον ἢ ὁ δικαίως ἀποθνήσκων.

ΠΩΛ. Πῶς δῆτα, ὦ Σώκρατες;

ΣΩ. Οὕτως, ὡς μέγιστον τῶν κακῶν τυγχάνει ὂν τὸ ἀδικεῖν.

ΠΩΛ. Ἦ γὰρ τοῦτο μέγιστον; οὐ τὸ ἀδικεῖσθαι μεῖζον;

ΣΩ. Ἥκιστά γε.

ΠΩΛ. Σὺ ἄρα βούλοιο ἂν ἀδικεῖσθαι μᾶλλον ἢ ἀδικεῖν;

ΣΩ. Βουλοίμην μὲν ἂν ἔγωγε οὐδέτερα· εἰ δ' ἀναγκαῖον εἴη ἀδικεῖν ἢ ἀδικεῖσθαι, ἑλοίμην ἂν μᾶλλον ἀδικεῖσθαι ἢ ἀδικεῖν.

ΠΩΛ. Σὺ ἄρα τυραννεῖν οὐκ ἂν δέξαιο;

ΣΩ. Οὔκ, εἰ τὸ τυραννεῖν γε λέγεις ὅπερ ἐγώ.

ΠΩΛ. Ἀλλ' ἔγωγε τοῦτο λέγω ὅπερ ἄρτι, ἐξεῖναι ἐν τῇ πόλει, ὃ ἂν δοκῇ αὐτῷ, ποιεῖν τοῦτο, καὶ ἀποκτιννύντι καὶ ἐκβάλλοντι καὶ πάντα πράττοντι κατὰ τὴν αὑτοῦ δόξαν.

XXV. ΣΩ. Ὦ μακάριε, ἐμοῦ δὴ λέγοντος τῷ λόγῳ ἐπιλαβοῦ. εἰ γὰρ ἐγὼ ἐν ἀγορᾷ πληθούσῃ λαβὼν ὑπὸ μάλης ἐγχειρίδιον λέγοιμι πρὸς σὲ ὅτι Ὦ Πῶλε, ἐμοὶ δύναμίς

---

c. τῷ λόγῳ ἐπιλαβοῦ] Inf. 506 B, ἐμοῦ γε ἀκούων ἐπιλαμβάνου, ἐάν τί σοι δοκῶ μὴ καλῶς λέγειν.

D. ἐν ἀγορᾷ πληθούσῃ] h. e. in the forenoon. Herod. ii. 173; Athen. p. 279. 2. Xenophon says of Socr., πρωῒ εἰς τοὺς περιπάτους καὶ τὰ γυμνάσια ᾔει, καὶ πληθούσης ἀγορᾶς ἐκεῖ φανερὸς ἦν, καὶ τὸ λοιπὸν ἀεὶ τῆς ἡμέρας ἦν ὅπου πλείστοις μέλλοι συνέσεσθαι.

ὑπὸ μάλης] Schol., ἐπὶ τοῦ κρυφίως τι πράττειν, ὡς Δημοσθένης ἐν Ἀφόβῳ (p. 848. 12), 'ἀλλὰ μὴν οὐδ' ὑπὸ μάλης ἡ πρόκλησις γέγονεν, ἀλλ' ἐν τῇ ἀγορᾷ.' πληθυντικῶς δὲ οὐ μάλας λέγουσιν, ἀλλὰ μασχάλας. Λυσίας—'καὶ τὴν μὲν κόμην ψιλὴν ἔχεις, τὰς δὲ μασχάλας δασείας.' As synonymous phrases he mentions ὑπὸ κόλπον or ὑπὸ κόλπου. Comp. Aesch. Choeph. 73, δακρύω δ' ὑφ' εἱμάτων, and the vern. 'in the sleeve;' Fr., sous cape.

Olymp. seems to have read, ὑπὸ μάλης ἐγχειρίδιον καὶ λύχνον, and below, εἰ οὖν ... δείξαιμι τὸ ἐγχειρίδιον καὶ τὸν λύχνον. The λύχνος may have been a bright thought of his own, to account for the burning of the arsenal, for which purpose a dagger would be an unsuitable implement. Or he may have really found the words in his copy. That ὑπὸ μάλης needs not to be interpreted literally here, we see from the following passage of the Laws (vii. 789 c), where, speaking of the mania for cock or quail fighting prevalent in Athens, Plato says, πρὸς τούτοις λαβόντες ὑπὸ μάλης ἕκαστος, τοὺς μὲν ἐλάττονας εἰς τὰς χεῖρας, μείζους δ' ὑπὸ τὴν ἀγκάλην ἐντός, πορεύονται περιπατοῦντες σταδίους παμπόλλους ἕνεκα τῆς εὐεξίας οὔ τι τῆς τῶν αὑτῶν σωμάτων ἀλλὰ τῆς τούτων τῶν θρεμμάτων, where Ast observes justly, "ὑπὸ μάλης λαβόντες generale est—dc

τις καὶ τυραννὶς θαυμασία ἄρτι προσγέγονεν· ἐὰν γὰρ
ἄρα ἐμοὶ δόξῃ τινὰ τουτωνὶ τῶν ἀνθρώπων ὧν σὺ ὁρᾷς
αὐτίκα μάλα δεῖν τεθνάναι, τεθνήξει οὗτος ὃν ἂν δόξῃ·
κἄν τινα δόξῃ μοι τῆς κεφαλῆς αὐτῶν κατεαγέναι δεῖν,
κατεαγὼς ἔσται αὐτίκα μάλα, κἂν θοιμάτιον διεσχίσθαι,
Ε διεσχισμένον ἔσται· οὕτω μέγα ἐγὼ δύναμαι ἐν τῇδε τῇ
πόλει. εἰ οὖν ἀπιστοῦντί σοι δείξαιμι τὸ ἐγχειρίδιον, ἴσως
ἂν εἴποις ἰδὼν ὅτι Ὦ Σώκρατες, οὕτω μὲν πάντες ἂν μέγα
δύναιντο, ἐπεὶ κἂν ἐμπρησθείη οἰκία τούτῳ τῷ τρόπῳ
ἥντιν' ἄν σοι δοκῇ, καὶ τά γε Ἀθηναίων νεώρια καὶ αἱ
τριήρεις καὶ τὰ πλοῖα πάντα καὶ τὰ δημόσια καὶ τὰ ἴδια.
ἀλλ' οὐκ ἄρα τοῦτ' ἔστι τὸ μέγα δύνασθαι, τὸ ποιεῖν ἃ
δοκεῖ αὐτῷ. ἢ δοκεῖ σοι;

ΠΩΛ. Οὐ δῆτα οὕτω γε.

470 | ΣΩ. Ἔχεις οὖν εἰπεῖν δι' ὃ τι μέμφει τὴν τοιαύτην
δύναμιν;

ΠΩΛ. Ἔγωγε.

ΣΩ. Τί δή; λέγε.

ΠΩΛ. Ὅτι ἀναγκαῖον τὸν οὕτω πράττοντα ζημιοῦσθαί
ἐστιν.

ΣΩ. Τὸ δὲ ζημιοῦσθαι οὐ κακόν;

ΠΩΛ. Πάνυ γε.

ΣΩ. Οὐκοῦν, ὦ θαυμάσιε, [τὸ μέγα δύνασθαι] πάλιν
αὖ σοι φαίνεται, ἐὰν μὲν πράττοντι ἃ δοκεῖ ἕπηται τὸ

---

omnibus usurpatur quae occultantur et
omnino teguntur, ne cadant vel effugiant,
vel omnino conspiciantur." Arist. Lys.
985, κἄπειτα δόρυ δῆθ' ὑπὸ μάλης ἥκεις
ἔχων, where the literal sense is equally
excluded.

τῆς κεφαλῆς—κατεαγέναι] A suffi-
ciently familiar use of the gen. of the
part or place. Arist. Acharn. 1180, τῆς
κεφαλῆς κατέαγε περὶ λίθον πεσών: ib.
Vesp. 1428. Herodian ap. Dind. ad
Steph. Lex., κατεαγὼς τῆς κεφαλῆς, οὐ
μὴν πᾶσαν τὴν κεφαλήν, ἀλλὰ μέρος τι
αὐτῆς. Eὔπολις. Οὐ γὰρ κατάξεις τῆς
κεφαλῆς τὰ ῥάμματα. But κατεαγέναι
τὴν κεφαλήν is equally good Attic:
Lysias, p. 99. 43. So τὰ ὦτα κατεαγότων,
inf. 515 Ε. Here tr., 'If I resolve that
any one of them should have his head

broken, broken it shall be,' &c.

470. Οὐκοῦν, ὦ θαυμάσιε] The frequent
repetition of δύνασθαι is at least un-
pleasing. In Olympiodorus's copy, the
sentence plainly ended with σμικρόν
(Comm. p. 78, Jahn), and I cannot but
think that the first τὸ μέγα δύνασθαι
was added in the margin by an inter-
preter who did not perceive that the
subject of εἶναι is the clause ἐὰν μὲν
πράττοντι...ὠφελίμως πράττειν. The stu-
dent will observe that ἐὰν μέν is followed
in apodosi by εἰ δὲ μή, not by ἐὰν δὲ μή.
This usage is universal, where no second
verb follows, εἰ δὲ μή having the force of
ἄλλως δέ, alioqui. See Sympos. 185 D,
ἐὰν μέν σοι ἐθέλῃ παύεσθαι ἡ λύγξ,...εἰ
δὲ μή, ὕδατι ἀνακογχυλίασον (for ἐὰν δὲ
μὴ ἐθέλῃ).

ὠφελίμως πράττειν, ἀγαθόν τε εἶναι, καὶ τοῦτο, ὡς ἔοικεν,
ἐστὶ τὸ μέγα δύνασθαι· εἰ δὲ μή, κακὸν καὶ σμικρὸν
[δύνασθαι]. Σκεψώμεθα δὲ καὶ τόδε. ἄλλο τι ὁμολο- B
γοῦμεν ἐνίοτε μὲν ἄμεινον εἶναι ταῦτα ποιεῖν ἃ νῦν δὴ
ἐλέγομεν, ἀποκτιννύναι τε καὶ ἐξελαύνειν ἀνθρώπους καὶ
ἀφαιρεῖσθαι χρήματα, ἐνίοτε δὲ οὔ ;

ΠΩΛ. Πάνυ γε.

ΣΩ. Τοῦτο μὲν δή, ὡς ἔοικε, καὶ παρὰ σοῦ καὶ παρ'
ἐμοῦ ὁμολογεῖται.

ΠΩΛ. Ναί.

ΣΩ. Πότε οὖν σὺ φῂς ἄμεινον εἶναι ταῦτα ποιεῖν ;
εἰπὲ τίνα ὅρον ὁρίζει.

ΠΩΛ. Σὺ μὲν οὖν, ὦ Σώκρατες, ἀπόκριναι ταὐτὸ
τοῦτο.

ΣΩ. Ἐγὼ μὲν τοίνυν φημί, ὦ Πῶλε, εἴ σοι παρ' ἐμοῦ C
ἥδιόν ἐστιν ἀκούειν, ὅταν μὲν δικαίως τις ταῦτα ποιῇ,
ἄμεινον εἶναι, ὅταν δὲ ἀδίκως, κάκιον.

XXVI. ΠΩΛ. Χαλεπόν γέ σε ἐλέγξαι, ὦ Σώκρατες.
ἀλλ' οὐχὶ κἂν παῖς σε ἐλέγξειεν ὅτι οὐκ ἀληθῆ λέγεις ;

ΣΩ. Πολλὴν ἄρα ἐγὼ τῷ παιδὶ χάριν ἕξω, ἴσην δὲ
καὶ σοί, ἐάν με ἐλέγξῃς καὶ ἀπαλλάξῃς φλυαρίας. ἀλλὰ
μὴ κάμῃς φίλον ἄνδρα εὐεργετῶν, ἀλλ' ἔλεγχε.

ΠΩΛ. Ἀλλὰ μήν, ὦ Σώκρατες, οὐδέν γέ σε δεῖ πα-
λαιοῖς πράγμασιν ἐλέγχειν· τὰ γὰρ ἐχθὲς καὶ πρώην γε- D

D. τὰ γὰρ ἐχθὲς καὶ πρώην] 'yester-
day or the day before—the other day.'
Hom., χθιζά τε καὶ πρωΐζά: Thuc. iii.
113, οὐδένι ἐμαχόμεθα χθὲς ἀλλὰ πρώην.
"As the time of this dialogue plainly
appears (from that passage in p. 473, καὶ
πέρυσι βουλεύειν λαχών, which is taken
notice of by Athenaeus, v. 217) to be
Ol. 93. 4 (B.C. 405), the year after the
sea-fight at Arginusae, these words must
be taken in a larger sense, as we say of
a thing long past, 'It happened but the
other day,' when we compare it with
more ancient times : for Archelaus had
now reigned at least nine years" (say
eight years—see Clinton, F. II. ii. an.
414. 2, ib. p. 223), "and continued on
the throne about six years longer. So
in p. 503 in these words, Περικλέα του-

τονὶ τὸν νεωστὶ τετελευτηκότα, we must
understand νεωστί in the same manner,
for Pericles had been dead twenty-
three years, but the time is there com-
pared with that of Cimon, Themistocles,
&c., who died many years before. Socr.
indeed might have seen and remembered
Cimon, the other two he could not.
These particulars of Archelaus's history
are curious and not to be met with else-
where. Athenaeus (xi. 506) is absurd
enough to question the truth of these
particulars, or, supposing them to be
true, he says that they are instances of
Plato's ingratitude, who was much in
favour with Archelaus. The passage
which he cites immediately after from
Carystius of Pergamus disproves all this,
for it shows Plato's connexion to have

γονότα ταῦτα ἱκανά σε ἐξελέγξαι ἐστὶ καὶ ἀποδεῖξαι ὡς πολλοὶ ἀδικοῦντες ἄνθρωποι εὐδαίμονές εἰσιν.

ΣΩ.   Τὰ ποῖα ταῦτα ;

ΠΩΛ.   Ἀρχέλαον δήπου τοῦτον τὸν Περδίκκου ὁρᾷς ἄρχοντα Μακεδονίας ;

ΣΩ.   Εἰ δὲ μή, ἀλλ' ἀκούω γε.

ΠΩΛ.   Εὐδαίμων οὖν σοι δοκεῖ εἶναι ἢ ἄθλιος ;

ΣΩ.   Οὐκ οἶδα, ὦ Πῶλε· οὐ γάρ πω συγγέγονα τῷ ἀνδρί.

E   ΠΩΛ.   Τί δαί ; συγγενόμενος ἂν γνοίης, ἄλλως δὲ αὐτόθεν οὐ γιγνώσκεις ὅτι εὐδαιμονεῖ ;

ΣΩ.   Μὰ Δί' οὐ δῆτα.

ΠΩΛ.   Δῆλον δή, ὦ Σώκρατες, ὅτι οὐδὲ τὸν μέγαν βασιλέα γιγνώσκειν φήσεις εὐδαίμονα ὄντα.

ΣΩ.   Καὶ ἀληθῆ γε ἐρῶ· οὐ γὰρ οἶδα παιδείας ὅπως ἔχει καὶ δικαιοσύνης.

ΠΩΛ.   Τί δαί ; ἐν τούτῳ ἡ πᾶσα εὐδαιμονία ἐστίν ;

been with Perdiccas *the Third*, who began to reign thirty-five years after Archelaus's death, and was elder brother to the famous Philip of Macedon. We have an epistle of Plato to that prince still remaining. At the time of Archelaus's death, Plato was under thirty years of age" (T. Gray). The blunder of Athenaeus is almost incredible. It may serve as a criterion of the value of other malignant accusations of Plato and his school which we have no direct means of refuting. Archelaus is the king who entertained Euripides, and at whose court the poet died. His talent as a ruler is highly extolled by Thucydides (ii. 100). According to Aelian (V. H. xii. 43), δούλης υἱὸς ἦν τῆς Σιμίχης. The author of the Second Alcib. alludes to his death and its circumstances as χθιζά τε καὶ πρωιζὰ γεγενημένα (141 D). This anachronism hardly needs the elaborate apology of Mr. Clinton (l. l. p. 224, not. k), for the dialogue in which it occurs is the work of a later and probably an ignorant imitator. Anachronisms differ in kind and degree, and it is hardly possible to conceive that Plato or Xenophon (to whom the Alcib. ii. is by some attributed) would have represented Alcibiades, who died at a mature age in 404, as still young in B.C. 300; still less would either of these authors have introduced Socr. conversing with his young friend at least two years after his own death. Ibid. E, and Buttmann's note. The hand of an imitator is betrayed by the χθιζά τε καὶ πρωιζά, as compared with the ἰχθὲς καὶ πρώην of the passage before us.

E. αὐτόθεν οὐ γιγνώσκεις] 'don't you know already,' i. e. from the facts mentioned; as if he had said ἐξ αὐτοῦ τοῦ ἄρχειν αὐτὸν Μακεδονίας. Arist. Eq. 330, δῆλός ἐστιν αὐτόθεν. The passage from οὐκ οἶδα to ἄδικος is thus rendered by Cicero: "Haud scio, nunquam enim cum eo collocutus sum.—Ain' tu ? an aliter id scire non potes ?—Nullo modo.—Tu igitur ne de Persarum quidem rege magno potes dicere, beatusne sit ?—An ego possim, quum ignorem, quam sit doctus, quam vir bonus ?—Quid ? tu in eo sitam vitam beatam putas ?—Ita prorsus existimo: bonos beatos, improbos miseros.—Miser ergo Archelaus ?—Certe, si injustus" (Tusc. Quaest. v. 12 [35]). The object of the chapter is to claim for Plato the credit of a sentiment afterwards maintained by Zeno of Citium, who is called "advena quidam et ignobilis verborum artifex." Cicero proceeds to translate a kindred passage from the Menexenus, p. 248, ὅτῳ γὰρ ἀνδρί, κ.τ.λ.

ΣΩ. Ὡς γε ἐγὼ λέγω, ὦ Πῶλε· τὸν μὲν γὰρ καλὸν κἀγαθὸν ἄνδρα καὶ γυναῖκα εὐδαίμονα εἶναί φημι, τὸν δὲ ἄδικον καὶ πονηρὸν ἄθλιον.

ΠΩΛ. Ἄθλιος ἄρα οὗτός ἐστιν ὁ Ἀρχέλαος κατὰ 471 τὸν σὸν λόγον;

ΣΩ. Εἴπερ γε, ὦ φίλε, ἄδικος.

ΠΩΛ. Ἀλλὰ μὲν δὴ πῶς οὐκ ἄδικος, ᾧ γε προσῆκε μὲν τῆς ἀρχῆς οὐδὲν ἦν νῦν ἔχει, ὄντι ἐκ γυναικὸς ἢ ἦν δούλη Ἀλκέτου τοῦ Περδίκκου ἀδελφοῦ, καὶ κατὰ μὲν τὸ δίκαιον δοῦλος ἦν Ἀλκέτου, καὶ εἰ ἐβούλετο τὰ δίκαια ποιεῖν, ἐδούλευεν ἂν Ἀλκέτῃ καὶ ἦν εὐδαίμων κατὰ τὸν σὸν λόγον· νῦν δὲ θαυμασίως ὡς ἄθλιος γέγονεν, ἐπεὶ τὰ μέγιστα ἠδίκηκεν· ὅς γε πρῶτον μὲν τοῦτον αὐτὸν B τὸν δεσπότην καὶ θεῖον μεταπεμψάμενος ὡς ἀποδώσων τὴν ἀρχὴν ἣν Περδίκκας αὐτὸν ἀφείλετο, ξενίσας καὶ καταμεθύσας αὐτόν τε καὶ τὸν υἱὸν αὐτοῦ Ἀλέξανδρον, ἀνεψιὸν αὐτοῦ, σχεδὸν ἡλικιώτην, ἐμβαλὼν εἰς ἅμαξαν νύκτωρ ἐξαγαγὼν ἀπέσφαξέ τε καὶ ἠφάνισεν ἀμφοτέρους. καὶ ταῦτα ἀδικήσας ἔλαθεν ἑαυτὸν ἀθλιώτατος γενόμενος καὶ οὐ μετεμέλησεν αὐτῷ, ἀλλ' ὀλίγον ὕστερον τὸν ἀδελφὸν τὸν γνήσιον, τοῦ Περδίκκου υἱόν, παῖδα ὡς ἑπτέτη, C οὗ ἡ ἀρχὴ ἐγίγνετο κατὰ τὸ δίκαιον, οὐκ ἐβουλήθη εὐδαίμων γενέσθαι δικαίως ἐκθρέψας καὶ ἀποδοὺς τὴν ἀρχὴν ἐκείνῳ, ἀλλ' εἰς φρέαρ ἐμβαλὼν ἀποπνίξας πρὸς τὴν μητέρα αὐτοῦ Κλεοπάτραν χῆνα ἔφη διώκοντα ἐμπεσεῖν καὶ ἀποθανεῖν. τοιγάρτοι νῦν, ἅτε μέγιστα ἠδικηκὼς τῶν ἐν Μακεδονίᾳ, ἀθλιώτατός ἐστι πάντων Μακεδόνων ἀλλ' οὐκ εὐδαιμονέστατος, καὶ ἴσως ἔστιν ὅστις Ἀθηναίων ἀπὸ σοῦ

---

471 c. ἑπτέτη] Vulg. ἑπταετῆ. I have restored the undoubtedly Attic form. Comp. Arist. Ran. 421, ὃς ἑπτέτης ὢν οὐκ ἔφυσε φράτορας. So ἑξέτει in Nub. 862; ἐπτέτιν, Thesm. 480. The genuine form is preserved by the transcribers in Alcib. i. p. 121 E, ἐπειδὰν ἐπτέτεις γένωνται οἱ παῖδες, and in δεκέτης wherever it occurs in the text of Plato. On the other hand the vicious form δεκαέτηρος occurs Legg. 772 B, where δεκε-

τήρης is found in one MS. and is probably the true reading. See Lobeck on Phrynichus, p. 406 foll., whose authority, supported by the unvarying practice of the Attic poets as well as by the testimony of the grammarians, outweighs that of "Bremins on Aeschines," to which Stallb. appeals in defence of the vulgate reading.

ἀπὸ σοῦ ἀρξάμενος] "nec te excepto" (Ast); "tuque imprimis s. interque eos

ἀρξάμενος δέξαιτ᾽ ἂν ἄλλος ὁστισοῦν Μακεδόνων γενέσθαι
D μᾶλλον ἢ Ἀρχέλαος.

XXVII. ΣΩ. Καὶ κατ᾽ ἀρχὰς τῶν λόγων, ὦ Πῶλε,
ἔγωγέ σε ἐπήνεσα ὅτι μοι δοκεῖς εὖ πρὸς τὴν ῥητορικὴν
πεπαιδεῦσθαι, τοῦ δὲ διαλέγεσθαι ἠμεληκέναι· καὶ νῦν
ἄλλο τι οὗτός ἐστιν ὁ λόγος ᾧ με κἂν παῖς ἐξελέγξειε,|
καὶ ἐγὼ ὑπὸ σοῦ νῦν, ὡς σὺ οἴει, ἐξελήλεγμαι τούτῳ τῷ
λόγῳ, φάσκων τὸν ἀδικοῦντα οὐκ εὐδαίμονα εἶναι ; πόθεν,
ὦ ᾽γαθέ ; καὶ μὴν οὐδέν γέ σοι τούτων ὁμολογῶ ὧν σὺ φής.

E ΠΩΛ. Οὐ γὰρ ἐθέλεις, ἐπεὶ δοκεῖ γέ σοι ὡς ἐγὼ λέγω.

ΣΩ. Ὦ μακάριε, ῥητορικῶς γάρ με ἐπιχειρεῖς ἐλέγχειν,
ὥσπερ οἱ ἐν τοῖς δικαστηρίοις ἡγούμενοι ἐλέγχειν. καὶ
γὰρ ἐκεῖ οἱ ἕτεροι τοὺς ἑτέρους δοκοῦσιν ἐλέγχειν, ἐπει-
δὰν τῶν λόγων ὧν ἂν λέγωσι μάρτυρας πολλοὺς παρέ-
χωνται καὶ εὐδοκίμους, ὁ δὲ τἀναντία λέγων ἕνα τινὰ
παρέχηται ἢ μηδένα. οὗτος δὲ ὁ ἔλεγχος οὐδενὸς ἄξιός
472 ἐστι πρὸς τὴν | ἀλήθειαν· ἐνίοτε γὰρ ἂν καὶ καταψευδο-
μαρτυρηθείη τις ὑπὸ πολλῶν καὶ δοκούντων εἶναί τι. καὶ
νῦν περὶ ὧν σὺ λέγεις ὀλίγου σοι πάντες συμφήσουσι ταὐτὰ
Ἀθηναῖοι καὶ οἱ ξένοι, ἐὰν βούλῃ κατ᾽ ἐμοῦ μάρτυρας
παρασχέσθαι ὡς οὐκ ἀληθῆ λέγω. μαρτυρήσουσί σοι, ἐὰν
μὲν βούλῃ, Νικίας ὁ Νικηράτου καὶ οἱ ἀδελφοὶ μετ᾽ αὐτοῦ,

---

tu primas" (Heind., who compares Rep.
ii. 336 D; ib. vi. 498 C, &c.). Tr., 'And
I dare say there are those in Athens
who, with you at their head (following
your lead), would rather change places
with any Macedonian you could name
than with King Archelaus.'

D. δοκεῖς] We should rather have
expected ἐδόκεις, which at any rate is
better than Heind.'s conj. δοκοῖς. He
alludes to p. 448 D, δῆλος γάρ μοι Πῶλος
. . . ὅτι τὴν καλουμένην ῥητορικὴν μᾶλλον
μεμελέτηκεν ἢ διαλέγεσθαι, a remark
here ironically called a compliment.

E. ἕνα τινὰ—ἢ μηδένα] Xen. Cyr. v.
5. 45, τούτων δὲ τῶν περιεστηκότων ἢ
τινα ἢ οὐδένα οἶδα. Pers. Sat. i. init.,
"vel duo vel nemo."

472. δοκούντων εἶναί τι] Equivalent
of course to εὐδοκίμων. So Euthyd. 303 C,
τῶν σεμνῶν καὶ δοκούντων τι εἶναι.
Sometimes the εἶναί τι is omitted, as in

Eur. Hec. 294, λόγος γὰρ ἔκ τ᾽ ἀδοξούντων
ἰὼν κἀκ τῶν δοκούντων αὐτὸς οὐ ταὐτὸν
σθένει: and by St. Paul in his Epistle to
the Galatians (ii. 2), κατ᾽ ἰδίαν δὲ τοῖς
δοκοῦσιν, where he alludes to his fellow-
apostles "James, Peter, and John," the
στῦλοι of the church, as they are pre-
sently called (ib. ver. 9).

ταὐτὰ] Van Heusde's emendation, ac-
cepted by Stallb. for the vulg. ταῦτα,
which Ast defends. But the passage
from Rep. iv. 432 A, παρεχομένη ξυνά-
δοντας ταὐτὸν καὶ ἰσχυροτάτους καὶ τοὺς
μέσους, makes in favour of the change,
or at any rate justifies the pleonasm,
which is idiomatic. The Zürich punctua-
tion of the sentence—a full stop after
λέγω—is evidently right. There is great
force in the asyndeton with which the
following sentence commences.

Νικίας ὁ Νικηράτου] The famous Nicias.
"The tripods mentioned here as dedi-

ὧν οἱ τρίποδες οἱ ἐφεξῆς ἑστῶτές εἰσιν ἐν τῷ Διονυσίῳ,
ἐὰν δὲ βούλῃ, Ἀριστοκράτης ὁ Σκελλίου, οὗ αὖ ἔστιν
† ἐν Πυθοῖ † τοῦτο τὸ καλὸν ἀνάθημα, ἐὰν δὲ βούλῃ, ἡ B
Περικλέους ὅλη οἰκία ἢ ἄλλη συγγένεια ἥντιν᾿ ἂν βούλῃ
τῶν ἐνθένδε ἐκλέξασθαι. ἀλλ᾿ ἐγώ σοι εἷς ὢν οὐχ ὁμο-
λογῶ· οὐ γάρ με σὺ ἀναγκάζεις, ἀλλὰ ψευδομάρτυρας
πολλοὺς κατ᾿ ἐμοῦ παρασχόμενος ἐπιχειρεῖς ἐκβάλλειν με
ἐκ τῆς οὐσίας καὶ τοῦ ἀληθοῦς. ἐγὼ δὲ ἂν μὴ σὲ αὐτὸν

cated in the temple of Bacchus, must be
the prizes which he and his family must
have gained in their frequent χορηγίαι.
. . . The brother of Nicias was named
Eucrates: he outlived his brother, and
was this very year Trierarch at Aegos
Potami (Lysias, Orat. contra Poliorchum,
p. 320 [149]); and soon after was put to
death with Niceratus his nephew, by
order of the Thirty Tyrants, in the number
of which he refused to be" (T. Gray).
Plut. Vit. Nic. c. 3, τοὺς Ἀθηναίους
χορηγίαις ἀνελάμβανε . . . ὑπερβαλλόμενος
πολυτελείᾳ καὶ χάριτι τοὺς πρὸ αὐτοῦ καὶ
καθ᾿ ἑαυτὸν ἅπαντας. ἑστήκει δὲ καὶ τῶν
ἀναθημάτων αὐτοῦ καθ᾿ ἡμᾶς τό τε Παλλά-
διον ἐν ἀκροπόλει, τὴν χρύσωσιν ἀπο-
βεβληκός, καὶ ὁ τοῖς χορηγικοῖς τρίποσιν
ὑποκείμενος ἐν Διονύσου νεώς. ἐνίκησε
γὰρ πολλάκις χορηγήσας, ἐλείφθη δ᾿ οὐδέ-
ποτε. It appears from this passage, as
Col. Leake observes, that Nicias built a
temple to support his tripods: larger,
no doubt, than the surviving choragic
monuments of Lysicrates and Thrasyllus,
but, like them, situated within the
peribolus of Bacchus (for so we must
interpret ἐν τῷ Διονυσίῳ), not in the
theatre itself, τῷ ἐν Διονύσου θεάτρῳ
(Athens and Attica, i. p. 185, note 3).

Ἀριστοκράτης ὁ Σκελλίου] "A prin-
cipal man in the oligarchy of Four Hun-
dred (Ol. 92. 1), and of the same party
with Theramenes. See Thucyd. L. viii.
(c. 89) and Lysias contra Eratosth.
(§ 66), Aristoph. in Av. 125 et Schol."
(T. Gray). "This is the person men-
tioned by Xenophon, Hellen. i. 4. 21; 5.
16; 7. 2. He perished with five others
of the generals, by the result of the
famous trial which followed the battle of
Arginusae" (Arnold on Thuc. l.l.). The
same Aristocrates is extolled by the
author of the speech against Theocrines
attributed to Demosthenes, for the part
he took in destroying the fort of Eetionea
(B.C. 411), and restoring the popular

party to power: a passage in which the
orator commits the singular blunder
of identifying the destruction of the
power of the Four Hundred with that of
the Thirty Tyrants. See Grote, II. G.
viii. p. 93, note 2.

† ἐν Πυθοῖ †] One MS. gives ἐν Πυθίου,
i. e. ἱερῷ, meaning the sanctuary of
Apollo Pythius, called τὸ Πύθιον, which
was adjacent to the celebrated Olym-
picum, in the southern quarter of Athens.
This, I confess, appears to me the more
probable reading, for several reasons. In
the first place it is more probable that
Aristocrates should have made the dedi-
cation in question at home, and in a
place which we know from Suidas (v.
Πύθιον) was appropriated to the reception
of the tripods consecrated by οἱ τῷ
κυκλίῳ χόρῳ νικήσαντες τὰ Θαργήλια,
than that he should have presented at
Delphi an offering so distinguished
among the splendours of that sanctuary,
as to have won for him a Hellenic
reputation (τοῦτο τὸ καλὸν ἀνάθ., "pul-
crum illud denarium quod satis notum
et celebratum est" [Stallb.]). Secondly,
Πυθοῖ rather than ἐν Πυθοῖ is the stereo-
typed form in such cases. Plat. Lys.
205 c, Πυθοῖ καὶ Ἰσθμοῖ καὶ Νεμέᾳ:
Axioch. 367 c, τὸ Πυθοῖ τέμενος: Arist.
Lys. 1131, Ὀλυμπίασιν, ἐν Πύλαις, Πυθοῖ,
πόσους, κ.τ.λ.: Lysias de Bonis Arist. §
63, ἐνίκησεν Ἰσθμοῖ καὶ Νεμέᾳ. Thirdly,
as Pytho was a shrine better known
than the Pythium, Πυθοῖ is more likely
to have been substituted for Πυθίου than
vice versa, not to mention the elliptical
construction ἐν Πυθίου, which might
puzzle an ignorant scribe.

B. οὐ γάρ με σὺ ἀναγκάζεις] 'I am not
compelled by any argument of yours,'
σύ being emphatic. Olymp., ἰδοὺ ἀνάγκην
καλεῖ τὴν ἀποδεικτικὴν πίστιν.

ἐκ τῆς οὐσίας καὶ τοῦ ἀληθοῦς] 'from
my patrimony, the truth.' If καί is to
be retained it must be understood as

ἕνα ὄντα μάρτυρα παράσχωμαι ὁμολογοῦντα περὶ ὧν
λέγω, οὐδὲν οἶμαι ἄξιον λόγου μοι πεπεράνθαι περὶ ὧν ἂν
C ἡμῖν ὁ λόγος ᾖ· οἶμαι δὲ οὐδὲ σοί, ἐὰν μὴ ἐγώ σοι μαρ-
τυρῶ εἷς ὢν μόνος, τοὺς δ' ἄλλους πάντας τούτους χαίρειν
ἐᾷς. ἔστι μὲν οὖν οὗτός τις τρόπος ἐλέγχου, ὡς σύ τε οἴει
καὶ ἄλλοι πολλοί· ἔστι δὲ καὶ ἄλλος, ὃν ἐγὼ αὖ οἶμαι.
παραβαλόντες οὖν παρ' ἀλλήλους σκεψώμεθα, εἴ τι διοί-
σουσιν ἀλλήλων. καὶ γὰρ τυγχάνει περὶ ὧν ἀμφισβη-
τοῦμεν οὐ πάνυ σμικρὰ ὄντα, ἀλλὰ σχεδόν τι ταῦτα περὶ
ὧν εἰδέναι τε κάλλιστον μὴ εἰδέναι τε αἴσχιστον· τὸ γὰρ
κεφάλαιον αὐτῶν ἐστὶν ἢ γιγνώσκειν ἢ ἀγνοεῖν ὅστις τε
D εὐδαίμων ἐστὶ καὶ ὅστις μή. αὐτίκα πρῶτον, περὶ οὗ νῦν
ὁ λόγος ἐστί, σὺ ἡγεῖ οἷόν τε εἶναι μακάριον ἄνδρα ἀδι-
κοῦντά τε καὶ ἄδικον ὄντα, εἴπερ Ἀρχέλαον ἄδικον μὲν
ἡγεῖ εἶναι, εὐδαίμονα δέ. ἄλλο τι ὡς οὕτω σου νομί-
ζοντος διανοώμεθα;

ΠΩΛ. Πάνυ γε.

XXVIII. ΣΩ. Ἐγὼ δέ φημι ἀδύνατον. ἓν μὲν τουτὶ
ἀμφισβητοῦμεν. εἶεν ἀδικῶν δὲ δὴ εὐδαίμων ἔσται ἄρ'
ἂν τυγχάνῃ δίκης τε καὶ τιμωρίας;

---

epexegetic. I much doubt the double
reference in οὐσίας which Stallb. sug-
gests: "Ludit in ambignitate vocis
οὐσίας quae et de bonis ac facultatibus
dicitur, et de eo quod re vera est."
Compare the boast of Polus, p. 466 c,
ἀποκτιννύασί θ' ὃν ἂν βούλωνται καὶ
ἀφαιροῦνται χρήματα καὶ ἐκβάλλουσιν ἐκ
τῶν πόλεων ὃν ἂν δοκῇ.

οὐδὲν οἶμαι] Between these two words
Hirschig inserts ἄν, ex conj., so that the
sense shall be, 'I conceive nothing will
have been accomplished, unless I can
secure your testimony and your assent
in the course of our subsequent dis-
cussion.' I doubt, however, the admis-
sibility of this construction here. The
irregularity is in the use of οἶμαι, for
which we should expect ἡγήσομαι. 'I
shall not think that any thing has been
done.' But the text as it stands is de-
fensible. An analogous case is Isocr.
Evag. § 36, ἡγοῦμαι μὲν οὖν, εἰ καὶ μη-
δενὸς ἄλλου μνησθείην, ἀλλ' ἐνταῦθα
καταλείποιμι τὸν λόγον, ῥᾴδιον ἐκ τούτων
εἶναι γνῶναι τὴν ἀρετὴν τὴν Εὐαγόρου, for

ἡγησαίμην ἄν.

c. ὃν ἐγὼ αὖ οἶμαι] Supply δεῖν, as
below, p. 474, τοῦ ἐλέγχου οἷον ἐγὼ
οἶμαι δεῖν εἶναι. δεῖν is not unfrequently
omitted after οἶμαι, as in Xen. Hell. iv.
7. 4, ᾤοντο ἀπιέναι, and after ἡγήσατο in
Protag. 346 a.

D. αὐτίκα] 'for instance.' See Ruhnk.
in Tim. Lex. Plat. v. αὐτίκα. Hirschig
brackets πρῶτον, as an "interpretamen-
tum." But see inf. 474 D, οἷον πρῶτον,
a phrase exactly equivalent.

ἀδικῶν—ἄρ' ἄν] 'You say that a wrong-
doer may be happy: good—but I want
to know whether he will be so if he
obtains his deserts and is punished.'
Something like this is implied by the
position of ἄρα in the middle of the sen-
tence. It occurs in a similar position.
p. 476 A, τὸ ἀδικοῦντα διδόναι δίκην ἄρα
μέγιστον τῶν κακῶν ἐστιν; And so per-
haps we ought to read Hipp. ii. 366 B,
δυνατὸς δ' ἐστιν ἑκάστοτ' ἄρ' ὃς ἂν
ποιῇ τότε ὃ ἂν βούληται, ὅταν βούληται;
for the vulg. ἕκαστος ἄρα.

ΠΩΛ. Ἥκιστά γε, ἐπεὶ οὕτω γ᾽ ἂν ἀθλιώτατος εἴη.

ΣΩ. Ἀλλ᾽ ἐὰν ἄρα μὴ τυγχάνῃ δίκης ὁ ἀδικῶν, κατὰ E τὸν σὸν λόγον εὐδαίμων ἔσται ;

ΠΩΛ. Φημί.

ΣΩ. Κατὰ δέ γε τὴν ἐμὴν δόξαν, ὦ Πῶλε, ὁ ἀδικῶν τε καὶ ὁ ἄδικος πάντως μὲν ἄθλιος, ἀθλιώτερος μέντοι, ἐὰν μὴ διδῷ δίκην μηδὲ τυγχάνῃ τιμωρίας ἀδικῶν, ἧττον δὲ ἄθλιος, ἐὰν διδῷ δίκην καὶ τυγχάνῃ δίκης ὑπὸ θεῶν τε καὶ ἀνθρώπων.

ΠΩΛ. Ἄτοπά γε, ὦ Σώκρατες, ἐπιχειρεῖς λέγειν. 473

ΣΩ. Πειράσομαι δέ γε καὶ σὲ ποιῆσαι, ὦ ἑταῖρε, ταὐτὰ ἐμοὶ λέγειν· φίλον γάρ σε ἡγοῦμαι. νῦν μὲν οὖν ἃ διαφερόμεθα ταῦτ᾽ ἐστί· σκόπει δὲ καὶ σύ. εἶπον ἐγώ που ἐν τοῖς ἔμπροσθεν τὸ ἀδικεῖν τοῦ ἀδικεῖσθαι κάκιον εἶναι.

ΠΩΛ. Πάνυ γε.

ΣΩ. Σὺ δὲ τὸ ἀδικεῖσθαι.

ΠΩΛ. Ναί.

ΣΩ. Καὶ τοὺς ἀδικοῦντας ἀθλίους ἔφην εἶναι ἐγώ, καὶ ἐξηλέγχθην ὑπὸ σοῦ.

ΠΩΛ. Ναὶ μὰ Δία.

ΣΩ. Ὡς σύ γε οἴει, ὦ Πῶλε.   B

ΠΩΛ. Ἀληθῆ γε οἰόμενος ἴσως.

ΣΩ. Σὺ δέ γε εὐδαίμονας αὖ τοὺς ἀδικοῦντας, ἐὰν μὴ διδῶσι δίκην.

ΠΩΛ. Πάνυ μὲν οὖν.

ΣΩ. Ἐγὼ δὲ αὐτοὺς ἀθλιωτάτους φημί, τοὺς δὲ διδόντας δίκην ἧττον. βούλει καὶ τοῦτο ἐλέγχειν ;

ΠΩΛ. Ἀλλ᾽ ἔτι τοῦτ᾽ ἐκείνου χαλεπώτερόν ἐστιν, ὦ Σώκρατες, ἐξελέγξαι.

ΣΩ. Οὐ δῆτα, ὦ Πῶλε, ἀλλ᾽ ἀδύνατον· τὸ γὰρ ἀληθὲς οὐδέποτε ἐλέγχεται.

ΠΩΛ. Πῶς λέγεις ; ἐὰν ἀδικῶν ἄνθρωπος ληφθῇ τυ-

E. πάντως—μέντοι] These two words are supplied from Stobaeus in place of the old readings of the MSS., ἁπάντων ... μὲν τοίνυν (ed. Gaisf. vol. iii. p. 352). μέντοι in apodosi to μέν is noted by the grammarians as a peculiarly Attic usage. The emendation πάντως had been anticipated by Stephen.

C ραννίδι ἐπιβουλεύων, καὶ ληφθεὶς στρεβλῶται καὶ ἐκτέμ-
νηται καὶ τοὺς ὀφθαλμοὺς ἐκκάηται, καὶ ἄλλας πολλὰς
καὶ μεγάλας καὶ παντοδαπὰς λώβας αὐτός τε λωβηθεὶς
καὶ τοὺς αὑτοῦ ἐπιδὼν παῖδάς τε καὶ γυναῖκα τὸ ἔσχα-
τον ἀνασταυρωθῇ ἢ καταπιττωθῇ, οὗτος εὐδαιμονέστερος
ἔσται ἢ ἐὰν διαφυγὼν τύραννος καταστῇ, καὶ ἄρχων ἐν τῇ
πόλει διαβιῷ, ποιῶν ὅ τι ἂν βούληται, ζηλωτὸς ὢν καὶ
εὐδαιμονιζόμενος ὑπὸ τῶν πολιτῶν καὶ τῶν ἄλλων ξένων ;
D ταῦτα λέγεις ἀδύνατον εἶναι ἐξελέγχειν ;

XXIX. ΣΩ. Μορμολύττει αὖ, ὦ γενναῖε Πῶλε, καὶ
οὐκ ἐλέγχεις· ἄρτι δὲ ἐμαρτύρου. ὅμως δὲ ὑπόμνησόν
με σμικρόν· ἐὰν ἀδίκως ἐπιβουλεύων τυραννίδι, εἶπες ;
ΠΩΛ. Ἔγωγε.

ΣΩ. Εὐδαιμονέστερος μὲν τοίνυν οὐδέποτε ἔσται οὐ-
δέτερος αὐτῶν, οὔτε ὁ κατειργασμένος τὴν τυραννίδα ἀδί-
κως οὔτε ὁ δίκην διδούς· δυοῖν γὰρ ἀθλίοιν εὐδαιμονέ-
στερος μὲν οὐκ ἂν εἴη· ἀθλιώτερος μέντοι ὁ διαφυγὼν καὶ
E τυραννεύσας. Τί τοῦτο, ὦ Πῶλε ; γελᾷς ; ἄλλο αὖ τοῦτο
εἶδος ἐλέγχου ἐστίν, ἐπειδάν τίς τι εἴπῃ, καταγελᾶν, ἐλέγ-
χειν δὲ μή ;

---

473 C. ἐκτέμνηται] "ἐκτέμνειν, abso-
lute positum, est Latinorum *exsecare*,
h. e. *castrare*. Euthyphr. 6 A, κἀκεῖνόν
γε τὸν αὑτοῦ πατέρα ἐκτεμεῖν δι' ἕτερα
τοιαῦτα. Xen. Cyrop. v. 2. 28; vii. 5.
62 al. Unde ἐκτομαί Conviv. 195 C"
(Ast, who quotes in illustration of ἐκ-
κάηται Herod. vii. 18, θερμοῖσι σιδηρίοισι
ἐκκαίειν τοὺς ὀφθαλμούς).

ἐπιδών] 'having lived to see.' So
used, whether the spectacle is gratifying,
or, as here, distressing. Hom. Il. xxii.
61, κακὰ πόλλ' ἐπιδόντα, υἷάς τ' ὀλλυ-
μένους ἑλκηθείσας τε θύγατρας. But
Xen. Cyr. viii. 7. 7, τοὺς φίλους ἐπεῖδον
δι' ἐμοῦ εὐδαίμονας γενομένους, where the
dying Cyrus speaks; Thuc. vii. 77, τευ-
ξόμενοι ὧν ἐπιθυμεῖτέ που ἐπιδεῖν: Ari-
stoph. Acharn. 1156, ὃν ἔτ' ἐπίδοιμι
τευθίδος δεόμενον: Soph. Trach. 1027,
τὰν ὧδ' ἐπίδοιμι πεσοῦσαν. After παῖδάς
τε καὶ γυναῖκα we may understand ταὐτὰ
πάσχοντας, which however is elegantly
omitted.

καταπιττωθῇ] The usual euphemism

for burning alive, as appears from a pas-
sage of Heraclides Ponticus (ap. Athen.
xii. 524) quoted by Gray: τοίγαρτοι
πάλιν οἱ πλούσιοι κρατήσαντες [τοῦ
δήμου] ἅπαντας ὧν κύριοι κατέστησαν
μετὰ τῶν τέκνων κατεπίττωσαν, ὧν
καιομένων φασὶν ἄλλα τε πολλὰ γενέ-
σθαι τέρατα καὶ ἐλαίαν ἱερὰν αὐτομάτην
ἀναφῦναι. Every one remembers the
lines of Juvenal, "taeda lucebis in illa,
Qua stantes ardent," &c. (Sat. i. 155).
Many other parallel passages are ac-
cumulated by the comm.

ὑπὸ τῶν πολιτῶν καὶ τῶν ἄλλων ξένων]
'by citizens: and foreigners as well,' a
well-known idiom : 480 D, αὐτοῦ καὶ τῶν
ἄλλων οἰκείων : Isocr. de Permut. § 103,
ἔκ τε τῶν ἐπιτηδευμάτων καὶ τῶν ἄλλων
συνουσιῶν διαβεβλημένοις.

D. Μορμολύττει αὖ] 'Now you are
trying to frighten, instead of refuting
me.' Olymp. ἀντὶ τοῦ ὡς παιδίον φοβεῖς.
Crit. 46 C, ἂν . . . ὥσπερ παῖδας ἡμᾶς
μορμολύττηται. μορμώ or μορμολυκεῖον
answers to our 'bugbear' or 'hobgoblin.'

ΠΩΛ. Οὐκ οἴει ἐξεληλέγχθαι, ὦ Σώκρατες, ὅταν
τοιαῦτα λέγῃς ἃ οὐδεὶς ἂν φήσειεν ἀνθρώπων; ἐπεὶ ἐροῦ
τινὰ τουτωνί.

ΣΩ. Ὦ Πῶλε, οὐκ εἰμὶ τῶν πολιτικῶν, καὶ πέρυσι
βουλεύειν λαχών, ἐπειδὴ ἡ φυλὴ ἐπρυτάνευε καὶ ἔδει με
ἐπιψηφίζειν, γέλωτα παρεῖχον | καὶ οὐκ ἠπιστάμην ἐπιψη- 474
φίζειν. μὴ οὖν μηδὲ νῦν με κέλευε ἐπιψηφίζειν τοὺς παρ-
όντας, ἀλλ᾽ εἰ μὴ ἔχεις τούτων βελτίω ἔλεγχον, ὅπερ νῦν
δὴ ἐγὼ ἔλεγον, ἐμοὶ ἐν τῷ μέρει παράδος, καὶ πείρασαι
τοῦ ἐλέγχου οἷον ἐγὼ οἶμαι δεῖν εἶναι. ἐγὼ γὰρ ὧν ἂν
λέγω ἕνα μὲν παρασχέσθαι μάρτυρα ἐπίσταμαι, αὐτὸν
πρὸς ὃν ἄν μοι ὁ λόγος ᾖ, τοὺς δὲ πολλοὺς ἐῶ χαίρειν,
καὶ ἕνα ἐπιψηφίζειν ἐπίσταμαι, τοῖς δὲ πολλοῖς οὐδὲ δια-

E. ἐπεὶ ἐροῦ] 'If you doubt me, ask
one of the company present,' or 'you
have only to ask,' &c. This rhetorical
use of ἐπεὶ with the imperative or with
an interrogation is common. Soph. El.
352, ἐπεὶ δίδαξον ἢ μάθ᾽ ἐξ ἐμοῦ, τί μοι
Κέρδος γένοιτ᾽ ἄν, τῶνδε ληξάσῃ γόων: ·
cf. Aristoph. Vesp. 519. "Elliptice ἐπεὶ
ponitur cum Imperativo cum res videtur
certa et minime dubia, adeo ut tuto
adversarius ad objiciendum provocari
possit" (G. Hermann).

πέρυσι βουλεύειν λαχών] 'Last year
when I was drawn for the Council,
and when my tribe succeeded to the
Prytany and it became my duty (as
their ἐπιστάτης or chairman—Xen. Mem.
iv. 4. 2) to take the votes of the as-
sembly, I exposed myself to ridicule,
because I knew not how to collect the
suffrages'—an ironical description, more
suo, of one of the noblest acts of his life,
his refusing to put to the vote the illegal
proposition of Callixenus against the
generals who had fought at Arginusae.
Compare Xen. Hellen. i. 7. 14, 15 with
Memor. i. 1. 18 (ἐπιστάτης ἐν τῷ δήμῳ
γενόμενος, ἐπιθυμησάντων τοῦ δήμου παρὰ
τοὺς νόμους ἐννέα στρατηγοὺς μιᾷ ψήφῳ
... ἀποκτεῖναι πάντας, οὐκ ἠθέλησεν ἐπι-
ψηφίσαι, κ.τ.λ.; and both passages with
Plat. Apol. p. 32, ἐγὼ γάρ, ὦ Ἀθηναῖοι,
ἄλλην μὲν ἀρχὴν οὐδεμίαν πώποτε ἦρξα ἐν
τῇ πόλει, ἐβούλευσα δέ· καὶ ἔτυχεν ἡμῶν
ἡ φυλὴ Ἀντιοχὶς πρυτανεύουσα, ὅτε ὑμεῖς
τοὺς δέκα στρατηγοὺς τοὺς οὐκ ἀνελομένους
τοὺς ἐκ τῆς ναυμαχίας ἐβούλεσθε ἀθρόους
κρίνειν, παρανόμως, ὡς ἐν τῷ ὑστέρῳ
χρόνῳ πᾶσιν ὑμῖν ἔδοξε. τότ᾽ ἐγὼ μόνος

τῶν πρυτάνεων ἠναντιώθην ὑμῖν μηδὲν
ποιεῖν παρὰ τοὺς νόμους, καὶ ἐναντία
ἐψηφισάμην, κ.τ.λ. The author of the
Axiochus (368 D) tells the tale differently,
and with embellishments. Mr. Grote,
in the course of his able and searching
discussion of this event and its circum-
stances, takes occasion (H. G. viii. p. 271,
note) to question the accuracy of Xeno-
phon's statement in the first book of
the Memorabilia, that Socr. was ἐπι-
στάτης on the day referred to: but it
seems to me difficult to understand the
language of Plato in the text, without
supposing that Socr. was individually
responsible in the matter of taking the
suffrages, and not merely entitled to a
vote as one of ten Proedri upon the ques-
tion whether the suffrages were to be
taken or not. How could he else have
betrayed his 'ignorance' of the proper
mode of proceeding—in other words, his
invincible repugnance to the act required
of him? If this view be correct, it is
not a little bold to call in question a
statement resting on the consilient testi-
mony of two such authors as Xenophon
and Plato. The passage in the Apology
does not confirm, but surely does not
contradict it.

474 ἕνα μὲν—ἐπίσταμαι] Olymp. has
the following interesting scholium on
this passage: οὕτω καὶ ὁ Ἡράκλειτος
ἔλεγεν. εἷς ἐμοὶ ἀντὶ πολλῶν, καὶ
λέγω τοῦτο καὶ παρὰ Περσεφόνῃ
ἐών, a fragment which, so far as I know,
exists nowhere else, and is highly charac-
teristic of its author.

Β λέγομαι. ὅρα οὖν εἰ ἐθελήσεις ἐν τῷ μέρει διδόναι ἔλεγ-
χον ἀποκρινόμενος τὰ ἐρωτώμενα. ἐγὼ γὰρ δὴ οἶμαι καὶ
ἐμὲ καὶ σὲ καὶ τοὺς ἄλλους ἀνθρώπους τὸ ἀδικεῖν τοῦ
ἀδικεῖσθαι κάκιον ἡγεῖσθαι καὶ τὸ μὴ διδόναι δίκην τοῦ
διδόναι.

ΠΩΛ. Ἐγὼ δέ γε οὔτ᾽ ἐμὲ οὔτ᾽ ἄλλον ἀνθρώπων οὐ-
δένα. ἐπεὶ σὺ δέξαι᾽ ἂν μᾶλλον ἀδικεῖσθαι ἢ ἀδικεῖν ;

ΣΩ. Καὶ σύ γ᾽ ἂν καὶ οἱ ἄλλοι πάντες.

ΠΩΛ. Πολλοῦ γε δεῖ, ἀλλ᾽ οὔτ᾽ ἐγὼ οὔτε σὺ οὔτ᾽
ἄλλος οὐδείς.

C ΣΩ. Οὐκοῦν ἀποκρινεῖ ;

ΠΩΛ. Πάνυ μὲν οὖν· καὶ γὰρ ἐπιθυμῶ εἰδέναι ὅ τί
ποτ᾽ ἐρεῖς.

ΣΩ. Λέγε δή μοι, ἵν᾽ εἰδῇς, ὥσπερ ἂν εἰ ἐξ ἀρχῆς σε
ἠρώτων· πότερον δοκεῖ σοι, ὦ Πῶλε, κάκιον εἶναι τὸ
ἀδικεῖν ἢ τὸ ἀδικεῖσθαι ;

ΠΩΛ. Τὸ ἀδικεῖσθαι ἔμοιγε.

ΣΩ. Τί δὲ δὴ αἴσχιον ; πότερον τὸ ἀδικεῖν ἢ τὸ ἀδι-
κεῖσθαι ; Ἀποκρίνου.

ΠΩΛ. Τὸ ἀδικεῖν.

ΧΧΧ. ΣΩ. Οὐκοῦν καὶ κάκιον, εἴπερ αἴσχιον ;

ΠΩΛ. Ἥκιστά γε.

ΣΩ. Μανθάνω· οὐ ταὐτὸν ἡγεῖ σύ, ὡς ἔοικας, καλόν
D τε καὶ ἀγαθὸν καὶ κακὸν καὶ αἰσχρόν.

ΠΩΛ. Οὐ δῆτα.

ΣΩ. Τί δὲ τόδε ; τὰ καλὰ πάντα, οἷον καὶ σώματα

---

c. οὐ ταὐτὸν ἡγεῖ σύ] Cic. de Off. iii.
3. 11, "Socratem accepimus exsecrari
solitum eos qui primum honestum et
utile, natura cohaerentia, opinione dis-
traxissent." Throughout the whole of
this reasoning the ἀγαθόν is assumed to
be synonymous with the ὠφέλιμον and
the κακόν with the βλαβερόν. But this
utilitarianism is, it must be confessed, of
a very transcendental order.

D. τὰ καλὰ πάντα] This little "theory
of the beautiful" is an improvement
upon that of Xenophon's Socrates, Mem.
iii. 8. 4, and Conv. c. 5, where utility is
represented as the *sole* test of beauty.

At the same time we must conceive Socr.
in the passage before us to be arguing
'ad hominem,' and it would be unsafe
to infer that Plato really regarded Plea-
sure apart from Good, as sufficient to
constitute an object beautiful. Compare
esp. Philebus, p. 64 fol. The steps in
the present argument are these:—

τὸ καλόν implies either utility or
    pleasure, or both.
τὸ αἰσχρόν either hurtfulness or pain,
    or both.
But Polus had said ὅτι τὸ ἀδικεῖν
    αἴσχιον τοῦ ἀδικεῖσθαι.

καὶ χρώματα καὶ σχήματα καὶ φωνὰς καὶ ἐπιτηδεύματα,
εἰς οὐδὲν ἀποβλέπων καλεῖς ἑκάστοτε καλά ; οἷον πρῶτον
τὰ σώματα τὰ καλὰ οὐχὶ ἤτοι κατὰ τὴν χρείαν λέγεις
καλὰ εἶναι, πρὸς ὃ ἂν ἕκαστον χρήσιμον ᾖ, πρὸς τοῦτο,
ἢ κατὰ ἡδονήν τινα, ἐὰν ἐν τῷ θεωρεῖσθαι χαίρειν ποιῇ
τοὺς θεωροῦντας ; ἔχεις τι ἐκτὸς τούτων λέγειν περὶ σώ-
ματος κάλλους ;   E

ΠΩΛ. Οὐκ ἔχω.

ΣΩ. Οὐκοῦν καὶ τἆλλα πάνθ᾽ οὕτω καὶ σχήματα καὶ
χρώματα ἢ δι᾽ ἡδονήν τινα ἢ δι᾽ ὠφέλειαν ἢ δι᾽ ἀμφότερα
καλὰ προσαγορεύεις ;

ΠΩΛ. Ἔγωγε.

ΣΩ. Οὐ καὶ τὰς φωνὰς καὶ τὰ κατὰ τὴν μουσικὴν
πάνθ᾽ ὡσαύτως ;

ΠΩΛ. Ναί.

ΣΩ. Καὶ μὴν τά γε κατὰ τοὺς νόμους καὶ τὰ ἐπιτη-
δεύματα οὐ δήπου ἐκτὸς τούτων ἐστὶ [τὰ] καλά, τοῦ ἢ
ὠφέλιμα εἶναι ἢ ἡδέα ἢ ἀμφότερα.

ΠΩΛ. Οὐκ ἔμοιγε δοκεῖ.

ΣΩ. Οὐκοῦν καὶ | τὸ τῶν μαθημάτων κάλλος ὡσ- 475
αὐτως ;

τὸ ἀδικεῖν is therefore either more
painful or more hurtful than τὸ
ἀδικεῖσθαι.
But it is not more painful, by Polus's
admission.
Nor, consequently, is it more painful
and more hurtful.
Therefore it is more hurtful, or, in
other words, worse than τὸ ἀδι-
κεῖσθαι.

A similar disjunctive syllogism occurs
inf. 477 C. There is a locus classicus
concerning the relation of καλόν and
ἀγαθόν, κακόν and αἰσχρόν, in the Fifth
Book of the Republic, p. 453. In the
last clause of the passage referred to, an
obvious but necessary emendation has
escaped the edd.: μάταιος ὃς γελοῖον
ἄλλο τι ἡγεῖται ἢ τὸ κακόν, καὶ ὁ γελω-
τοποιεῖν ἐπιχειρῶν πρὸς ἄλλην τιν' ὄψιν
ἀποβλέπων ὡς γελοίου ἢ τὴν τοῦ ἄφρονός
τε καὶ κακοῦ, καὶ καλοῦ αὖ σπουδάζει
πρὸς ἄλλον τινὰ σκοπὸν στησάμενος ἢ

τὸν τοῦ ἀγαθοῦ (ib. D). Who ever said
πρὸς σκοπὸν στήσασθαι? or how can
στήσασθαι mean "se convertere," as Ast
renders it ? Dele πρός, and compare
Critias, Eleg. i. 2 (ap. Athen.), ὃν σκο-
πὸν εἰς λατάγων τόξα καθιστάμεθα.
The sense will thus be, 'He is a fool who
in his serious compositions proposes to
himself any other standard of beauty
than that of Good.' The πρός is a mere
repetition of the πρός which stands before
ἄλλην in the clause preceding.

E. οὐ δήπου—καλά] The τά before
καλά is omitted in one MS. Though
defensible, it seems better absent. 'Laws
and Institutions surely are not beau-
tiful irrespectively of their utility, or
pleasantness, or both ;' or, if we retain
τά, 'The beauty which resides in laws,
&c., is not independent of utility,' &c.;
or, more literally, 'The instances in laws
and institutions — of beauty, I mean,' so
that τὰ καλά shall be explanatory of τὰ
κατὰ τοὺς νόμους, κ.τ.λ.

ΠΩΛ. Πάνυ γε· καὶ καλῶς γε νῦν ὁρίζει, ὦ Σώκρατες, ἡδονῇ τε καὶ ἀγαθῷ ὁριζόμενος τὸ καλόν.

ΣΩ. Οὐκοῦν τὸ αἰσχρὸν τῷ ἐναντίῳ, λύπῃ τε καὶ κακῷ ;

ΠΩΛ. Ἀνάγκη.

ΣΩ. Ὅταν ἄρα δυοῖν καλοῖν θάτερον κάλλιον ᾖ, ἢ τῷ ἑτέρῳ τούτοιν ἢ ἀμφοτέροις ὑπερβάλλον κάλλιόν ἐστιν, ἤτοι ἡδονῇ ἢ ὠφελείᾳ ἢ ἀμφοτέροις.

ΠΩΛ. Πάνυ γε.

ΣΩ. Καὶ ὅταν δὲ δὴ δυοῖν αἰσχροῖν τὸ ἕτερον αἴσχιον B ᾖ, ἤτοι λύπῃ ἢ κακῷ ὑπερβάλλον αἴσχιον ἔσται. ἢ οὐκ ἀνάγκη ;

ΠΩΛ. Ναί.

ΣΩ. Φέρε δή, πῶς ἐλέγετο νῦν δὴ περὶ τοῦ ἀδικεῖν καὶ ἀδικεῖσθαι ; οὐκ ἔλεγες τὸ μὲν ἀδικεῖσθαι κάκιον εἶναι, τὸ δὲ ἀδικεῖν αἴσχιον ;

ΠΩΛ. Ἔλεγον.

ΣΩ. Οὐκοῦν εἴπερ αἴσχιον τὸ ἀδικεῖν τοῦ ἀδικεῖσθαι, ἤτοι λυπηρότερόν ἐστι καὶ λύπῃ ὑπερβάλλον αἴσχιον ἂν εἴη ἢ κακῷ ἢ ἀμφοτέροις ; οὐ καὶ τοῦτο ἀνάγκη ;

ΠΩΛ. Πῶς γὰρ οὔ ;

XXXI. ΣΩ. Πρῶτον μὲν δὴ σκεψώμεθα, ἆρα λύπῃ C ὑπερβάλλει τὸ ἀδικεῖν τοῦ ἀδικεῖσθαι, καὶ ἀλγοῦσι μᾶλλον οἱ ἀδικοῦντες ἢ οἱ ἀδικούμενοι ;

ΠΩΛ. Οὐδαμῶς, ὦ Σώκρατες, τοῦτό γε.

ΣΩ. Οὐκ ἄρα λύπῃ γε ὑπερέχει.

ΠΩΛ. Οὐ δῆτα.

ΣΩ. Οὐκοῦν εἰ μὴ λύπῃ, ἀμφοτέροις μὲν οὐκ ἂν ἔτι ὑπερβάλλοι.

ΠΩΛ. Οὐ φαίνεται.

ΣΩ. Οὐκοῦν τῷ ἑτέρῳ λείπεται.

475. Καὶ ὅταν—ἔσται] This proposition ought evidently to correspond to the foregoing, substituting αἰσχρόν, λύπῃ, and κακῷ for their antitheta. Hence it seems impossible to dispense with ἢ ἀμφοτέροις, which Hirschig accordingly would insert after κακῷ.

B. λύπῃ ὑπερβάλλον] The participle is of course causal. 'If the doing injustice is more ugly or offensive than the suffering it, either it is more painful, and it is *because* it exceeds in pain that it is more ugly, or (because it exceeds) in evil, or in both,' i.e. it owes its greater ugliness either to its exceeding in pain or to its exceeding in evil, &c.

ΠΩΛ. Ναί.

ΣΩ. Τῷ κακῷ.

ΠΩΛ. Ἔοικεν.

ΣΩ. Οὐκοῦν κακῷ ὑπερβάλλον τὸ ἀδικεῖν κάκιον ἂν εἴη τοῦ ἀδικεῖσθαι.

ΠΩΛ. Δῆλον δὴ ὅτι.

ΣΩ. Ἄλλο τι οὖν ὑπὸ μὲν τῶν πολλῶν ἀνθρώπων καὶ D ὑπὸ σοῦ ὡμολογεῖτο ἡμῖν ἐν τῷ ἔμπροσθεν χρόνῳ αἴσχιον εἶναι τὸ ἀδικεῖν τοῦ ἀδικεῖσθαι ;

ΠΩΛ. Ναί.

ΣΩ. Νῦν δέ γε κάκιον ἐφάνη.

ΠΩΛ. Ἔοικεν.

ΣΩ. Δέξαι' ἂν οὖν σὺ μᾶλλον τὸ κάκιον καὶ τὸ αἴσχιον ἀντὶ τοῦ ἧττον ; Μὴ ὄκνει ἀποκρίνασθαι, ὦ Πῶλε —οὐδὲν γὰρ βλαβήσει,—ἀλλὰ γενναίως τῷ λόγῳ ὥσπερ ἰατρῷ παρέχων ἀποκρίνου, καὶ ἢ φάθι ἢ μὴ ἃ ἐρωτῶ.

ΠΩΛ. Ἀλλ' οὐκ ἂν δεξαίμην, ὦ Σώκρατες.　　　　　　E

ΣΩ. Ἄλλος δέ τις ἀνθρώπων ;

ΠΩΛ. Οὔ μοι δοκεῖ κατά γε τοῦτον τὸν λόγον.

ΣΩ. Ἀληθῆ ἄρα ἐγὼ ἔλεγον, ὅτι οὔτ' ἂν ἐγὼ οὔτ' ἂν σὺ οὔτ' ἄλλος οὐδεὶς ἀνθρώπων δέξαιτ' ἂν μᾶλλον ἀδικεῖν ἢ ἀδικεῖσθαι· κάκιον γὰρ τυγχάνει ὄν.

ΠΩΛ. Φαίνεται.

ΣΩ. Ὁρᾷς οὖν, ὦ Πῶλε, ὁ ἔλεγχος παρὰ τὸν ἔλεγχον παραβαλλόμενος ὅτι οὐδὲν ἔοικεν, ἀλλὰ σοὶ μὲν οἱ ἄλλοι πάντες ὁμολογοῦσι πλὴν ἐμοῦ, ἐμοὶ δὲ σὺ ἐξαρκεῖς εἷς ὦν μόνος καὶ ὁμολογῶν καὶ μαρτυρῶν, | καὶ ἐγὼ σὲ μόνον 476

D. τῷ λόγῳ ὥσπερ ἰατρῷ παρέχων] 'submitting to the argument as a patient to the surgeon.' παρέχειν = 'copiam facere.' See above, 456 B, τεμεῖν ἢ καῦσαι παρασχεῖν τῷ ἰατρῷ : and 480 C. If any thing is to be "understood" it is probably τὸ σῶμα, which is expressed in Arist. Nub. 440, τουτὶ τό γ' ἐμὸν σῶμ' αὐτοῖσιν παρέχω τύπτειν πεινῆν διψῆν, κ.τ.λ. Similarly Aesch. Pers. 210, πτήξας δέμας παρεῖχε, and with ψυχήν Protag. 312 C. On the other hand we have ἐμαυτὸν π. in Phaedr. 228 B, a combination very frequently followed by an

adjective as secondary predicate, as Euthyph. 3 D, δοκεῖς σπάνιον σεαυτὸν παρέχειν, "rarissime tui copiam facis ;" and by an adverb, as here and in Arist. Lys. 162, 227. Similar is the use of παραδοῦναι in Phaedr. 250 E, ἡδονῇ παραδούς.

ἢ φάθι ἢ μὴ ἃ ἐρωτῶ] 'Say yes or no (φημί or οὔ φημι) to my questions.'

E. οὐδὲν ἔοικεν] "Intell. ὁ ἔλεγχος τῷ ἐλέγχῳ" (Ast). The context proves that this is the right interpretation, and that Heind. is mistaken in supplying εἶναι as if οὐδέν meant "res nihili."

ἐπιψηφίζων τοὺς ἄλλους ἐῶ χαίρειν. Καὶ τοῦτο μὲν ἡμῖν
οὕτως ἐχέτω· μετὰ τοῦτο δὲ περὶ οὗ τὸ δεύτερον ἠμφεσβη-
τήσαμεν, σκεψώμεθα· τὸ ἀδικοῦντα διδόναι δίκην ἆρα
μέγιστον τῶν κακῶν ἐστίν, ὡς σὺ ᾤου, ἢ μεῖζον τὸ μὴ
διδόναι, ὡς αὖ ἐγὼ ᾤμην. σκοπώμεθα δὲ τῇδε· τὸ διδόναι
δίκην καὶ τὸ κολάζεσθαι δικαίως ἀδικοῦντα ἆρα τὸ αὐτὸ
καλεῖς ;

ΠΩΛ. Ἔγωγε.

B ΣΩ. Ἔχεις οὖν λέγειν ὡς οὐχὶ τά γε δίκαια πάντα
καλά ἐστι, καθ᾽ ὅσον δίκαια ; καὶ διασκεψάμενος εἰπέ.

ΠΩΛ. Ἀλλά μοι δοκεῖ, ὦ Σώκρατες.

XXXII. ΣΩ. Σκόπει δὴ καὶ τόδε· ἆρ᾽ εἴ τίς τι ποιεῖ,
ἀνάγκη τι εἶναι καὶ πάσχον ὑπὸ τούτου τοῦ ποιοῦντος ;

ΠΩΛ. Ἔμοιγε δοκεῖ.

ΣΩ. Ἆρα τοῦτο πάσχον ὃ τὸ ποιοῦν ποιεῖ, καὶ τοι-
οῦτον οἷον ποιεῖ τὸ ποιοῦν ; λέγω δὲ τὸ τοιόνδε· εἴ τις
τύπτει, ἀνάγκη τι τύπτεσθαι ;

ΠΩΛ. Ἀνάγκη.

ΣΩ. Καὶ εἰ σφόδρα τύπτει ἢ ταχὺ ὁ τύπτων, οὕτω καὶ
C τὸ τυπτόμενον τύπτεσθαι ;

ΠΩΛ. Ναί.

ΣΩ. Τοιοῦτον ἄρα πάθος τῷ τυπτομένῳ ἐστίν, οἷον ἂν
τὸ τύπτον ποιῇ ;

ΠΩΛ. Πάνυ γε.

ΣΩ. Οὐκοῦν καὶ εἰ κάει τις, ἀνάγκη τι κάεσθαι ;

---

476. ἠμφεσβητήσαμεν] This form
alternates in the MSS. with ἠμφισβ.
The second augment is in principle
indefensible, implying as it does that the
word is compounded of ἀμφί and σβητῶ.
"Augmentum mire interpositum, quod
cadentis jam linguae vitio similius et
recentioribus, quorum in libris apparet
relinquendum" (L. Dindorf). In this
passage the Bodl. and all the best codd.
seem to have ἠμφεσβ.

B. Σκόπει] The tenses of this verb
used by Attic writers sensu transitivo
are the following: σκοπῶ, σκοποῦμαι,
ἐσκόπουν, ἐσκοπούμην, σκέψομαι, ἐσκε-
ψάμην, ἔσκεμμαι. They never say σκέπ-
τομαι (far less σκέπτω), σκοπήσομαι or

ἐσκοπησάμην (Elmsl. on Eur. Heracl.
148, who adds, "προύσκεπτο pro πρού-
σκέπτετο restituendum Thucydidi viii.
66"). One exception is found in a
genuine dialogue of Plato, the Laches,
185 B, βουλευόμεθα καὶ σκεπτόμεθα,
and another in the spurious Second
Alcib. 140 A, σκεπτομένω. In the for-
mer passage the last two words, καὶ
σκεπτόμεθα, are unnecessary and in-
elegant (comp. ib. 185 A), and have the
air of a gloss. With the latter dial. it
is not necessary to take any trouble, as
this is not the only instance of vicious
phraseology which it contains. See note
447 D.

ΠΩΛ. Πῶς γὰρ οὔ ;

ΣΩ. Καὶ εἰ σφόδρα γε κάει ἢ ἀλγεινῶς, οὕτω κάεσθαι τὸ καόμενον ὡς ἂν τὸ κᾶον κάῃ ;

ΠΩΛ. Πάνυ γε.

ΣΩ. Οὐκοῦν καὶ εἰ τέμνει τις, ὁ αὐτὸς λόγος ; τέμνεται γάρ τι.

ΠΩΛ. Ναί.

ΣΩ. Καὶ εἰ μέγα γε ἢ βαθὺ τὸ τμῆμα ἢ ἀλγεινόν, τοιοῦτον τμῆμα τέμνεται τὸ τεμνόμενον, οἷον τὸ τέμνον D τέμνει ;

ΠΩΛ. Φαίνεται.

ΣΩ. Συλλήβδην δὴ ὅρα εἰ ὁμολογεῖς ὃ ἄρτι ἔλεγον περὶ πάντων· οἷον ἂν ποιῇ τὸ ποιοῦν, τοιοῦτον τὸ πάσχον πάσχειν.

ΠΩΛ. 'Αλλ' ὁμολογῶ.

ΣΩ. Τούτων δὴ ὁμολογουμένων, τὸ δίκην διδόναι πότερον πάσχειν τί ἐστιν ἢ ποιεῖν ;

ΠΩΛ. 'Ανάγκη, ὦ Σώκρατες, πάσχειν.

ΣΩ. Οὐκοῦν ὑπό τινος ποιοῦντος ;

ΠΩΛ. Πῶς γὰρ οὔ ; ὑπό γε τοῦ κολάζοντος.

ΣΩ. Ὁ δὲ ὀρθῶς κολάζων δικαίως κολάζει.   E

ΠΩΛ. Ναί.

ΣΩ. Δίκαια ποιῶν ἢ οὔ ;

ΠΩΛ. Δίκαια.

ΣΩ. Οὐκοῦν ὁ κολαζόμενος δίκην διδοὺς δίκαια πάσχει ;

ΠΩΛ. Φαίνεται.

ΣΩ. Τὰ δὲ δίκαιά που καλὰ ὡμολόγηται ;

ΠΩΛ. Πάνυ γε.

ΣΩ. Τούτων ἄρα ὁ μὲν ποιεῖ καλά, ὁ δὲ πάσχει, ὁ κολαζόμενος.

ΠΩΛ. Ναί.

XXXIII. ΣΩ. Οὐκοῦν εἴπερ καλά, ἀγαθά ; | ἢ γὰρ 477 ἡδέα ἢ ὠφέλιμα.

ΠΩΛ. 'Ανάγκη.

ΣΩ. 'Αγαθὰ ἄρα πάσχει ὁ δίκην διδούς ;

ΠΩΛ. Ἔοικεν.

ΣΩ. Ὠφελεῖται ἄρα;

ΠΩΛ. Ναί.

ΣΩ. Ἆρα ἥπερ ἐγὼ ὑπολαμβάνω τὴν ὠφέλειαν; βελτίων τὴν ψυχὴν γίγνεται, εἴπερ δικαίως κολάζεται;

ΠΩΛ. Εἰκός γε.

ΣΩ. Κακίας ἄρα ψυχῆς ἀπαλλάττεται ὁ δίκην διδούς;

ΠΩΛ. Ναί.

ΣΩ. Ἆρ᾽ οὖν τοῦ μεγίστου ἀπαλλάττεται κακοῦ; Ὧδε B δὲ σκόπει. ἐν χρημάτων κατασκευῇ ἀνθρώπου κακίαν ἄλλην τιν᾽ ἐνορᾷς ἢ πενίαν;

ΠΩΛ. Οὔκ, ἀλλὰ πενίαν.

ΣΩ. Τί δ᾽ ἐν σώματος κατασκευῇ; κακίαν ἂν φήσαις ἀσθένειαν εἶναι καὶ νόσον καὶ αἶσχος καὶ τὰ τοιαῦτα;

ΠΩΛ. Ἔγωγε.

ΣΩ. Οὐκοῦν καὶ ἐν ψυχῇ πονηρίαν ἡγεῖ τινὰ εἶναι;

ΠΩΛ. Πῶς γὰρ οὔ;

ΣΩ. Ταύτην οὖν οὐκ ἀδικίαν καλεῖς καὶ ἀμαθίαν καὶ δειλίαν καὶ τὰ τοιαῦτα;

ΠΩΛ. Πάνυ μὲν οὖν.

ΣΩ. Οὐκοῦν χρημάτων καὶ σώματος καὶ ψυχῆς, τριῶν C ὄντων, τριττὰς εἴρηκας πονηρίας, πενίαν, νόσον, ἀδικίαν;

ΠΩΛ. Ναί.

ΣΩ. Τίς οὖν τούτων τῶν πονηριῶν αἰσχίστη; οὐχ ἡ ἀδικία καὶ συλλήβδην ἡ τῆς ψυχῆς πονηρία;

ΠΩΛ. Πολύ γε.

ΣΩ. Εἰ δὴ αἰσχίστη, καὶ κακίστη;

ΠΩΛ. Πῶς, ὦ Σώκρατες, λέγεις;

ΣΩ. Ὡδί. ἀεὶ τὸ αἴσχιστον ἤτοι λύπην μεγίστην παρ-

477 B. ἐν χρημάτων κατασκευῇ ἀνθρώπου] In the frame or fabric of a man's fortune. So ἐν σώματος κατασκευῇ presently, 'in his bodily frame or constitution.'

c. ἀεὶ τὸ αἴσχιστον] The steps of the argument are the following :—

1. That which exceeds in ugliness always does so, because it is either the most painful or the most hurtful or both (by the ὁμολόγημα 475 D).

2. But Injustice exceeds in ugliness (ex concessis).

Therefore Injustice is either the most painful or the most hurtful, or both.

ἀεὶ means, in any list of uglinesses, whatever they may be : the major proposition is universal, the minor and conclusion particular. In comparing any set of ugly things, if there be one uglier than the rest, it is always because it is either the most painful or most harmful of the

ἔχον ἢ βλάβην ἢ ἀμφότερα αἴσχιστόν ἐστιν ἐκ τῶν ὡμο-
λογημένων ἐν τῷ ἔμπροσθεν.

ΠΩΛ. Μάλιστα.

ΣΩ. Αἴσχιστον δὲ ἀδικία καὶ σύμπασα ψυχῆς πονηρία
νῦν δὴ ὡμολόγηται ἡμῶ ;   D

ΠΩΛ. Ὡμολόγηται γάρ.

ΣΩ. Οὐκοῦν ἢ ἀνιαρότατόν ἐστι καὶ ἀνίᾳ ὑπερβάλλον
αἴσχιστον τούτων ἐστὶν ἢ βλάβῃ ἢ ἀμφοτέροις ;

ΠΩΛ. Ἀνάγκη.

ΣΩ. Ἆρ' οὖν ἀλγεινότερόν ἐστι τοῦ πένεσθαι καὶ
κάμνειν τὸ ἄδικον εἶναι καὶ ἀκόλαστον καὶ δειλὸν καὶ
ἀμαθῆ ;

ΠΩΛ. Οὐκ ἔμοιγε δοκεῖ, ὦ Σώκρατες, ἀπὸ τούτων γε.

ΣΩ. Ὑπερφυεῖ τινὶ ἄρα ὡς μεγάλῃ βλάβῃ καὶ κακῷ
θαυμασίῳ ὑπερβάλλουσα τἆλλα ἡ τῆς ψυχῆς πονηρία αἴ-
σχιστόν ἐστι πάντων, ἐπειδὴ οὐκ ἀλγηδόνι γε, ὡς ὁ σὸς Ε
λόγος.

ΠΩΛ. Φαίνεται.

ΣΩ. Ἀλλὰ μήν που τό γε μεγίστῃ βλάβῃ ὑπερβάλλον
μέγιστον ἂν κακὸν εἴη τῶν ὄντων.

ΠΩΛ. Ναί.

ΣΩ. Ἡ ἀδικία ἄρα καὶ ἡ ἀκολασία καὶ ἡ ἄλλη ψυχῆς
πονηρία μέγιστον τῶν ὄντων κακόν ἐστιν ;

set, or both. But Injustice is ugliest of a *certain* set of ugly things. Therefore, it is so because of that set it is either most painful or most harmful. From this, I think, it will appear that Hirschig is mistaken in proposing the expulsion of τούτων in the last ῥῆσις. It had also offended Heind., who proposed πάντων instead. But this would make the conclusion a 'non-sequitur.' It has only been granted that ἀδικία is uglier than πενία and νόσος (τούτων τῶν πονηριῶν, paul. sup.).

D. Οὐκοῦν ἢ ἀνιαρότατόν ἐστι—ἀμφο-τέροις] This sentence is framed on the same model as that in 475 B, οὐκοῦν . . . τὸ ἀδικεῖν . . . ἤτοι λυπηρότερόν ἐστι καὶ λύπῃ ὑπερβάλλον αἴσχιον ἂν εἴη ἢ κακῷ ἢ ἀμφοτέροις ; In the present passage ἀμφότερα stands in the MSS., though ἀμφοτέροις ὑπερβάλλειν is the unvarying

construction elsewhere, as l. l. and ib. ᴀ. I believe that the ἀμφότερα (παρέχον) of the last proposition but one misled the scribe, and therefore do not hesitate to accept Hirschig's emendation, though the quasi-adverbial ἀμφότερα is common enough elsewhere.

Ὑπερφυεῖ—λόγος] If, as you say, it is not pain which causes the vice or bad-ness of the soul to be of all things foulest, how extraordinarily great must be the hurtfulness, how astonishing the evil effects—far beyond those of aught besides—which entitle it to this bad eminence. Such is the meaning of this very closely packed sentence, which with-out some such dilution would perhaps be scarcely intelligible in English. It is a necessary conclusion from the alter-natives accepted by Polus, ἢ ἀνίᾳ ἢ βλάβῃ ἢ ἀμφοτέροις.

ΠΩΛ. Φαίνεται.

XXXIV. ΣΩ. Τίς οὖν τέχνη πενίας ἀπαλλάττει; οὐ χρηματιστική;

ΠΩΛ. Ναί.

ΣΩ. Τίς δὲ νόσου; οὐκ ἰατρική;

ΠΩΛ. Ἀνάγκη.

478 ΣΩ. Τίς δὲ πονηρίας καὶ | ἀδικίας; Εἰ μὴ οὕτως εὐπορεῖς, ὧδε σκόπει· ποῖ ἄγομεν καὶ παρὰ τίνας τοὺς κάμνοντας τὰ σώματα;

ΠΩΛ. Παρὰ τοὺς ἰατρούς, ὦ Σώκρατες.

ΣΩ. Ποῖ δὲ τοὺς ἀδικοῦντας καὶ τοὺς ἀκολασταίνοντας;

ΠΩΛ. Παρὰ τοὺς δικαστὰς λέγεις;

ΣΩ. Οὐκοῦν δίκην δώσοντας;

ΠΩΛ. Φημί.

ΣΩ. Ἆρ' οὖν οὐ δικαιοσύνῃ τινὶ χρώμενοι κολάζουσιν οἱ ὀρθῶς κολάζοντες;

ΠΩΛ. Δῆλον δή.

ΣΩ. Χρηματιστικὴ μὲν ἄρα πενίας ἀπαλλάττει, ἰα-
B τρικὴ δὲ νόσου, δίκη δὲ ἀκολασίας καὶ ἀδικίας.

ΠΩΛ. Φαίνεται.

ΣΩ. Τί οὖν τούτων κάλλιστόν ἐστιν;

ΠΩΛ. Τίνων λέγεις;

ΣΩ. Χρηματιστικῆς, ἰατρικῆς, δίκης.

ΠΩΛ. Πολὺ διαφέρει, ὦ Σώκρατες, ἡ δίκη.

ΣΩ. Οὐκοῦν αὖ ἤτοι ἡδονὴν πλείστην ποιεῖ ἢ ὠφέλειαν ἢ ἀμφότερα, εἴπερ κάλλιστόν ἐστιν;

C ΠΩΛ. Ναί.

ΣΩ. Ἆρ' οὖν τὸ ἰατρεύεσθαι ἡδύ ἐστι, καὶ χαίρουσιν οἱ ἰατρευόμενοι;

ΠΩΛ. Οὐκ ἔμοιγε δοκεῖ.

ΣΩ. Ἀλλ' ὠφέλιμόν γε. ἦ γάρ;

ΠΩΛ. Ναί.

ΣΩ. Μεγάλου γὰρ κακοῦ ἀπαλλάττεται, ὥστε λυσιτελεῖ ὑπομεῖναι τὴν ἀλγηδόνα καὶ ὑγιεῖ εἶναι.

ΠΩΛ. Πῶς γὰρ οὔ;

ΣΩ. Ἆρ᾽ οὖν οὕτως ἂν περὶ σῶμα εὐδαιμονέστατος ἄνθρωπος εἴη, ἰατρευόμενος, ἢ μηδὲ κάμνων ἀρχήν;

ΠΩΛ. Δῆλον ὅτι μηδὲ κάμνων.

ΣΩ. Οὐ γὰρ τοῦτ᾽ ἦν εὐδαιμονία, ὡς ἔοικε, κακοῦ ἀπαλλαγή, ἀλλὰ τὴν ἀρχὴν μηδὲ κτῆσις.

ΠΩΛ. Ἔστι ταῦτα.

ΣΩ. Τί δέ; ἀθλιώτερος πότερος δυοῖν ἐχόντοιν κακὸν D εἴτ᾽ ἐν σώματι εἴτ᾽ ἐν ψυχῇ; ὁ ἰατρευόμενος καὶ ἀπαλλαττόμενος τοῦ κακοῦ, ἢ ὁ μὴ ἰατρευόμενος, ἔχων δέ;

ΠΩΛ. Φαίνεταί μοι ὁ μὴ ἰατρευόμενος.

ΣΩ. Οὐκοῦν τὸ δίκην διδόναι μεγίστου κακοῦ ἀπαλλαγὴ ἦν, πονηρίας;

ΠΩΛ. Ἦν γάρ.

ΣΩ. Σωφρονίζει γάρ που καὶ δικαιοτέρους ποιεῖ καὶ ἰατρικὴ γίγνεται πονηρίας ἡ δίκη.

ΠΩΛ. Ναί.

ΣΩ. Εὐδαιμονέστατος μὲν ἄρα ὁ μὴ ἔχων κακίαν ἐν E ψυχῇ, ἐπειδὴ τοῦτο μέγιστον τῶν κακῶν ἐφάνη.

ΠΩΛ. Δῆλον δή.

ΣΩ. Δεύτερος δήπου ὁ ἀπαλλαττόμενος.

ΠΩΛ. Ἔοικεν.

ΣΩ. Οὗτος δ᾽ ἦν ὁ νουθετούμενός τε καὶ ἐπιπληττόμενος καὶ δίκην διδούς.

ΠΩΛ. Ναί.

ΣΩ. Κάκιστα ἄρα ζῇ ὁ ἔχων † ἀδικίαν † καὶ μὴ ἀπαλ- Κα λαττόμενος.

---

478 c. εὐδαιμονέστατος] 'Is this then the highest physical happiness of which a man is capable, to be under medical treatment, or never to have been sick at all?' The reason of the preference of μηδέ to οὐδέ here is evident, if we resolve the participles into their equivalents, εἰ ἰατρεύοιτο, ἢ εἰ μηδ᾽ ἀρχὴν κάμνοι. A few lines farther on we have τὴν ἀρχὴν μηδὲ κτῆσις, which may be similarly analysed. As regards the latter, observe the absence of the article, which is usually prefixed in such cases: Ar. Eccles. 115, δεινὸν δ᾽ ἐστὶν ἡ μὴ 'μπειρία: but omitted in Eur. Hacch. 455, πλόκαμός τε γάρ σου ταναὸς οὐ πάλης ὕπο, a line which Porson was

the first to explain (οὐ πάλης ὕπο = ὑπ᾽ ἀγυμνασίας). In the present passage symmetry requires its omission. Tr., 'For *this* was not happiness—the getting rid of a malady—but the not having caught it originally.' ἦν = 'in the case supposed above.' τὴν ἀρχὴν or ἀρχὴν are used indiscriminately in the sense, 'from the first,' 'in the first instance,' and with neg. 'not at all.' Theaet. 185 D, τὴν ἀρχὴν οὐδ᾽ εἶναι τοιοῦτον.

D. Σωφρονίζει—δίκη] 'For justice, I conceive, sobers men and makes them more honest, and thus acts upon crime medicinally:' or 'as a moral medicine.'

E. ὁ ἔχων † ἀδικίαν †] "Lege ὁ ἔχων ι

ΠΩΛ. Φαίνεται.

ΣΩ. Οὐκοῦν οὗτος τυγχάνει ὢν ὃς ἂν τὰ μέγιστα
ἀδικῶν καὶ χρώμενος μεγίστῃ ἀδικίᾳ διαπράξηται ὥστε
479 μήτε νουθετεῖσθαι | μήτε κολάζεσθαι μήτε δίκην διδόναι,
ὥσπερ σὺ φῇς Ἀρχέλαον παρεσκευάσθαι καὶ τοὺς ἄλλους
τυράννους καὶ ῥήτορας καὶ δυνάστας;

ΠΩΛ. Ἔοικεν.

XXXV. ΣΩ. Σχεδὸν γάρ που οὗτοι, ὦ ἄριστε, τὸ
αὐτὸ διαπεπραγμένοι εἰσὶν ὥσπερ ἂν εἴ τις τοῖς μεγίστοις
νοσήμασι συνισχόμενος διαπράξαιτο μὴ διδόναι δίκην
τῶν περὶ τὸ σῶμα ἁμαρτημάτων τοῖς ἰατροῖς μηδὲ ἰατρεύ-
εσθαι, φοβούμενος, ὡσπερανεὶ παῖς, τὸ κάεσθαι καὶ τὸ
D τέμνεσθαι, ὅτι ἀλγεινόν. ἢ οὐ δοκεῖ καὶ σοὶ οὕτως;

ΠΩΛ. Ἔμοιγε.

ΣΩ. Ἀγνοῶν γε, ὡς ἔοικεν, οἷόν ἐστιν ἡ ὑγίεια καὶ
ἀρετὴ σώματος. κινδυνεύουσι γὰρ ἐκ τῶν νῦν ἡμῖν ὡμο-
λογημένων τοιοῦτόν τι ποιεῖν καὶ οἱ τὴν δίκην φεύγοντες,
ὦ Πῶλε, τὸ ἀλγεινὸν αὐτοῦ καθορᾶν, πρὸς δὲ τὸ ὠφέλιμον
τυφλῶς ἔχειν καὶ ἀγνοεῖν ὅσῳ ἀθλιώτερόν ἐστι μὴ ὑγιοῦς
σώματος μὴ ὑγιεῖ ψυχῇ συνοικεῖν, ἀλλὰ σαθρᾷ καὶ ἀδίκῳ
C καὶ ἀνοσίῳ. ὅθεν καὶ πᾶν ποιοῦσιν ὥστε δίκην μὴ διδόναι
μηδ' ἀπαλλάττεσθαι τοῦ μεγίστου κακοῦ, καὶ χρήματα
παρασκευαζόμενοι καὶ φίλους καὶ ὅπως ἂν ὦσιν ὡς πιθα-
νώτατοι λέγειν. εἰ δὲ ἡμεῖς ἀληθῆ ὡμολογήκαμεν, ὦ
Πῶλε, ἆρ' αἰσθάνει τὰ συμβαίνοντα ἐκ τοῦ λόγου; ἢ
βούλει συλλογισώμεθα αὐτά;

ΠΩΛ. Εἰ μή σοί γε ἄλλως δοκεῖ.

ΣΩ. Ἆρ' οὖν συμβαίνει μέγιστον κακὸν ἡ ἀδικία καὶ
τὸ ἀδικεῖν;

ΠΩΛ. Φαίνεταί γε.

D ΣΩ. Καὶ μὴν ἀπαλλαγή γε ἐφάνη τούτου τοῦ κακοῦ
τὸ δίκην διδόναι;

κακίαν. Alias προαρπάζει τὸν λόγον   ἀπαλλαττόμενος (sc. τῆς κακίας). As the
Socrates" (Dobree). The emendation   text stands, the conclusion is a *non*
seems to me certain. Compare the con-   *sequitur*. The identity of κακία with
text, εὐδαιμονέστατος μὲν ἄρα ὁ μὴ ἔχων   ἀδικία is first acknowledged in the ques-
κακίαν ἐν ψυχῇ ... δεύτερος δήπου ὁ   tion and answer which follow.

ΠΩΛ. Κινδυνεύει.

ΣΩ. Τὸ δέ γε μὴ διδόναι ἐμμονὴ τοῦ κακοῦ ;

ΠΩΛ. Ναί.

ΣΩ. Δεύτερον ἄρα ἐστὶ τῶν κακῶν μεγέθει τὸ ἀδικεῖν· τὸ δὲ ἀδικοῦντα μὴ διδόναι δίκην πάντων μέγιστόν τε καὶ πρῶτον κακῶν πέφυκεν.

ΠΩΛ. Ἔοικεν.

ΣΩ. Ἆρ' οὖν οὐ περὶ τούτου, ὦ φίλε, ἠμφεσβητήσαμεν, σὺ μὲν τὸν Ἀρχέλαον εὐδαιμονίζων τὸν τὰ μέγιστ' ἀδικοῦντα δίκην οὐδεμίαν διδόντα, ἐγὼ δὲ τοὐναντίον Ε οἰόμενος, εἴτ' Ἀρχέλαος εἴτ' ἄλλος ἀνθρώπων ὁστισοῦν μὴ δίδωσι δίκην ἀδικῶν, τούτῳ προσήκειν ἀθλίῳ εἶναι διαφερόντως τῶν ἄλλων ἀνθρώπων, καὶ ἀεὶ τὸν ἀδικοῦντα τοῦ ἀδικουμένου ἀθλιώτερον εἶναι καὶ τὸν μὴ διδόντα δίκην τοῦ διδόντος ; οὐ ταῦτ' ἦν τὰ ὑπ' ἐμοῦ λεγόμενα ;

ΠΩΛ. Ναί.

ΣΩ. Οὐκοῦν ἀποδέδεικται ὅτι ἀληθῆ ἐλέγετο ;

ΠΩΛ. Φαίνεται.

XXXVI. | ΣΩ. Εἶεν. εἰ οὖν δὴ ταῦτα ἀληθῆ, ὦ 480 Πῶλε, τίς ἡ μεγάλη χρεία ἐστὶ τῆς ῥητορικῆς ; δεῖ μὲν γὰρ δὴ ἐκ τῶν νῦν ὡμολογημένων αὐτὸν ἑαυτὸν μάλιστα φυλάττειν ὅπως μὴ ἀδικήσει, ὡς ἱκανὸν κακὸν ἕξοντα. οὐ γάρ ;

ΠΩΛ. Πάνυ γε.

ΣΩ. Ἐὰν δέ γε ἀδικήσῃ ἢ αὐτὸς ἢ ἄλλος τις ὧν ἂν κήδηται, αὐτὸν ἑκόντα ἰέναι ἐκεῖσε ὅπου ὡς τάχιστα δώσει δίκην, παρὰ τὸν δικαστήν, ὥσπερ παρὰ τὸν ἰατρόν, σπεύδοντα ὅπως μὴ ἐγχρονισθὲν τὸ νόσημα τῆς ἀδικίας ὕπουλον Β τὴν ψυχὴν ποιήσει καὶ ἀνίατον· ἢ πῶς λέγωμεν, ὦ Πῶλε,

---

479 E. τὸν ἀδικοῦντα τοῦ ἀδικουμένου ἀθλιώτερον] Also a Stoical doctrine. Seneca Ep. Mor. xv. 8. 52, " Ex illius (sc. Naturae) constitutione miserius est nocere quam laedi ;" surely a deep moral truth, though in the guise of a paradox. But another passage in Seneca goes beyond the modesty of nature and the Academy : " Brevem tibi formulam dabo, qua te metiaris, qua perfectum esse jam sentias :

tunc habebis tuum, cum intelleges infelicissimos esse felices." Ibid. xx. 7. 24.

480. ὅπως μὴ ἐγχρονισθὲν—ἀνίατον] 'lest the disease of injustice become chronic, and render his soul gangrenous and past cure.' ὕπουλος is said of a sloughing sore. Comp. Plut. Qu. Plat. 1000 c, οὐ γὰρ σώματος ἡ Σωκράτους ἰατρεία, ψυχῆς δὲ ἦν ὑπούλου καθαρμός.

εἴπερ τὰ πρότερον μένει ἡμῖν ὁμολογήματα ; οὐκ ἀνάγκη
ταῦτα ἐκείνοις οὕτω μὲν συμφωνεῖν, ἄλλως δὲ μή ;

ΠΩΛ. Τί γὰρ δὴ φῶμεν, ὦ Σώκρατες ;

ΣΩ. Ἐπὶ μὲν ἄρα τὸ ἀπολογεῖσθαι ὑπὲρ τῆς ἀδικίας
τῆς αὑτοῦ ἢ γονέων ἢ ἑταίρων ἢ παίδων ἢ πατρίδος
ἀδικούσης οὐ χρήσιμος οὐδὲν ἡ ῥητορικὴ ἡμῖν, ὦ Πῶλε,
C εἰ μὴ εἴ τις ὑπολάβοι ἐπὶ τοὐναντίον, κατηγορεῖν δεῖν
μάλιστα μὲν ἑαυτοῦ, ἔπειτα δὲ καὶ τῶν οἰκείων καὶ τῶν
ἄλλων ὃς ἂν ἀεὶ τῶν φίλων τυγχάνῃ ἀδικῶν, καὶ μὴ ἀπο-
κρύπτεσθαι, ἀλλ᾽ εἰς τὸ φανερὸν ἄγειν τὸ ἀδίκημα, ἵνα
δῷ δίκην καὶ ὑγιὴς γένηται, ἀναγκάζειν δὲ καὶ αὐτὸν καὶ
τοὺς ἄλλους μὴ ἀποδειλιᾶν ἀλλὰ παρέχειν μύσαντα καὶ
ἀνδρείως, ὥσπερ τέμνειν καὶ κάειν ἰατρῷ, τὸ ἀγαθὸν καὶ
καλὸν διώκοντα, μὴ ὑπολογιζόμενον τὸ ἀλγεινόν, ἐὰν μέν
D γε πληγῶν ἄξια ἠδικηκὼς ᾖ, τύπτειν παρέχοντα, ἐὰν δὲ
δεσμοῦ, δεῖν, ἐὰν δὲ ζημίας, ἀποτίνοντα, ἐὰν δὲ φυγῆς,
φεύγοντα, ἐὰν δὲ θανάτου, ἀποθνήσκοντα, αὐτὸν πρῶτον
ὄντα κατήγορον καὶ αὑτοῦ καὶ τῶν ἄλλων οἰκείων καὶ ἐπὶ
τούτῳ χρώμενον τῇ ῥητορικῇ, ὅπως ἂν καταδήλων τῶν
ἀδικημάτων γιγνομένων ἀπαλλάττωνται τοῦ μεγίστου
κακοῦ, ἀδικίας. φῶμεν οὕτως ἢ μὴ φῶμεν, ὦ Πῶλε ;

E ΠΩΛ. Ἄτοπα μέν, ὦ Σώκρατες, ἔμοιγε δοκεῖ, τοῖς
μέντοι ἔμπροσθεν ἴσως σοι ὁμολογεῖται.

B. εἴπερ—ὁμολογήματα] 'if our pre-
misses still hold good.'

'Ἐπὶ μὲν ἄρα—ἀλγεινόν] 'It follows
that as a means of defending our own
misdeeds or those of parent or friend,
child or country, rhetoric is of no real
value to us : unless indeed we adopt the
contrary view—that it is our duty to
denounce first ourselves, then our kindred,
and finally any one of our friends who
may be guilty of injustice—not, I say, to
screen the delinquent, but rather to
drag his offence to the light, that he
may be punished and made whole. We
should even force ourselves and our
neighbours not to shrink from the ordeal,
but like brave men, with closed eyes, to
invite the physician to operate upon us
with knife or searing-iron, pursuing an
end which is good and noble without
weighing the attendant pain.' After ἐπὶ

τοὐναντίον Heind. understands χρησίμην
εἶναι, but it seems rather equivalent to
εἰς τοὐναντίον in Soph. 221, or κατὰ
τοὐναντίον, Tim. 36 D, or to ἐξ ἐναντίας,
which is the most common. ἀποκρύπ-
τεσθαι is frequently transitive, as inf.
492, ἀποκρυπτόμενοι τὴν αὑτῶν ἀδυνα-
μίαν. It seems indifferent whether τὸν
αὑτοῦ φίλον, or τὸ ἀδίκημα τοῦ αὑτοῦ
φίλου be regarded as the object of the
action here, as the middle form is ap-
plicable in either case. For μύσαντα
Olymp. reads μύσαντας, but the vulg. is
preferable. He adds the explanation,
ἵνα μὴ ὁρῶσι πῶς τέμνονται·—as patients
are now blindfolded on the operating-
table. For τυγχάνῃ ἀδικῶν the Bodl.
gives τυγχάνοι, which Heind. ('quod
mireris') endeavours to defend. The
formula εἰ μὴ εἴ τις p. supr., of which
there are many instances, may support

ΣΩ. Οὐκοῦν ἢ κἀκεῖνα λυτέον ἢ τάδε ἀνάγκη συμβαίνειν;

ΠΩΛ. Ναί, τοῦτό γε οὕτως ἔχει.

ΣΩ. Τοὐναντίον δέ γε αὖ μεταβαλόντα εἰ ἄρα δεῖ τινὰ κακῶς ποιεῖν, εἴτ᾽ ἐχθρὸν εἴτε ὁντινοῦν, ἐὰν μόνον μὴ αὐτὸς ἀδικῆται ὑπὸ τοῦ ἐχθροῦ· τοῦτο μὲν γὰρ εὐλαβητέον· ἐὰν δὲ ἄλλον ἀδικῇ ὁ ἐχθρός, παντὶ τρόπῳ παρασκευαστέον καὶ πράττοντα καὶ λέγοντα, | ὅπως μὴ δῷ 481 δίκην μηδὲ ἔλθῃ παρὰ τὸν δικαστήν· ἐὰν δὲ ἔλθῃ, μηχανητέον ὅπως ἂν διαφύγῃ καὶ μὴ δῷ δίκην ὁ ἐχθρός, ἀλλ᾽ ἐάν τε χρυσίον ἡρπακὼς ᾖ πολύ, μὴ ἀποδιδῷ τοῦτο ἀλλ᾽ ἔχων ἀναλίσκῃ καὶ εἰς ἑαυτὸν καὶ εἰς τοὺς ἑαυτοῦ ἀδίκως καὶ ἀθέως, ἐάν τε θανάτου ἄξια ἠδικηκὼς ᾖ, ὅπως μὴ ἀποθανεῖται μάλιστα μὲν μηδέποτε, ἀλλ᾽ ἀθάνατος ἔσται πονηρὸς ὤν, εἰ δὲ μή, ὅπως ὡς πλεῖστον χρόνον βιώσεται B τοιοῦτος ὤν. ἐπὶ τὰ τοιαῦτα ἔμοιγε δοκεῖ, ὦ Πῶλε, ἡ ῥητορικὴ χρήσιμος εἶναι, ἐπεὶ τῷ γε μὴ μέλλοντι ἀδικεῖν οὐ μεγάλη τίς μοι δοκεῖ ἡ χρεία αὐτῆς εἶναι, εἰ δὴ καὶ ἔστι τις χρεία, ὡς ἔν γε τοῖς πρόσθεν οὐδαμῇ ἐφάνη οὖσα.

XXXVII. ΚΑΛ. Εἰπέ μοι, ὦ Χαιρεφῶν, σπουδάζει ταῦτα Σωκράτης ἢ παίζει;

the Bodl. reading of Phaedrus 279, εἴτε εἰ αὐτῷ μὴ ἀποχρήσαι ταῦτα, where perhaps I ought not to have bracketed the following δέ.

E. Τοὐναντίον, κ.τ.λ.] "This," says Gray, "is a conclusion so extravagant, that it seems to be only a way of triumphing over Polus after his defeat, or perhaps in order to irritate Callicles, who had heard with great impatience the concessions which Polus had been forced to make, and now breaks out with warmth, and enters into the dispute." The dramatic intention is not to be mistaken, still the extravagance is not so great as Gray supposed. He did not sufficiently attend to the important condition, εἰ ἄρα δεῖ τινὰ κακῶς ποιεῖν. If it is our duty 'to do evil to our enemy,' as written in the popular Greek code, Socr.'s conclusion is perfectly sound. We cannot really hurt a man more than by promoting his growth in wickedness. If revenge is lawful, this is its most perfect form. But in assuming that 'it is our

duty to do harm to any body, so long as we can do it without being injured ourselves,' Socr. is obviously ironical, as one wonders that so acute a critic as Gray did not perceive. Socr. is assuming the premisses of his opponents, in order to lead them to a conclusion from which their common sense will revolt.

481. ἀναλίσκῃ] Codd. and edd. ἀναλίσκηται. A similar solecism of the kind known to grammarians by the word 'Datismus,' has hitherto held its ground in Rep. viii. 563 D, κἂν ὁτιοῦν δουλείας τις προσφέρηται (sc. τοῖς πολίταις), where read of course προσφέρῃ.

ἀθάνατος ἔσται πονηρὸς ὤν] Live through an immortality of wickedness. Hyperides pro Lycoph. c. 3, ὅπως ἂν ᾖ ἀθάνατος συκοφάντης: Shaksp. Othello, iv. 2, "I will be hanged if some eternal villain," &c. Observe the variety in the constructions with ὅπως—ὅπως μὴ δῷ—ὅπως ἂν διαφύγῃ καὶ μὴ δῷ (V. δῴη, an inadmissible form for δοίη: v. Lobeck ad Phryn. p. 345)—μὴ ἀποδιδῷ ἀλλ᾽—ἀνα-

ΧΑΙ. Ἐμοὶ μὲν δοκεῖ, ὦ Καλλίκλεις, ὑπερφυῶς σπου-
δάζειν· οὐδὲν μέντοι οἷον τὸ αὐτὸν ἐρωτᾶν.

c ΚΑΛ. Νὴ τοὺς θεοὺς ἀλλ᾽ ἐπιθυμῶ. Εἰπέ μοι, ὦ
Σώκρατες, πότερόν σε φῶμεν νυνὶ σπουδάζοντα ἢ παί-
ζοντα; εἰ μὲν γὰρ σπουδάζεις τε καὶ τυγχάνει ταῦτα
ἀληθῆ ὄντα ἃ λέγεις, ἄλλο τι [ἢ] ἡμῶν ὁ βίος ἀνατετραμ-
μένος ἂν εἴη τῶν ἀνθρώπων καὶ πάντα τὰ ἐναντία πράτ-
τομεν, ὡς ἔοικεν, ἢ ἃ δεῖ;

ΣΩ. Ὦ Καλλίκλεις, εἰ μή τι ἦν τοῖς ἀνθρώποις πά-
θος, τοῖς μὲν ἄλλο τι, τοῖς δὲ ἄλλο τι, τὸ αὐτό, ἀλλά τις
d ἡμῶν ἴδιόν τι ἔπασχε πάθος ἢ οἱ ἄλλοι, οὐκ ἂν ἦν ῥάδιον
ἐνδείξασθαι τῷ ἑτέρῳ τὸ ἑαυτοῦ πάθημα. λέγω δ᾽ ἐννοήσας
ὅτι ἐγώ τε καὶ σὺ νῦν τυγχάνομεν ταὐτόν τι πεπονθότε,
ἐρῶντε δύο ὄντε δυεῖν ἑκάτερος, ἐγὼ μὲν Ἀλκιβιάδου τε
τοῦ Κλεινίου καὶ φιλοσοφίας, σὺ δὲ τοῦ τε Ἀθηναίων
δήμου καὶ τοῦ Πυριλάμπους.   αἰσθάνομαι οὖν σου ἑκάσ-

λίσκῃ —ὅπως μὴ ἀποθανεῖται—ἀλλ᾽—
ἔσται--ὅπως βιώσεται.

B. οὐδὲν—ἐρωτᾶν] See note on p.
447 c.

C. ἄλλο τι [ἢ]] Bekk. omits the ἢ,
though found in all the MSS. I think
rightly, if only on the ground of euphony.
ἄλλο τι, as a formula of interrogation,
needs no defence.

εἰ μή τι] 'Were it not that mankind
had feelings in common,' some being the
subjects of one kind of emotion, others of
another, i. e. some sharing the passion of
love, others that of ambition, &c. εἰ μή
τι ἦν = 'nisi forte accidisset ut:' εἰ μή
τι being taken together, as one particle,
like εἰ μή που, or as εἴ τι μή is sometimes
used. Rep. vi. 509 c, καὶ μηδαμῶς γ᾽,
ἔφη, παύσῃ· εἰ μή τι, ἀλλὰ τὴν περὶ τὸν
ἥλιον ὁμοιότητ᾽ αὖ διεξιών. So inf. 513 c,
εἰ μή τι σὺ ἄλλο λέγεις, 'nisi forte,' &c.
In the sequel ἴδιον is constructed with ἢ
as if ἕτερον had been used. So paulo
sup. ἐναντίον . . . ἢ δεῖ. 'Were one or
other of us capable of any feeling in
which the rest of mankind had no part,
it would in that case have been difficult
to make our own experiences intelligible
to our neighbours.' Routh thinks that
Socr. alludes to the Protagorean doctrine
ὡς ἴδιαι αἰσθήσεις ἑκάστῳ ἡμῶν γίγνονται
(Theaet. 166 c); but this seems question-
able, though the suggestion is ingenious.
Before τὸ αὐτό all the codd. without ex-

ception interpolate ἢ, thus inverting the
meaning.

D. καὶ τοῦ Πυριλάμπους] Sc. Δήμου,
the son of Pyrilampes being so called.
"It is possible too that there may be a
secret allusion to the Equites of Aristo-
phanes, where the Athenian people is
introduced as a person, under the name
of Demus," &c. (T. Gray). This seems
a needless refinement. Demus was in
his bloom when the Vespae was acted
(B.C. 422): Καὶ νὴ Δι᾽ ἦν ἴδῃ γέ που
γεγραμμένον τὸν Πυριλάμπους ἐν θυρᾷ,
Δῆμον καλόν (v. 98), where the Schol.
remarks, ἦν δὲ καὶ εὔμορφος ὁ Δῆμος·
ἐπίγραφον δὲ οἱ Ἀθηναῖοι τὰ τῶν καλῶν
ὀνόματα οὕτως· Δῆμος καλός. Demus
was also mentioned by Eupolis in his
play named Πόλεις: καὶ τῷ Πυριλάμπους
ἄρ᾽ ἐν ὠσὶ κυψέλη, as Meineke corrects
the line quoted by the Schol. l. l. κυψέλη
ἐν ὠσί, 'sordes in auribus,' was a figura-
tive expression for dulness (compare the
"purgatas aures" of Persius v. 63, and
Bekk. Anecd. p. 425) which agrees well
enough with the description of the cha-
racter of Demus in the text. He is also
noted as effeminate (θηλυδρίας) by Liba-
nius (Pro Salt. xix. p. 500 D), and by
Athen. (ix. 397 c) he is said to have kept
peacocks, inheriting this taste from his
father Pyrilampes, according to Plutarch
(Per. c. 13), who speaks of the ὀρνιθοτρο-
φίας τοῦ Πυριλάμπους ὃς ἑταῖρος ἦν Περι-

τότε, καίπερ ὄντος δεινοῦ, ὅτι ὁπόσ᾽ ἂν φῇ σου τὰ παι-
δικὰ καὶ ὅπως ἂν φῇ ἔχειν, οὐ δυναμένου ἀντιλέγειν, ἀλλ᾽
ἄνω καὶ κάτω μεταβαλλομένου. ἔν τε [γὰρ] τῇ ἐκκλησίᾳ, Ε
ἐάν τι σοῦ λέγοντος ὁ δῆμος ὁ ᾿Αθηναίων μὴ φῇ οὕτως
ἔχειν, μεταβαλλόμενος λέγεις ἃ ἐκεῖνος βούλεται, καὶ πρὸς
τὸν Πυριλάμπους νεανίαν τὸν καλὸν τοῦτον τοιαῦθ᾽ ἕτερα
πέπονθας. τοῖς γὰρ τῶν παιδικῶν βουλεύμασί τε καὶ
λόγοις οὐχ οἷός τ᾽ εἶ ἐναντιοῦσθαι, ὥστε, εἰ τίς σου
λέγοντος ἑκάστοτε ἃ διὰ τούτους λέγεις θαυμάζοι ὡς ἄτοπά
ἐστιν, ἴσως εἴποις ἂν αὐτῷ, εἰ βούλοιο τἀληθῆ λέγειν, ὅτι,
εἰ μή τις παύσει | τὰ σὰ παιδικὰ τούτων τῶν λόγων, οὐδὲ 48
σὺ παύσει ποτὲ ταῦτα λέγων. νόμιζε τοίνυν καὶ παρ᾽
ἐμοῦ χρῆναι ἕτερα τοιαῦτ᾽ ἀκούειν, καὶ μὴ θαύμαζε ὅτι
ἐγὼ ταῦτα λέγω, ἀλλὰ τὴν φιλοσοφίαν, τὰμὰ παιδικά,
παῦσον ταῦτα λέγουσαν. λέγει γάρ, ὦ φίλε ἑταῖρε, ἀεὶ ἃ
νῦν ἐμοῦ ἀκούεις, καί μοί ἐστι τῶν ἑτέρων παιδικῶν πολὺ
ἧττον ἔμπληκτος· ὁ μὲν γὰρ Κλεινίειος οὗτος ἄλλοτ᾽

κλέουτ. Gray adds, "Demus is men-
tioned as a Trierarch in the expedition
to Cyprus (as I imagine) about Ol. 96.
1, under Chabrias (Lysias de Bonis Aris-
toph. p. 340 [154])." If we assume 405
as the date of this dialogue, Demus is
too old to be the παιδικά of Callicles.
Comp. Protag. init. It is curious that
the clauses relating to Demus and Alci-
biades are entirely passed over in the
version of Ficinus, which in other points
also disagrees with the received text.
In 513 B the clause, καὶ ναὶ μὰ Δία τῷ
Πυριλάμπους γε πρός, is translated thus:
"ac per Jovem insuper Pyrilampi," this
being the only passage in which the
name of Pyrilampes occurs in this
version.

αἰσθάνομαι—σου—ὅτι—οὐ δυναμένου]
The blending of two constructions—(1)
αἰσθάνομαί σου οὐ δυναμένου, (2) αἰσθά-
νομαι ὅτι οὐ δύνασαι—is sufficiently justi-
fied by the passage quoted by Heind.
from Thuc. iv. 37, γνοὺς δὲ ὁ Κλέων . . .
ὅτι, εἰ καὶ ὁποσονοῦν μᾶλλον ἐνδώσουσι,
διαφθαρησομένους αὐτούς.

ὅτι ὁπόσ᾽ ἂν φῇ] Some MSS. give
ὅπως, others ἀντιφῇ. Here ὁπόσα refers
to the number, ὅπως ἔχειν to the nature
of his assertions. 'Let him say a thou-
sand things in a day and all different.'
I once suspected that the original read-

ing was ὅπως ἂν φῇ σου τὰ παιδικὰ καὶ
ὅπως ἂν φῇ ἔχειν, comparing E, ἐὰν ὁ
δῆμος . . μὴ φῇ οὕτως ἔχειν. In the next
sentence ἔν τε γάρ, κ.τ.λ., γάρ is not found
iu the Bodl. nor in many other codd. The
asyndeton might, I think, be tolerated.

Ε. βουλεύμασι] βουλήμασι is also
found, and agrees better with the fore-
going ἃ ἐκεῖνος βούλεται. It is in Ald.
and Steph. and perhaps ought not to
have been altered, even in deference to
overwhelming MS. authority. The words
in question are perpetually interchanged
in the codd., as few can fail to have
observed.

482. πολὺ ἧττον ἔμπληκτος] 'she is
far less flighty and fickle than her rival
in my affections.' ἔκβλητος, mentioned
as a v. l. by Olymp., is possibly a cor-
ruption of ἔκπληκτος, with which ἔμ-
πληκτος is perpetually confounded.
Comp. Hesych., ἐμπλήκτους μεμηνότας,
εὐμεταθέτους: Soph. Aj. 1358, τοιόνδε
μέντοι φῶτες ἔμπληκτοι βροτῶν, where
the Schol. int. κοῦφοι: Eur. Tro. 1205,
αἱ τύχαι, Ἔμπληκτος ὡς ἄνθρωπος,
ἄλλοτ᾽ ἄλλοσε Πηδῶσι, κοὐδεὶς αὐτὸς
εὐτυχεῖ ποτε: Plat. Lys. 214 D, ἐμ-
πλήκτους τε καὶ ἀσταθμήτους (speaking
of fickleness in friendship): Thuc. iii.
82 has τὸ ἐμπλήκτως ὀξύ, where see
Arnold, who compares Aeschines, F. L.

ἄλλων ἐστὶ λόγων, ἡ δὲ φιλοσοφία ἀεὶ τῶν αὐτῶν. λέγει
D δὲ ἃ σὺ νῦν θαυμάζεις, παρῆσθα δὲ καὶ αὐτὸς λεγομένοις.
ἢ οὖν ἐκείνην ἐξέλεγξον, ὅπερ ἄρτι ἔλεγον, ὡς οὐ τὸ
ἀδικεῖν ἐστὶ καὶ ἀδικοῦντα δίκην μὴ διδόναι ἁπάντων
ἔσχατον κακῶν· ἢ εἰ τοῦτ᾽ ἐάσεις ἀνέλεγκτον, μὰ τὸν
κύνα, τὸν Αἰγυπτίων θεόν, οὔ σοι ὁμολογήσει Καλλικλῆς,
ὦ Καλλίκλεις, ἀλλὰ διαφωνήσει ἐν ἅπαντι τῷ βίῳ. καίτοι
ἔγωγε οἶμαι, ὦ βέλτιστε, καὶ τὴν λύραν μοι κρεῖττον
C εἶναι ἀναρμοστεῖν τε καὶ διαφωνεῖν, καὶ χορὸν ᾧ χορη-
γοίην, καὶ πλείστους ἀνθρώπους μὴ ὁμολογεῖν μοι ἀλλ᾽
ἐναντία λέγειν μᾶλλον ἢ ἕνα ὄντα ἐμὲ ἐμαυτῷ ἀσύμφωνον
εἶναι καὶ ἐναντία λέγειν.

XXXVIII. ΚΑΛ. Ὦ Σώκρατες, δοκεῖς νεανιεύεσθαι
ἐν τοῖς λόγοις ὡς ἀληθῶς δημηγόρος ὤν· καὶ νῦν ταῦτα
δημηγορεῖς ταὐτὸν παθόντος Πώλου πάθος, ὅπερ Γοργίου
κατηγόρει πρὸς σὲ παθεῖν. ἔφη γάρ που Γοργίαν ἐρωτώ-
μενον ὑπὸ σοῦ, ἐὰν ἀφίκηται παρ᾽ αὐτὸν μὴ ἐπιστάμενος
τὰ δίκαια ὁ τὴν ῥητορικὴν βουλόμενος μαθεῖν, εἰ διδάξοι

p. 327 R. (§ 164), where πολιτείας ἐμ-
πληξία means little more than 'politi-
cal inconsistency.' In Hom. Od. xx. 132,
ἐμπλήγδην, which is commonly inter-
preted 'insanely,' will better bear the
meaning 'capriciously.' Later writers
use these compounds to denote madness
or folly in general, except in a few
passages written in imitation of Attic
models.

b—Κλεινίειος] "Alcibiades had now
left Athens, and taken refuge in Thrace,
and the year after he was murdered"
(T. Gray). The ἐστί seems to imply that
Plato had forgotten this circumstance, or
at any rate disregarded it.

c. χορὸν ᾧ χορηγοίην] For ᾧ ἂν χο-
ρηγῶ, an irregular use of the optative
after a leading verb in the indic. pres.
Comp. Soph. Oed. R. 979, εἰκῇ κράτιστον
ζῆν ὅπως δύναιτό τις. In this passage
οἶμαι—εἶναι is equivalent to οἶμαι ὅτι—
εἴη ἄν, the case supposed being an
imaginary one. The reading ἀναρμοστεῖν
was first proposed by Van Heusde for the
vulg. ἀναρμοστον. The verb is found
Soph. 253 A, and elsewhere in Plato.
Tr., 'I cannot but think it better that
my lyre should be out of order and give
discordant notes, or that any chorus I

had to lead should sing out of tune, or
that great masses of men should dis-
agree with and contradict me,—than
that I, who am but one, should be out of
harmony with myself and contradict my
own assertions.'

Ὦ Σώκρατες, δοκεῖς νεανιεύεσθαι] 'you
seem to me, Socr., to be reckless in your
talk, like an arrant declaimer, as you are.'
The word δημηγόρος is equally applicable
to a 'stump-orator' and a fashionable
preacher, to one who rants and to one
who cants. Compare Theaet. 162 D, ὦ
γενναῖοι παῖδές τε καὶ γέροντες, δημη-
γορεῖτε ξυγκαθεζόμενοι . . . καὶ ἃ οἱ πολλοὶ
ἂν ἀποδέχοιντο ἀκούοντες, λέγετε ταῦτα,
where the latter clause explains δημη-
γορεῖτε. In Demosth. Olynth. iii. § 3,
πρὸς χάριν δημηγορεῖν = 'to speak ad
captandum.'

καὶ νῦν, κ.τ.λ.] 'and if you now bold
forth in this strain, it is because Polus
has made the very mistake for which he
blamed Gorgias'—the mistake of giving
way to false shame. Presently εἰ διδάξοι
depends on ἐρωτώμενον, according to the
strict use of the fut. optat. in the obliqua
oratio after a past tense. The MSS., as
usual in this case, vacillate between
διδάξει and διδάξοι.

αὐτὸν ὁ Γοργίας, αἰσχυνθῆναι αὐτὸν καὶ φάναι διδάξειν D
διὰ τὸ ἔθος τῶν ἀνθρώπων, ὅτι ἀγανακτοῖεν ἂν εἴ τις μὴ
φαίη· διὰ δὴ ταύτην τὴν ὁμολογίαν ἀναγκασθῆναι ἐναντία
αὐτὸν αὑτῷ εἰπεῖν, σὲ δὲ αὐτὸ τοῦτο ἀγαπᾶν. καί σου
κατεγέλα, ὡς γ' ἐμοὶ δοκεῖν, ὀρθῶς τότε. νῦν δὲ πάλιν
αὐτὸς ταὐτὸν τοῦτο ἔπαθε, καὶ ἔγωγε κατ' αὐτὸ τοῦτο οὐκ
ἄγαμαι Πῶλον, ὅτι σοι συνεχώρησε τὸ ἀδικεῖν αἴσχιον
εἶναι τοῦ ἀδικεῖσθαι· ἐκ ταύτης γὰρ αὖ τῆς ὁμολογίας
αὐτὸς ὑπὸ σοῦ συμποδισθεὶς ἐν τοῖς λόγοις ἐπεστομίσθη, E
αἰσχυνθεὶς ἃ ἐνόει εἰπεῖν. σὺ γὰρ τῷ ὄντι, ὦ Σώκρατες,
εἰς τοιαῦτα ἄγεις φορτικὰ καὶ δημηγορικά, φάσκων τὴν
ἀλήθειαν διώκειν, ἃ φύσει μὲν οὐκ ἔστι καλά, νόμῳ δέ.
ὡς τὰ πολλὰ δὲ ταῦτα ἐναντία ἀλλήλοις ἐστίν, ἥ τε φύσις
καὶ ὁ νόμος. ἐὰν οὖν τις αἰσχύνηται καὶ μὴ τολμᾷ | 48
λέγειν ἅπερ νοεῖ, ἀναγκάζεται ἐναντία λέγειν. ὃ δὴ καὶ
σὺ τοῦτο τὸ σοφὸν κατανενοηκὼς κακουργεῖς ἐν τοῖς

D. σὲ δὲ αὐτὸ τοῦτο ἀγαπᾶν] Supr. 461
C, τοῦθ' ὃ δὴ ἀγαπᾷς, αὐτὸς ἀγαγὼν ἐπὶ
τοιαῦτα ἐρωτήματα.

ὡς γ' ἐμοὶ δοκεῖν] Meno 81, ἀληθῆ,
ἔμοιγε δοκεῖν, καὶ καλόν. Soph. El. 410,
ἐκ δείματός του νυκτέρου, δοκεῖν ἐμοί.
Herod. ii. 124, ὡς γ' ἐμοὶ δοκέειν.

E. ἐπεστομίσθη] 'gagged,' i. e. silenced
and put down.

σὺ γὰρ τῷ ὄντι] 'For it is you, in
point of fact, Socr., who, under pretence
of pursuing the truth, lead your hearers
to adopt (pass off upon your audience)
a set of stale popular fallacies, grounded
on legal (conventional) notions of the
fair and comely, which have no founda-
tion in nature.' Schol., φορτικὰ τὰ βάρος
ἐμποιοῦντα (molesta, putida). δημηγορικὰ
τὰ πρὸς τὴν τῶν πολλῶν βλέποντα δόξαν.

483. ὃ δὴ καὶ σὺ τοῦτο] "Verba τοῦτο
τὸ σοφόν epexegeseos instar praegressi ὃ
interposita sunt usu satis trito . . Soph.
Ant. 404, Ταύτην γ' ἰδὼν θάπτουσαν, ὃν
σὺ τὸν νεκρὸν Ἀπεῖπας: ubi Schol., τὸν
νεκρὸν ὃν σὺ ἀπεῖπας θάπτειν· οὕτως δὲ
χρῶνται οἱ παλαιοί . . . Κρατῖνος, Ὅνπερ
Φιλοκλέης τὸν λόγον διέφθορεν" (Heind.).
To the numerous examples he gives from
Rep. 579 C, 583 E, &c., may be added
Hyperides pro Euxenippo, Col. 19, ὧν
οὐδεμία δήπου τῶν αἰτιῶν τούτων οὐδὲν
κοινωνεῖ τῷ εἰσαγγελτικῷ νόμῳ. For
κακουργεῖς ἑ. τ. λόγοις compare inf.

489 B, ἃ δὴ καὶ ἐγὼ γνοὺς κακουργῶ
ἐν τοῖς λόγοις. Routh has seized the
point of the clause, τοῦτο τὸ σοφὸν κατα-
νενοηκώς, which contains an allusion to
Socr.'s early training under the Ionic
philosopher Archelaus, to whom was as-
signed the credit of having invented the
antithesis between τὰ νόμῳ καλά and τὰ
φύσει. The passage Routh quotes from
Aristotle is highly illustrative of this
portion of the dialogue: πλεῖστος δὲ
τόπος ἐστὶ τοῦ ποιεῖν παράδοξα λέγειν,
ὥσπερ καὶ ὁ Καλλικλῆς ἐν τῷ Γοργίᾳ
γέγραπται λέγων, καὶ οἱ ἀρχαῖοι γε πάντες
ᾤοντο συμβαίνειν, παρὰ τὸ κατὰ φύσιν
καὶ κατὰ τὸν νόμον. ἐναντία γὰρ εἶναι
φύσιν καὶ νόμον, καὶ τὴν δικαιοσύνην κατὰ
νόμον μὲν εἶναι καλὸν κατὰ φύσιν δ' οὐ
καλόν. δεῖν οὖν πρὸς μὲν τὸν εἰπόντα
κατὰ φύσιν κατὰ νόμον ἀπαντᾶν, πρὸς δὲ
τὸν κατὰ νόμον ἐπὶ τὴν φύσιν ἄγειν·
ἀμφοτέρως γὰρ εἶναι λέγειν παράδοξα. ἦν
δὲ τὸ μὲν κατὰ φύσιν αὐτοῖς τὸ ἀληθές,
τὸ δὲ κατὰ νόμον τὸ τοῖς πολλοῖς δοκοῦν·
ὥστε δῆλον ὅτι κἀκεῖνοι, καθάπερ καὶ οἱ
νῦν, ἢ ἐλέγξαι ἢ παράδοξα λέγειν τὸν
ἀποκρινόμενον ἐπεχείρουν ποιεῖν (Soph.
Elench. c. 12, § 6). Comp. Diog. Laert.
ii. 4, Ἀρχέλαος, μαθητὴς Ἀναξαγόρου,
διδάσκαλος Σωκράτους . . . ἔοικε δὲ καὶ
οὗτος ἅψασθαι τῆς ἠθικῆς. καὶ γὰρ περὶ
νόμων πεφιλοσόφηκε καὶ καλῶν καὶ δι-
καίων· παρ' οὗ λαβὼν Σωκράτης τῷ

λόγοις, ἐὰν μέν τις κατὰ νόμον λέγῃ, κατὰ φύσιν ὑπερω-
τῶν, ἐὰν δὲ τὰ τῆς φύσεως, τὰ τοῦ νόμου. ὥσπερ αὐτίκα
ἐν τούτοις, τῷ ἀδικεῖν τε καὶ τῷ ἀδικεῖσθαι, Πώλου τὸ
κατὰ νόμον αἴσχιον λέγοντος σὺ τὸν νόμον ἐδιώκαθες
κατὰ φύσιν. φύσει μὲν γὰρ πᾶν αἴσχιόν ἐστιν ὅπερ καὶ
κάκιον, τὸ ἀδικεῖσθαι, νόμῳ δὲ τὸ ἀδικεῖν. οὐδὲ γὰρ
B ἀνδρὸς τοῦτό γ' ἐστὶ τὸ πάθημα, τὸ ἀδικεῖσθαι, ἀλλ'
ἀνδραπόδου τινός, ᾧ κρεῖττόν ἐστι τεθνάναι ἢ ζῆν, ὅστις
ἀδικούμενος καὶ προπηλακιζόμενος μὴ οἷός τ' ἐστὶν αὐτὸς
αὑτῷ βοηθεῖν μηδὲ ἄλλῳ οὗ ἂν κήδηται. ἀλλ', οἶμαι, οἱ
τιθέμενοι τοὺς νόμους οἱ ἀσθενεῖς ἄνθρωποί εἰσι καὶ οἱ
πολλοί. πρὸς αὑτοὺς οὖν καὶ τὸ αὑτοῖς συμφέρον τούς τε
νόμους τίθενται καὶ τοὺς ἐπαίνους ἐπαινοῦσι καὶ τοὺς
ψόγους ψέγουσιν, ἐκφοβοῦντές τε τοὺς ἐρρωμενεστέρους
O τῶν ἀνθρώπων καὶ δυνατοὺς ὄντας πλέον ἔχειν, ἵνα μὴ
αὐτῶν πλέον ἔχωσι, λέγουσιν, ὡς αἰσχρὸν καὶ ἄδικον τὸ
πλεονεκτεῖν, καὶ τοῦτο ἔστι τὸ ἀδικεῖν, τὸ πλέον τῶν ἄλλων
ζητεῖν ἔχειν· ἀγαπῶσι γάρ, οἶμαι, αὐτοὶ ἂν τὸ ἴσον ἔχωσι
φαυλότεροι ὄντες.

αὐξῆσαι αὐτὸς εὑρεῖν ὑπελήφθη. ἔλεγε
δὲ . . . τὸ δίκαιον εἶναι καὶ τὸ αἰσχρὸν οὐ
φύσει, ἀλλὰ νόμῳ. In the sequel ὑπε-
ρωτῶν is explained by Ast, "interrogans
ita ut aliud quid subjiciat;" but pro-
bably ὑπό has the same force as in ὑπο-
λαβεῖν, so that ὑπερωτᾷ shall be equi-
valent to ὑπολαβὼν ἐρωτῶ. The sense
will thus be: 'meeting your opponent
with a question framed in accordance
with the *natural* sense of the terms em-
ployed,' he having employed the same or
similar terms, τὸ αἰσχρόν, τὸ καλόν, τὸ
δίκαιον, in their *conventional* sense. The
word ὑπερωτῶν is not found in any other
classical writer.

ἐδιώκαθες] "urgebas" (Ast in Lex. v.
διωκάθω). But ἐδιώκαθες is an aorist, not
an imperfect, nor is there such a word as
διωκάθω. This point seems to be proved
by Elmsley (Annot. in Eurip. Med. p.
113, not. y): "Rectius ἀμυναθεῖν, δια-
καθεῖν, εἰκαθεῖν, εἰργαθεῖν, ut ἀγαγεῖν:"
cet. Dind. assents (H. Steph. Lex. Gr.
in v. διωκαθεῖν). Tr., 'when Polus meant
that which was legally or conventionally
fouler, you dealt with his conventionalism
as if he had been speaking the language

of nature,' i. e. you made his conventional
to include a natural deformity.

φύσει μὲν γὰρ—τὸ ἀδικεῖσθαι] Dobree
proposes the ejection of τὸ ἀδικεῖσθαι
νόμῳ δὲ τὸ ἀδικεῖν. As a milder remedy
Stallb. suggests πᾶσιν for πᾶν. Steph.
would have read οἷον τὸ ἀδικεῖσθαι, which
does not much mend the matter. I had
bracketed the clause, but am now dis-
posed to leave it untouched, not because I
think Dobree's conjecture "inane," but
because the context seems to require
either these or other equivalent words.
Olympiodorus remarks on this passage,
εἰ δὲ ἀδικεῖταί τις περὶ τὰ ἐκτὸς ἢ τὸ
σῶμα, οὐκ ἔστι κακόν. οὐδὲ γὰρ συνεγεν-
νήθημεν τούτοις, ὥστε τὰ μὴ ἐφ' ἡμῖν
ἀπολλύντες οὐκ ὀφείλομεν ἀχθέσθαι· εἰ
δὲ ἀδικοῖτο ἡ ψυχή, κάκιστον· καὶ δεῖ
τότε σπεύδειν ταύτης ἀπαλλαγῆναι τῆς
ἀδικίας. φροντίσωμεν οὖν τοῦ σωθῆναι
τὴν ψυχήν, εἰδότες ὡς τὰ χρήματα καὶ τὸ
σῶμα οὐδὲν συμβάλλονται. ποιήσωμεν
οὖν ὃ εἶπεν ἐκεῖνος. Αὐτὸν μέν μ'
ἐσάωσα· τί μοι μέλει; ἀσπὶς ἐκείνη
Ἐρρέτω. The words quoted are from
Archilochus, and are generally cited
thus: αὐτὸς δ' ἐξέφυγον θανάτου τέλος·

XXXIX. Διὰ ταῦτα δὴ νόμῳ μὲν τοῦτο ἄδικον καὶ
αἰσχρὸν λέγεται, τὸ πλέον ζητεῖν ἔχειν τῶν πολλῶν, καὶ
ἀδικεῖν αὐτὸ καλοῦσιν· ἡ δέ γε, οἶμαι, φύσις αὐτὴ ἀπο-
φαίνει αὖ ὅτι δίκαιόν ἐστι τὸν ἀμείνω τοῦ χείρονος πλέον D
ἔχειν καὶ τὸν δυνατώτερον τοῦ ἀδυνατωτέρου. δηλοῖ δὲ
ταῦτα πολλαχοῦ ὅτι οὕτως ἔχει, καὶ ἐν τοῖς ἄλλοις ζώοις
καὶ τῶν ἀνθρώπων ἐν ὅλαις ταῖς πόλεσι καὶ τοῖς γένεσιν,
ὅτι οὕτω τὸ δίκαιον κέκριται, τὸν κρείττω τοῦ ἥττονος
ἄρχειν καὶ πλέον ἔχειν. ἐπεὶ ποίῳ δικαίῳ χρώμενος
Ξέρξης ἐπὶ τὴν Ἑλλάδα ἐστράτευσεν ἢ ὁ πατὴρ αὐτοῦ
ἐπὶ Σκύθας; ἢ ἄλλα μυρί᾽ ἄν τις ἔχοι τοιαῦτα λέγειν. ἀλλ᾽, E
οἶμαι, οὗτοι κατὰ φύσιν [τὴν τοῦ δικαίου] ταῦτα πράτ-
τουσι, καὶ ναὶ μὰ Δία κατὰ νόμον γε τὸν τῆς φύσεως, οὐ
μέντοι ἴσως κατὰ τοῦτον ὃν ἡμεῖς τιθέμεθα· πλάττοντες

ἀσπὶς ἐκείνη Ἐρρέτω· ἐξαῦτις κτήσομαι
οὐ κακίω. But in Aristoph. Pac. 1267,
the former line begins, ψυχὴν δ᾽ ἐξε-
σάωσα. It would therefore seem that
there were several readings of this cele-
brated Elegy. Possibly the Aristophanic
included the τί μοι μέλει ; of Olymp.

ἀποφαίνει αὖ] Restored by Bekk. from
one MS. in place of αὐτό, which Stallb.
defends. Vulg. ὃν ἀποφαίνοι ἄν, which
he rejects as "lenius ac modestius quam
pro Calliclis superbia et confidentia."

D. δηλοῖ] This verb may be in con-
struction with φύσις, but it is better to
regard it as intransitive, either in con-
struction with ταῦτα, or, better still, as
impersonal. 'That such is the case may
be seen in a variety of instances; both
among the inferior animals, and in the
great civic communities of the human
race, as well as in whole families.' The
sentiments of Callicles, though differing
somewhat in terms, are substantially the
same with the doctrine attributed to
Thrasymachus in the first book of the
Republic, p. 338 c fol., τὸ δίκαιον οὐκ
ἄλλο τι εἶναι ἢ τὸ τοῦ κρείττονος ξυμ-
φέρον.

ἐπεί] 'what right for instance had
Xerxes to invade Greece?' ἐπεί is fre-
quently thus used with the imp. or an
interrog. Comp. Protag. 319 E, ἐπεὶ
Περικλῆς, κ.τ.λ.: sup. 473 E, ἐπεὶ ἐροῦ
τινὰ τουτωνί, where see the note.

ἢ ἄλλα μυρί᾽ ἄν] Routh quotes Apol.
41 B, ἢ ἄλλους μυρίους ἄν τις εἴποι καὶ

ἄνδρας καὶ γυναῖκας.

E. [τὴν τοῦ δικαίου] Schleierm. first
cast suspicion on these words, which
have evidently crept in from the margin.

τιθέμεθα πλάττοντες] Explained as
equiv. to τιθέμενοι πλάττομεν, 'the laws
we model in our legislation.' πλάττειν
is joined with νόμος. Also in Legg. 712
B, πειρώμεθα, καθάπερ παῖδα πρεσβῦται,
πλάττειν τῷ λόγῳ τοὺς νόμους. So with
πόλιν, Rep. 374, in the sense of shaping
an ideal commonwealth. The word, of
course, originally meant to mould in wax
or clay, as the sculptor his models, but
in its metaphorical sense it is far more
frequently applied to persons or parts of
persons, as σῶμα or ψυχήν, than to inani-
mate things, as indeed appears from
the passage quoted from the Laws. On
this account, I know not whether Ast's
punctuation is not better than that in
the text: τιθέμεθα πλάττοντες τοὺς
βελτίστους καὶ ἐρρωμενεστάτους ἡμῶν
αὐτῶν, ἐκ νέων λαμβάνοντες (i. e. οὕσπερ
ἐκ νέων λαμβάνομεν), κ.τ.λ. The asyn-
deton may be compared with that in
Protag. 325 c, ἐκ παίδων σμικρῶν ἀρξά-
μενοι, κ.τ.λ., and the passage may be
thus translated: 'in bringing into shape
(educating) the best and most vigorous
of our youth, we take them in hand at
an early age, and tame them as men tame
lions, plying them with spells and sor-
ceries, and telling them,' &c. The art of
beast-taming was brought to great per-
fection at Athens, according to Isocrates,

τοὺς βελτίστους καὶ ἐρρωμενεστάτους ἡμῶν αὐτῶν, ἐκ
νέων λαμβάνοντες, ὥσπερ λέοντας κατεπάδοντές τε καὶ
484 γοητεύοντες καταδουλούμεθα | λέγοντες ὡς τὸ ἴσον χρὴ
ἔχειν καὶ τοῦτό ἐστι τὸ καλὸν καὶ τὸ δίκαιον. ἐὰν δέ γε,
οἶμαι, φύσιν ἱκανὴν γένηται ἔχων ἀνήρ, πάντα ταῦτα
ἀποσεισάμενος καὶ διαρρήξας καὶ διαφυγών, καταπα-
τήσας τὰ ἡμέτερα γράμματα καὶ μαγγανεύματα καὶ ἐπῳ-
δὰς καὶ νόμους τοὺς παρὰ φύσιν ἅπαντας, ἐπαναστὰς ἀνε-
φάνη δεσπότης ἡμέτερος ὁ δοῦλος, καὶ ἐνταῦθα ἐξέλαμψε
B τὸ τῆς φύσεως δίκαιον. δοκεῖ δέ μοι καὶ Πίνδαρος ἅπερ
ἐγὼ λέγω ἐνδείκνυσθαι ἐν τῷ ᾄσματι ἐν ᾧ λέγει ὅτι
Νόμος ὁ πάντων βασιλεὺς θνατῶν τε καὶ ἀθα-

Antid. § 228: καθ' ἕκαστον τὸν ἐνιαυτὸν
θεωροῦντες ἐν τοῖς θαύμασι τοὺς μὲν
λέοντας πρᾳότερον διακειμένους πρὸς τοὺς
θεραπεύοντας ἢ τῶν ἀνθρώπων ἔνιοι πρὸς
τοὺς εὖ ποιοῦντας, τὰς δ' ἄρκτους καλιν-
δουμένας καὶ παλαιούσας καὶ μιμουμένας
τὰς ἡμέτερας ἐπιστήμας. Juvenal too
speaks of a tame lion as one of the
domestic pets of a Roman gentleman
(vii. 75). Aesch. Ag. 696, ἔθρεψεν δὲ
λέοντος*Ἰνιν δόμοις ἀγάλακτον, κ.τ.λ.

484. ἐὰν δέ γε] 'Ay, but if there come
a thoroughly strong-minded man, he, me-
thinks, will shake off from him and tear
asunder and escape from these trammels;
he will tread under foot our prescriptions,
our witcheries and spells, in a word, every
ordinance that is at variance with nature;
until, rising in open rebellion, he, the some-
time slave, appears in a new character as
our master; and herein does Nature's
Justice shine forth in full lustre.'

μαγγανεύματα] Legg. 933 c, μαγ-
γανεύμασι καὶ φίλτροις: Arist. Plut.
309, οὐκοῦν σε τὴν Κίρκην γε τὴν τὰ
φάρμακ' ἀνακυκῶσαν Καὶ μαγγανεύουσαν
μολύνουσάν τε τοὺς ἑταίρους. Hesych.,
μάγγανα, φάρμακα, δίκτυα, γοητεύματα.
The form μαγγανεία is found twice in
the Laws—908 D, and 933 A—coupled
in the latter passage with φαρμακεία,
ἐπῳδαί, and καταδέσεις. The alleged
etymology is μάσσω, whence μαγ-ίς, μάγ-
ειρος. Sanscr. Masg, to soak—feucht-
machen (Benfey, Würz. Lex. i. p. 515).
Others derive the word from μάγος
directly.

B. Νόμος ὁ πάντων βασιλεύς] This
remarkable fragment is thus restored
and interpreted by Boeckh, Frag. Pind.

151: ... κατὰ φύσιν ... Νόμος ὁ πάντων
βασιλεὺς θνατῶν τε καὶ ἀθανάτων Ἄγει
δικαιῶν τὸ βιαιότατον Ὑπερτάτᾳ χειρί·
τεκμαίρομαι Ἔργοισιν Ἡρακλέος, ἐπεὶ
Γηρυόνα βόας Κυκλωπίων ἐπὶ προθύρων
Εὐρυσθέος Ἀναιτήτας τε καὶ ἀπριάτας
ἤλασεν· "Secundum rerum naturam ...
Lex omnium dominus mortalium et im-
mortalium affert vim maximam, justam
cam efficiens, potentissima manu. Id
assero ex Herculis facinoribus: quippe
Geryonae boves ad Cyclopia Eurysthei
vestibula neque prece nec pretio adeptus
egit." Of the words not found in the text
κατὰ φύσιν are restored by comparison of
p. 488 B of this dial. with Legg. 690 D,
with a gloss in Hesych. (Νόμος. πάντων
ὁ βασιλεὺς κατὰ τὴν φύσιν), and some
other passages; Γηρυόνα ... καὶ and
ἤλασεν, from a Scholion on Aristides
Rhet. ii. 52, to which Boeckh was the
first to call attention. ἀναιτήτας, 'un-
begged,' though a ἅπαξ λεγόμενον, is a
probable emendation of the unmeaning
ἀναιρεῖτον of the Schol. referred to. For
δικαιῶν in the text of Plato h. l. the MSS.
give βιαίων and βιαιῶν, whence the vulg.
βιαίας. But δικαιῶν is found both in the
text of Aristides, l. l., and in the Schol.
to Pind. Nem. ix. 35; also in Plut. Legg.
iv. 714 E. On the whole, the restoration
may be considered satisfactory, as it is
certainly most skilful. But to Boeckh's
interpretation of ἄγει Ast demurs, and
with apparent reason, for βίαν or τὸ
βιαιότατον ἄγειν can hardly mean "vim"
or "vim maximam afferre." His own
interpretation is better: "Abigit (ut
Hercules boves) s. rapit. Sic 488 B,
ἄγειν βίᾳ τὸν κρείττω τὰ τῶν ἡττόνων."

νάτων· οὗτος δὲ δή, φησίν, ἄγει δικαιῶν τὸ βιαιό-
τατον ὑπερτάτᾳ χερί· τεκμαίρομαι ἔργοισιν Ἡρα-
κλέος, ἐπεὶ ἀπριάτας—λέγει οὕτω πως· τὸ γὰρ ᾆσμα
οὐκ ἐπίσταμαι. λέγει δ' ὅτι οὔτε πριάμενος οὔτε δόντος
τοῦ Γηρυόνου ἠλάσατο τὰς βοῦς, ὡς τούτου ὄντος τοῦ
δικαίου φύσει, καὶ βοῦς καὶ τἆλλα κτήματα εἶναι πάντα C
τοῦ βελτίονός τε καὶ κρείττονος τὰ τῶν χειρόνων τε καὶ
ἡττόνων.

XL. Τὸ μὲν οὖν ἀληθὲς οὕτως ἔχει, γνώσει δέ, ἂν ἐπὶ
τὰ μείζω ἔλθῃς ἐάσας ἤδη φιλοσοφίαν. φιλοσοφία γάρ
τοί ἐστιν, ὦ Σώκρατες, χαρίεν, ἄν τις αὐτοῦ μετρίως

At the same time it is not impossible that the dependent noun to ἄγει is lost with the context. Provisionally the words may be rendered, 'carries all with a high hand, justifying the extreme of violence;' i. e. turning might into right; and the entire fragment may be thus paraphrased : 'There is a law of nature, the law of the stronger, to which all in heaven and earth must submit, and which overrides at times all positive enactments, justifying deeds of violence which are condemned by human codes. This law sanctioned many of the exploits of Hercules, otherwise indefensible : as in particular, that in which he seized without money paid or leave asked, the cows of Geryones, and drove them from the far-west away to the palace of Eurystheus, at Argos.' The same thought is expressed in homelier language by Wordsworth, in his poem on Rob Roy's Grave :—

"For why ? because the good old rule,
Sufficeth them ; the simple plan,
That they should take who have the power,
And they should keep who can."

The phrase νόμος πάντων βασιλεύς, detached from the context, very soon became proverbial ; and was used by Herodotus and many after him, to signify the 'tyranny of custom,' a sense nearly the reverse of that in which Pindar uses it. See Herod. iii. 38, καὶ ὀρθῶς μοι δοκέει Πίνδαρος ποιῆσαι, νόμον πάντων βασιλέα φήσας εἶναι. When Boeckh speaks of a law of fate, "fatalis lex," he introduces an idea equally foreign to

Pindar's drift. The Law spoken of is that which the Greeks understood by χειρῶν νόμος (Aeschines c. Tim. § 5), the Germans by 'Faust-recht,' and we by 'Club-law,' or the 'law of the stronger,' as I have paraphrased it. This sense alone agrees with the context in Plato, who in the Legg. (690 c) contrasts, with a reference to this passage, τὴν τοῦ νόμου ἑκόντων ἀρχήν with βίαιον. Ast takes τὸ βιαιότατον adverbially, translating ἄγει δικαιῶν "rapit ex suo jure agens;" but I cannot agree with him. The Schol. on Aristides has by way of interpretation τὸ δίκαιον ἐν ἰσχυροτάτῃ χερὶ ἀνύει. Did he read ἀνύει for ἄγει in Pindar's text ?

ἐπίσταμαι] This verb is frequently used in the sense of knowing by rote, as in Phaedo 61 B, οὓς προχείρους εἶχον καὶ ἠπιστάμην μύθους τοὺς Αἰσώπου, and other passages quoted by Ast. It is also used to denote personal acquaintance : as by Aristoph. Equit. 1278, νῦν δ' Ἀρίγνωτον γὰρ οὐδεὶς ὅστις οὐκ ἐπίσταται.

c. φιλοσοφία γὰρ τοι] This view of the use and abuse of philosophy was doubtless very generally adopted by men of quality and education, in Athens as elsewhere, and it is a proof of Plato's dramatic impartiality, distinguishing him favourably from most writers of dialogues, that he should have put words into the mouth of Callicles which to the majority of his contemporaries would seem the perfection of good sense and political wisdom. Isocrates, a much more decorous character than Callicles, indeed a model of conventional propriety, speaks precisely to the same effect in more than one of his orations. For instance, in the

ἄψηται ἐν τῇ ἡλικίᾳ· ἐὰν δὲ περαιτέρω τοῦ δέοντος ἐν-
διατρίψῃ, διαφθορὰ τῶν ἀνθρώπων. ἐὰν γὰρ καὶ πάνυ
εὐφυὴς ᾖ καὶ πόρρω τῆς ἡλικίας φιλοσοφῇ, ἀνάγκη πάν-
D των ἄπειρον γεγονέναι ἐστίν, ὧν χρὴ ἔμπειρον εἶναι τὸν
μέλλοντα καλὸν κἀγαθὸν καὶ εὐδόκιμον ἔσεσθαι ἄνδρα.
καὶ γὰρ τῶν νόμων ἄπειροι γίγνονται τῶν κατὰ τὴν πόλιν,
καὶ τῶν λόγων οἷς δεῖ χρώμενον ὁμιλεῖν ἐν τοῖς συμβο-
λαίοις τοῖς ἀνθρώποις καὶ ἰδίᾳ καὶ δημοσίᾳ, καὶ τῶν
ἡδονῶν τε καὶ ἐπιθυμιῶν τῶν ἀνθρωπείων, καὶ συλλήβδην

Panathenaicus (p. 238 B) he observes, τῆς μὲν οὖν παιδείας τῆς ὑπὸ τῶν προ-γόνων καταλειφθείσης τοσούτου δέω κατα-φρονεῖν, ὥστε καὶ τὴν ἐφ' ἡμῶν καταστα-θεῖσαν ἐπαινῶ, λέγω δὲ τήν τε γεωμετρίαν καὶ τὴν ἀστρολογίαν καὶ τοὺς διαλόγους τοὺς ἐριστικοὺς καλουμένους, οἷς οἱ μὲν νεώτεροι μᾶλλον χαίρουσι τοῦ δέοντος, τῶν δὲ πρεσβυτέρων οὐδεὶς ἔστιν ὅστις ἂν ἀνεκτοὺς αὐτοὺς εἶναι φήσειεν. ἀλλ' ὅμως ἐγὼ τοῖς ὡρμημένοις ἐπὶ ταῦτα παρακελεύομαι πονεῖν καὶ προσέχειν τὸν νοῦν ἅπασι τούτοις, λέγων ὡς εἰ καὶ μηδὲν ἄλλο δύναται τὰ μαθήματα ταῦτα ποιεῖν ἀγαθόν, ἀλλ' οὖν ἀποτρέπει γε τοὺς νεω-τέρους πολλῶν ἄλλων ἁμαρτημάτων. τοῖς μὲν οὖν τηλικούτοις οὐδέποτ' ἂν εὑρε-θείη νομίζω διατριβὰς ὠφελιματέρας τούτων οὐδὲ μᾶλλον τρεπούσας. τοῖς δὲ πρεσβυτέροις καὶ τοῖς εἰς ἄνδρας δεδοκι-μασμένοις οὐκέτι φημὶ τὰς μελέτας ταύτας ἁρμόττειν. ὁρῶ γὰρ ἐνίους τῶν ἐπὶ τοῖς μαθήμασι τούτοις οὕτως ἀπηκριβωμένων ὥστε καὶ τοὺς ἄλλους διδάσκειν, οὔτ' εὐκαίρως ταῖς ἐπιστήμαις αἷς ἔχουσι χρω-μένους, ἔν τε ταῖς πραγματείαις ταῖς περὶ τὸν βίον ἀφρονεστέρους ὄντας τῶν μαθη-τῶν, ὀκνῶ γὰρ εἰπεῖν τῶν οἰκετῶν. The appositeness of this quotation must ex-cuse its length. More to the same effect will be found in Antid. § 260 fol. (Bekker), in the Helenes Encom. init. and other speeches: some of which con-tain obvious polemical insinuations aimed at Plato and his school. The Xeno-phontic Socrates will be found also to agree with Callicles in his sentiments on this subject, better at least than with his Platonic self. Comp. Mem. iv. 7. 2 fol.—Socr., as a philosopher, argues Callicles, might naturally doubt the truth of these doctrines: but let him take part in the serious affairs of life, and his doubts will disappear. 'For Philosophy is doubtless a pretty thing — a nice amusement—if studied in youth, and within reasonable bounds : but it is ab-solute ruin to those who remain at their studies too long : in fact, let a man be ever so highly gifted, if he philosophize to an advanced period of life, it is im-possible he can be versed in those accom-plishments which every gentleman, every man of consideration, should possess.' ἐν ἡλικίᾳ means, strictly speaking, 'at the proper age,' according to the original sense of the word ἥλικος. It may there-fore denote youth, or manhood, or mature life, according to circumstances. In Charm. 154 B, ἐν τῇ ἡλικίᾳ is applied to boys who are old enough and not too old to have lovers, and so means 'in early youth,' as it does here. But πόρρω τῆς ἡλικίας does not necessarily mean "ultra juventutem," as Stallb. translates : but rather 'far into life,' as in such phrases as πόρρω σοφίας ἐλαύνειν (inf. 486 A), πόρρω ἤδη ἐστὶ τοῦ βίου (Apol. 38 c), which is in fact the more idiomatic use of πόρρω with the genitive. Comp. Xen. Apol. Soc. 30, προβήσεσθαι πόρρω μοχ-θηρίας : Arist. Vesp. 192, πονηρὸς εἶ πόρρω τέχνης.

D. καὶ γὰρ τῶν νόμων] The ignorance of pedants like these extends not merely to the laws of their country, and to those principles which enter into all covenants between man and man, or be-tween one country and another ; they are equally ignorant of human pleasures and passions ; in short, of human cha-racter in the aggregate. τῶν λόγων, 'the arguments and considerations.' ὁμιλεῖν is to be constructed with ταῖς ἀνθρώποις, as if he had said, οἷς δεῖ χρῆσθαι ἐν τῷ ὁμιλεῖν τοῖς ἀνθρ. συμ-βόλαια is explained by the Schol., αἱ ἀσφάλειαι καὶ συγγραφαὶ καὶ συνθῆκαι πλέων, καθ' ἃς τὸ δίκαιον ἀλλήλαις ἔνεμον.

τῶν ἠθῶν παντάπασιν ἄπειροι γίγνονται. ἐπειδὰν οὖν E
ἔλθωσιν εἴς τινα ἰδίαν ἢ πολιτικὴν πρᾶξιν, καταγέλαστοι
γίγνονται, ὥσπερ γε, οἶμαι, οἱ πολιτικοί, ἐπειδὰν αὖ εἰς
τὰς ὑμετέρας διατριβὰς ἔλθωσι καὶ τοὺς λόγους, κατα-
γέλαστοί εἰσι. συμβαίνει γὰρ τὸ τοῦ Εὐριπίδου· λαμ-
πρός τ᾽ ἐστὶν ἕκαστος ἐν τούτῳ,

E. ὥσπερ γε, οἶμαι] 'as I suppose men
of the world are when they are admitted
to your reunions and the discussions that
take place there.' διατριβή is either the
place in which, or the matter about
which διατρίβει τις. Of the former we
have an example in Charm. 153 A, ᾖα
ἐπὶ τὰς ξυνήθεις διατριβάς. 'I was pro-
ceeding to my accustomed haunts:' of
the latter passim. διατριβαὶ καὶ λόγοι
are found together Apol. 37 C. διατριβή
is used for 'ludus,' a school of rhetoric
or philosophy, by Isocr. Panath. 237 A,
τοὺς ἰσχηκότας τῆς ἐμῆς διατριβῆς. So
by later writers in such phrases as ἡ
Πλάτωνος, ἡ Ζήνωνος διατριβή. A. Gell.
xviii. 13, "Sophisma a quodam dialectico
ex Platonis diatriba propositum." Ibid.
xvii. 20 al.

τὸ τοῦ Εὐριπίδου] These lines, and
those which follow presently, are quoted
from the Antiopa of Euripides, a drama,
which, if we may judge from the number
of fragments preserved by Clemens, Sto-
baeus, and others, was a favourite in the
schools. Zethus and Amphion were
twins, born to Zeus by the beautiful
Antiopa, and whom she was constrained
to leave on Mount Cithaeron, under the
care of a faithful shepherd. In this
seclusion Amphion, to whom Hermes
had given the lyre, devoted himself to
music and other liberal pursuits, while
the ruder Zethus led the life of a shep-
herd and huntsman. In the animated
dialogue, of which these lines form a
part, and of which some eighty or ninety
survive, each brother extols his own pur-
suits; Zethus twitting his brother with
effeminacy, unbusiness-like habits, &c.,
while Amphion dilates on the superiority
of intelligence to brute force, and similar
topics. The three verses in the text are
said by the Scholiast to have formed
part of the ῥῆσις of Zethus: but from
their tenour they seem more appropriate
to the character of the gentler and more
reasonable Amphion, and to him ac-
cordingly Hartung gives them (Euri-
pides Restitutus ii. p. 420). However

this be, Hartung is probably right in
regarding the words λαμπρός and ἕκαστος
as belonging to the text of Euripides:
λαμπρός θ᾽ (δ᾽ Hart.) ἕκαστος κἀπὶ τοῦτ᾽
ἐπείγεται. The second verse is quoted
twice by Aristotle, once with a slight
variation, unimportant as regards the
sense (Rhet. i. 11. 28); the third by
Plutarch (Mor. pp. 514 A, and 630 B),
whose MSS. in the latter passage give
τυγχάνῃ, in the former τυγχάνει. The
reading τυγχάνῃ is also that of the MSS.
of Plato and Alc. ii. 146 A, where
only one codex gives τυγχάνει. This
latter is however more legitimate with
ἵνα in the sense of ὅπου or ἐν ᾧ, and
Buttm., Bekk., and the Zür. Edd. adopt
it. Stallb. defends the vulg. τυγχάνῃ
on the ground that πρίν, ὅπου, ὅθεν, and
similar adverbs of time or place, are by
the tragic poets frequently constructed
with the conjunctive alone, in cases where
a prose author would have added ἄν.
He appeals to two well-known notes of
Porson, on Med. 222 and Orest. 141,
where however there is no mention of
ἵνα. Some colour is lent to his opinion
by the succeeding ὅπου δ᾽ ἄν, and Ast
accordingly approves, though he had
given τυγχάνει in his text. I have never
seen an instance of ἵνα in its local sense
with the conj., and the ambiguity which
would arise from such use, between the
final and topical use of the particle, may
have caused it to be exempted from the
licence taken in the case of ὅπου, &c.
Probably, for a similar reason, ἵν᾽ ἄν is
never used in a final sense, as ὡς ἄν and
ὅπως ἄν frequently are. I have there-
fore not hesitated to retain Bekker's
τυγχάνει, and the less so as the confusion
of ει and η or ηι is of perpetual occurrence
in ordinary MSS. In the degenerate
pronunciation of later times, η, ει, οι, ι,
υ had all precisely the same sound, as
they have in modern Greece at the pre-
sent day, the sound namely of our long
e or of the Italian i. This confusion is
well known to scholars by the term
'itacism,' and has naturally been the

κἀπὶ τοῦτ᾽ ἐπείγεται,
νέμων τὸ πλεῖστον ἡμέρας τούτῳ μέρος,
ἵν᾽ αὐτὸς αὑτοῦ τυγχάνει βέλτιστος ὤν.

85 | ὅπου δ᾽ ἂν φαῦλος ᾖ, ἐντεῦθεν φεύγει καὶ λοιδορεῖ τοῦτο,
τὸ δ᾽ ἕτερον ἐπαινεῖ, εὐνοίᾳ τῇ ἑαυτοῦ, ἡγούμενος οὕτως
αὐτὸς ἑαυτὸν ἐπαινεῖν. ἀλλ᾽, οἶμαι, τὸ ὀρθότατόν ἐστιν
ἀμφοτέρων μετασχεῖν. φιλοσοφίας μέν, ὅσον παιδείας
χάριν, καλὸν μετέχειν, καὶ οὐκ αἰσχρὸν μειρακίῳ ὄντι
φιλοσοφεῖν· ἐπειδὰν δὲ ἤδη πρεσβύτερος ὢν ἄνθρωπος
ἔτι φιλοσοφῇ, καταγέλαστον, ὦ Σώκρατες, τὸ χρῆμα γίγνε-
B ται, καὶ ἔγωγε ὁμοιότατον πάσχω πρὸς τοὺς φιλοσοφοῦν-
τας ὥσπερ πρὸς τοὺς ψελλιζομένους καὶ παίζοντας. ὅταν
μὲν γὰρ παιδίον ἴδω ᾧ ἔτι προσήκει διαλέγεσθαι οὕτω
ψελλιζόμενον καὶ παῖζον, χαίρω τε καὶ χαρίεν μοι φαίνε-
ται καὶ ἐλευθέριον καὶ πρέπον τῇ τοῦ παιδίου ἡλικίᾳ·
ὅταν δὲ σαφῶς διαλεγομένου παιδαρίου ἀκούσω, πικρόν
τί μοι δοκεῖ χρῆμα εἶναι καὶ ἀνιᾷ μου τὰ ὦτα καί μοι
δοκεῖ δουλοπρεπές τι εἶναι· ὅταν δὲ ἀνδρὸς ἀκούσῃ τις
C ψελλιζομένου ἢ παίζοντα ὁρᾷ, καταγέλαστον φαίνεται καὶ
ἄνανδρον καὶ πληγῶν ἄξιον. ταὐτὸν οὖν ἔγωγε τοῦτο
πάσχω καὶ πρὸς τοὺς φιλοσοφοῦντας. παρὰ νέῳ μὲν γὰρ

cause of much vicious orthography in the
MSS. The general sense of the passage
is this : 'every man will most distinguish
himself in those pursuits for which he
has a natural turn : to these he will ap-
ply himself with the greatest zeal and
assiduity.'

λαμπρός] 'eminent,' 'shining,' as Eur.
Supp. 902, οὐκ ἐν λόγοις ἦν λαμπρός,
ἀλλ᾽ ἐν ἀσπίδι δεινὸς σοφιστής.

ἵν᾽—βέλτιστος ὤν] 'in which he is at
his best,' or, 'in which his forte lies.'
The idiom is sufficiently common, and is
illustrated in all the grammars.

485. φιλοσοφίας μέν] 'It is good, I
know, to have just such a tincture of
philosophy as may serve the ends of a
liberal training, and it is therefore no
discredit to a mere lad to philosophize.'
This comparative liberality is more in
harmony with the notions prevalent in
the fourth than in the fifth century, B.C.
Aristophanes at least makes no such con-
cessions. Isocrates, on the other hand,

though he had no head for abstruse philo-
sophy, and indeed thoroughly hated it,
acknowledges very freely its educational
uses. After informing us that mathe-
matics and such-like sciences are of no
value whatever to those who profess them,
except as a means of getting their bread,
he admits that they are exceedingly
valuable to the pupils of such persons :
τοὺς δὲ μανθάνοντας ὀνίνησι· περὶ γὰρ
τὴν περιττολογίαν καὶ τὴν ἀκρίβειαν τῆς
ἀστρολογίας καὶ γεωμετρίας διατρίβοντες,
καὶ δυσκαταμαθήτοις πράγμασιν ἀναγκαζό-
μενοι προσέχειν τὸν νοῦν, ἔτι δὲ συνεθι-
ζόμενοι λέγειν καὶ πονεῖν ἐπὶ τοῖς λεγο-
μένοις καὶ δεικνυμένοις, καὶ μὴ πεπλανη-
μένην ἔχειν τὴν διάνοιαν, ἐν τούτοις
γυμνασθέντες καὶ παροξυνθέντες ῥᾷον καὶ
θᾶττον τὰ σπουδαιότερα καὶ πλέονος ἄξια
τῶν πραγμάτων ἀποδέχεσθαι καὶ μαν-
θάνειν δύνανται (Antid. 3, § 283, Bkk.).
We seem to hear some modern apologist
for "University studies."

μειρακίῳ ὁρῶν φιλοσοφίαν ἄγαμαι, καὶ πρέπειν μοι δο-
κεῖ, καὶ ἡγοῦμαι ἐλεύθερόν τινα εἶναι τοῦτον τὸν ἄνθρω-
πον, τὸν δὲ μὴ φιλοσοφοῦντα ἀνελεύθερον καὶ οὐδέποτε
οὐδενὸς ἀξιώσοντα ἑαυτὸν οὔτε καλοῦ οὔτε γενναίου πράγ-
ματος· ὅταν δὲ δὴ πρεσβύτερον ἴδω ἔτι φιλοσοφοῦντα D
καὶ μὴ ἀπαλλαττόμενον, πληγῶν μοι δοκεῖ ἤδη δεῖσθαι,
ὦ Σώκρατες, οὗτος ὁ ἀνήρ. ὁ γὰρ νῦν δὴ ἔλεγον, ὑπάρ-
χει τούτῳ τῷ ἀνθρώπῳ, κἂν πάνυ εὐφυὴς ᾖ, ἀνάνδρῳ
γενέσθαι φεύγοντι τὰ μέσα τῆς πόλεως καὶ τὰς ἀγοράς,
ἐν αἷς ἔφη ὁ ποιητὴς τοὺς ἄνδρας ἀριπρεπεῖς γίγνεσθαι,
καταδεδυκότι δὲ τὸν λοιπὸν βίον βιῶναι μετὰ μειρακίων
ἐν γωνίᾳ τριῶν ἢ τεττάρων ψιθυρίζοντα, ἐλεύθερον δὲ καὶ
μέγα καὶ ἱκανὸν μηδέποτε φθέγξασθαι.   E

XLI. Ἐγὼ δέ, ὦ Σώκρατες, πρὸς σὲ ἐπιεικῶς ἔχω
φιλικῶς. κινδυνεύω οὖν πεπονθέναι νῦν ὅπερ ὁ Ζῆθος
πρὸς τὸν Ἀμφίονα ὁ Εὐριπίδου, οὗπερ ἐμνήσθην. καὶ γὰρ
ἐμοὶ τοιαῦτ' ἄττα ἐπέρχεται πρὸς σὲ λέγειν οἷάπερ ἐκεῖνος
πρὸς τὸν ἀδελφόν, ὅτι ἀμελεῖς, ὦ Σώκρατες, ὧν δεῖ σε
ἐπιμελεῖσθαι, καὶ φύσιν ψυχῆς ὧδε γενναίαν μειρακιώδει
τινὶ διαπρέπεις μορφώματι, | καὶ οὔτ' ἂν δίκης βουλαῖσι 486
προθεῖ' ἂν ὀρθῶς λόγον, οὔτ' εἰκὸς ἂν καὶ πιθανὸν λάβοις,

E. ἀμελεῖς, ὦ Σώκρατες] Critics can-
not be said to have succeeded in integrat-
ing the text of Euripides satisfactorily.
Nauck gives the following :—

. . . . ἀμελεῖς ὧν [σε φροντίζειν ἐχρῆν]
ψυχῆς [ἔχων γὰρ] ὧδε γενναίαν φύσιν
[γυναικοπομίμῳ] διαπρέπεις μορφώματι
. . . . κοῦτ' ἂν ἀσπίδος κύτει
[ὀρθῶς] ὁμιλήσειας, οὔτ' ἄλλων ὕπερ
νεανικὸν βούλευμα βουλεύσαιό [τι].
(Frag. Eur. 185.)

Of these the second line is poor, though
not unmetrical, as Valckenaer's : Αἰσχρῶς
τε ψυχῆς ὧδε γενναία φύσις. The
first may probably have begun with
the voc. Ἀμφίον. Nauck's φροντίζειν is
perhaps better than the more prosaic
ὧν ἐπιμελεῖσθαί σε δεῖ of other edd., nor
is it unlike Plato to change a word in a
quotation. For γυναικομίμῳ we have
the authority of Philostratus: γυναικο-
μίμῳ δὲ μορφώματι κατὰ τὸν Εὐριπίδην

αἰσχρῶς διαπρέπον (Vit. Apoll. iv. 160).
Olymp. by a slip of memory, aided by
ignorance of metre, says that Euripides
wrote γυναικώδει. He adds, καὶ οὔτ' ἂν
δίκαις (sic) βουλαῖσι: ὁ Εὐριπ. εἶτε
'καὶ οὔτ' ἂν ἀσπίδος κύτει προσομιλήσεις.'
We are not therefore to force the former
words into the text, as Hartung and for-
mer critics have done; reading, οὔτ' ἐν
δίκης βουλαῖσιν ὀρθῶς ἂν λόγον Προθεῖο
πιθανόν. The vicious pause condemns the
former line : we must therefore presume
that Callicles paraphrases Euripides here,
as subsequently he puts πραγμάτων for
πολεμίων. It is difficult to account for
the apparent construction of φύσιν with
διαπρέπειν in Plato's text, but it appears
from the passage of Philostr. that Euri-
pides did not intend his words to be so
taken, and that φύσιν depends on some
participle, ἔχων, τρέφων, βλαστών or the
like, which Callicles or the copyists have
omitted.

οὔθ' ὑπὲρ ἄλλου νεανικὸν βούλευμα βουλεύσαιο. καίτοι,
ὦ φίλε Σώκρατες—καί μοι μηδὲν ἀχθεσθῇς· εὐνοίᾳ γὰρ
ἐρῶ τῇ σῇ—οὐκ αἰσχρὸν δοκεῖ σοι εἶναι οὕτως ἔχειν ὡς
ἐγὼ σὲ οἶμαι ἔχειν καὶ τοὺς ἄλλους τοὺς πόρρω ἀεὶ φιλο-
σοφίας ἐλαύνοντας; νῦν γὰρ εἴ τις σοῦ λαβόμενος ἢ
ἄλλου ὁτουοῦν τῶν τοιούτων εἰς τὸ δεσμωτήριον ἀπαγάγοι,
φάσκων ἀδικεῖν μηδὲν ἀδικοῦντα, οἶσθ' ὅτι οὐκ ἂν ἔχοις ὅ
τι χρήσαιο σαυτῷ, ἀλλ' ἰλιγγιῴης ἂν καὶ χασμῷο οὐκ
ἔχων ὅ τι εἴποις, καὶ εἰς τὸ δικαστήριον ἀναβάς, κατηγόρου
τυχὼν πάνυ φαύλου καὶ μοχθηροῦ, ἀποθάνοις ἄν, εἰ βού-
λοιτο θανάτου σοι τιμᾶσθαι. καίτοι πῶς σοφὸν τοῦτό
ἐστιν, ὦ Σώκρατες, εἴ τις εὐφυᾶ λαβοῦσα τέχνη φῶτα
ἔθηκε χείρονα, μήτε αὐτὸν αὑτῷ δυνάμενον βοηθεῖν μηδ'
ἐκσῶσαι ἐκ τῶν μεγίστων κινδύνων μήτε ἑαυτὸν μήτε
ἄλλον μηδένα, ὑπὸ δὲ τῶν ἐχθρῶν περισυλᾶσθαι πᾶσαν
τὴν οὐσίαν, ἀτεχνῶς δὲ ἄτιμον ζῆν ἐν τῇ πόλει; τὸν δὲ
τοιοῦτον, εἴ τι καὶ ἀγροικότερον εἰρῆσθαι, ἔξεστιν ἐπὶ
κόρρης τύπτοντα μὴ διδόναι δίκην. ἀλλ' ὦ 'γαθέ, ἐμοὶ
πείθου, παῦσαι δ' ἐλέγχων, πραγμάτων δ' εὐμουσίαν

---

486. πόρρω ἀεὶ — ἐλαύνοντας] The
phrase recurs in Crat. 410 E; Euthyph.
4; Plut. de Invid. 538 A (εἰς ἔσχατον
πονηρίας ἐληλακότας). Comp. Euthyd.
294 E, πόρρω σοφίας ἥκεις, and tr., 'who
are never satisfied with the progress
they have made in philosophy,' but wade
deeper and deeper into its mysteries.

B. κατηγόρου τυχὼν πάνυ φαύλου]
Alluding probably to Melitus. See Apol.
36 A. B. Anytus, though μοχθηρός,
would not have been called φαῦλος.

θανάτου—τιμᾶσθαι] Apol. 36 B, τιμᾶ-
ται δ' οὖν μοι ὁ ἀνὴρ θανάτου. The
formula is well known.

καίτοι πῶς σοφόν] We have here at
least two lines from the drama: καὶ πῶς
σοφὸν τοῦτ' ἔστιν, εἴ τις εὐφυᾶ λαβοῦσα
τέχνη φῶτ' ἔθηκε χείρονα. Some add a
third: μήτ' αὐτὸν αὑτῷ δυνάμενον [προσ-
αρκέσαι]. With Bekk. I have given
εὐφυᾶ, as the Attic form, for εὐφυῆ,
which is found in the Bodl. and several
other MSS.

c. ἀτεχνῶς δὲ ἄτιμον] In a state of
virtual ἀτιμία or disfranchisement: 'to
all intents and purposes an outcast.'

ἐπὶ κόρρης] The blow upon the face
with the open hand, opposed to κον-
δύλοις, Dem. Mid. p. 537. See infra on
p. 527, note.

ἀλλ' ὦ 'γαθέ, ἐμοὶ πείθου] Here Stob.
and Olymp. together enable us to restore
the text of Euripides with tolerable con-
fidence. Read with Nauck—

.... ἀλλ' ἐμοὶ πιθοῦ·
παῦσαι [μελῳδῶν?] πολεμίων δ' εὐμου-
σίαν
ἄσκει· τοιαῦτ' ἄειδε καὶ δόξεις φρονεῖν·
σκάπτων, ἀρῶν γῆν, ποιμνίοις [·ων,
Stob.] ἐπιστατῶν,
ἄλλοις τὰ κομψὰ ταῦτ' ἀφεὶς σοφίσ-
ματα,
ἐξ ὧν κενοῖσιν ἐγκατοικήσεις δόμοις.

Nauck gets his μελῳδῶν, whether fairly
or not, from Arist. Av. 1382, and Com.
inc. ap. Mein. iv. p. 659. Olymp. tells
us that πολέμων, not πραγμάτων, was in
the original, meaning evidently πολεμίων
(Hesych. πολεμίων· πολεμικῶν). For
τοιαῦτ' ἄειδε καί Hartung proposes
τοιαῦτ' ἄειδ' ὅθεν δ. φρ. as nearer to
Plato's text. But καί is found in Stob.,

ἄσκει, καὶ ἄσκει ὁπόθεν δόξεις φρονεῖν, ἄλλοις τὰ κομψὰ
ταῦτ' ἀφείς, εἴτε ληρήματα χρὴ φάναι εἶναι εἴτε φλυαρίας,
ἐξ ὧν κενοῖσιν ἐγκατοικήσεις δόμοις· ζηλῶν οὐκ ἐλέγ-
χοντας ἄνδρας τὰ μικρὰ ταῦτα, ἀλλ' οἷς ἔστι καὶ βίος καὶ
δόξα καὶ ἄλλα πολλὰ ἀγαθά.   D

XLII. ΣΩ. Εἰ χρυσῆν ἔχων ἐτύγχανον τὴν ψυχήν,
ὦ Καλλίκλεις, οὐκ ἂν οἴει με ἄσμενον εὑρεῖν τούτων τινὰ
τῶν λίθων ᾗ βασανίζουσι τὸν χρυσόν, τὴν ἀρίστην, πρὸς
ἥντινα ἔμελλον προσαγαγὼν αὐτήν, εἴ μοι ὁμολογήσειεν
ἐκείνη καλῶς τεθεραπεῦσθαι τὴν ψυχήν, εὖ εἴσεσθαι ὅτι
ἱκανῶς ἔχω καὶ οὐδέν μοι δεῖ ἄλλης βασάνου;

ΚΑΛ. Πρὸς τί δὴ τοῦτ' ἐρωτᾷς, ὦ Σώκρατες;   E

ΣΩ. Ἐγώ σοι ἐρῶ νῦν. οἶμαι ἐγὼ σοὶ ἐντετυχηκὼς
τοιούτῳ ἑρμαίῳ ἐντετυχηκέναι.

ΚΑΛ. Τί δή;

ΣΩ. Εὖ οἶδ' ὅτι ἄν μοι σὺ ὁμολογήσῃς περὶ ὧν ἡ
ἐμὴ ψυχὴ δοξάζει, ταῦτ' ἤδη ἐστὶν αὐτὰ τἀληθῆ. ἐννοῶ
γὰρ ὅτι τὸν μέλλοντα | βασανιεῖν ἱκανῶς ψυχῆς πέρι 487
ὀρθῶς τε ζώσης καὶ μὴ τρία ἄρα δεῖ ἔχειν, ἃ σὺ πάντα
ἔχεις, ἐπιστήμην τε καὶ εὔνοιαν καὶ παρρησίαν. ἐγὼ γὰρ
πολλοῖς ἐντυγχάνω οἳ ἐμὲ οὐχ οἷοί τε εἰσὶ βασανίζειν διὰ
τὸ μὴ σοφοὶ εἶναι ὥσπερ σύ· ἕτεροι δὲ σοφοὶ μέν εἰσιν,
οὐκ ἐθέλουσι δέ μοι λέγειν τὴν ἀλήθειαν διὰ τὸ μὴ κήδεσ-
θαί μου ὥσπερ σύ· τὼ δὲ ξένω τώδε, Γοργίας τε καὶ

who quotes from τοιαῦτ' to σοφίσματα
(Anthol. 56. 19). Those who would
know all that is to be learnt of the
Antiope, and a little more, are referred to
Hartung's Euripides Restitutus ii. 415.

D. Εἰ χρυσῆν ἔχων] Arist. Rhet. Qua-
tuorv. 174. 15, εἰ χρυσῆν ἐτύγχανεν
ἔχων τὴν ψυχήν, οὐκ ἂν αὐτῷ καλλίω
βάσανον προσήνεγκεν: where the Schol.,
ἀντιφιλοτιμεῖται τοῖς παραδείγμασι τοῦ
Πλάτωνος· ὁ γὰρ Πλάτων τοὺς ἀγαθοὺς
χρυσᾶς ἔχειν λέγει τὰς ψυχάς. The
καλλίω of Arist. illustrates τὴν ἀρίστην
in the text.

E. Εὖ οἶδ' ὅτι] 'Sure I am that if I
get you to assent to any opinions of
which my judgment approves, such
opinions may pass henceforth as abso-

lutely true. For I remark that before
any one can adequately try a human
soul as to its right or wrong living, he
requires some three qualifications, all of
which exist in you—knowledge, good-
will, and moral courage.' For τρία ἄρα
I should propose τρί ἄττα. Ἄττα is very
commonly used with numerals, and the
force of ἄρα is but slight in the present
context. The interpreters give "tria
potissimum," a rendering which answers
to ἄττα, but not to ἄρα. Rep. iv. 445 c,
τέτταρα δ' ἐν αὐτοῖς ἄττα ὄν καὶ ἄξιον
ἐπιμνησθῆναι; ib. iii. 400 A, ὅτι μὲν γὰρ
τρί ἄττα ἐστὶν εἴδη ... τεθεαμένος ἂν
εἴσομαι. So in Arist. Eth. N. x. 10. 9, for
the unmeaning αὐτά the context suggests
ἄττα.

B Πῶλος, σοφὼ μὲν καὶ φίλω ἐστὸν ἐμώ, ἐνδεεστέρω δὲ
παρρησίας καὶ αἰσχυντηροτέρω μᾶλλον τοῦ δέοντος· πῶς
γὰρ οὔ; ὥ γε εἰς τοσοῦτον αἰσχύνης ἐληλύθατον, ὥστε
διὰ τὸ αἰσχύνεσθαι τολμᾷ ἑκάτερος αὐτῶν αὐτὸς αὑτῷ
ἐναντία λέγειν ἐναντίον πολλῶν ἀνθρώπων, καὶ ταῦτα περὶ
τῶν μεγίστων. σὺ δὲ ταῦτα πάντα ἔχεις ἃ οἱ ἄλλοι οὐκ
ἔχουσι· πεπαίδευσαί τε γὰρ ἱκανῶς, ὡς πολλοὶ ἂν φήσαιεν
Ἀθηναίων, καὶ ἐμοὶ εἶ εὔνους. τίνι τεκμηρίῳ χρῶμαι; ἐγώ
C σοι ἐρῶ. οἶδα ὑμᾶς ἐγώ, ὦ Καλλίκλεις, τέτταρας ὄντας
κοινωνοὺς γεγονότας σοφίας, σέ τε καὶ Τίσανδρον τὸν
Ἀφιδναῖον καὶ Ἄνδρωνα τὸν Ἀνδροτίωνος καὶ Ναυσικύδην
τὸν Χολαργέα. καί ποτε ὑμῶν ἐγὼ ἐπήκουσα βουλευο-
μένων μέχρι ὅποι τὴν σοφίαν ἀσκητέον εἴη, καὶ οἶδ᾽ ὅτι
ἐνίκα ἐν ὑμῖν τοιάδε τις δόξα, μὴ προθυμεῖσθαι εἰς τὴν
ἀκρίβειαν φιλοσοφεῖν, ἀλλὰ εὐλαβεῖσθαι παρεκελεύεσθε
D ἀλλήλοις ὅπως μὴ πέρα τοῦ δέοντος σοφώτεροι γενόμενοι
λήσετε διαφθαρέντες. ἐπειδὴ οὖν σου ἀκούω ταῦτα ἐμοὶ

B. αἰσχυντηροτέρω μᾶλλον τοῦ δέοντος]
So presently (D), πέρα τοῦ δέοντος σοφώ-
τεροι.

C. Ἄνδρωνα τὸν Ἀνδροτίωνος] He is
named among the σοφοί assembled in
the house of Callias, Protag. 315 C. Of
Tisander nothing seems to be known.
The deme of Nausicydes was not Χολαρ-
γεύς, as the Schol. gives it, but Χολαρ-
γεύς. He may have been the same per-
son as the Nausicydes mentioned Xen.
Mem. ii. 7. 6, and Aristoph. Eccles. 426,
as a wealthy meal-merchant (ἀλφιτα-
μοιβός, ἀλφιτοποιός).

ἐπήκουσα] So the Bodl. and Bekk.
Vulg. ὑπήκουσα, which Heind., strange
to say, prefers. The confusion is of
common occurrence in MSS. Thus in
Arist. Nub. 263, εὐφημεῖν χρὴ τὸν πρεσ-
βύτην καὶ τῆς εὐχῆς ἐπακούειν, the old
reading, corrected from the Ravenna,
was ὑπακούειν. Ib. Vesp. 318, φίλοι,
τήκομαι μὲν πάλαι, διὰ τῆς ὀπῆς Ὑμῶν
ὑπακούων (Meineke, ἐπακούων). ἐπα-
κούειν is 'to lend an ear,' 'to listen,' 'to
attend to,' ὑπακούειν, 'to answer to a call,'
'to obey:' the former always takes the
genitive, the latter generally the dative.
In Theaet. 162 D, we have, τῆς δημηγορίας
ὀξέως ὑπακούεις καὶ πείθει, no MS. giving
ἐπακούεις, which seems however prefer-

able, if only to avoid tautology. Ib. 255,
Ἄθρει δὴ περισκοπῶν, ἵνα μή τις τῶν
ἀμυήτων ἐπακούῃ, the MSS. are unani-
mous, yet Heind. says, "Malim ὑπακούῃ,"
adducing the present passage. Comp.
however Arist. Thesm. 627, σὺ δ᾽ ἀπο-
στῆθί μοι, Ἵνα μὴ 'πακούσῃς (sc. ἐπα-
κούσῃς) ὢν ἀνήρ, where, as in Theaet. l. l.
the word implies 'to hear as a bystander
who has no right there—to overhear'
(nearly as παρακούειν, Euthyd. 300 D, ὁ
δέ, ἅτε πακοῦργος ὤν, . . . αὐτὰ ταῦτα παρα-
κηκόει). Add to those exx. Xen. Anab. vii.
1. 14, ἐπακούσαντες δέ τινες τῶν στρα-
τιωτῶν ταῦτα, i. e. from Anaxibius, whose
words were intended for the officers.

μέχρι ὅποι] So Xen. H. G. iv. 7. 5,
μέχρι μὲν ποῖ πρὸς τὸ τεῖχος ἤγαγεν ὁ
Ἀγησίλαος, μέχρι δὲ ποῖ τὴν χώραν
ἐδῄωσεν. Hirschig gives the commoner
μέχρι ὅπου, on no MSS. authority.

εὐλαβεῖσθαι—διαφθαρέντες] 'to take
heed lest if you become wise overmuch
(over-educated) you be spoilt ere you are
aware,' i. e. or, as we should say, 'lest
you find, when too late, that you are
quite unfitted for practical life.' So
484 C, ἐὰν δὲ περαιτέρω ἐνδιατρίψῃ, δια-
φθορὰ τῶν ἀνθρώπων. It was in this sense
that Socr. was said by his accusers δια-
φθείρειν τοὺς νέους.

συμβουλεύοντος, ἅπερ τοῖς σεαυτοῦ ἑταιροτάτοις, ἱκανόν
μοι τεκμήριόν ἐστιν ὅτι ὡς ἀληθῶς μοι εὔνους εἶ. καὶ μὴν
ὅτι γε οἷος παρρησιάζεσθαι καὶ μὴ αἰσχύνεσθαι, αὐτός τε
φὴς καὶ ὁ λόγος ὃν ὀλίγον πρότερον ἔλεγες ὁμολογεῖ σοι.
ἔχει δὴ οὑτωσὶ δῆλον ὅτι τούτων πέρι νυνί· ἐάν τι σὺ ἐν
τοῖς λόγοις ὁμολογήσῃς μοι, βεβασανισμένον τοῦτ᾽ ἤδη Ε
ἔσται ἱκανῶς ὑπ᾽ ἐμοῦ τε καὶ σοῦ, καὶ οὐκέτι αὐτὸ δεήσει
ἐπ᾽ ἄλλην βάσανον ἀναφέρειν. οὐ γὰρ ἄν ποτε αὐτὸ συν-
εχώρησας σὺ οὔτε σοφίας ἐνδείᾳ οὔτ᾽ αἰσχύνης περιουσίᾳ·
οὐδ᾽ αὖ ἀπατῶν ἐμὲ συγχωρήσαις ἄν· φίλος γάρ μοι εἶ,
ὡς καὶ αὐτὸς φής. τῷ ὄντι οὖν ἡ ἐμὴ καὶ σὴ ὁμολογία
τέλος ἤδη ἕξει τῆς ἀληθείας. πάντων δὲ καλλίστη ἐστὶν
ἡ σκέψις, ὦ Καλλίκλεις, περὶ τούτων ὧν σὺ δή μοι ἐπε-
τίμησας, ποῖόν τινα χρὴ εἶναι τὸν ἄνδρα καὶ τί ἐπιτη-
δεύειν καὶ | μέχρι τοῦ, καὶ πρεσβύτερον καὶ νεώτερον 488
ὄντα. ἐγὼ γὰρ εἴ τι μὴ ὀρθῶς πράττω κατὰ τὸν βίον τὸν
ἐμαυτοῦ, εὖ ἴσθι τοῦτο ὅτι οὐχ ἑκὼν ἐξαμαρτάνω ἀλλ᾽
ἀμαθίᾳ τῇ ἐμῇ. σὺ οὖν, ὥσπερ ἤρξω νουθετεῖν με, μὴ
ἀποστῇς, ἀλλ᾽ ἱκανῶς μοι ἔνδειξαι τί ἔστι τοῦτο ὃ ἐπιτη-
δευτέον μοι, καὶ τίνα τρόπον κτησαίμην ἂν αὐτό. καὶ
ἐάν με λάβῃς νῦν μέν σοι ὁμολογήσαντα, ἐν δὲ τῷ ὑστέρῳ
χρόνῳ μὴ ταῦτα πράττοντα ἅπερ ὡμολόγησα, πάνυ με
ἡγοῦ βλᾶκα εἶναι καὶ μηκέτι ποτέ με νουθετήσῃς ὕστερον, Β
ὡς μηδενὸς ἄξιον ὄντα. ἐξ ἀρχῆς δέ μοι ἐπανάλαβε, πῶς

D. ἔχει δὴ οὑτωσὶ δῆλον ὅτι] 'The
case then evidently stands for the pre-
sent thus:' δῆλον ὅτι being adverbial, as
inf. 490 E, ἀλλ᾽ εἰς ὑποδήματα δῆλον ὅτι
δεῖ πλεονεκτεῖν.

E. τῷ ὄντι οὖν] 'Thus, without exag-
geration, our agreement will result in the
perfect truth:' i. e. any proposition upon
which you and I shall agree, is sure to
be thoroughly true. τῷ ὄντι, like ἀτεχ-
νῶς, is used by way of apology for a
seemingly hyperbolical statement.

488. ἐάν με λάβῃς] If you gain my
assent now, and then in time to come
find that I fail to practise what I have
agreed to, account me a very dolt, an
imbecile, and never waste advice upon
me again. βλάξ implies feebleness both
of mind and character. Thus in Xen.

Eq. 9. 12, βλάξ ἵππος is opposed to
θυμοειδής. Olympiod. in l., τὸ βλάξ
ὄνομα γέγονεν ἀπὸ τοῦ μαλακοῦ. For the
interchange of μ and β compare Buttm.
Lexil. No. 108; Donaldson, N. Crat.
§ 218. Also Curtius, Gr. Etym. pp. 292,
297, 471.

B. ἐξ ἀρχῆς δέ μοι ἐπανάλαβε] After a
long rhetorical interlude, Socr. resumes
his dialectical weapons, and makes a
formal attack upon the position taken
up by Callicles, sup. p. 484 A. The
elenchus is thus managed. The more
powerful, the better, and the stronger,
mean, according to Callicles, all the
same thing. But the Many are more
powerful than the One. Hence the laws
and maxims of the Many are those of the
more powerful, and therefore of the

φὴς τὸ δίκαιον ἔχειν καὶ σὺ καὶ Πίνδαρος τὸ κατὰ φύσιν ;
ἄγειν βίᾳ τὸν κρείττω τὰ τῶν ἡττόνων καὶ ἄρχειν τὸν
βελτίω τῶν χειρόνων καὶ πλέον ἔχειν τὸν ἀμείνω τοῦ
φαυλοτέρου ; μή τι ἄλλο λέγεις τὸ δίκαιον εἶναι, ἢ ὀρθῶς
μέμνημαι ;

XLIII. ΚΑΛ. Ἀλλὰ ταῦτα ἔλεγον καὶ τότε, καὶ νῦν
λέγω.

ΣΩ. Πότερον δὲ τὸν αὐτὸν βελτίω καλεῖς σὺ καὶ
C κρείττω ; οὐδὲ γάρ τοι τότε οἷός τ᾽ ἦ μαθεῖν σου τί ποτε
λέγεις. πότερον τοὺς ἰσχυροτέρους κρείττους καλεῖς καὶ
δεῖ ἀκροᾶσθαι τοῦ ἰσχυροτέρου τοὺς ἀσθενεστέρους, οἷόν
μοι δοκεῖς καὶ τότε ἐνδείκνυσθαι ὡς αἱ μεγάλαι πόλεις
ἐπὶ τὰς σμικρὰς κατὰ τὸ φύσει δίκαιον ἔρχονται, ὅτι
κρείττους εἰσὶ καὶ ἰσχυρότεραι, ὡς τὸ κρεῖττον καὶ ἰσχυ-
ρότερον καὶ βέλτιον ταὐτὸν ὄν, ἢ ἔστι βελτίω μὲν εἶναι,
ἥττω δὲ καὶ ἀσθενέστερον, καὶ κρείττω μὲν εἶναι, μοχθη-
D ρότερον δέ ἢ ὁ αὐτὸς ὅρος ἐστὶ τοῦ βελτίονος καὶ τοῦ
κρείττονος ; τοῦτό μοι αὐτὸ σαφῶς διόρισον, ταὐτὸν ἢ
ἕτερόν ἐστι τὸ κρεῖττον καὶ τὸ βέλτιον καὶ τὸ ἰσχυρό-
τερον ;

ΚΑΛ. Ἀλλ᾽ ἐγώ σοι σαφῶς λέγω ὅτι ταὐτόν ἐστιν.

ΣΩ. Οὐκοῦν οἱ πολλοὶ τοῦ ἑνὸς κρείττους εἰσὶ κατὰ
φύσιν ; οἳ δὴ καὶ τοὺς νόμους τίθενται ἐπὶ τῷ ἑνί, ὥσπερ
καὶ σὺ ἄρτι ἔλεγες.

ΚΑΛ. Πῶς γὰρ οὔ ;

ΣΩ. Τὰ τῶν πολλῶν ἄρα νόμιμα τὰ τῶν κρειττόνων
ἐστίν.

ΚΑΛ. Πάνυ γε.

better. By the premisses, therefore,
these maxims are by nature beautiful.
But it is the opinion of the Many, as
indeed Callicles had himself insisted,
that equality is just, and also that to do
injustice is ‘uglier’ than to suffer it.
These maxims are therefore ‘beautiful by
nature,’ and not by law or convention
only, and law and nature are not con-
trary the one to the other, as Callicles
had maintained; nor had Socr. been
guilty of sophistry in ignoring the dis-
tinction. A similar dialectical artifice is
in the Theaetetus employed against a
paradox of Protagoras (Theaet. p. 170).

και σὺ καὶ Πίνδαρος] Above, 484 B.

c. ἀκροᾶσθαι] Used, as more frequently
ἀκούειν, in the sense of ὑπακούειν, obe-
dire.

D. ἐπὶ τῷ ἑνί] As a check upon the
one. So Legg. 853 c, quoted by Heind.,
τούτων ἀποτροπῆς τε ἕνεκα καὶ γενομένων
κολάσεως τιθέναι ἐπ᾽ αὐτοῖς νόμους.

ΣΩ. Οὐκοῦν τὰ τῶν βελτιόνων; οἱ γὰρ κρείττους Ε
βελτίους πολὺ κατὰ τὸν σὸν λόγον.

ΚΑΛ. Ναί.

ΣΩ. Οὐκοῦν τὰ τούτων νόμιμα κατὰ φύσιν καλά,
κρειττόνων γε ὄντων;

ΚΑΛ. Φημί.

ΣΩ. Ἆρ᾽ οὖν οὐχ οἱ πολλοὶ νομίζουσιν οὕτως, ὡς ἄρτι
αὖ σὺ ἔλεγες, δίκαιον εἶναι τὸ ἴσον ἔχειν καὶ αἴσχιον τὸ
ἀδικεῖν τοῦ ἀδικεῖσθαι; | ἔστι ταῦτα ἢ οὔ; ·καὶ ὅπως μὴ 489
ἁλώσει ἐνταῦθα σὺ αἰσχυνόμενος. νομίζουσιν, ἢ οὔ, οἱ
πολλοὶ τὸ ἴσον ἔχειν ἀλλ᾽ οὐ τὸ πλέον δίκαιον εἶναι, καὶ
αἴσχιον τὸ ἀδικεῖν τοῦ ἀδικεῖσθαι; Μὴ φθόνει μοι ἀπο-
κρίνασθαι τοῦτο, Καλλίκλεις, ἵν,᾽ ἐάν μοι ὁμολογήσῃς,
βεβαιώσωμαι ἤδη παρὰ σοῦ, ἄτε ἱκανοῦ ἀνδρὸς διαγνῶναι
ὡμολογηκότος.

ΚΑΛ. Ἀλλ᾽ οἵ γε πολλοὶ νομίζουσιν οὕτως.

ΣΩ. Οὐ νόμῳ ἄρα μόνον ἐστὶν αἴσχιον τὸ ἀδικεῖν τοῦ
ἀδικεῖσθαι, οὐδὲ δίκαιον τὸ ἴσον ἔχειν, ἀλλὰ καὶ φύσει·
ὥστε κινδυνεύεις οὐκ ἀληθῆ λέγειν ἐν τοῖς πρόσθεν οὐδὲ Β
ὀρθῶς ἐμοῦ κατηγορεῖν λέγων ὅτι ἐναντίον ἐστὶν ὁ νόμος
καὶ ἡ φύσις, ἃ δὴ καὶ ἐγὼ γνοὺς κακουργῶ ἐν τοῖς λόγοις,
ἐὰν μέν τις κατὰ φύσιν λέγῃ, ἐπὶ τὸν νόμον ἄγων, ἐὰν δέ
τις κατὰ τὸν νόμον, ἐπὶ τὴν φύσιν.

XLIV. ΚΑΛ. Οὑτοσὶν ἀνὴρ οὐ παύσεται φλυαρῶν.
Εἰπέ μοι, ὦ Σώκρατες, οὐκ αἰσχύνει, τηλικοῦτος ὤν, ὀνό-
ματα θηρεύων, καὶ ἐάν τις ῥήματι ἁμάρτῃ, ἕρμαιον τοῦτο
ποιούμενος; ἐμὲ γὰρ οἴει ἄλλο τι λέγειν τὸ κρείττους εἶναι C

E. Ἆρ᾽ οὖν οὐχ] Bekk. retains this
old reading But the οὐχ is not found
in the Bodl. nor in the majority of MSS.,
and is omitted by the Zür. and Stallb.
With Hirschig I prefer to retain it.
'Is it not true—as in fact you yourself
recently maintained—that the majority
hold the opinion,' &c.

489. βεβαιώσωμαι ἤδη παρὰ σοῦ] 'that
I may henceforth make sure of it on
your authority,' αὐτό, understood from
τοῦτο, being the object of the verb.
βεβαιώσασθαι is a middle transitive, as

Heind. remarks, and = 'mihi confir-
mare.' Compare Rep. 461 E, ὡς δὲ
ἑπομένη τε τῇ ἄλλῃ πολιτείᾳ καὶ μακρῷ
βελτίστη, δεῖ δὴ τὸ μετὰ τοῦτο βεβαιώ-
σασθαι παρὰ τοῦ λόγου.

B. ὀνόματα θηρεύων] The "aucupari
verba" of Cicero. To give chase to
words—to lie in wait for verbal inaccu-
racies, as a fowler for game. Socr., says
Callias, reckoned a slip of the tongue a
very god-send, and of this, at his time of
life, he ought to be ashamed.

ἢ τὸ βελτίους ; οὐ πάλαι σοι λέγω ὅτι ταὐτόν φημι εἶναι
τὸ βέλτιον καὶ τὸ κρεῖττον ; ἢ οἴει με λέγειν, ἐὰν συρ-
φετὸς συλλεγῇ δούλων καὶ παντοδαπῶν ἀνθρώπων μηδενὸς
ἀξίων πλὴν ἴσως τῷ σώματι ἰσχυρίσασθαι, καὶ οὗτοι
φῶσιν, αὐτὰ ταῦτα εἶναι νόμιμα ;

D ΣΩ. Εἶεν, ὦ σοφώτατε Καλλίκλεις· οὕτω λέγεις ;

ΚΑΛ. Πάνυ μὲν οὖν.

ΣΩ. Ἀλλ' ἐγὼ μέν, ὦ δαιμόνιε, καὶ αὐτὸς πάλαι
τοπάζω τοιοῦτόν τί σε λέγειν τὸ κρεῖττον, καὶ ἀνερωτῶ
γλιχόμενος σαφῶς εἰδέναι ὅ τι λέγεις. οὐ γὰρ δήπου σύ
γε τοὺς δύο βελτίους ἡγεῖ τοῦ ἑνός, οὐδὲ τοὺς σοὺς δού-
λους βελτίους σου, ὅτι ἰσχυρότεροί εἰσιν ἢ σύ. ἀλλὰ πάλιν
ἐξ ἀρχῆς εἰπέ, τί ποτε λέγεις τοὺς βελτίους, ἐπειδὴ οὐ τοὺς
ἰσχυροτέρους ; καὶ ὦ θαυμάσιε πρᾳότερόν με προδίδασκε,
ἵνα μὴ ἀποφοιτήσω παρὰ σοῦ.

E ΚΑΛ. Εἰρωνεύει, ὦ Σώκρατες.

ΣΩ. Μὰ τὸν Ζῆθον, ὦ Καλλίκλεις, ᾧ σὺ χρώμενος

---

c. ἢ οἴει με λέγειν—νόμιμα] 'Or think
you I mean that if a rabble be got toge-
ther,—of slaves and all sorts of wretches,
good for nothing unless, perhaps, for
feats of physical strength, and these
people say this or that,—that these their
mere dicta are to have the force of law?'
The interpp. differ in the sense they
attach to ἰσχυρίσασθαι. Heind., "cor-
poris viribus fidere;" Ast, "corporis
viribus pollere." The verb has both
senses, but the latter suits the context
better. Prof. Woolsey quotes Dio Cass.
p. 406 (Reimar.), χαλεπὸν ἰσχυριζόμενόν
τι τῷ σώματι φρονιμώτατον ἐκβῆναι. The
same sense is evident in Arist. Eth. N.
iv. 3. 26, εἰς τοὺς ἀσθενεῖς ἰσχυρίζεσθαι
φορτικόν. The article evidently belongs
to σώματι, not, as Ast supposes, to ἰσχυ-
ρίσασθαι, which depends on δυνατοί, or
some equivalent antitheton to οὐδένος
ἀξίοις,—a very common form of the σχῆμα
κατὰ τὸ σημαινόμενον. φῶσιν standing
without a case has scandalized many of
the comm., but the remedies proposed
are not happy. The best, perhaps, is ἃ
ἂν οὗτοι φῶσιν, αὐτὰ ταῦτ' εἶναι νόμιμα.
Ficinus, "hos, praeterquam fortasse cor-
poris viribus, esse potentiores: et quae
hi statuant, esse jura." From this Van
Heusde extracts the following: ἰσχυρί-

σασθαι, τούτους εἶναι τοὺς κρείττους, καὶ
ἃ ἂν φῶσιν, αὐτά, κ.τ.λ. But probably
Fic. was merely translating his own con-
jectural text, as we frequently find him
doing. Ast in his larger comm. ap-
proves the conj. of Heind., καὶ οὗτοι
φῶσιν ἄττα, ταῦτ' εἶναι νόμιμα, to which,
neat as it is, I prefer the received text.

D. πρᾳότερόν· με προδίδασκε — σοῦ]
'Instruct me with more gentleness, lest
I leave your school!' and seek another
master. προδιδάσκειν is said by the
Schol. to be equiv. to the simple διδάσ-
κειν, περιττεύει ἡ πρόθεσις Ἀττικῶς.
Soph. Phil. 1015, οὐ προυδίδαξεν ἐν κακοῖς
εἶναι σοφόν: where Ellendt observes,
"Praepositio non alii rei constituta est,
nisi ut monita tempore priora esse quam
quod inde redundat indicet." But προ-
διδάσκειν and προμανθάνειν are corre-
lative terms, denoting the relation be-
tween master and pupil. Arist. Nub.
966, εἶτ' αὖ προμαθεῖν ᾆσμ' ἐδίδασκεν.
Legg. 643 c, δεῖ ἐκ παίδων . . . τῶν
μαθημάτων ὅσα ἀναγκαῖα προμεμαθη-
κέναι προμανθάνειν.

E. Μὰ τὸν Ζῆθον] οὐ is absent in all
the codd., but is added from Hermo-
genes and the margin of a Florentine
cod. by Stallb., who remarks; "aut
diserte addenda est negandi particula,

πολλὰ νῦν δὴ εἰρωνεύου πρός με· ἀλλ' ἴθι εἰπέ, τίνας λέ-
γεις τοὺς βελτίους εἶναι ;

ΚΑΛ. Τοὺς ἀμείνους ἔγωγε.

ΣΩ. Ὁρᾷς ἄρα ὅτι σὺ αὐτὸς ὀνόματα λέγεις, δηλοῖς
δὲ οὐδέν. οὐκ ἐρεῖς, τοὺς βελτίους καὶ κρείττους πότερον
τοὺς φρονιμωτέρους λέγεις ἢ ἄλλους τινάς ;

ΚΑΛ. Ἀλλὰ ναὶ μὰ Δία τούτους λέγω, καὶ σφόδρα γε.

ΣΩ. Πολλάκις ἄρα εἷς φρονῶν μυρίων | μὴ φρονούν- 490
των κρείττων ἐστὶ κατὰ τὸν σὸν λόγον, καὶ τοῦτον ἄρχειν
δεῖ, τοὺς δ' ἄρχεσθαι, καὶ πλέον ἔχειν τὸν ἄρχοντα τῶν
ἀρχομένων. τοῦτο γάρ μοι δοκεῖς βούλεσθαι λέγειν—καὶ
οὐ ῥήματα θηρεύω—, εἰ ὁ εἷς τῶν μυρίων κρείττων.

ΚΑΛ. Ἀλλὰ ταῦτ' ἔστιν ἃ λέγω. τοῦτο γὰρ οἶμαι
ἐγὼ τὸ δίκαιον εἶναι φύσει, τὸ βελτίω ὄντα καὶ φρονιμώ-
τερον καὶ ἄρχειν καὶ πλέον ἔχειν τῶν φαυλοτέρων. B

XLV. ΣΩ. Ἔχε δὴ αὐτοῦ. τί ποτε αὖ νῦν λέγεις ; ἐὰν
ἐν τῷ αὐτῷ ὦμεν, ὥσπερ νῦν, πολλοὶ ἀθρόοι ἄνθρωποι, καὶ
ἡμῖν ᾖ ἐν κοινῷ πολλὰ σιτία καὶ ποτά, ὦμεν δὲ παντοδα-
ποί, οἱ μὲν ἰσχυροί, οἱ δὲ ἀσθενεῖς, εἷς δὲ ἡμῶν ᾖ φρονι-
μώτερος περὶ ταῦτα ἰατρὸς ὤν, ᾖ δέ, οἷον εἰκός, τῶν μὲν
ἰσχυρότερος, τῶν δὲ ἀσθενέστερος, ἄλλο τι οὗτος φρονι-
μώτερος ἡμῶν ὢν βελτίων καὶ κρείττων ἔσται εἰς ταῦτα ;

ΚΑΛ. Πάνυ γε.

aut, si ea omittitur, formula referri debet
vel ad praecedentem aliquam interro-
gationem cum negatione conjunctam, vel
ad sententiam subsequentem, quae aut
particulam adversantem habeat, aut
negandi vi praedita sit.'' But the usage
in Alcib. i. 109 D is exactly in point :
σκώπτεις, ὦ Σώκρατες—Μὰ τὸν φίλιον
τὸν ἐμόν τε καὶ σόν, ὃν ἐγὼ ἥκιστ' ἂν
ἐπιορκήσαιμι· ἀλλ' εἴπερ ἔχεις, εἰπέ, τίς
ἐστι; The following passage would fall
under Stallb.'s rule : Phileb. 36 A, πότε-
ρον ἀλγοῦνθ' ὅλως ἢ χαίροντα,—Μὰ Δί',
ἀλλὰ διπλῇ τινι λύπῃ λυπούμενον. But
that in the Alcibiades would need altera-
tion as well as the present. It is to be
observed that Hermogenes quotes from
memory, as appears from his substituting
τὸν Ζῆνα for τὸν Ζῆθον (Rhet. Gr. ed.
Walz. iii. p. 425; Aldus, p. 155).

490. Ἀλλὰ ταῦτ' ἔστιν ἃ λέγω] Calli-
cles, seeing the absurdity of making
physical strength the criterion of justice,
declares that he meant by 'the stronger'
the better and wiser. It is these who,
according to natural justice, ought to
govern and 'have more' than their in-
feriors. The analogies which Socr. sug-
gests, go to prove that the wise man is
entitled to more power, but not to a
larger share of property than his in-
feriors. On this principle the ruling
body in the Republic is constituted.
The instances adduced are taken as usual
from common life, and are not the less
apposite for their studied grotesqueness.

B. ἄλλο τι οὗτος] I have followed
Bekk. in omitting ᾖ, which the codd.
insert after τί.

Ο ΣΩ. Ἡ οὖν τούτων τῶν σιτίων πλέον ἡμῶν ἑκτέον
αὐτῷ, ὅτι βελτίων ἐστίν, ἢ τῷ μὲν ἄρχειν πάντα ἐκεῖνον
δεῖ νέμειν, ἐν δὲ τῷ ἀναλίσκειν τε αὐτὰ καὶ καταχρῆσθαι
εἰς τὸ ἑαυτοῦ σῶμα οὐ πλεονεκτητέον, εἰ μὴ μέλλει ζημι-
οῦσθαι, ἀλλὰ τῶν μὲν πλέον, τῶν δ᾽ ἔλαττον ἑκτέον· ἐὰν
δὲ τύχῃ πάντων ἀσθενέστατος ὤν, πάντων ἐλάχιστον τῷ
βελτίστῳ, ὦ Καλλίκλεις ; οὐχ οὕτως, ὦ 'γαθέ ;

ΚΑΛ. [Περὶ] Σιτία λέγεις καὶ ποτὰ καὶ ἰατροὺς καὶ
D φλυαρίας· ἐγὼ δὲ οὐ ταῦτα λέγω.

ΣΩ. Πότερον οὖν τὸν φρονιμώτερον βελτίω λέγεις ;
Φάθι ἢ μή.

ΚΑΛ. Ἔγωγε.

ΣΩ. Ἀλλ᾽ οὐ τὸν βελτίω πλέον δεῖν ἔχειν ;

ΚΑΛ. Οὐ σιτίων γε οὐδὲ ποτῶν.

ΣΩ. Μανθάνω, ἀλλ᾽ ἴσως ἱματίων, καὶ δεῖ τὸν ὑφαν-
τικώτατον μέγιστον ἱμάτιον ἔχειν καὶ πλεῖστα καὶ κάλ-
λιστα ἀμπεχόμενον περιιέναι.

ΚΑΛ. Ποίων ἱματίων ;

ΣΩ. Ἀλλ᾽ εἰς ὑποδήματα δῆλον ὅτι δεῖ πλεονεκτεῖν
E τὸν φρονιμώτατον εἰς ταῦτα καὶ βέλτιστον. τὸν σκυτοτό-
μον ἴσως μέγιστα δεῖ ὑποδήματα καὶ πλεῖστα ὑποδεδε-
μένον περιπατεῖν.

ΚΑΛ. Ποῖα ὑποδήματα φλυαρεῖς ἔχων ;

D. [Περὶ] Σιτία λέγεις. The preposi-
tion is interpolated. Plato would have
written περὶ σιτίων λέγεις. I have there-
fore followed Hirschig in bracketing it.
So 491 A, for περὶ τίνων ὁ κρείττων τε
καὶ φρονιμώτερος πλέον ἔχων δικαίως
πλεονεκτεῖ; it is clear that Plato wrote
τίνων ... πλέον ἔχων, i. e. if not ἱματίων
or ὑποδημάτων. In this latter instance
we must have had περὶ τίνα, 'in regard
of what?' In one cod. α is written over
ων, and Heind. remarks, "Rarius lo-
quendi hoc genus πλεονεκτεῖν περὶ τινος
pro περί τι; cujus exemplum non est in
promptu." In both cases the preposition
mars the idiom of the language; and in
the second instance it seems to have
come down from the preceding line. Of
an interpolated περὶ I see an instance
also in Theaet: 179 E, καὶ γάρ, ὦ Σώκρατες,
[περὶ] τούτων τῶν Ἡρακλειτείων, ἢ ὥσπερ
σὺ λέγεις Ὁμηρείων, καὶ ἔτι παλαιοτέρων,
αὐτοῖς μὲν τοῖς περὶ τὴν Ἔφεσον, ὅσοι
προσποιοῦνται ἔμπειροι εἶναι, οὐδὲν μᾶλλον
οἷόν τε διαλεχθῆναι ἢ τοῖς οἰστρῶσιν:
"Of these Heracleiteans, &c., those at
head-quarters (αὐτοῖς) who live at or
near Ephesus," as distinguished, for ex-
ample, from the Heracleiteans at Athens.
This seems better than the awkward
rendering, "quod attinet ad," or even,
as it seems to me, than the more in-
genious supposition that Ἡρακλειτείων
is the epithet of δογμάτων understood,
not of ἀνδρῶν, as the words Ἡρακλείτου
ἑταῖροι occurring a few lines before
would lead us to suppose. A clear in-
stance, noted by the comm., occurs ibid.
181 D : τὴν μὲν ἀλλοίωσιν, τὴν δὲ [περὶ]
φοράν.
E. Ποῖα ὑποδήματα φλυαρεῖς ἔχων]
'What shoes are you prating about?'

ΣΩ. 'Αλλ' εἰ μὴ τὰ τοιαῦτα λέγεις, ἴσως τὰ τοιάδε· οἷον γεωργικὸν ἄνδρα περὶ γῆν φρόνιμόν τε καὶ καλὸν καὶ ἀγαθόν, τοῦτον δὴ ἴσως δεῖ πλεονεκτεῖν τῶν σπερμάτων καὶ ὡς πλείστῳ σπέρματι χρῆσθαι εἰς τὴν αὐτοῦ γῆν.

ΚΑΛ. Ὡς ἀεὶ ταὐτὰ λέγεις, ὦ Σώκρατες.

ΣΩ. Οὐ μόνον γε, ὦ Καλλίκλεις, ἀλλὰ καὶ περὶ τῶν αὐτῶν.

ΚΑΛ. Νὴ | τοὺς θεούς, ἀτεχνῶς γε ἀεὶ σκυτέας τε καὶ 491 κναφέας καὶ μαγείρους λέγων καὶ ἰατροὺς οὐδὲν παύει, ὥσπερ περὶ τούτων ἡμῖν ὄντα τὸν λόγον.

ΣΩ. Οὐκοῦν σὺ ἐρεῖς [περὶ] τίνων ὁ κρείττων τε καὶ φρονιμώτερος πλέον ἔχων δικαίως πλεονεκτεῖ; ἢ οὔτε ἐμοῦ ὑποβάλλοντος ἀνέξει οὔτ' αὐτὸς ἐρεῖς;

ΚΑΛ. 'Αλλ' ἔγωγε καὶ πάλαι λέγω. πρῶτον μὲν τοὺς κρείττους οἵ εἰσιν, οὐ σκυτοτόμους λέγω οὐδὲ μαγείρους, Β ἀλλ' οἳ ἂν εἰς τὰ τῆς πόλεως πράγματα φρόνιμοι ὦσιν, ὅντινα ἂν τρόπον εὖ οἰκοῖτο, καὶ μὴ μόνον φρόνιμοι, ἀλλὰ καὶ ἀνδρεῖοι, ἱκανοὶ ὄντες ἃ ἂν νοήσωσιν ἐπιτελεῖν, καὶ μὴ ἀποκάμνωσι διὰ μαλακίαν τῆς ψυχῆς.

XLVI. ΣΩ. Ὁρᾷς, ὦ βέλτιστε Καλλίκλεις, ὡς οὐ

Comp. Phaedr. 236 Ε, τί δῆτα ἔχων στρέφει; Ar. Eccl. 1151, τί δῆτα διατρίβεις ἔχων; Such phrases as ληρεῖς ἔχων, φλυαρεῖς ἔχων are common in Plato and Aristophanes. The force of ποῖος in such cases is familiar.

ἀλλὰ καὶ περὶ τῶν αὐτῶν] See a similar retort in Xen. Mem. iv. 4. 6, καὶ ὁ Ἱππίας ἀκούσας ταῦτα, ὥσπερ ἐπισκώπτων αὐτόν, Ἔτι γὰρ σύ, ἔφη, ὦ Σώκρατες, ἐκεῖνα τὰ αὐτὰ λέγεις, ἃ ἐγὼ πάλαι ποτέ σου ἤκουσα; καὶ ὁ Σωκράτης, Ὁ δέ γε τούτου δεινότερον, ὦ Ἱππία, οὐ μόνον ἀεὶ τὰ αὐτὰ λέγω, ἀλλὰ καὶ περὶ τῶν αὐτῶν σὺ δ' ἴσως διὰ τὸ πολυμαθὴς εἶναι περὶ τῶν αὐτῶν οὐδέποτε τὰ αὐτὰ λέγεις. Callicles here affects not to see the point of the remark, which is really lost upon Hippias (l. c.), who answers in apparent good faith, Ἀμέλει, πειρῶμαι καινόν τι λέγειν ἀεί. Alcibiades shows greater intelligence: Symp. 221 E, ὄνους κανθηλίους λέγει καὶ χαλκέας τινὰς καὶ σκυτοτόμους καὶ βυρσοδέψας, καὶ ἀεὶ διὰ τῶν αὐτῶν ταὐτὰ φαίνεται λέγειν, ὥστε ἄπειρος καὶ ἀνόητος ἄνθρωπος πᾶς ἂν τῶν

λόγων καταγελάσειε, κ.τ.λ.

491. ἀτεχνῶς γε ἀεί] 'You literally never cease from talking,' &c., = it is no exaggeration to say that these topics are always in your mouth, to the exclusion of others. It is difficult to understand Schleierm.'s preference for the ἀτέχνως of the Bodl. The idiomatic use of ἀτεχνῶς, 'actually,' 'literally,' 'without metaphor' or 'exaggeration,' is familiar to all readers of Plato and Aristophanes.

'Αλλ' ἔγωγε καὶ πάλαι λέγω] 'why, I have told you long ago.' On this Stallb. remarks, "Callide se simulat Callicles ea, quae nunc dicturus est, jam antea dixisse, quum tandem longe alia proposuerit." This is unjust to Callicles, who had eloquently maintained the superiority of practical talent over the wisdom of the schools, and had stood up for the right of the abler man (φύσιν ἱκανὴν ἔχων ἀνήρ, p. 484) to work his will upon the vulgar herd. The "calliditas" is rather on the part of Socr., who had taken a dialectician's advantage of a rhetorical opponent.

ταὐτὰ σύ τ' ἐμοῦ κατηγορεῖς καὶ ἐγὼ σοῦ; σὺ μὲν γὰρ
ἐμὲ φὴς ἀεὶ ταὐτὰ λέγειν, καὶ μέμφει μοι· ἐγὼ δὲ σοῦ
τοὐναντίον ὅτι οὐδέποτε ταὐτὰ λέγεις περὶ τῶν αὐτῶν, ἀλλὰ
O τοτὲ μὲν τοὺς βελτίους τε καὶ κρείττους τοὺς ἰσχυρο-
τέρους ὡρίζου, αὖθις δὲ τοὺς φρονιμωτέρους, νῦν δ' αὖ
ἕτερόν τι ἥκεις ἔχων· ἀνδρειότεροί τινες ὑπὸ σοῦ λέγονται
οἱ κρείττους καὶ οἱ βελτίους. ἀλλ', ὦ 'γαθέ, εἰπὼν ἀπαλ-
λάγηθι τίνας ποτὲ λέγεις τοὺς βελτίους τε καὶ κρείττους
καὶ εἰς ὅ τι.

ΚΑΛ. Ἀλλ' εἴρηκά γε ἔγωγε τοὺς φρονίμους εἰς τὰ
τῆς πόλεως πράγματα καὶ ἀνδρείους. τούτους γὰρ προσ-
D ήκει τῶν πόλεων ἄρχειν, καὶ τὸ δίκαιον τοῦτ' ἐστί, πλέον
ἔχειν τούτους τῶν ἄλλων, τοὺς ἄρχοντας τῶν ἀρχομένων.

ΣΩ. Τί δέ; αὐτῶν, ὦ ἑταῖρε;

ΚΑΛ. Πῶς λέγεις;

ΣΩ. Ἕνα ἕκαστον λέγω αὐτὸν ἑαυτοῦ ἄρχοντα. ἢ
τοῦτο μὲν οὐδὲν δεῖ, αὐτὸν ἑαυτοῦ ἄρχειν, τῶν δὲ ἄλλων;

ΚΑΛ. Πῶς ἑαυτοῦ ἄρχοντα λέγεις;

ΣΩ. Οὐδὲν ποικίλον, ἀλλ' ὥσπερ οἱ πολλοί, σώφρονα
ὄντα καὶ ἐγκρατῆ αὐτὸν ἑαυτοῦ, τῶν ἡδονῶν καὶ ἐπιθυ-
E μιῶν ἄρχοντα τῶν ἐν ἑαυτῷ.

ΚΑΛ. Ὡς ἡδὺς εἶ! τοὺς ἠλιθίους λέγεις τοὺς σώ-
φρονας.

ΣΩ. Πῶς γάρ; οὐδεὶς ὅστις οὐκ ἂν γνοίη ὅτι οὐ
τοῦτο λέγω.

D. Τί δέ; αὐτῶν, ὦ ἑταῖρε] 'Tell me,
do you mean rulers of themselves' when
you speak of ἄρχοντας? To these words
the cold. add variously ἤ τι ἄρχοντας ἤ
ἀρχομένους: τί ἤ τι ἄρχοντας ἤ ἀρχο-
μένους: Bodl. ἤ τι ἀρχομένους. All this
was expelled from the text by Bekk.,
who is followed by the Zür. and Hirschig.
Some attempts have been made to ex-
plain or emend these additional words,
which, however in all probability, re-
present an old gloss upon Socr.'s ques-
tion. The ἤ τι, perhaps, is a corruption
of ἤτοι, 'videlicet,' which, like ἤγουν,
is found in this sense in scholiastic
Greek. Socr. presently states his mean-
ing to be such as I have represented it;
and indeed there is evidently no place
for ἀρχομένους. Callicles is not familiar
with the phrase αὐτοῦ ἄρχειν, which,
nevertheless, Socr. declares to be 'no-
thing subtle or recondite,' but identical
with ἐγκρατὴς ἑαυτοῦ, a phrase of current
use in general society.

E. Πῶς γάρ; οὐδεὶς — ὅτι οὐ τοῦτο
λέγω] This is the reading of Ast and
the Zür. The majority of MSS. have
πῶς γὰρ οὔ; words which, to avoid the
contradiction, Bekk. gives to Callicles.
The οὔ however may be accounted for by
the following οὐδεὶς; and we obtain the
following reasonably satisfactory sense:
Call. 'How droll you are! by your
temperate men you mean the weak and

ΚΑΛ. Πάνυ γε σφόδρα, ὦ Σώκρατες. ἐπεὶ πῶς ἂν
εὐδαίμων γένοιτο ἄνθρωπος δουλεύων ὁτῳοῦν; ἀλλὰ τοῦτ᾽
ἐστὶ τὸ κατὰ φύσιν καλὸν καὶ δίκαιον, ὃ ἐγώ σοι νῦν
παρρησιαζόμενος λέγω, ὅτι δεῖ τὸν ὀρθῶς βιωσόμενον τὰς
μὲν ἐπιθυμίας τὰς ἑαυτοῦ ἐᾶν ὡς μεγίστας εἶναι καὶ μὴ
κολάζειν, ταύταις δὲ ὡς μεγίσταις οὔσαις ἱκανὸν | εἶναι 492
ὑπηρετεῖν δι᾽ ἀνδρείαν καὶ φρόνησιν καὶ ἀποπιμπλάναι
ὧν ἂν ἀεὶ ἡ ἐπιθυμία γίγνηται. ἀλλὰ τοῦτ᾽, οἶμαι, τοῖς
πολλοῖς οὐ δυνατόν· ὅθεν ψέγουσι τοὺς τοιούτους δι᾽ αἰ-
σχύνην ἀποκρυπτόμενοι τὴν αὐτῶν ἀδυναμίαν, καὶ αἰ-
σχρὸν δή φασιν εἶναι τὴν ἀκολασίαν, ὅπερ ἐν τοῖς πρόσθεν
ἐγὼ ἔλεγον, δουλούμενοι τοὺς βελτίους τὴν φύσιν ἀνθρώ-
πους, καὶ αὐτοὶ οὐ δυνάμενοι ἐκπορίζεσθαι ταῖς ἡδοναῖς
πλήρωσιν ἐπαινοῦσι τὴν σωφροσύνην καὶ τὴν δικαιοσύνην Β
διὰ τὴν αὐτῶν ἀνανδρίαν. ἐπεί γε οἷς ἐξ ἀρχῆς ὑπῆρξεν

simple.' Socr. 'How so? every one
must know that that is not my mean-
ing.' Call. 'Oh! but it is, Socr.; for
how can a man possibly be happy so long
as he is in bondage—I care not to whom
or what;' i. e. whether to himself or to
another. For an instance of this rather
rare use of πάνυ γε σφόδρα (which is
commonly a strong affirmation, and not,
as here, a contradiction), compare De-
mosth. de Falsa Legat. p. 395, § 191.
Bekk., οὐ γὰρ ἔγωγ᾽ οὕτως ἦν ἄθλιος
ὥστε . . . ταῦτ᾽ οὐκ ἐβουλόμην γίγνεσθαι.
καὶ σφόδρα γε, ὦ ἄνδρες Ἀθηναῖοι. A
different turn is given to the passage, by
the reading found in the Bodl., and at
least two others. ΣΩ. Πῶς γὰρ οὔ;
οὐδεὶς ὅστις οὐκ ἂν γνοίη ὅτι οὕτω λέγω.
ΚΑΛ. Πάνυ γε σφόδρα, κ.τ.λ. This is
adopted by Stallb., who gets over the
difficulty of making Socr. identify the
temperate with the foolish by the re-
mark, "Quod Socrates urbane concedit,
ideoque respondet sic: *Quidni vero?
quilibet enim intelligat ita me sentire.*"
This "urbanity" I cannot but think
misplaced; and therefore, though not
without reluctance, have preferred in
this instance the vulgate to the Bodleian
reading. For the sentiment expressed
by Callicles compare the conversation of
Socr. with Thrasymachus, Republ. 348 c,
οὐκοῦν τὴν μὲν δικαιοσύνην ἀρετὴν [κα-
λεῖς] τὴν δ᾽ ἀδικίαν κακίαν. Εἰκός γ᾽,
ἔφη, ὦ ἥδιστε, ἐπειδὴ καὶ λέγω ἀδικίαν

μὲν λυσιτελεῖν, δικαιοσύνην δ᾽ οὔ. Ἀλλὰ
τί μήν; Τοὐναντίον, ἦ δ᾽ ὅς. Ἦ τὴν
δικαιοσύνην κακίαν; Οὐκ, ἀλλὰ πάνυ
γενναίαν εὐήθειαν. With which comp.
Thuc. iii. 83, καὶ τὸ εὔηθες, οὗ τὸ γεν-
ναῖον πλεῖστον μετέχει, καταγελασθὲν
ἠφανίσθη.

ἐπεὶ πῶς ἄν] Comp. Lysis 207 D, δοκεῖ
δέ σοι εὐδαίμων εἶναι ἄνθρωπος δουλεύων
τε, καὶ ᾧ μηδὲν ἐξείη ποιεῖν ὧν ἐπιθυμοῖ;
Μὰ Δί᾽ οὐκ ἔμοιγε, ἔφη. Schol., ἐντεῦθεν
ὁ περὶ τῆς τελικῆς αἰτίας τῶν ἠθικῶν
λόγος. ἔστι δὲ ἀρχὴ κατὰ μὲν Σωκράτην
τἀγαθά, κατὰ δὲ Καλλικλέα αἰσχρὰ ἡδονή.

492. ἀποπιμπλάναι ὧν ἂν ἀεὶ ἡ ἐπι-
θυμία γίγνηται] 'to glut each successive
appetite with its appropriate food.' Of
this, says Callicles, the vulgar are in-
capable: and hence they condemn the
abler few, being ashamed of their own
incapacity, and wishing to hide it: i. e.
they divert attention from their own
defects by abusing others.

B. ἐπεί γε οἷς] 'Suppose, for instance,
a man is a king's son to begin with, or
is able by his own natural genius to get
himself appointed to a high office, or to
make himself a tyrant or member of
an absolute government, what were in
truth more disgraceful or more injurious
than temperance to persons like these:
who, instead of taking their fill of good
things without let or hindrance, should
voluntarily invite the law to be lord
over them, with the idle talk and ill-

ἢ βασιλέων υἱέσιν εἶναι ἢ αὐτοὺς τῇ φύσει ἱκανοὺς ἐκπο-
ρίσασθαι ἀρχήν τινα ἢ τυραννίδα ἢ δυναστείαν, τί τῇ
ἀληθείᾳ αἴσχιον καὶ κάκιον εἴη σωφροσύνης τούτοις τοῖς
ἀνθρώποις; οἷς ἐξὸν ἀπολαύειν τῶν ἀγαθῶν καὶ μηδενὸς
ἐμποδὼν ὄντος, αὐτοὶ ἑαυτοῖς δεσπότην ἐπαγάγοιντο τὸν
τῶν πολλῶν ἀνθρώπων νόμον τε καὶ λόγον καὶ ψόγον; ἢ
C πῶς οὐκ ἂν ἄθλιοι γεγονότες εἶησαν ὑπὸ τοῦ καλοῦ τοῦ
τῆς δικαιοσύνης καὶ τῆς σωφροσύνης, μηδὲν πλέον νέμοντες
τοῖς φίλοις τοῖς αὐτῶν ἢ τοῖς ἐχθροῖς, καὶ ταῦτα ἄρχοντες
ἐν τῇ ἑαυτῶν πόλει; ἀλλὰ τῇ ἀληθείᾳ, ὦ Σώκρατες, ἣν
φῇς σὺ διώκειν, ὧδ᾽ ἔχει· τρυφὴ καὶ ἀκολασία καὶ ἐλευ-
θερία, ἐὰν ἐπικουρίαν ἔχῃ, τοῦτ᾽ ἐστὶν ἀρετή τε καὶ εὐδαι-
μονία· τὰ δὲ ἄλλα ταῦτ᾽ ἐστὶ τὰ καλλωπίσματα, τὰ παρὰ
φύσιν συνθήματα, ἀνθρώπων φλυαρία καὶ οὐδενὸς ἄξια.

D   XLVII. ΣΩ. Οὐκ ἀγεννῶς γε, ὦ Καλλίκλεις, ἐπεξ-
έρχει τῷ λόγῳ παρρησιαζόμενος· σαφῶς γὰρ σὺ νῦν

---

natured censure of the multitude.' "Cum
verbis *νόμον, λόγον, ψόγον*: conf. Aga-
thonis illud Conviv. 197 D, *ἐν πόνῳ, ἐν
φόβῳ, ἐν πόθῳ, ἐν λόγῳ*" (Ast).

τί—εἴη] The omission of *ἂν* seems
justified by Soph. Antig. 604, *τέαν, Ζεῦ,
δύνασιν τίς ἀνδρῶν ὑπερβασία κατάσχοι;*
Aesch. Choeph. 314, *ἀλλ' ὑπέρτολμον
ἀνδρὸς φρόνημα τίς λέγοι;* yet the cases
are not precisely in point—see Ellendt,
Lex. Soph. p. 125; and "*ἂν* may have
dropt out here, as *τί* itself is wanting in
ten MSS., both being absorbed, so to
speak, by the two last syllables of *δυνασ-
τείαν*" (Woolsey).

οἷς ἐξὸν ἀπολαύειν] For *οἵτινες, ἐξὸν
αὐτοῖς ἀπολαύειν*. Compare, for sense as
well as construction, Rep. 465 E, *οὐκ οἶδ᾽
ὅτου λόγος ἡμῖν ἐπέπληξεν ὅτι τοὺς
φύλακας οὐκ εὐδαίμονας ποιοῖμεν, οἷς ἐξὸν
πάντα ἔχειν τὰ τῶν πολιτῶν οὐδὲν ἔχοιεν.*
Presently for *εἶησαν* Hirschig gives *εἶεν*,
on no authority. The shorter form is
preferred by Plato in *εἶμεν, εἴτην, εἶτε*.

c. *ἐὰν ἐπικουρίαν ἔχῃ*] Schol., ἢ τὴν
ἐκ πλούτου καὶ περιουσίας, ἢ τὴν ἐκ τῆς
παρὰ τῷ Καλλικλεῖ καλουμένης φρονήσεώς
τε καὶ ἀνδρίας. The latter is perhaps
the more correct view: sup. A, *ταύτας
δ᾽ ὡς μεγίσταις οὔσαις ἱκανὸν εἶναι ὑπη-
ρετεῖν δι᾽ ἀνδρίαν καὶ φρόνησιν.* The
end is pleasure, to which valour and
prudence are means. In other words,

they are the auxiliary forces, the *ἐπί-
κουροι* of luxury, &c. But he may have
meant *ἐὰν τοῖς ἐκτὸς ἀγαθοῖς ἱκανῶς
κεχορηγημένον ᾖ* (Arist. Ethic. l. 10.
15).

τὰ δὲ ἄλλα ταῦτ᾽—ἄξια] Most comm.
understand *τὰ καλλωπίσματα* to be the
subject of *ἐστί*. 'As for those other
matters—the fopperies, the unnatural
conventionalities—they are the mere
cant of men, and nothing worth.' But I
am disposed, with Mr. Shilleto, to make
τὰ καλλ. the predicate: 'As for those
other matters (justice and temperance
and their like), they are the mere fop-
peries, the unnatural conventions of
society, the prattle of men,' &c. For the
sentiment, compare Eur. Cycl. 317,—

*ὁ πλοῦτος, ἀνθρώπισκε, τοῖς σοφοῖς
θεός·*

*τὰ δ᾽ ἄλλα κόμποι καὶ λόγων εὐ-
μορφίαι·*

Ibid. 339,—

*οἱ δὲ τοὺς νόμους
ἔθεντο, ποικίλλοντες ἀνθρώπων βίον,
κλαίειν ἄνωγα.*

D. *ἐπεξέρχει τῷ λόγῳ*] Legg. ii. 672
A, *ἐπεξέλθοι λέγων* 'explicet orationе.'
Socr. applauds the courageous frankness
with which his opponent avows senti-
ments which the majority of mankind

λέγεις ἃ οἱ ἄλλοι διανοοῦνται μέν, λέγειν δὲ οὐκ ἐθέλουσι. δέομαι οὖν ἐγώ σου μηδενὶ τρόπῳ ἀνεῖναι, ἵνα τῷ ὄντι κατάδηλον γένηται πῶς βιωτέον. καί μοι λέγε· τὰς μὲν ἐπιθυμίας φῂς οὐ κολαστέον, εἰ μέλλει τις οἷον δεῖ εἶναι, ἐῶντα δὲ αὐτὰς ὡς μεγίστας πλήρωσιν αὐταῖς ἁμόθεν γέ ποθεν ἑτοιμάζειν, καὶ τοῦτο εἶναι τὴν ἀρετήν ;   E

ΚΑΛ. Φημὶ ταῦτα ἐγώ.

ΣΩ. Οὐκ ἄρα ὀρθῶς λέγονται οἱ μηδενὸς δεόμενοι εὐδαίμονες εἶναι.

ΚΑΛ. Οἱ λίθοι γὰρ ἂν οὕτω γε καὶ οἱ νεκροὶ εὐδαιμονέστατοι εἶεν.

ΣΩ. Ἀλλὰ μὲν δὴ καὶ ὧν γε σὺ λέγεις δεινὸς ὁ βίος. οὐ γάρ τοι θαυμάζοιμ᾽ ἄν, εἰ Εὐριπίδης ἀληθῆ ἐν τοῖσδε λέγει, λέγων

τίς δ᾽ οἶδεν, εἰ τὸ ζῆν μέν ἐστι κατθανεῖν,
τὸ κατθανεῖν δὲ ζῆν ;

secretly entertain, but arc loth to express.

ἁμόθεν γέ ποθεν] 'from some source or other.' Restored by Bekk. for ἄλλοθέν γέ ποθεν found in all the MSS. The confusion is very common, as the forms ἀμοῦ, ἀμόθεν, ἀμῇ, ἀμῶς had ceased to exist in the later dialect. See Cobet, Vv. Ll., p. 256, and Schol. in Plat. Sophist. 259 D. In the Attic dialect these words are aspirated.

E. Οὐκ ἄρα ὀρθῶς λέγονται] Xen. Mem. i. 6. 10, Ἔοικας, ὦ Ἀντιφῶν, τὴν εὐδαιμονίαν οἰομένῳ τρυφὴν καὶ πολυτέλειαν εἶναι, ἐγὼ δὲ νομίζω τὸ μὲν μηδενὸς δεῖσθαι θεῖον εἶναι, τὸ δ᾽ ὡς ἐλαχίστων ἐγγυτάτω τοῦ θείου. καὶ τὸ μὲν θεῖον κράτιστον, τὸ δὲ ἐγγυτάτω τοῦ θείου ἐγγυτάτω τοῦ κρατίστου. Hence correct Olymp. in Gorg. comm. p. 121 (358 Jahn), ὁ οὖν πλήρη ἔχων (sc. τὸν πίθον) θεοῦ βίον ζῇ, for the corrupt θεοῦ οἱ ζῇ, by which the editor is baffled.

ὧν γε σὺ λέγεις] Vulg. ὥς γε σὺ λέγεις, corr. Badh. This again is a frequent error of copyists. Aesch. Prom. 629, μή μου προκήδου μᾶσσον ὡς ἐμοὶ γλυκύ. Hermann ὧν—which is much better than Elmsley's μασσόνως ἢ 'μοὶ γλυκύ. In Lysias vii. § 31, προθυμότερον ὥς ἠναγκαζόμην, read ἢν ἠναγκαζόμην. The use of ὡς for ἤ after a comparative is a barbarism, though introduced by Prof.

Sauppe into the text of the Epitaphius of Hyperides, Col. 14, l. 22. Here ὧν γε σὺ λέγεις is in antithesis to οἱ λίθοι καὶ οἱ νεκροί.

τίς δ᾽ οἶδεν, εἰ τὸ ζῆν] This passage appears to have come from the Polyidus ; and is thus completed by the Schol.,—

τίς δ᾽ οἶδεν εἰ τὸ ζῆν μέν ἐστι κατθανεῖν,
τὸ κατθανεῖν δὲ ζῆν κάτω νομίζεται.

He is apparently in error when he says, ἐκ τοῦ Φρίξου τοῦ δράματος Εὐριπίδου. The lines in the Phrixus run thus, according to Stobaeus (Anth. 120. 18) :—

τίς δ᾽ οἶδεν εἰ ζῆν τοῦθ᾽ ὃ κέκληται
θανεῖν,
τὸ ζῆν δὲ θνήσκειν ἐστί; πλὴν ὅμως
βροτῶν
νοσοῦσιν οἱ βλέποντες, οἱ δ᾽ ὀλωλότες
οὐδὲν νοσοῦσιν οὐδὲ κέκτηνται κακά.

The sentiment is parodied by Aristoph. (Ran. 1477). Τίς οἶδεν, εἰ τὸ ζῆν μέν ἐστι κατθανεῖν, Τὸ πνεῖν δὲ δειπνεῖν τὸ δὲ καθεύδειν κώδιον; From ib. 1082, καὶ φασκούσας οὐ ζῆν τὸ ζῆν, we may infer that a woman was the speaker in one at least of the Euripidean passages. The idea, though not the precise words, was borrowed from Heraclitus (Philo,

493 καὶ ἡμεῖς τῷ ὄντι ἴσως τέθναμεν· ὅπερ ἤδη του | ἔγωγε
καὶ ἤκουσα τῶν σοφῶν, ὡς νῦν ἡμεῖς τέθναμεν, καὶ τὸ μὲν

Alleg. Leg. 1, fin.): μονονοὺ καὶ ὁ Ἡρά-
κλειτος κατὰ τοῦτο Μωϋσέως ἀκολουθήσας
τῷ δόγματί, φησι· Ζῶμεν τὸν ἐκείνων
(sc. θεῶν) θάνατον, τεθνήκαμεν δὲ
τὸν ἐκείνων βίον ὡς νῦν μὲν ὅτε ἐν-
ζῶμεν τεθνηκυίας τῆς ψυχῆς, καὶ ὡς ἂν
ἐν σήματι τῷ σώματι ἐντετυμβευμένης,
εἰ δὲ ἀποθάνοιμεν τῆς ψυχῆς ζώσης τὸν
ἴδιον βίον. From which the editors of
Heraclitus' fragments infer that the well-
known σῶμα σῆμα was first said by him.
The Heraclitean fragm. is given at
greater length by his namesake the
author of the Homeric Allegories : ἄνθρω-
ποι θεοὶ θνητοί, θεοί τ' ἄνθρωποι ἀθάνατοι,
ζῶντες τὸν ἐκείνων θάνατον, θνήσκοντες
τὴν ἐκείνων ζωήν (Ed. Gale, p. 442). A
fragment quoted by Sext. Empir. comes
nearer still to the words of Euripides :
ὁ δὲ Ἡράκλειτός φησιν ὅτι καὶ τὸ ζῆν καὶ
τὸ ἀποθανεῖν καὶ ἐν τῷ ζῆν ἡμᾶς ἐστι καὶ
ἐν τῷ τεθνάναι· ὅτε μὲν γὰρ ἡμεῖς ζῶμεν
τὰς ψυχὰς ἡμῶν τεθνάναι καὶ ἐν ἡμῖν
τεθάφθαι, ὅτε δὲ ἡμεῖς ἀποθνήσκομεν τὰς
ψυχὰς ἀναβιοῦν καὶ ζῆν· "Heraclitus
says that both living and dying are in
our life as well as in our death : when
we live our souls are dead and are buried
in us, when we die our souls revive and
live" (Pyrrh. Hypot. iii. 230). But
closer than all is the citation in Plutarch,
Consol. ad Apoll. 106 E, φησὶν Ἡρά-
κλειτος, ταῦτα · ζῶν καὶ τεθνηκός
... τάδε γὰρ μεταπεσόντα ἐκεῖνά
ἐστι κἀκεῖνα πάλιν μεταπεσόντα
ταῦτα. The meaning of this probably
is, that life and death are part of one
and the same process of continuous
growth and decay, according to the prin-
ciple implied in the formula διαφερόμενον
ἀεὶ ξυμφέρεται (Plat. Soph. 242 E). It
is not however to be supposed that Plato
in the present passage refers to Hera-
clitus. The σοφός whom Socr. affects to
quote may have been some Orphic or
Pythagorizing speculator of his own
day, for we know that both Pytha-
goreans and Orphics held the notion of a
penal incarceration of the soul in the
body (Plat. Crat. p. 400 B C, compared
with Phaedo, 62 B). On the other hand
the words τῆς ψυχῆς τοῦτο (sc. μέρος)
ἐν ᾧ αἱ ἐπιθυμίαι εἰσίν point to the Pla-
tonic doctrine of the tripartition of the
soul (see Phaedrus, App. i. p. 164),
and it might seem that Plato had here
committed a conscious anachronism, in
attributing the doctrine to some earlier

school. Even this would not be incon-
sistent with the only half-in-earnest tone
of the entire passage ; for we know how
easily the Platonic Socrates could evoke
imaginary vouchers for his own views
(comp. Phaedr. 275 B, Ὦ Σώκρατες,
ῥᾳδίως σύ, κ.τ.λ.). Still as the σοφός in
question appears in company with other
undoubtedly real personages, I incline to
think that some particular speculatist is
intended. The comm. give us no light,
but content themselves with accumu-
lating passages from Heraclitus and from
Plato, as if the difficulty were not rather
to account for the juxtaposition of the
dogmas of schools so distinct both in
time and character. In suggesting the
name of Philolaus, I rest upon the slender
data that some rude "partition of the
soul is attributed to him on reasonable
and good authority" (see Zeller, Phil. der
Griechen, i. p. 325, 2te Ausg.). Clemens
Alex. quotes a fragment purporting to
be his, but which may be only Plato in
a Doric dress : ὡς διά τινας ἁμαρτίας
ἁ ψυχὰ τῷ σώματι συνέζευκται, καὶ κα-
θάπερ ἐν σάματι τέθαπται (Strom. iii.
433 A, ap. Lobeck, Aglaoph. p. 795).
A better critic than Clemens, Athenaeus,
gives the following important notice, on
the authority of Clearchus the Peri-
patetic: Εὐξίθεος ὁ Πυθαγόρειος, ὦ Νίκιον,
ὥς φησι Κλέαρχος ὁ Περιπατητικὸς ἐν
δευτέρῳ Βίων, ἔλεγεν ἐνδεδέσθαι τῷ
σώματι καὶ τῷ τῇδε βίῳ τὰς ἁπάντων
ψυχὰς τιμωρίας χάριν καὶ διείπασθαι τὸν
θεόν, ὡς εἰ μὴ μενοῦσιν ἐπὶ τούτοις, ἕως
ἂν ἑκὼν αὐτὸς λύσῃ, πλέοσι καὶ μείζοσιν
ἐμπεσοῦνται τότε λύμαις · διὸ πάντας
εὐλαβουμένους τὴν τῶν κυρίων ἀνάστασιν
φοβεῖσθαι τοῦ ζῆν ἑκόντας ἐκβῆναι, μόνον
τε τὸν ἐν τῷ γήρᾳ θάνατον ἀσπασίως
προσίεσθαι, πεπεισμένους τὴν ἀπόλυσιν
τῆς ψυχῆς μετὰ τῆς τῶν κυρίων γίγνεσθαι
γνώμης, iv. p. 157 C. Compare Plat.
Phaedo, 61 E, where Philolaus and 'cer-
tain others' are appealed to by Cebes as
affirming the unlawfulness of suicide.
This evidence in favour of the Pythago-
rean origin of the speculation in the text
seems to me unexceptionable, and we can
afford to give up the suspicious fragment
of Clemens. Add Cicero de Senect. c. 20,
"Vetat Pythagoras injussu imperatoris,
id est Dei, de praesidio et vitae statione
discedere."

ὅπερ ἤδη του ἔγωγε] The Bodl. omits
ὅπερ with several other MSS. The

σῶμά ἐστιν ἡμῖν σῆμα, τῆς δὲ ψυχῆς τοῦτο ἐν ᾧ ἐπιθυ-
μίαι εἰσὶ τυγχάνει ὃν οἷον ἀναπείθεσθαι καὶ μεταπίπτειν
ἄνω κάτω. καὶ τοῦτο ἄρα τις μυθολογῶν κομψὸς ἀνήρ,
ἴσως Σικελός τις ἢ Ἰταλικός, παράγων τῷ ὀνόματι διὰ τὸ
πιθανόν τε καὶ πιστικὸν ὠνόμασε πίθον, τοὺς δὲ ἀνοήτους
ἀμνήτους· τῶν δ' ἀμνήτων τοῦτο τῆς ψυχῆς οὗ αἱ ἐπι- Β
θυμίαι εἰσί, τὸ ἀκόλαστον αὐτοῦ καὶ οὐ στεγανόν, ὡς
τετρημένος εἴη πίθος, διὰ τὴν ἀπληστίαν ἀπεικάσας. τοὐ-
ναντίον δὴ οὗτος σοί, ὦ Καλλίκλεις, ἐνδείκνυται ὡς τῶν
ἐν Ἅιδου—τὸ ἀειδὲς δὴ λέγων—οὗτοι ἀθλιώτατοι ἂν εἶεν

---

original reading may therefore have been ᾗ δὴ τοῦ ἔγωγε.

493. καὶ τοῦτο ἄρα τις μυθολογῶν] 'And it was this part of the soul, we may suppose, that an ingenious person, a Sicilian mayhap or Italian, allegorically styled a jar, in consideration of its persuadable and credulous nature, by a change in the word πιθανός, which he made into πίθος.' The Σικελός was possibly Empedocles, as Olympiodorus and the Schol. assert. To this Karsten, the editor of Empedocles, assents. "Probabile mihi videtur Empedoclem, ut religiosum hominem et mysteriorum patronum, ἀμνήτους vocasse dementes et miscros, eosque ut est in Danaidum fabulâ finxisse velut aquam fundentes in dolium perforatum (πίθον τετρημένον) quod insatiabilem libidinum cupiditatem significat. Haec fictio ab ingenio poetae (qualis fuit Empedocles) fabulas allegorice interpretantis haud aliena, neque vero e veterum judicio abhorret a fabulae sensu. Similiter in celebri Polygnoti picturâ praeter multa alia pictae erant duae mulieres, φέρουσαι ὕδωρ ἐν κατεαγόσιν ὀστράκοις, quibus erat inscriptio εἶναι σφᾶς τῶν οὐ μεμνημένων. Paus. x. c. 31. Caeterum quam misera haberetur in inferis τῶν ἀμνήτων sors, declarant nota Platonis dicta in Phaedon. p. 69" (Empedocl. ed. Karsten, p. 302). Here however we are not to suppose that Empedocles is *seriously* credited with the authorship of the psychological doctrine implied in the words τῆς ψυχῆς τοῦτο ἐν ᾧ αἱ ἐπιθυμίαι εἰσί. The particle ἄρα frequently denotes an inference false but specious. Theaet. 171 Ο, εἰκός γ' ἄρα ἐκεῖνον (sc. Πρωταγόραν) πρεσβύτερον ὄντα σοφώτερον ἡμῶν εἶναι. Rep. 358 Ο, πολὺ γὰρ ἀμείνων ἄρα ὁ τοῦ ἀδίκου ἢ ὁ

τοῦ δικαίου βίος, ὡς λέγουσιν. Inf. Β, τὸ δὲ κόσκινον ἄρα λέγει, ὡς ἔφη ὁ πρὸς ἐμὲ λέγων, τὴν ψυχὴν αὐτήν.

ἴσως Σικελός τις] Why Σικελός, rather than Σικελικός, which was read by Olymp. and Stobaeus, and is found in some codd.? The answer to this was given by Buttmann, who calls attention to a love-song of Timocreon Rhodius, beginning with the lines, Σικελὸς κομψὸς ἀνὴρ Ποτὶ τὰν ματέρ' ἔφα, ap. Hephaest. p. 40. Hence Σικελὸς κομψὸς ἀνήρ became proverbial.

διὰ τὸ πιθανόν] Of πιθανός used passively we have an instance in Aesch. Ag. 485, πιθανὸς ἄγαν ὁ θῆλυς ὅρος.

τῶν δ' ἀμνήτων] Socrates makes ἀμνήτους synonymous with οὐ στεγανούς, 'the contrary of watertight,' deriving the word from μύω 'claudo,' instead of μυέω 'initio.' For this etymology his 'learned friend' is made responsible. Tr. 'But that portion of the uninitiate soul in which the appetites reside, its incontinent and irretentive part, he represented as a leaky jar, figuring thereby its insatiate nature,'—literally, 'using that similitude in consequence of the impossibility of filling it.'

Β. οὐ στεγανόν] Compare with this Repub. ix. p. 586 Β, ἅτε οὐχὶ τοῖς οὖσιν οὐδὲ τὸ ὂν οὐδὲ τὸ στέγον ἑαυτῶν τιμπλάντες.

ὡς τετρημένος εἴη πίθος] Shakspeare, Cymb. i. Sc. 7, "The cloyed will, That satiate yet unsatisfied desire, That tub both filled and running."

τοὐναντίον δὴ οὗτος σοί] 'Thus does my friend set forth to us, in direct opposition to you, Callicles, that of all the dwellers in Hades these, the uninitiated, must be the most wretched, being ever employed in lading water into the leaky jar with an equally leaky sieve.'

οἱ ἀμύητοι, καὶ φοροῖεν εἰς τὸν τετρημένον πίθον ὕδωρ
ἑτέρῳ τοιούτῳ τετρημένῳ κοσκίνῳ. τὸ δὲ κόσκινον ἄρα
λέγει, ὡς ἔφη ὁ πρὸς ἐμὲ λέγων, τὴν ψυχὴν εἶναι· τὴν δὲ
C ψυχὴν κοσκίνῳ ἀπείκασε τὴν τῶν ἀνοήτων ὡς τετρημένην,
ἅτε οὐ δυναμένην στέγειν δι᾽ ἀπιστίαν τε καὶ λήθην.
ταῦτ᾽ ἐπιεικῶς μέν ἐστιν ὑπό τι ἄτοπα, δηλοῖ μὴν ὃ ἐγὼ
βούλομαί σοι ἐνδειξάμενος, ἐάν πως οἷός τε ὦ, πεῖσαι
μεταθέσθαι, ἀντὶ τοῦ ἀπλήστως καὶ ἀκολάστως ἔχοντος
βίου τὸν κοσμίως καὶ τοῖς ἀεὶ παροῦσιν ἱκανῶς καὶ ἐξαρ-
κούντως ἔχοντα βίον ἑλέσθαι. ἀλλὰ πότερον πείθω τί σε
D καὶ μετατίθεσαι εὐδαιμονεστέρους εἶναι τοὺς κοσμίους

ἑτέρῳ τοιούτῳ τετρημένῳ] The repe-
tition of τετρημένῳ, though suspicious,
seems to be supported by Phaedo, 80 D,
ἡ ψυχὴ ἄρα, τὸ ἀειδές, τὸ εἰς τοιοῦτον
τόπον ἕτερον οἰχόμενον, γενναῖον καὶ
καθαρὸν καὶ ἀειδῆ, εἰς Ἅιδου ὡς ἀληθῶς,
a passage which also illustrates the fore-
going ἐν Ἅιδου, τὸ ἀειδὲς δὴ λέγων.
The image is also found in Shakspeare,—

"Yet in this captious and intenible
      sieve
I still pour in the waters of my love,
And lack not to lose still."
      All's Well that ends Well, I. iii. 193.

c. δι᾽ ἀπιστίαν τε καὶ λήθην] 'by
reason of its fickle and forgetful nature.'
Legg. iv. 705 A, ἤδη παλίμβολα καὶ
ἄπιστα. Ibid. vi. 775 D, ἀνώμαλα καὶ
ἄπιστα.

ἐπιεικῶς . . . ὑπό τι ἄτοπα] 'Satis sub-
absurda,' the only rendering of which
these words will admit, is more than
'somewhat absurd.' There seems to
be no authority for the meaning of
ἐπιεικῶς, assumed by Ast and Stallb.
'freilich,' Eng. 'it must be confessed,'
which is rather the force of the particle
μέν, nor is the rendering 'sane' given in
his Lexicon justified by the passage of
the Phaedon there adduced. ἐπιεικῶς
can here only mean 'satis,' 'admodum'
—as we say, 'absurd enough:' so supr.
485, πρὸς σὲ ἐπιεικῶς ἔχω φιλικῶς. One
might conjecture, ἐπιεικῶς μέν ἐστιν ἢ ὑπό
τι ἄτοπα, but this would perhaps be sub-
frigid. And yet few would consent, ex-
cept in the last resort, to omit ἐπιεικῶς,
as Hirsch, following Cobet has done. If
either must be sacrificed, it is better to
omit ὑπό τι, for which one MS. gives
εἰπόντι, if I understand Bekker aright.

If this was not originally intended to sup-
plement ἐπιεικῶς, it may represent a dif-
ferent reading from the received. What
Olympiodorus found is also doubtful, as
his gloss hardly corresponds to the text
as we have it. He says, τοὺς δὲ τοιούτους
μύθους οὐ πάνυ ἀτόπους καλεῖ ὡς πρὸς τοὺς
ποιητικοὺς παραβάλλων, ἐπειδὴ ἐκεῖνοι μὲν
βλάπτουσι, Ol. Schol. p. 120. Perhaps
he only meant to paraphrase ὑπό τι by
οὐ πάνυ in the sense, 'not altogether,'
'not quite.' Meanwhile we may trans-
late the passage thus: 'These details, it
is true, are more or less absurd; yet there
is no doubt as to the point, by proving
which I mean, if possible, to induce you to
retract your former preference,—in lieu,
that is, of the life of unsated indulgence,
to elect that rival life which is charac-
terized by moderation and contentment.'
ὃ depends upon ἐνδειξάμενος, 'what
having proved, I wish,' and, as Stallb.
observes, there is no necessity for ad-
mitting the inferior reading ἐνδείξασθαι.
It is nearly indifferent whether we take
δηλοῖ as impersonal ('patet,' 'liquet'),
or construct it as a transitive with ταῦτα.
The καί, which in one MS. follows μετα-
θέσθαι and is admitted by Bekk. and
Hirsch., is not needed, as ἑλέσθαι is
either epexegetic or may be understood
to depend upon μεταθέσθαι. Stallb.
prefers the latter view; to me the
former seems the simpler of the two,
and in accordance with Plato's usage.

μεταθέσθαι] Comp. Rep. 345 B, ἔμμενε
τούτοις, ἢ ἐὰν μετατιθῇ φανερῶς μετα-
τίθεσο, καὶ ἡμᾶς μὴ ἐξαπάτα. The word,
like θέσθαι and ἀναθέσθαι, may have been
transferred from the game of draughts
to verbal contests.

μετατίθεσαι] Equiv. to μεταθέμενος

τῶν ἀκολάστων, ἢ οὐδέν, ἀλλ' ἂν καὶ πολλὰ τοιαῦτα μυ-
θολογῶ, οὐδέν τι μᾶλλον μεταθήσει ;

ΚΑΛ. Τοῦτ' ἀληθέστερον εἴρηκας, ὦ Σώκρατες.

XLVIII. ΣΩ. Φέρε δή, ἄλλην σοι εἰκόνα λέγω ἐκ
τοῦ αὐτοῦ γυμνασίου τῇ νῦν. σκόπει γὰρ εἰ τοιόνδε λέγεις
περὶ τοῦ βίου ἑκατέρου τοῦ τε σώφρονος καὶ τοῦ ἀκολά-
στου, οἷον εἰ δυοῖν ἀνδροῖν ἑκατέρῳ πίθοι πολλοὶ εἶεν, καὶ
τῷ μὲν ἑτέρῳ ὑγιεῖς καὶ πλήρεις, ὁ μὲν οἴνου, ὁ δὲ μέλιτος,
ὁ δὲ γάλακτος καὶ ἄλλοι πολλοὶ πολλῶν, νάματα δὲ E
σπάνια καὶ χαλεπὰ ἑκάστου τούτων εἴη καὶ μετὰ πολλῶν
πόνων καὶ χαλεπῶν ἐκποριζόμενα· ὁ μὲν οὖν ἕτερος πλη-
ρωσάμενος μήτ' ἐποχετεύοι μήτε τι φροντίζοι, ἀλλ' ἕνεκα
τούτων ἡσυχίαν ἔχοι· τῷ δ' ἑτέρῳ τὰ μὲν νάματα, ὥσπερ
καὶ ἐκείνῳ, δυνατὰ μὲν πορίζεσθαι, χαλεπὰ δέ, τὰ δ'
ἀγγεῖα τετρημένα καὶ σαθρά, καὶ ἀναγκάζοιτο ἀεὶ καὶ
νύκτα καὶ ἡμέραν πιμπλάναι | αὐτά, ἢ τὰς ἐσχάτας 49
λυποῖτο λύπας· ἆρα τοιούτου ἑκατέρου ὄντος τοῦ βίου,
λέγεις τὸν τοῦ ἀκολάστου εὐδαιμονέστερον εἶναι ἢ τὸν
τοῦ κοσμίου ; πείθω τί σε ταῦτα λέγων συγχωρῆσαι τὸν
κόσμιον βίον τοῦ ἀκολάστου ἀμείνω εἶναι, ἢ οὐ πείθω ;

ΚΑΛ. Οὐ πείθεις, ὦ Σώκρατες. τῷ μὲν γὰρ πληρω-

ἡγεῖ. "Mutasne ita sententiam ut
statuas feliciores esse modestos libidi-
nosis ?" Simili βραχυλογίᾳ μεταγνῶναι
adhibitum a Thucyd. i. 44, μετέγνωσαν
Κερκυραίοις ξυμμαχίαν μὲν μὴ ποιήσασθαι,
κ.τ.λ. Heind. The Bodl and several
other MSS. have μετατίθεσθαι, an evi-
dent blunder.

D. Τοῦτ' ἀληθέστερον] i. e. ἐκείνου.
No number of such fables will induce
Callicles to transfer his preference.

ἐκ τοῦ αὐτοῦ γυμνασίου τῇ νῦν] 'from
the same school with the last,' qu. τῇ
νῦν δή. The moral of this latter allegory
is much the same as that of the former,
of which it seems to have been but an-
other version—possibly by a different
hand. The Schol. suggests, ἣν δὲ ἐκεῖνο
μὲν τῶν Πυθαγορείων οἰκεῖον, τοῦτο δὲ
Σωκράτους, ὡς σαφέστερόν τε καὶ πληκ-
τικώτερον. Olymp., ἰστέον ὅτι σχεδὸν τὸ
αὐτό ἐστι τὸ ἐπιχείρημα τοῦτο τῷ Πυθα-
γορείῳ· διὰ τοῦτο γὰρ εἶπεν ὁ Σωκράτης
ὅτι τοῦ αὐτοῦ γυμνασίου. Empedocles,
as an Eclectic, borrowed much from the
Pythagoreans, with whom he is sometimes
classed, as by Olymp. and the Schol.

E. νάματα δὲ σπάνια] 'Suppose that
the supplies of these several liquids are
scanty and hard to get; in fact, not to
be procured without frequent and severe
exertion. We will further suppose that
one of the two persons mentioned, when
he has once filled his jars, does not trou-
ble himself to feed them with fresh sup-
plies, but lets well alone, so far as the ves-
sels are concerned.' The different liquids
denote of course the variety in the objects
of human desire. All are represented as
more or less agreeable to the taste. For
the sense of νάμα compare Phaedr. 235 D,
λείπεται δή, οἶμαι, ἐξ ἀλλοτρίων ποθὲν
ναμάτων πεπληρῶσθαί με δίκην ἀγγείου.

494. ἢ τὰς ἐσχάτας λυποῖτο λύπας]
'or else be a prey to the most excru-
ciating pains.' Referring to the uneasi-
ness with which impure pleasures are
preceded and accompanied. See inf.
496 c—E.

σαμένῳ ἐκείνῳ οὐκέτ' ἔστιν ἡδονὴ οὐδεμία, ἀλλὰ τοῦτ'
ἔστιν ὃ νῦν δὴ ἐγὼ ἔλεγον, τὸ ὥσπερ λίθον ζῆν, ἐπειδὰν
B πληρώσῃ, μήτε χαίροντα ἔτι μήτε λυπούμενον. ἀλλ' ἐν
τούτῳ ἐστὶ τὸ ἡδέως ζῆν, ἐν τῷ ὡς πλεῖστον ἐπιρρεῖν.

ΣΩ. Οὐκοῦν ἀνάγκη γ', ἂν πολὺ ἐπιρρέῃ, πολὺ καὶ
τὸ ἀπιὸν εἶναι καὶ μεγάλ' ἄττα τὰ τρήματα εἶναι ταῖς
ἐκροαῖς ;

ΚΑΛ. Πάνυ μὲν οὖν.

ΣΩ. Χαραδριοῦ τιν' αὖ σὺ βίον λέγεις, ἀλλ' οὐ νε-
κροῦ οὐδὲ λίθου. καί μοι λέγε, τὸ τοιόνδε λέγεις οἷον
πεινῆν καὶ πεινῶντα ἐσθίειν ;

ΚΑΛ. Ἔγωγε.

C ΣΩ. Καὶ διψῆν γε καὶ διψῶντα πίνειν ;

ΚΑΛ. Λέγω, καὶ τὰς ἄλλας ἐπιθυμίας ἁπάσας ἔχοντα
καὶ δυνάμενον πληροῦντα χαίροντα εὐδαιμόνως ζῆν.

B. **Οὐκοῦν ἀνάγκη γ'**] 'The more then
you pour in, the greater the waste—wide
too must be the holes for the liquid to
escape by.'

Χαραδριοῦ] The Schol. favours us with
an edifying description of this bird and
its habits: χαρ. ὄρνις τις ὃς ἅμα τῷ
ἐσθίειν ἐκκρίνει (the peculiarity to which
Socr. alludes). He adds: εἰς ὃν ἀπο-
βλέψαντες, ὥς λόγος, οἱ ἰκτεριῶντες ῥᾷον
ἀπαλλάττονται· ὅθεν καὶ ἀποκρύπτουσιν
αὐτὸν οἱ πιπράσκοντες, ἵνα μὴ προῖκα
ὠφελῶνται οἱ κάμνοντες.

        *καί μιν καλύπτει. μῶν χαραδριὸν
        πέρνάς ;*

ὥς φησιν Ἱππῶναξ. The χαραδριός is
mentioned by Arist. Av. 1141, among
the ποτάμια ὄρνεα, in accordance with
the apparent etymology of his name,
παρὰ τὸ ἐν ταῖς χαράδραις διατρίβειν, as
the Schol. on Aristoph. observes. With
him Aristotle agrees, H. A. ix. c. 11,
adding, ἔστι δ' ὁ χαραδριὸς καὶ τὴν χρόαν
καὶ τὴν φωνὴν φαῦλος· φαίνεται δὲ νύκτωρ,
ἡμέρας δὲ ἀποδιδράσκει. He is therefore
not the 'lapwing,' as Lidd. and Scott
suggest: nor does the φαυλότης of his
colour agree with the 'curlew.' Nor is
he the same as αἴθυια, as Timaeus in Lex.
supposes, for the birds are mentioned as
distinct by Arist. H. A. 8. 3. Some
species of plover is probably meant;
'charadriadae' being the name given by
modern ornithologists to the plover-tribe.

Many of these, e. g. the dotterels and
golden plovers, are said to be night-
feeders, as Aristotle reports of his 'cha-
radrius.' According to Plut. Sympos.
p. 681 c, the χαρ. cures the jaundice by
catching it himself through the eyes:
hence ἀποστρέφεται τοὺς ἰκτεριῶντας,
καὶ τὰ ὄμματα συγκλείσας ἔχειν,—from
which we may conjecture that the ex-
periment had never been fairly tried.
The χαραδριός, which is the subject of
one of Babrius's fables, is a crested bird,
κορυδάλλῳ πρὸς τὸν ὄρθρον ἀντάδων.

τιν' αὖ σύ] You said the life I ap-
proved was no life, but the state of a
lifeless body or a stone: and now you
in your turn are depicting a life like
that of an obscene and ravenous bird.

c. δυνάμενον πληροῦντα] If we are not
to adopt Stephen's correction πληροῦν,
we must suppose that infinitive under-
stood in connexion with δυνάμενον. The
concourse of participles is difficult to
render in another language, but it is
much in Plato's manner, and here, in
particular, is not without force. 'I do
acknowledge the existence of the appe-
tites you mention,' says Call.: 'I speak
of a man drinking when he is thirsty,
and eating when he is hungry; and not
only so, but also of one who possesses all
the other natural appetites, with the
means of gratifying them, and who does
gratify them and enjoys it,—and that
man, I say, leads a happy life.' As

XLIX. ΣΩ. Εὖγε, ὦ βέλτιστε· διατέλει γὰρ ὥσπερ ἤρξω, καὶ ὅπως μὴ ἀπαισχυνεῖ. δεῖ δέ, ὡς ἔοικε, μηδ᾽ ἐμὲ ἀπαισχυνθῆναι. καὶ πρῶτον μὲν εἰπὲ εἰ καὶ ψωρῶντα καὶ κνησιῶντα, ἀφθόνως ἔχοντα τοῦ κνῆσθαι, κνώμενον διατελοῦντα τὸν βίον εὐδαιμόνως ἔστι ζῆν.

ΚΑΛ. Ὡς ἄτοπος εἶ, ὦ Σώκρατες, καὶ ἀτεχνῶς δημη- D γόρος.

ΣΩ. Τοιγάρτοι, ὦ Καλλίκλεις, Πῶλον μὲν καὶ Γοργίαν καὶ ἐξέπληξα καὶ αἰσχύνεσθαι ἐποίησα, σὺ δὲ οὐ μὴ ἐκπλαγῇς οὐδὲ μὴ αἰσχυνθῇς· ἀνδρεῖος γὰρ εἶ. ἀλλ᾽ ἀποκρίνου μόνον.

ΚΑΛ. Φημὶ τοίνυν καὶ τὸν κνώμενον ἡδέως ἂν βιῶναι.

ΣΩ. Οὐκοῦν εἴπερ ἡδέως, καὶ εὐδαιμόνως;

ΚΑΛ. Πάνυ γε.

ΣΩ. Πότερον εἰ τὴν κεφαλὴν μόνον κνησιῷ, ἢ ἔτι τί E σε ἐρωτῶ; ὅρα, ὦ Καλλίκλεις, τί ἀποκρινεῖ, ἐάν τίς σε τὰ ἐχόμενα τούτοις ἐφεξῆς ἅπαντα ἐρωτᾷ. καὶ τούτων τοιούτων ὄντων κεφάλαιον, ὁ τῶν κιναίδων βίος, οὗτος

Stallb. observes, Callicles cuts Socrates short in his tedious enumeration of appetites, any or all of which he is prepared to recognize; and then, with characteristic ὕβρις, adds unasked his opinion that he who indulges them all to the top of his bent is the happy man.

εἰπὲ εἰ καὶ ψωρῶντα] 'Tell me whether one afflicted with the itch, who has a perpetual desire to scratch, and who can scratch to his heart's content, and spends his life in scratching, whether it can he said that such a person lives happily?' Obs. κνῆσθαι not κνᾶσθαι is the Attic form, analogous to ζῆν, ψῆν, σμῆν, νῆν for νήθειν. See Cobet, N. Lectt. p. 160. So ψωρῶντας is hetter than ψωριῶντας, the common form, and found here in the old edd. Phot., Λιθῶντας τρισυλλάβως, οὐ λιθιῶντας. Πλάτων id Νόμων (p. 916 λ) ... ψωρᾶν καὶ βραγχᾶν δισυλλάβως λέγουσι. So θανατᾶν, not θανατιᾶν, δαιμονᾶν not δαιμονιᾶν. Lob. Phryn. p. 80 fol. In κνησιᾶν the ι helongs to the root, and is to he retained. Presently for κνησιῷ (or perhaps κνησιῴη) the codd. give κνησιοῖ. The phenomena of pruriency are described with grotesque accuracy in the Philebus, p. 46 D, a passage illustrative of the present in

more than one respect. Compare also Democritus, Frag. Mor. 49, ed. Mullach., Ξυόμενοι ἄνθρωποι ἥδονται καί σφιν γίνεται ἅπερ τοῖσι ἀφροδισιάζουσι.

D. Ὡς ἄτοπος εἶ, ὦ Σ., καὶ ἀτεχνῶς δημηγόρος] 'How absurd you are! what a thoroughly mob-orator!' i. e. how thoroughly unscrupulous as to the nature of the arguments you use, stooping, as you do, to the lowest kind of clap-trap. Olymp., δημηγόρος εἶ· τὰ τοῖς πολλοῖς ἀρέσκοντα λέγεις· οὗτοι γὰρ οὐκ ἂν εἴποιεν τοὺς τοιούτους εὐδαίμονας.

σὺ δὲ οὐ μὴ ἐκπλαγῇς] 'I have no fear of your being shocked or put to shame.' Inf. 520 D, οὐδὲν δεινὸν μήποτε ἀδικηθῇ. Phaedr. 84 B, οὐδὲν δεινὸν μὴ φοβηθῇ.

E. καὶ τούτων τοιούτων ὄντων κεφάλαιον] 'and,—to mention the crowning instance of all such—is not, &c.' The object of Socr. in introducing a coarse topic like this, is, as he presently says, to prove that "there are pleasant things which are not good." Callicles was proof against the last instance, but recoils before this, which Socr. calls the κεφάλαιον, that in which the argument is 'brought to a head,' or 'reaches its climax.' In Theaet. 190 B, τὸ πάντων

οὐ δεινὸς καὶ αἰσχρὸς καὶ ἄθλιος; ἢ τούτους τολμήσεις
λέγειν εὐδαίμονας εἶναι, ἐάν ἀφθόνως ἔχωσιν ὧν δέονται;

ΚΑΛ. Οὐκ αἰσχύνει εἰς τοιαῦτα ἄγων, ὦ Σώκρατες,
τοὺς λόγους;

ΣΩ. Ἦ γὰρ ἐγὼ ἄγω ἐνταῦθα, ὦ γενναῖε, ἢ ἐκεῖνος
ὃς ἂν φῇ ἀνέδην οὕτω τοὺς χαίροντας, ὅπως ἂν χαίρωσιν,
495 εὐδαίμονας εἶναι, | καὶ μὴ διορίζηται τῶν ἡδονῶν ὁποῖαι
ἀγαθαὶ καὶ κακαί; ἀλλ' ἔτι καὶ νῦν λέγε, πότερον φῇς
εἶναι τὸ αὐτὸ ἡδὺ καὶ ἀγαθόν, ἢ εἶναί τι τῶν ἡδέων ὃ οὐκ
ἔστιν ἀγαθόν;

ΚΑΛ. Ἵνα δή μοι μὴ ἀνομολογούμενος ᾖ ὁ λόγος, ἐὰν
ἕτερον φήσω εἶναι, τὸ αὐτό φημι εἶναι.

ΣΩ. Διαφθείρεις, ὦ Καλλίκλεις, τοὺς πρώτους λόγους,
καὶ οὐκ ἂν ἔτι μετ' ἐμοῦ ἱκανῶς τὰ ὄντα ἐξετάζοις, εἴπερ
παρὰ τὰ δοκοῦντα σαυτῷ ἐρεῖς.

ΚΑΛ. Καὶ γὰρ σύ, ὦ Σώκρατες.

ΣΩ. Οὐ τοίνυν ὀρθῶς ποιῶ οὔτ' ἐγώ, εἴπερ ποιῶ
Β τοῦτο, οὔτε σύ. ἀλλ', ὦ μακάριε, ἄθρει μὴ οὐ τοῦτο ᾖ
τὸ ἀγαθόν, τὸ πάντως χαίρειν· ταῦτά τε γὰρ τὰ νῦν δὴ
αἰνιχθέντα πολλὰ καὶ αἰσχρὰ φαίνεται συμβαίνοντα, εἰ
τοῦτο οὕτως ἔχει, καὶ ἄλλα πολλά.

ΚΑΛ. Ὡς σύ γε οἴει, ὦ Σώκρατες.

ΣΩ. Σὺ δὲ τῷ ὄντι, ὦ Καλλίκλεις, ταῦτα ἰσχυρίζει;

κεφάλαιον denotes the most general form in which a number of particular instances can be summed up. This can hardly he said of the present question, except in a rhetorical sense.

ἀνέδην οὕτω] 'Broadly, without limitation or exception.' Inf. 509, ὡς γοῦν ἂν δόξειεν οὕτωσί, 'at first sight.' Arist. Ran. 625, οὕτω δὲ βασάνιζ' ἀπαγαγών, 'without more ado.' Soph. Antig. 315, εἰπεῖν τι δώσεις, ἢ στραφεὶς οὕτως ἴω; 'without a hearing.' Above, p. 464 D, τὴν δ' ἐπὶ τῷ σώματι μίαν μὲν οὕτως ὀνομάσαι οὐκ ἔχω. 'I cannot give it one single name.' Also p. 503 D, οὕτωσὶν ἀτρέμα σκοπούμενοι.

495. Ἵνα δή μοι μὴ ἀνομολογούμενος ᾖ]. 'Just that I may not contradict myself, as I must if I say that the pleasant and the good are distinct, I say

that they are the same.' To which Socr. replies, that by such an answer Callicles destroys the force of his first speech (in which he had censured Gorgias and Polus for answering against their conviction), and that if he too says one thing while he means another there is an end of their joint investigation of the truth. ἀνομολογούμενος has the force of an adj. as in Arist. Anal. i. 34, quoted by Heind., ἀνομολογούμενον τοῖς προειρημένοις. So Plat. Legg. 741 A, τὸ ὁμολογούμενον τιμῶντες, 'honouring consistency.'

B. ταῦτά τε γὰρ—ἄλλα πολλά] 'For if this is so—if Good is always Pleasure, and Pleasure Good—there will plainly follow many other disgusting conclusions besides those at which I have just now darkly hinted.'

ΚΑΛ. Ἔγωγε.

L. ΣΩ. Ἐπιχειρῶμεν ἄρα τῷ λόγῳ ὡς σοῦ σπου- c
δάζοντος ;

ΚΑΛ. Πάνυ γε σφόδρα.

ΣΩ. Ἴθι δή μοι, ἐπειδὴ οὕτω δοκεῖ, διελοῦ τάδε.
ἐπιστήμην που καλεῖς τι ;

ΚΑΛ. Ἔγωγε.

ΣΩ. Οὐ καὶ ἀνδρείαν νῦν δὴ ἔλεγές τινα εἶναι μετὰ
ἐπιστήμης ;

ΚΑΛ. Ἔλεγον γάρ.

ΣΩ. Ἄλλο τι οὖν ὡς ἕτερον τὴν ἀνδρείαν τῆς ἐπι-
στήμης δύο ταῦτα ἔλεγες ;

ΚΑΛ. Σφόδρα γε.

ΣΩ. Τί δέ ; ἡδονὴν καὶ ἐπιστήμην ταὐτὸν ἢ ἕτερον ;

ΚΑΛ. Ἕτερον δήπου, ὦ σοφώτατε σύ. D

ΣΩ. Ἦ καὶ ἀνδρείαν ἑτέραν ἡδονῆς ;

ΚΑΛ. Πῶς γὰρ οὔ ;

ΣΩ. Φέρε δὴ ὅπως μεμνησόμεθα ταῦτα, ὅτι Καλλι-
κλῆς ἔφη ὁ Ἀχαρνεὺς ἡδὺ μὲν καὶ ἀγαθὸν ταὐτὸν εἶναι,
ἐπιστήμην δὲ καὶ ἀνδρείαν καὶ ἀλλήλων καὶ τοῦ ἀγαθοῦ
ἕτερον.

ΚΑΛ. Σωκράτης δέ γ᾽ ἡμῖν ὁ Ἀλωπεκῆθεν οὐχ ὁμο-
λογεῖ ταῦτα. ἢ ὁμολογεῖ ;

c. Ἴθι δή μοι] The last elenchus con-
sisted in an appeal to the moral sense.
The position of Callicles had been shown
to involve consequences revolting to his
natural taste and feeling: this he had
virtually acknowledged, owning that it
was merely for consistency's sake that
he still clung to his thesis, ὅτι τἀγαθὸν
καὶ τὸ ἡδὺ ταὐτόν. The argument which
follows is dialectical, as the former was
popular. Olymp., τοῦ ἕκτου ἐπιχειρή-
ματος ἐφαπτόμεθα· ὃ διττόν ἐστι, τὸ μὲν
κατ᾽ εὐθύ, τὸ δὲ διὰ τῆς εἰς ἀδύνατον ἀπα-
γωγῆς. He means that there is direct
proof of the impossibility of good and
evil, which are contraries, existing and
ending simultaneously in the same in-
dividual. The ἀπαγωγὴ εἰς ἀδύνατον
consists in showing the incompatibility
of this principle with the proposition ὅτι
τὸ ἡδὺ καὶ τἀγαθὸν ταὐτόν, which is
effected by producing instances in which

pleasure and pain do co-exist and end
together.

ἐπειδὴ οὕτω δοκεῖ] Stephen followed
by Hirsch. gives οὕτω σοι δοκεῖ from one
MS. But σοι is better absent; 'seeing
that it is so ruled,' Lat. 'sic placet,' viz.,
ἐπιχειρεῖν τῷ λόγῳ ὡς σοῦ σπουδάζοντος.
Parmen. 137 B, ἢ βούλεσθε, ἐπειδήπερ
δοκεῖ πραγματειώδη παιδίαν παίζειν, ἀπ᾽
ἐμαυτοῦ ἄρξωμαι καὶ τῆς ἐμαυτοῦ ὑπο-
θέσεως: In the next ῥῆσις but one ὡς
ἕτερον τὴν ἀνδρείαν τῆς ἐπιστήμης Heind.
and Bkk. insert ὄν after ἕτερον. So also
Hirsch. The instances quoted by Stallb.
(though not all in point) establish the
legitimacy of the omission even in abso-
lute clauses. Yet I incline with Heind.
to suppose that in the present case ὄν
has been accidentally absorbed by the
preceding word.

διελοῦ τάδε. ἐπιστήμην που καλεῖς
τι;] 'Resolve me this. I presume you

Ε   ΣΩ.   Οὐχ ὁμολογεῖ· οἶμαι δέ γ' οὐδὲ Καλλικλῆς, ὅταν αὐτὸς αὑτὸν θεάσηται ὀρθῶς. εἰπὲ γάρ μοι, τοὺς εὖ πράττοντας τοῖς κακῶς πράττουσιν οὐ τοὐναντίον ἡγεῖ πάθος πεπονθέναι ;

ΚΑΛ.   Ἔγωγε.

ΣΩ.   Ἆρ' οὖν, εἴπερ ἐναντία ἐστὶ ταῦτα ἀλλήλοις ἀνάγκη περὶ αὐτῶν ἔχειν ὥσπερ περὶ ὑγιείας ἔχει καὶ νόσου ; οὐ γὰρ ἅμα δήπου ὑγιαίνει τε καὶ νοσεῖ ὁ ἄνθρωπος, οὐδὲ ἅμα ἀπαλλάττεται ὑγιείας τε καὶ νόσου.

ΚΑΛ.   Πῶς λέγεις ;

ΣΩ.   Οἷον περὶ ὅσου βούλει τοῦ σώματος ἀπολα-
496 βὼν σκόπει. νοσεῖ | που ἄνθρωπος ὀφθαλμούς, ᾧ ὄνομα ὀφθαλμία ;

ΚΑΛ.   Πῶς γὰρ οὔ ;

ΣΩ.   Οὐ δήπου καὶ ὑγιαίνει γε ἅμα τοὺς αὐτούς ;

ΚΑΛ.   Οὐδ' ὁπωστιοῦν.

ΣΩ.   Τί δέ ; ὅταν τῆς ὀφθαλμίας ἀπαλλάττηται, ἆρα τότε καὶ τῆς ὑγιείας ἀπαλλάττεται τῶν ὀφθαλμῶν καὶ τελευτῶν ἅμα ἀμφοτέρων ἀπήλλακται ;

ΚΑΛ.   Ἥκιστά γε.

ΣΩ.   Θαυμάσιον γάρ, οἶμαι, καὶ ἄλογον γίγνεται. ἢ γάρ ;

ΚΑΛ.   Σφόδρα γε.

call something Science,' i. e. you recognize the existence of a thing called Science.

D. ἢ ὁμολογεῖ; Οὐχ ὁμολογεῖ.] What the Platonic Socr. really thought on this subject he tells us plainly in the Philebus, p. 60, where after stating the opinion of Philebus, that pleasure was the finis honorum, and that Good and Pleasant were interchangeable terms, he adds: Σωκράτης δὲ πρῶτον μὲν οὔ φησι τοῦτ' εἶναι, δύο δὲ καθάπερ τὰ ὀνόματα, καὶ τό τε ἀγαθὸν καὶ τὸ ἡδὺ διάφορον ἀλλήλων φύσιν ἔχειν, μᾶλλον δὲ μέτοχον εἶναι τῆς τοῦ ἀγαθοῦ μοίρας τὴν φρόνησιν ἢ τὴν ἡδονήν.

E. τοὺς εὖ πράττοντας . . πεπονθέναι] In order to prove that good and evil cannot co-exist in the same individual, he enumerates instances of both states,

in which their incompatibility is evident. The induction, though imperfect, satisfies Callias, who finally admits the proposition in its utmost generality (496 B, Πάντως δήπου).

ἀπολαβὼν σκόπει.] The participle has the force of an adv. ' Examine separately any part of the body you think proper.' So Rep. 420 c, τὴν εὐδαίμονα (πόλιν) πλάττομεν οὐκ ἀπολαβόντες, ὀλίγους ἐν αὐτῇ τοιούτους τινὰς τίθεντες, ἀλλ' ὅλην, 'not in detail, but in its totality.

496. Θαυμάσιον . . γίγνεται] 'No, for such a conclusion is both startling and absurd.' γίγνεται is equiv. to συμβαίνει, as in 497 A, ἕτερον γίγνεται τὸ ἡδὺ τοῦ ἀγαθοῦ = Lat. efficitur. Compare Philch. 55, Πολλή τις . . ἀλογία ξυμβαίνει γίγνεσθαι.

ΣΩ. Ἀλλ' ἐν μέρει, οἶμαι, ἑκάτερον καὶ λαμβάνει καὶ Β ἀπολλύει;

ΚΑΛ. Φημί.

ΣΩ. Οὐκοῦν καὶ ἰσχὺν καὶ ἀσθένειαν ὡσαύτως;

ΚΑΛ. Ναί.

ΣΩ. Καὶ τάχος καὶ βραδυτῆτα;

ΚΑΛ. Πάνυ γε.

ΣΩ. Ἦ καὶ τἀγαθὰ καὶ τὴν εὐδαιμονίαν καὶ τἀναντία τούτων, κακά τε καὶ ἀθλιότητα, ἐν μέρει λαμβάνει καὶ ἐν μέρει ἀπαλλάττεται ἑκατέρου;

ΚΑΛ. Πάντως δήπου.

ΣΩ. Ἐὰν εὔρωμεν ἄρ' ἄττα ὧν ἅμα τε ἀπαλλάττεται ἄνθρωπος καὶ ἅμα ἔχει, δῆλον ὅτι ταῦτά γε οὐκ ἂν εἴη C τό τε ἀγαθὸν καὶ τὸ κακόν. ὁμολογοῦμεν ταῦτα; Καὶ εὖ μάλα σκεψάμενος ἀποκρίνου.

ΚΑΛ. Ἀλλ' ὑπερφυῶς ὡς ὁμολογῶ.

LI. ΣΩ. Ἴθι δὴ ἐπὶ τὰ ἔμπροσθεν ὡμολογημένα. τὸ πεινῆν ἔλεγες πότερον ἡδὺ ἢ ἀνιαρὸν εἶναι; αὐτὸ λέγω τὸ πεινῆν.

ΚΑΛ. Ἀνιαρὸν ἔγωγε· τὸ μέντοι πεινῶντα ἐσθίειν ἡδύ.

ΣΩ. Μανθάνω· ἀλλ' οὖν τό γε πεινῆν αὐτὸ ἀνιαρόν. D ἢ οὐχί;

ΚΑΛ. Φημί.

ΣΩ. Οὐκοῦν καὶ τὸ διψῆν;

ΚΑΛ. Σφόδρα γε.

ΣΩ. Πότερον οὖν ἔτι πλείω ἐρωτῶ, ἢ ὁμολογεῖς ἅπασαν ἔνδειαν καὶ ἐπιθυμίαν ἀνιαρὸν εἶναι;

B. ἀπολλύει] Hirsch., who agrees with Cobet in banishing the forms in υω from Attic writers, reads of course ἀπόλλυσι. EI and CI arc easily interchanged, but there are passages in the comic poets where the metre forbids us to alter the forms objected to. Porson's note on Medea, 744, exhausts the subject: "Hac forma, ea nempe ubi ύω pro υμι in fine verbi ponitur, nunquam uti Tragicos; rarissime veteres Comicos; saepius mediae, saepissime novae Comoediae poetas. Paulatim et parce adhiberi coepta est sub

mediam fere Aristophanis aetatem; tantum enim occurrit ὀμνύῃ Δν. 1610, συμπαραμιγνύων in ultima ejus fabula Pluto 719. Cetera loca, ubi usurpari videtur, aut emendata sunt, aut emendanda."

D. Μανθάνω] The MSS. here give either καὶ ἐγὼ μανθάνω, or Ἐγὼ μανθάνω. Possibly this was a corruption of another reading, λέγω, or, as Dr. Badham suggests, of καλῶ at the end of the last ῥῆσις. (ΚΑΓΩ ΚΑΛΩ). Any how it cannot be tolerated.

ΚΑΛ.　'Ομολογῶ, ἀλλὰ μὴ ἐρώτα.

ΣΩ.　Εἶεν. διψῶντα δὲ δὴ πίνειν ἄλλο τι ἢ ἡδὺ φὴς εἶναι;

ΚΑΛ.　Ἔγωγε.

ΣΩ.　Οὐκοῦν τούτου οὗ λέγεις ʽτὸ μὲν διψῶντα ˴λυπούμενον δήπου ἐστίν ;

E　ΚΑΛ.　Ναί.

ΣΩ.　Τὸ δὲ πίνειν πλήρωσίς τε τῆς ἐνδείας καὶ ἡδονή ;

ΚΑΛ.　Ναί.

ΣΩ.　Οὐκοῦν κατὰ τὸ πίνειν χαίρειν λέγεις ;

ΚΑΛ.　Μάλιστα.

ΣΩ.　Διψῶντά γε ;

ΚΑΛ.　Φημί.

ΣΩ.　Λυπούμενον ;

ΚΑΛ.　Ναί.

ΣΩ.　Αἰσθάνει οὖν τὸ συμβαῖνον, ὅτι λυπούμενον χαίρειν λέγεις ἅμα, ὅταν διψῶντα πίνειν λέγῃς ; ἢ οὐχ ἅμα τοῦτο γίγνεται κατὰ τὸν αὐτὸν τόπον καὶ χρόνον εἴτε ψυχῆς εἴτε σώματος βούλει ; οὐδὲν γάρ, οἶμαι, διαφέρει. ἔστι ταῦτα ἢ οὔ ;

ΚΑΛ.　Ἔστιν.

ΣΩ.　Ἀλλὰ μὴν εὖ γε πράττοντα κακῶς πράττειν ἅμα ἀδύνατον † ἔφης † εἶναι.

ΚΑΛ.　Φημὶ γάρ.

497　| ΣΩ.　Ἀνιώμενον δέ γε χαίρειν δυνατὸν ὡμολόγηκας.

ΚΑΛ.　Φαίνεται.

ΣΩ.　Οὐκ ἄρα τὸ χαίρειν ἐστὶν εὖ πράττειν οὐδὲ τὸ ἀνιᾶσθαι κακῶς, ὥστε ἕτερον γίγνεται τὸ ἡδὺ τοῦ ἀγαθοῦ.

ΚΑΛ.　Οὐκ οἶδ' ἄττα σοφίζει, ὦ Σώκρατες.

τὸ μὲν διψῶντα λυπούμενον δήπου ἐστίν ;] "In this phrase 'to drink when athirst,' the word 'athirst' is equivalent to 'being in pain,' is it not?" So presently, κατὰ τὸ πίνειν χαίρειν λέγεις ; "it is in respect of his 'drinking' you mean that the drinker feels delight ?"
Σ. † ἔφης † εἶναι] Hirsch. ἔφησθ' εἶναι. Phrynichus: 'Ἔφης· ἔστι μὲν παρὰ τοῖς ἀρχαίοις, ἀλλ' ὀλίγον· τὸ δὲ πλεῖστον ἔφησθα: where Lobeck observes : "'Ἔφης tam pauca habet idonene auctoritatis

exempla (Plat. Gorg. 466 E, 496 A, Xen. Cyr. iv. 1, 23, Isocr. Busir. 3. 367), ut Phrynichi mirer verecundiam, praesertim cum affini ἦς, quod nihilo melius est, tam grave subierit judicium." The following φημί inclines me to substitute φῆς here, as in 466 E, and in Euthyd. 293 c. The passage from the Busiris has been corrected from the MSS. I agree with Baiter in thinking ἔφης inadmissible in Plato.

497. Οὐκ οἶδ' ἄττα σοφίζει, ὦ Σώ.

ΣΩ. Οἶσθα, ἀλλ' ἀκκίζει, ὦ Καλλίκλεις. καὶ πρόϊθί
γ' ἔτι εἰς τὸ ἔμπροσθεν, [ὅτι ἔχων ληρεῖς,] ἵν' εἰδῇς ὡς

κρατεῖ] Though he has assented to all the premisses, Callicles is unable or unwilling to accept the apparently inevitable conclusion. Even the Platonist Olympiodorus finds a difficulty. Health and sickness, he says, cannot co-exist, because they are contraries : so of well-being and ill-being generally. How then can pleasure and pain co-exist ? Are not they contraries also ? πῶς λέγεις μὴ εἶναι ἐναντίαν τὴν ἡδονὴν καὶ τὴν λυπήν ; Of this ἀπορία he offers a characteristic solution. But the true key to the difficulty is furnished in the Philebus, where Socr. argues on grounds physical rather than dialectical. The good state of a thing, it is there argued, is its healthy normal state, free alike from ἔνδεια and from πλησμονή, either of which constitutes disease. The perception of ἔνδεια is painful, the process of its removal causes pleasure. So long as the process continues, pain does not cease, though pleasure may predominate. When the want is removed, and the normal state of the body is re-established, pleasure and pain cease together. But the normal is the good state, and as it is that in which pleasure ceases to be perceptible, the good and the pleasant cannot be convertible terms. It is conceivable that the subtle speculations of the Philebus, in which, though there may be occasional defects of analysis, there is no taint of logomachy, may have been suggested by objections raised to the reasoning in this part of the Gorgias : reasoning which is rather unconvincing than illogical. The student needs reminding that the proposition against which Socr. is arguing, is not that Pleasure is or may be good, but that Good consists in Pleasure : that the two words 'good' and 'pleasant' are convertible; that all which is pleasant is good, and all which is good is pleasant. This was the doctrine of Aristippus, of which Callicles is a popular, perhaps an unconscious exponent.

Οἶσθα, ἀλλ' ἀκκίζει] The verb ἀκκίζεσθαι and its derivative ἀκκισμός are used to denote any kind of mock modesty or prudery, especially, though not exclusively, on the part of women. Philippides, Com. ap. Athen. p. 384 E, τὰ μὲν οὖν γύναια τἄλλ' ἠκκίζετο, 'pretended to be shocked.' Philemon, ib. 589 D, οὐκ ἔστ' οὐδὲ εἷς Ἀκκισμὸς οὐδὲ λῆρος, 'there

is no coyness or nonsense here.' Hence the glosses, θρυπτόμενος, προσποιούμενος, γυναικιζόμενος. The grammarians derive the word from a female appellative Ἀκκώ, and add biographical particulars of the lady. These are doubtless apocryphal, for we find from Plutarch that Ἀκκώ was used as a name of fear to terrify children, like Μορμώ, καρκώ (= Λαμία), &c. Plut. de Stoicorum repugnantiis, p. 1040 B, where Chrysippus is said to have derided Plato's doctrine of divine retribution, ὡς οὐδὲν διαφέροντα τῆς Ἀκκοῦς καὶ τῆς Ἀλφιτοῦς δι' ὧν τὰ παιδάρια τοῦ κακοσχολεῖν αἱ γυναῖκες ἀνείργουσιν. Hence the word ἀκκίζεσθαι may originally have denoted chimerical or feigned alarm, the transition from which meaning to that of affected modesty or niceness is not difficult. The word first occurs in Pindar Frag. inc. 217, Ἄνδρες τινὲς ἀκκιζόμενοι Σκύθαι Νεκρὸν ἵππον στυγέοισιν λόγῳ. Hence the proverb, ὁ Σκύθης τὸν ἵππον, said of those who affect dislike of what they secretly hanker after. Here the sense is obvious : You know, though you make believe that you don't know. You know perfectly well whither my arguments are leading you, but it does not suit your purpose to acknowledge it. In the sequel the words ὅτι ἔχων ληρεῖ seem to have strayed from elsewhere. Heind. thinks they stood in the place of λέγεις in the next reply of Callicles. Others divide the ῥήσεις as follows : giving ΣΩ. Οἶσθα, ἀλλ' ἀκκίζει, ὦ Καλλίκλεις. ΚΑΛ. Καὶ πρόϊθί γ' ἔτι εἰς τοὔμπροσθεν, ὅτι ἔχων ληρεῖς, ἵν' εἰδῇς ὡς σοφὸς ὤν με νουθετεῖς. ΣΩ. Οὐχ ἅμα διψῶν θ' ἕκαστος ἡμῶν κ.τ.λ. Even so the clause ὅτι ἔχων ληρεῖς is in the way: nor is there much point in the next clause, ἵν' εἰδῇς, &c., as coming from Callicles. In the mouth of Socr. it is an apt retort to οὐκ οἶδ' ἄττα σοφίζει, as if he had said, You blame me διὰ τὸ σοφίζεσθαι, answer a few more questions, and you will discover that you are no σοφός. Comp. ὦ σοφώτατέ σύ supr. 495 D. Moreover, the succeeding question of Socr., Οὐχ ἅμα διψῶν κ.τ.λ., comes in abruptly. We should have expected Πρόειμι δή, or some such prefatory formula. However the ῥήσεις be divided, one thing seems clear, that ὅτι ἔχων ληρεῖς comes more naturally from

σοφὸς ὢν με νουθετεῖς. οὐχ ἅμα διψῶν τε ἕκαστος ἡμῶν
B πέπαυται καὶ ἅμα ἡδόμενος διὰ τοῦ πίνειν ;

ΚΑΛ. Οὐκ οἶδα ὅ τι λέγεις.

ΓΟΡ. Μηδαμῶς, ὦ Καλλίκλεις, ἀλλ᾿ ἀποκρίνου καὶ
ἡμῶν ἕνεκα, ἵνα περανθῶσιν οἱ λόγοι.

ΚΑΛ. ᾿Αλλ᾿ ἀεὶ τοιοῦτός ἐστι Σωκράτης, ὦ Γοργία·
σμικρὰ καὶ ὀλίγου ἄξια ἀνερωτᾷ καὶ ἐξελέγχει.

ΓΟΡ. ᾿Αλλὰ τί σοὶ διαφέρει ; πάντως οὐ σὴ αὕτη ἡ
τιμή, ὦ Καλλίκλεις· ἀλλ᾿ ὑπόσχες Σωκράτει ἐξελέγξαι
ὅπως ἂν βούληται.

C ΚΑΛ. ᾿Ερώτα δὴ σὺ τὰ σμικρά τε καὶ στενὰ ταῦτα,
ἐπείπερ Γοργίᾳ δοκεῖ οὕτως.

LII. ΣΩ. Εὐδαίμων εἶ, ὦ Καλλίκλεις, ὅτι τὰ μεγάλα
μεμύησαι πρὶν τὰ σμικρά· ἐγὼ δ᾿ οὐκ ᾤμην θεμιτὸν
εἶναι. ὅθεν οὖν ἀπέλιπες, ἀποκρίνου, εἰ οὐχ ἅμα παύεται
διψῶν ἕκαστος ἡμῶν καὶ ἡδόμενος.

ΚΑΛ. Φημί.

Callicles, and that, if retained, it ought
to be transposed as Heindorf suggests.
ΚΑΛ. Οὐκ οἶδ᾿ ὅ τι ἔχων ληρεῖς. ΓΟΡ.
Μηδαμῶς, ὦ Καλλίκλεις κ.τ.λ.

B. καὶ ἡμῶν ἕνεκα] i. e. not merely to
please Socr., but to save us from the
tedium of a protracted discussion.

πάντως οὐ σὴ αὕτη ἡ τιμή] A pro-
verbial expression, doubtless: but whether
τιμή is put for τίμημα, 'multa,' 'dam-
num,' is not so certain. The sense re-
quired is, "That is not your affair"—
not your reputation, but that of Socr. is
at stake in consequence of his objection-
able practice of testing your assertions
by simple instances. So Olymp., εἴτε
κακῶς ἐρωτᾷ εἴτε καλῶς, οὐδὲν πρὸς σέ.
We have here a touch of the εἰρωνεία,
for which, according to Aristotle, Gorgias
was remarkable. Presently ὑπόσχες =
'permit' as frequently.

c. ᾿Ερώτα δὴ σύ] ' Proceed then you,
sir, with your little cramped questions.'
This, says the Schol. was a standing scoff
on the part of the rhetoricians against
dialectical arguments. Hippias, for in-
stance, called them περιτμήματα, shreds
or parings.

τὰ μεγάλα μεμύησαι πρὶν τὰ σμικρά]
supp. μυηθῆναι. The Schol. explains τὰ
σμικρά of the μυστήρια ἐν ἄστει, the
μεγάλα as τὰ ἐν ᾿Ελευσῖνι. It was

necessary, he says, to be initiated in the
former before witnessing the latter. The
lesser Eleusinia were celebrated at the
temple in the suburb Agra : the greater
both at Athens in the Eleusinium, and
at Eleusis itself. See the testimonies
in Leake's Athens, p. 250. Symp.
210 A, ταῦτα τὰ ἐρωτικὰ ἴσως κἂν σὺ
μυηθείης, τὰ δὲ τέλεα καὶ ἐποπτικά, ὧν
ἕνεκα καὶ ταῦτ᾿ ἐστίν, οὐκ οἶδ᾿ εἰ οἷός τ᾿
ἂν εἴης. Synesius (Dion. 52 c) seems to
understand τὰ μικρά of the preliminary
rites: δεῖ τὰ μικρὰ ἐποπτεῦσαι πρὸ τῶν
μειζόνων, καὶ χορεῦσαι πρὶν δᾳδουχῆσαι,
καὶ δᾳδουχῆσαι πρὶν ἱεροφαντῆσαι. But
there is no discrepancy between his view
and that of the Schol. if we are to
believe Plutarch, vit. Demetrii, c. 26
(900 D), τότε δ᾿ οὖν ἀναζευγνύων εἰς τὰς
᾿Αθήνας, ἔγραψεν ὅτι βούλεται παραγενό-
μενος εὐθὺς μυηθῆναι, καὶ τὴν τελετὴν
ἅπασαν ἀπὸ τῶν μικρῶν ἄχρι τῶν ἐπο-
πτικῶν παραλαβεῖν, τοῦτο δὲ οὐ θεμιτὸν
ἦν οὐδὲ γεγονὸς πρότερον. ἀλλὰ τὰ μικρὰ
τοῦ ᾿Ανθεστηριῶνος ἐτελοῦντο, τὰ δὲ
μεγάλα τοῦ Βοηδρομιῶνος· ἐπώπτευον δὲ
τοὐλάχιστον ἀπὸ τῶν μεγάλων ἐνιαυτὸν
διαλιπόντες. Hence from the μικρὰ to
the state of a complete epopt eighteen
months would intervene. See, however,
Lobeck, Aglaoph. p. 36.

ΣΩ.   Οὐκοῦν καὶ πεινῶν καὶ τῶν ἄλλων ἐπιθυμιῶν καὶ ἡδονῶν ἅμα παύεται ;

ΚΑΛ.   Ἔστι ταῦτα.

ΣΩ.   Οὐκοῦν καὶ τῶν λυπῶν καὶ τῶν ἡδονῶν ἅμα παύεται ;

ΚΑΛ.   Ναί.

ΣΩ.   Ἀλλὰ μὴν τῶν ἀγαθῶν καὶ κακῶν οὐχ ἅμα παύεται, ὡς σὺ ὡμολόγεις· νῦν δὲ οὐχ ὁμολογεῖς ;

ΚΑΛ.   Ἔγωγε, τί οὖν δή ;

ΣΩ.   Ὅτι οὐ ταὐτὰ γίγνεται, ὦ φίλε, τἀγαθὰ τοῖς ἡδέσιν οὐδὲ τὰ κακὰ τοῖς ἀνιαροῖς. τῶν μὲν γὰρ ἅμα παύεται, τῶν δὲ οὔ, ὡς ἑτέρων ὄντων. πῶς οὖν ταὐτὰ ἂν εἴη τὰ ἡδέα τοῖς ἀγαθοῖς ἢ τὰ ἀνιαρὰ τοῖς κακοῖς ; Ἐὰν δὲ βούλῃ, καὶ τῇδ' ἐπίσκεψαι· οἶμαι γάρ σοι οὐδὲ ταύτῃ ὁμολογεῖσθαι. ἄθρει δέ· τοὺς ἀγαθοὺς οὐχὶ ἀγαθῶν παρουσίᾳ ἀγαθοὺς καλεῖς, ὥσπερ τοὺς καλοὺς οἷς ἂν κάλλος παρῇ ;

ΚΑΛ.   Ἔγωγε.

ΣΩ.   Τί δέ ; ἀγαθοὺς ἄνδρας καλεῖς τοὺς ἄφρονας καὶ δειλούς ; οὐ γὰρ ἄρτι γε, ἀλλὰ τοὺς ἀνδρείους καὶ φρονίμους ἔλεγες. ἢ οὐ τούτους ἀγαθοὺς καλεῖς ;

ΚΑΛ.   Πάνυ μὲν οὖν.

ΣΩ.   Τί δέ ; παῖδα ἀνόητον χαίροντα ἤδη εἶδες ;

ΚΑΛ.   Ἔγωγε·

ΣΩ.   Ἄνδρα δὲ οὔπω εἶδες ἀνόητον χαίροντα ;

ΚΑΛ.   Οἶμαι ἔγωγε. ἀλλὰ τί τοῦτο ;

ΣΩ.   Οὐδέν· ἀλλ' ἀποκρίνου.

D. Οὐκοῦν καὶ τῶν λυπῶν] To prove that during the act of drinking the thirsty man is the subject both of pain and pleasure, Olympiod. suggests the experiment of stopping short (ἀναχαιτίσαι ἑαυτόν) before the thirst is slaked: under these circumstances, he says, αἰσθανόμεθα τῆς λυπῆς πάλιν. εἰ δὲ ἐμπλήσομεν ἑαυτούς, γίνεται ἡμῖν τὸ λεχθέν πίον τ' ἀκέοντό τε δίψαν. (Il. χ. 2.)

καὶ τῇδ' ἐπίσκεψαι] Here begins a new elenchus. If the essence of good and evil be pleasure and pain respectively, those who feel pleasure are better under all circumstances than those who feel pain. But there are circumstances under which the coward feels as much pleasure as the brave man, or more. Wherefore, the brave man being good and the coward evil, under such circumstances the evil man is better than the good man, or at least as good—the good and the bad are put on a level in regard of goodness and badness, or, if there be any difference, the bad man is at once and the same time better and worse than the good. Here again a paradoxical conclusion is shown to follow necessarily from paradoxical premisses.

ΚΑΛ. Εἶδον.

498 | ΣΩ. Τί δέ; νοῦν ἔχοντα λυπούμενον καὶ χαίροντα ;
ΚΑΛ. Φημί.

ΣΩ. Πότεροι δὲ μᾶλλον χαίρουσι καὶ λυποῦνται, οἱ φρόνιμοι ἢ οἱ ἄφρονες ;

ΚΑΛ. Οἶμαι ἔγωγε οὐ πολύ τι διαφέρειν.

ΣΩ. Ἀλλ' ἀρκεῖ καὶ τοῦτο. ἐν πολέμῳ δὲ ἤδη εἶδες ἄνδρα δειλόν ;

ΚΑΛ. Πῶς γὰρ οὔ ;

ΣΩ. Τί οὖν ; ἀπιόντων τῶν πολεμίων πότεροί σοι ἐδόκουν μᾶλλον χαίρειν, οἱ δειλοὶ ἢ οἱ ἀνδρεῖοι ;

B ΚΑΛ. Ἀμφότεροι ἔμοιγε μᾶλλον· εἰ δὲ μή, παραπλησίως γε.

ΣΩ. Οὐδὲν διαφέρει. χαίρουσι δ' οὖν καὶ οἱ δειλοί ;

ΚΑΛ. Σφόδρα γε.

ΣΩ. Καὶ οἱ ἄφρονες, ὡς ἔοικεν.

ΚΑΛ. Ναί.

ΣΩ. Προσιόντων δὲ οἱ δειλοὶ μόνον λυποῦνται ἢ καὶ οἱ ἀνδρεῖοι ;

ΚΑΛ. Ἀμφότεροι.

ΣΩ. Ἆρα ὁμοίως ;

ΚΑΛ. Μᾶλλον ἴσως οἱ δειλοί.

ΣΩ. Ἀπιόντων δ' οὐ μᾶλλον χαίρουσιν ;

ΚΑΛ. Ἴσως.

ΣΩ. Οὐκοῦν λυποῦνται μὲν καὶ χαίρουσι καὶ οἱ ἄφρο-
C νες καὶ οἱ φρόνιμοι καὶ οἱ δειλοὶ καὶ οἱ ἀνδρεῖοι παραπλησίως, ὡς σὺ φής, μᾶλλον δὲ οἱ δειλοὶ τῶν ἀνδρείων ;

ΚΑΛ. Φημί.

ΣΩ. Ἀλλὰ μὴν οἵ γε φρόνιμοι καὶ ἀνδρεῖοι ἀγαθοί, οἱ δὲ δειλοὶ καὶ ἄφρονες κακοί ;

ΚΑΛ. Ναί.

ΣΩ. Παραπλησίως ἄρα χαίρουσι καὶ λυποῦνται οἱ ἀγαθοὶ καὶ οἱ κακοί ;

ΚΑΛ. Φημί.

ΣΩ. Ἆρ' οὖν παραπλησίως εἰσὶν ἀγαθοὶ καὶ κακοὶ οἱ

ἀγαθοί τε καὶ οἱ κακοί; ἢ καὶ ἔτι μᾶλλον ἀγαθοὶ καὶ κακοί εἰσιν οἱ κακοί;

LIII. ΚΑΛ. Ἀλλὰ μὰ Δί᾽ οὐκ οἶδ᾽ ὅ τι λέγεις.   D

ΣΩ. Οὐκ οἶσθ᾽ ὅτι τοὺς ἀγαθοὺς ἀγαθῶν φὴς παρουσίᾳ εἶναι ἀγαθούς, κακοὺς δὲ κακῶν; τὰ δὲ ἀγαθὰ εἶναι τὰς ἡδονάς, κακὰ δὲ τὰς ἀνίας;

ΚΑΛ. Ἔγωγε.

ΣΩ. Οὐκοῦν τοῖς χαίρουσι πάρεστι τἀγαθά, αἱ ἡδοναί, εἴπερ χαίρουσι;

ΚΑΛ. Πῶς γὰρ οὔ;

ΣΩ. Οὐκοῦν ἀγαθῶν παρόντων ἀγαθοί εἰσιν οἱ χαίροντες;

ΚΑΛ. Ναί.

ΣΩ. Τί δέ; τοῖς ἀνιωμένοις οὐ πάρεστι τὰ κακά, αἱ λῦπαι;

ΚΑΛ. Πάρεστι.

ΣΩ. Κακῶν δέ γε παρουσίᾳ φὴς σὺ εἶναι κακοὺς Ε τοὺς κακούς. ἢ οὐκέτι φής;

ΚΑΛ. Ἔγωγε.

ΣΩ. Ἀγαθοὶ ἄρα οἳ ἂν χαίρωσι, κακοὶ δὲ οἳ ἂν ἀνιῶνται;

ΚΑΛ. Πάνυ γε.

ΣΩ. Οἱ μέν γε μᾶλλον μᾶλλον, οἱ δ᾽ ἧττον ἧττον, οἱ δὲ παραπλησίως παραπλησίως;

ΚΑΛ. Ναί.

ΣΩ. Οὐκοῦν φὴς παραπλησίως χαίρειν καὶ λυπεῖσθαι τοὺς φρονίμους καὶ τοὺς ἄφρονας καὶ τοὺς δειλοὺς καὶ τοὺς ἀνδρείους, ἢ καὶ μᾶλλον ἔτι τοὺς δειλούς;

ΚΑΛ. Ἔγωγε.

ΣΩ. Συλλόγισαι δὴ κοινῇ μετ᾽ ἐμοῦ, τί ἡμῖν συμβαίνει ἐκ τῶν ὡμολογημένων· καὶ δὶς γάρ τοι καὶ τρίς

---

498. c. ἢ καὶ ἔτι μᾶλλον ἀγαθοὶ καὶ κακοί εἰσιν οἱ κακοί] The meaning of this is explained in the foregoing note. But the reasoning was spoilt by the copyists, who inserted οἱ ἀγαθοί after ἀγαθοί, writing thus: ἢ καὶ ἔτι μᾶλλον ἀγαθοὶ οἱ ἀγαθοὶ καὶ κακοὶ εἰσιν οἱ κακοί; Routh first perceived the interpolation,

which the Zür. edd. expelled from the text.

D. κακοὺς δὲ κακῶν] Hirsch. unnecessarily inserts the article, reading τοὺς κακοὺς δὲ κακῶν. The art. is again omitted in the following clause: κακὰ δὲ τὰς ἀνίας.

καὶ δὶς γάρ τοι καὶ τρίς] Schol. Ἐμπεδοκλέους τὸ ἔπος, ἀφ᾽ οὗ καὶ ἡ παροιμία·

499 φασι καλὸν εἶναι τὰ καλὰ λέγειν τε καὶ | ἐπισκοπεῖσθαι. Ἀγαθὸν μὲν εἶναι τὸν φρόνιμον καὶ ἀνδρεῖόν φαμεν. ἢ γάρ;

ΚΑΛ. Ναί.

ΣΩ. Κακὸν δὲ τὸν ἄφρονα καὶ δειλόν;

ΚΑΛ. Πάνυ γε.

ΣΩ. Ἀγαθὸν δὲ αὖ τὸν χαίροντα;

ΚΑΛ. Ναί.

ΣΩ. Κακὸν δὲ τὸν ἀνιώμενον;

ΚΑΛ. Ἀνάγκη.

ΣΩ. Ἀνιᾶσθαι δὲ καὶ χαίρειν τὸν ἀγαθὸν καὶ κακὸν ὁμοίως, ἴσως δὲ καὶ μᾶλλον τὸν κακόν;

ΚΑΛ. Ναί.

ΣΩ. Οὐκοῦν ὁμοίως γίγνεται κακὸς καὶ ἀγαθὸς τῷ B ἀγαθῷ ἢ καὶ μᾶλλον ἀγαθὸς ὁ κακός; οὐ ταῦτα συμβαίνει καὶ τὰ πρότερα ἐκεῖνα, ἐάν τις ταὐτὰ φῇ ἡδέα τε καὶ ἀγαθὰ εἶναι; οὐ ταῦτ' ἀνάγκη, ὦ Καλλίκλεις;

LIV. ΚΑΛ. Πάλαι τοί σου ἀκροῶμαι, ὦ Σώκρατες, καθομολογῶν, ἐνθυμούμενος ὅτι, κἂν παίζων τίς σοι ἐνδῷ ὁτιοῦν, τούτου ἄσμενος ἔχει ὥσπερ τὰ μειράκια. ὡς δὴ σὺ οἴει ἐμὲ ἢ καὶ ἄλλον ὁντινοῦν ἀνθρώπων οὐχ ἡγεῖσθαι τὰς μὲν βελτίους ἡδονάς, τὰς δὲ χείρους.

ΣΩ. Ἰοὺ ἰού, ὦ Καλλίκλεις, ὡς πανοῦργος εἶ, καί

φησὶ δέ· καὶ δὶς γὰρ ὃ δεῖ καλόν ἐστιν ἐνιστεῖν. The proverb is repeated, Phileb. 59 E. Legg. 956 E, καλὸν τό γε ὀρθὸν καὶ δὶς καὶ τρίς.

499 D. κἂν παίζων] Callicles is driven to the pretext that he was not speaking seriously when he affirmed the identity of good and pleasure. 'As if he did not know as well as any man that some pleasures were better than others.' Contrast with this Phileb. 13 D, πῶς λέγεις, ὦ Σώκρατες; οἴει γάρ τινα συγχωρήσεσθαι, θέμενον ἡδονὴν εἶναι τἀγαθόν, εἶτα ἀνέξεσθαί σου λέγοντος τὰς μὲν εἶναί τινας ἀγαθὰς ἡδονάς, τὰς δέ τινας ἑτέρας αὐτῶν κακάς; Of course, no consistent Hedonist would make such an admission. But Callicles was no philosopher, but a repeater by rote of dogmas which happened to take his fancy, as furnishing a theoretical ground for his own practice. That practice was probably not so bad as his theory, which he accordingly lays

aside as lightly as he had taken it up. The quickness with which he resumes the offensive after his defeat is a happy dramatic touch. Plato evidently intends to contrast his rhetorical address with the οὐδενία he displays as a dialectician.

Ἰοὺ ἰού] Noted by Hesych. as a σχετλιαστικὸν ἐπίρρημα ὡς τὸ φεῦ. Arist. Plut. 477, Οὐ δεῖ σχετλιάζειν καὶ βοᾶν πρὶν ἂν μάθῃς.—Καὶ τίς δύναιτ' ἂν μὴ βοᾶν ἰοὺ ἰοὺ Τοιαῦτ' ἀκούων; Both in tragedy and comedy ἰοὺ ἰού denote pain, sorrow, or indignation; but in comedy sometimes agreeable surprise. Arist. Equit. 1091, ἰοὺ ἰού. Οὐκ ἦν ἄρ' οὐδεὶς τοῦ Γλάνιδος σοφώτερος. Here the interj. has its ordinary sense; Socr. protesting, or affecting to protest, against the ill-usage he has received from Call. This seems obvious, but Heind. says, "Mirantis magis sunt voculae quam indignantis."

μοι ὥσπερ παιδὶ χρῇ, τοτὲ μὲν ταῦτα φάσκων οὕτως ἔχειν, C
τοτὲ δὲ ἑτέρως, ἐξαπατῶν με. καίτοι οὐκ ᾤμην γε κατ᾽
ἀρχὰς ὑπὸ σοῦ ἑκόντος εἶναι ἐξαπατηθήσεσθαι, ὡς ὄντος
φίλου· νῦν δὲ ἐψεύσθην, καὶ ὡς ἔοικεν ἀνάγκη μοι κατὰ τὸν
παλαιὸν λόγον τὸ παρὸν εὖ ποιεῖν καὶ τοῦτο δέχεσθαι τὸ
διδόμενον παρὰ σοῦ. ἔστι δὲ δή, ὡς ἔοικεν, ὃ νῦν λέγεις,
ὅτι ἡδοναί τινές εἰσιν αἱ μὲν ἀγαθαί, αἱ δὲ κακαί. ἦ γάρ ;

ΚΑΛ. Ναί.

ΣΩ. Ἆρ᾽ οὖν ἀγαθαὶ μὲν αἱ ὠφέλιμοι, κακαὶ δὲ αἱ
βλαβεραί ;

ΚΑΛ. Πάνυ γε.　　　　　　　　　　　　　　　　　　　　D

ΣΩ. Ὠφέλιμοι δέ γε αἱ ἀγαθόν τι ποιοῦσαι, κακαὶ
δὲ αἱ κακόν τι ;

ΚΑΛ. Φημί.

ΣΩ. Ἆρ᾽ οὖν τὰς τοιάσδε λέγεις, οἷον κατὰ τὸ σῶμα
ἃς νῦν δὴ ἐλέγομεν ἐν τῷ ἐσθίειν καὶ πίνειν ἡδονάς· εἰ
ἄρα τούτων αἱ μὲν ὑγίειαν ποιοῦσιν ἐν τῷ σώματι ἢ
ἰσχὺν ἢ ἄλλην τινὰ ἀρετὴν τοῦ σώματος, αὗται μὲν ἀγα-
θαί, αἱ δὲ τἀναντία τούτων κακαί ;

ΚΑΛ. Πάνυ γε.

ΣΩ. Οὐκοῦν καὶ λῦπαι ὡσαύτως αἱ μὲν χρησταί εἰσιν, E
αἱ δὲ πονηραί ;

ΚΑΛ. Πῶς γὰρ οὔ ;

ΣΩ. Οὐκοῦν τὰς μὲν χρηστὰς καὶ ἡδονὰς καὶ λύπας
καὶ αἱρετέον ἐστὶ καὶ πρακτέον ;

ΚΑΛ. Πάνυ γε.

---

c. τότε μὲν ταῦτα φάσκων] The Bodl.
with others gives τότε μὲν αὖ φάσκων.
If this is not a mere blunder, probably
αὖ has been transposed, and we should
read τότε δ᾽ αὖ ἑτέρως. The Zür. edd.
with Stallb. follow the Bodl., but the
meaning given by Stallb. is somewhat
forced : "Respicit enim Socrates ad ea
quae supra cap. xlvi. in. Callicli dixerat,
οὐδέποτε ταὐτὰ λέγεις περὶ τῶν αὐτῶν."
Others give τότε μὲν τὰ αὐτὰ or ταὐτὰ
φάσκων.

τὸ παρὸν εὖ ποιεῖν] 'I must do the
best I can.' Generally εὖ τίθεσθαι, as
in Lucian, Necyom. § 21, τὸ παρὸν εὖ
θέμενος. But Legg. 959 E, τὸ δὲ παρὸν

δεῖν εὖ ποιεῖν. Olymp., διὰ τούτου δὲ
σημαίνεται, ὅτι, τὰ ἐκ τῆς τύχης διδόμενα
κόσμει. μάλιστα δὲ τοῦτο λέγεται ὑπὸ
(leg. ἐπὶ) τῶν κυβευόντων. ἐὰν γὰρ
ἀριθμὸς νικητήριος πέσῃ, εἴη δὲ καὶ
τεχνίτης ὁ κυβεύων, θαυμαστῶς νικᾷ· εἰ
δὲ ἡ τύχη μὲν παρέχοι τὰ δεξιά, ὁ δὲ
δεχόμενος ἄτεχνος ὢν μὴ εἰδείη χρή-
σασθαι, οὐδὲν χρηστὸν ἀποβαίνει. In
the first part of the scholium he alludes
to the well-known Σπάρταν ἔλαχες, ταύ-
ταν κόσμει.

D. εἰ ἄρα—ποιοῦσιν] The old reading
was ποιοῦσαι. ποιοῦσιν was adopted by
Bekk. from four MSS.

ΣΩ. Τὰς δὲ πονηρὰς οὔ ;

ΚΑΛ. Δῆλον δή.

ΣΩ. Ἕνεκα γάρ που τῶν ἀγαθῶν ἅπαντα ἡμῖν ἔδοξε πρακτέον εἶναι, εἰ μνημονεύεις, ἐμοί τε καὶ Πώλῳ. ἆρα καὶ σοὶ συνδοκεῖ οὕτω, τέλος εἶναι ἀπασῶν τῶν πράξεων τὸ ἀγαθόν, καὶ ἐκείνου ἕνεκεν δεῖν πάντα τἆλλα πράτ500 τεσθαι, ἀλλ᾽ οὐκ ἐκεῖνο | τῶν ἄλλων ; σύμψηφος ἡμῖν εἶ καὶ σὺ ἐκ τρίτων ;

ΚΑΛ. Ἔγωγε.

ΣΩ. Τῶν ἀγαθῶν ἄρα ἕνεκα δεῖ καὶ τἆλλα καὶ τὰ ἡδέα πράττειν, ἀλλ᾽ οὐ τἀγαθὰ τῶν ἡδέων.

ΚΑΛ. Πάνυ γε.

ΣΩ. Ἆρ᾽ οὖν παντὸς ἀνδρός ἐστιν ἐκλέξασθαι ποῖα ἀγαθὰ τῶν ἡδέων ἐστὶ καὶ ὁποῖα κακά, ἢ τεχνικοῦ δεῖ εἰς ἕκαστον ;

ΚΑΛ. Τεχνικοῦ.

LV. ΣΩ. Ἀναμνησθῶμεν δὴ ὧν αὖ ἐγὼ πρὸς Πῶλον καὶ Γοργίαν ἐτύγχανον λέγων. ἔλεγον γάρ, εἰ μνη-
B μονεύεις, ὅτι εἶεν παρασκευαὶ αἱ μὲν μέχρι ἡδονῆς, αὐτὸ τοῦτο μόνον παρασκευάζουσαι, ἀγνοοῦσαι δὲ τὸ βέλτιον καὶ τὸ χεῖρον, αἱ δὲ γιγνώσκουσαι ὅ τί τε ἀγαθὸν καὶ ὅ τι κακόν· καὶ ἐτίθην τῶν μὲν περὶ τὰς ἡδονὰς τὴν μαγειρικὴν ἐμπειρίαν, ἀλλ᾽ οὐ τέχνην, τῶν δὲ περὶ τὸ ἀγα-θὸν τὴν ἰατρικὴν τέχνην. καὶ πρὸς φιλίου, ὦ Καλλίκλεις, μήτε αὐτὸς οἴου δεῖν πρὸς ἐμὲ παίζειν μηδ᾽ ὅ τι ἂν τύχῃς

B. *ἐμοί τε καὶ Πώλῳ*] See p. 468 D, *ἕνεκ᾽ ἄρα τοῦ ἀγαθοῦ ἅπαντα ταῦτα ποιοῦσιν οἱ ποιοῦντες—φημί.* We must know, says Olymp., that good is not a means but an end : *ἰστέον ὅτι τὸ ἀγαθὸν οὐκ ἔστιν ἕνεκά του ἀλλὰ οὗ ἕνεκα· ἕνεκα μὲν γάρ του ἐστὶν ἡ ὁδὸς ἡ ἄγουσα ἐπὶ τὸ τέλος· οὗ δὲ ἕνεκα αὐτὸ τὸ τέλος.* The episodical fight with Call. is now at an end, and Socr. brings the discussion round again to the topics previously under consideration.

500. *ἐκ τρίτων*] 'in the third place,' 'of the third part.' The same periphrasis occurs, Eur. Orest. 1178, *σωτηρίαν σοὶ τῷδέ τ᾽ ἐκ τρίτων τ᾽ ἐμοί.* Also Symp. 213 B. In Timaeus 54 A, we have *ἐκ τρίτου* in the same sense.

B. *ὅτι εἶεν παρασκευαί*] "qu'il y a certaines industries," Cousin. *παρασκευή* is a general term, including true *τέχναι*, and those empirical contrivances which pretend to be *τέχναι* but are not. The definition of η *τέχνη* is, a process or "industry" which aims at good. So Aristotle : *πᾶσα τέχνη ἀγαθοῦ τινος ἐφίεσθαι δοκεῖ.* The false *τέχναι*, on the contrary, limit their aim to pleasure.

πρὸς φιλίου] sc. Διός. Phaedr. 234 E. Frequent in comedy ; as Diodorus ap. Athen. vi. 239 B, ὁ Ζεὺς ὁ φίλιος, Ὁ τῶν θεῶν μέγιστος ὁμολογουμένως. Call. had professed a friendship for Socr. : *πρός σε ἐπιεικῶς ἔχω φιλικῶς,* 485 E.

παρὰ τὰ δοκοῦντα ἀποκρίνου, μήτ᾽ αὖ τὰ παρ᾽ ἐμοῦ οὕτως
ἀποδέχου ὡς παίζοντος· ὁρᾷς γὰρ ὅτι περὶ τούτου εἰσὶν Ο
ἡμῖν οἱ λόγοι, οὗ τί ἂν μᾶλλον σπουδάσειέ τις καὶ σμικρὸν
νοῦν ἔχων ἄνθρωπος, ἢ τοῦτο, ὅντινα χρὴ τρόπον ζῆν,
πότερον ἐπὶ ὃν σὺ παρακαλεῖς ἐμέ, τὰ τοῦ ἀνδρὸς δὴ
ταῦτα πράττοντα, λέγοντά τε ἐν τῷ δήμῳ καὶ ῥητορικὴν
ἀσκοῦντα καὶ πολιτευόμενον τοῦτον τὸν τρόπον ὃν ὑμεῖς
νῦν πολιτεύεσθε, ἢ [ἐπὶ] τόνδε τὸν βίον τὸν ἐν φιλοσοφίᾳ,
καὶ τί ποτ᾽ ἐστὶν οὗτος ἐκείνου διαφέρων. ἴσως οὖν
βέλτιστόν ἐστιν, ὡς ἄρτι ἐγὼ ἐπεχείρησα, διαιρεῖσθαι,
διελομένους δὲ καὶ ὁμολογήσαντας ἀλλήλοις, εἰ ἔστι D
τούτω διττὼ τὼ βίω, σκέψασθαι τί τε διαφέρετον ἀλλή-
λοιν καὶ ὁπότερον βιωτέον αὐτοῖν. ἴσως οὖν οὔπω οἶσθα
τί λέγω.

ΚΑΛ. Οὐ δῆτα.

ΣΩ. Ἀλλ᾽ ἐγώ σοι σαφέστερον ἐρῶ. ἐπειδὴ ὡμολογή-
καμεν ἐγώ τε καὶ σὺ εἶναι μέν τι ἀγαθόν, εἶναι δέ τι ἡδύ,
ἕτερον δὲ τὸ ἡδὺ τοῦ ἀγαθοῦ, ἑκατέρου δὲ αὐτοῖν μελέτην

---

c. ὁρᾷς γὰρ ὅτι] 'The subject of our
discussion, you perceive, is one which
cannot fail to be most interesting to a
man of even ordinary intelligence, the
question being, after what manner we
ought to live: whether in that to which
you invite me, in doing man's work, as
you call it, speaking in the assembly,
and practising rhetoric, and playing a
part in politics on the principles now in
vogue with you politicians; or,' &c.
σπουδάσειε is opposed to the foregoing
παίζειν. In the next clause ἐπί, which
Hirsch. brackets, is found in all the
MSS. It is evidently better absent—
πότερον τοῦτον or ἐκεῖνον τὸν βίον ἐφ᾽
ὃν σὺ παρακαλεῖς ἐμὲ (δεῖ ζῆν) ἢ τόνδε
τὸν ἐν φιλοσοφίᾳ. If retained, we can
only suppose a confusion of thought pro-
duced by the foregoing παρακαλεῖς, from
which παρακλητέον may be "under-
stood." But this would surely be bad
rather than colloquial writing; and it
is equally easy to presume a confusion
on the part of the copyist. In τὰ τοῦ
ἀνδρὸς δὴ ταῦτα lies an allusion to the
invective of Callicles, p. 485; δή, as
usual, denoting that the sentiment is
not that of Socr. but of his opponent.
So the Schol., ὁ δὴ συνδεσμὸς ἐμφαντικὸς

εἰρωνείας ἐστί.

D. εἰ ἔστι τούτω δίττω τὰ βίω] An
instance of the Schema Pindaricum of
the grammarians, the dual however
taking the place of the plural. This
construction, we are told, is in Attic
admissible only when a substantive verb,
as ἔστι or γίγνεται, stands at the begin-
ning of a clause. Euthyd. 302 c, ἔστι
γὰρ ἔμοιγε καὶ βωμοί. Soph. Trach. 520,
ἦν δ᾽ ἀμφίπλεκτοι κλίμακες. Aristoph.
Vesp. 58, ἡμῖν γὰρ οὐκ ἔστ᾽ οὔτε κάρυ᾽
ἐκ φορμίδος Δούλω διαρριπτοῦντε τοῖς
θεωμένοις. In these cases ἔστι answers
to the Germ. es giebt, or Fr. il y a or il
est with plur. Here however ἔστι is
apparently the copula, of which τὰ βίω
is the subj. and δίττω the predicate, and
this seems to distinguish the case from
those quoted in the ordinary grammars.
'If these lives are really two,' i. e.
diverse and opposite. Stephen, following
the Aldine, omitted the article τώ in his
text. If we could adopt this reading in
defiance of the MSS., the passage would
fall under ordinary rules, and we might
translate: 'If there really exists such a
pair of lives as that supposed, let us see
how they differ,' &c.

ἑκατέρου δὲ αὐτοῖν] 'and that a cer-

τινὰ εἶναι καὶ παρασκευὴν τῆς κτήσεως, τὴν μὲν τοῦ
E ἡδέος θήραν, τὴν δὲ τοῦ ἀγαθοῦ—αὐτὸ δέ μοι τοῦτο
πρῶτον ἢ σύμφαθι ἢ μή· σύμφῃς;
    ΚΑΛ. Οὕτω φημί.
    LVI. ΣΩ. Ἴθι δή, ἃ καὶ πρὸς τούσδε ἐγὼ ἔλεγον
διομολόγησαί μοι, εἰ ἄρα σοι ἔδοξα τότε ἀληθῆ λέγειν.
ἔλεγον δέ που ὅτι ἡ μὲν ὀψοποιικὴ οὔ μοι δοκεῖ τέχνη
501 εἶναι ἀλλ' ἐμπειρία, ἡ δ' ἰατρική, λέγων ὅτι | ἡ μὲν τούτου
οὗ θεραπεύει καὶ τὴν φύσιν ἔσκεπται καὶ τὴν αἰτίαν ὧν
πράττει, καὶ λόγον ἔχει τούτων ἑκάστου δοῦναι, ἡ ἰα-
τρική· ἡ δ' ἑτέρα τῆς ἡδονῆς, πρὸς ἣν ἡ θεραπεία αὐτῇ

tain study and preparation go to the acquisition of either.' The next clause, τὴν μὲν—τοῦ ἀγαθοῦ, is bracketed by Hirsch. as suspicious. But there is dramatic propriety in the iteration.

E. ἢ σύμφαθι ἢ μή· σύμφῃς;] Formerly the edd. gave ἢ σύμφαθι ἢ μὴ σύμφῃς. Heind. first pointed out the solecism—μὴ probib. with the subj. present. It is a question whether this συμφῇς was not originally an 'interpretamentum.' Heind. quotes Charm. § 29, ἕτερόν ἐστι τὸ βαρύ τε καὶ τὸ κοῦφον τῆς στατικῆς αὐτῆς· ξυγχωρεῖς; But we nowhere meet with such interrogative clause after the formula ἢ φάθι ἢ μή, 'say yes or no,' of which the present is a variety.

ἔλεγον δέ που] 'I said, I believe, that cookery is in my view no art, but an expertness—unlike medicine, which is an art—arguing that the latter has explored the nature of the subject she has to treat, as well as the causes of the treatment she adopts, and that she, medicine, can give a reasonable account of both: whereas her rival, even in regard of that pleasure which she exclusively cultivates, goes to work in a thoroughly inartistic manner, having never studied either the nature of pleasure or its cause, and without a pretence of reason, without any attempt, one may say, at classification—the creature of routine and practice—she is content with keeping record of what usually comes to pass, whereby in fact she is enabled to provide her various pleasures.' The sentence is irregularly constructed. In the clause, ἡ δ' ἑτέρα τῆς ἡδονῆς, the genitive is out of construction, its connexion with φύσιν being interrupted by

the words κομιδῇ—ἔρχεται. This two codd. seek to rectify by repeating ἡ,—ἢ δ' ἑτέρα, ἡ τῆς ἡδονῆς,—but we thus lose the correspondence with the antithetic clause, ἡ μὲν τούτου, which is important, rhetorically speaking. In the sequel τριβὴ καὶ ἐμπειρία are in the nature of epithets rather than of predicates, depending with the participles σκεψ. διαριθμ. upon the finite verb ἔρχεται. σωζομένη, on the other hand, belongs rather to τριβὴ καὶ ἐμπειρία, as if he had said τριβὴ οὖσα καὶ ἐμπειρία, ἅτε μνήμην μόνον σωζομένη, &c. ᾗ δὴ refers to τοῦ εἰωθότος γίγνεσθαι, οὐδὲν διαριθμησαμένη in the next clause being only a development of ἀλόγως. Rational sciences count and classify their subject-matter, as medicine counts and classifies the diseases of the body. In the Phaedrus, Socr. proposes a scheme of rational rhetoric, which shall undertake διαριθμεῖσθαι (Lat. dinumerare) τὰς φύσεις τῶν ἀκουσομένων . . . καὶ κατ' εἴδη διαιρεῖσθαι, according to the analogy of that rational (as opposed to empirical) medicine, of which Hippocrates and the Coan school were the founders. See Phaedr. 270—273. The popular rhetoric, here compared to cookery, is in the Phaedrus illustrated by the analogy of medical quackery, p. 268 A—C, where see the notes. The subordination of the arts and sciences to an ethical law is peculiar to the Gorgias. The empiric looks only to pleasure, the true artist extends his view to the useful and the good: a distinction which is put in the background in the Phaedrus, where the form of science is in question rather than its practical tendency.

ἐστὶν ἅπασα, κομιδῇ ἀτέχνως ἐπ' αὐτὴν ἔρχεται, οὔτε τι
τὴν φύσιν σκεψαμένη τῆς ἡδονῆς οὔτε τὴν αἰτίαν, ἀλόγως
τε παντάπασιν, ὡς ἔπος εἰπεῖν, οὐδὲν διαριθμησαμένη,
τριβῇ καὶ ἐμπειρίᾳ, μνήμην μόνον σωζομένη τοῦ εἰωθό-
τος γίγνεσθαι, ᾧ δὴ καὶ πορίζεται τὰς ἡδονάς. ταῦτ' οὖν Β
πρῶτον σκόπει εἰ δοκεῖ σοι ἱκανῶς λέγεσθαι, καὶ εἶναί
τινες καὶ περὶ ψυχὴν τοιαῦται ἄλλαι πραγματεῖαι, αἱ μὲν
τεχνικαί, προμήθειάν τινα ἔχουσαι τοῦ βελτίστου περὶ
τὴν ψυχήν, αἱ δὲ τούτου μὲν ὀλιγωροῦσαι, ἐσκεμμέναι
δ' αὖ, ὥσπερ ἐκεῖ, τὴν ἡδονὴν μόνον τῆς ψυχῆς, τίνα ἂν
αὐτῇ τρόπον γίγνοιτο, ἥτις δὲ ἢ βελτίων ἢ χείρων τῶν
ἡδονῶν, οὔτε σκοπούμεναι, οὔτε μέλον αὐταῖς ἄλλο ἢ
χαρίζεσθαι μόνον, εἴτε βέλτιον εἴτε χεῖρον. ἐμοὶ μὲν γάρ, C
ὦ Καλλίκλεις, δοκοῦσί τε εἶναι, καὶ ἔγωγέ φημι τὸ τοιοῦτον
κολακείαν εἶναι καὶ περὶ σῶμα καὶ περὶ ψυχὴν καὶ περὶ
ἄλλο ὅτου ἄν τις τὴν ἡδονὴν θεραπεύῃ ἀσκέπτως ἔχων τοῦ
ἀμείνονός τε καὶ τοῦ χείρονος· σὺ δὲ δὴ πότερον συγκατα-
τίθεσαι ἡμῖν περὶ τούτων [τὴν αὐτὴν δόξαν] ἢ ἀντίφῃς;

ΚΑΛ. Οὐκ ἔγωγε, ἀλλὰ συγχωρῶ, ἵνα σοι καὶ πε-
ρανθῇ ὁ λόγος καὶ Γοργίᾳ τῷδε χαρίσωμαι.

ΣΩ. Πότερον δὲ περὶ μὲν μίαν ψυχὴν ἔστι τοῦτο, περὶ D
δὲ δύο καὶ πολλὰς οὐκ ἔστιν;

ΚΑΛ. Οὔκ, ἀλλὰ καὶ περὶ δύο καὶ περὶ πολλάς.

ΣΩ. Οὐκοῦν καὶ ἀθρόαις ἅμα χαρίζεσθαι ἔστι μηδὲν
σκοπούμενον τὸ βέλτιστον;

ΚΑΛ. Οἶμαι ἔγωγε.

601 B. πραγματεῖαι] Equiv. to παρα-
σκευαί, 600 B, 'operations,' 'modes of
procedure,' or simply 'occupations.' Pre-
sently we have ἐπιτήδευσις in the same
sense.

C. συγκατατίθεσαι—τὴν αὐτὴν δόξαν]
This is an uncommon usage, συγκατατί-
θεμαι being generally put absolutely, or
with a dative. It is very doubtful
whether ψῆφον is ever to be supplied, as
the Lexx. suggest. The Greeks do not
say καταθέσθαι ψῆφον, but θέσθαι. Here,
according to the Schol., the phrase =
συγχωρεῖς τὰ αὐτὰ Γοργίᾳ καὶ Πώλῳ.
Hesych., καταθέσθαι συναινέσαι. Rost
and Palm quote A. Gellius, N. A. xix. 1,

συγκατατίθεται τὰς τοιαύτας φαντασίας,
as parallel to the present passage, but the
quotation is not accurate, as φαντασίας
l. l. depends upon 'approbare,' not on
συγκατατίθεται, which belongs to a
subsequent clause. In Isaeus 59, 25,
συγκαταθέσθαι has the sense 'una depo-
nere,' scil. γραμματεῖον παρά τῳ. But
this does not support the present read-
ing. In one MS. we find τὴν αὐτὴν δόξαν
ἔχων, and this suggests the suspicion that
τὴν αὐτὴν δόξαν ἔχεις may have been
an old marginal gloss on συγκατατίθεσαι.

Οὐκ ἔγωγε] Compare note to 453 D.
We have the same use of the negative
in the next ῥῆσις but one.

LVII. ΣΩ. Ἔχεις οὖν εἰπεῖν αἵτινές εἰσιν αἱ ἐπιτηδεύσεις αἱ τοῦτο ποιοῦσαι; Μᾶλλον δέ, εἰ βούλει, ἐμοῦ ἐρωτῶντος, ἣ μὲν ἄν σοι δοκῇ τούτων εἶναι, φάθι, ἣ δ' ἂν
E μή, μὴ φάθι. πρῶτον δὲ σκεψώμεθα τὴν αὐλητικήν. οὐ δοκεῖ σοι τοιαύτη τις εἶναι, ὦ Καλλίκλεις, τὴν ἡδονὴν ἡμῶν μόνον διώκειν, ἄλλο δ' οὐδὲν φροντίζειν;

ΚΑΛ. Ἔμοιγε δοκεῖ.

ΣΩ. Οὐκοῦν καὶ αἱ τοιαίδε ἅπασαι, οἷον ἡ κιθαριστικὴ ἡ ἐν τοῖς ἀγῶσιν;

ΚΑΛ. Ναί.

ΣΩ. Τί δὲ ἡ τῶν χορῶν διδασκαλία καὶ ἡ τῶν διθυράμβων ποίησις οὐ τοιαύτη τίς σοι καταφαίνεται; ἢ ἡγεῖ τι φροντίζειν Κινησίαν τὸν Μέλητος, ὅπως ἐρεῖ τι τοιοῦτον
502 ὅθεν ἂν οἱ ἀκούοντες βελτίους γίγνοιντο, | ἢ ὅ τι μέλλει χαριεῖσθαι τῷ ὄχλῳ τῶν θεατῶν;

ΚΑΛ. Δῆλον δὴ τοῦτό γε, ὦ Σώκρατες, Κινησίου γε πέρι.

ΣΩ. Τί δὲ ὁ πατὴρ αὐτοῦ Μέλης; ἢ πρὸς τὸ βέλτιστον βλέπων ἐδόκει σοι κιθαρῳδεῖν; ἢ ἐκεῖνος μὲν οὐδὲ

Σ. τὴν αὐλητικήν] 'Auletic' was one of Plato's favourite aversions. Rep. 399 D, τί δέ; αὐλοποιοὺς ἢ αὐλητὰς παραδέξει εἰς τὴν πόλιν; ἢ οὐ τοῦτο πολυχορδότατον, καὶ αὐτὰ τὰ παναρμόνια αὐλοῦ τυγχάνει ὄντα μιμήματα; This illustrates a difficult passage in Philebus 56, where the reading αὐλητική is not to be disturbed. The flute was used in religious ceremonies of an exciting and impassioned kind, such as the orgiastic rites of Bacchus and Cybele. It was probably from the associations thus suggested that it derived its ill name; for we must not forget, in estimating the reasonableness of the prejudice, that the dramas of Sophocles and Aeschylus were accompanied by the flute.

ἡ κιθαριστικὴ ἡ ἐν τοῖς ἀγῶσιν] The latter words are emphatic, as the Schol. has correctly observed: αὐλητικὴν μὲν πᾶσαν ἐκβάλλει τῶν ὀρθῶν πολιτειῶν, κιθαριστικὴν δὲ οὐ πᾶσαν, ἀλλὰ τὴν ἐν τοῖς ἀγῶσι μόνην· οἶδε γὰρ ἄλλην ἣν σώζειν τὰς πολιτείας νενόμικεν. He refers to Rep. l. l., λύρα δή σοι καὶ κιθάρα λείπεται, καὶ κατὰ πόλιν χρήσιμα. In fact all the fine arts, rhetoric included, are allowed in the Platonic state, but in subordination to the educational purposes for which civil society is supposed to exist. The citharistic practised in the musical contests seemed to Plato an aimless exhibition of manual skill, and therefore an ἄλογος τριβή, "τὸ ξύμφωνον ἁρμόττουσα οὐ μέτρῳ ἀλλὰ μελέτης στοχασμῷ"—"by rule of thumb," as we should say (Phileb. l. l.).

Κινησίαν τὸν Μέλητος] Cinesias is mercilessly ridiculed by Aristophanes for the wildness and incoherency of his dithyrambic effusions: Ran. 153, where see Schol., ib. 366. Nub. 333. Av. 1379, &c. The hearty assent of Callicles to the censure in the text seems to prove that Plato and Aristophanes represented the general opinion in regard of this poet.

502. Τί δὲ ὁ πατὴρ αὐτοῦ Μέλης] Pherecrates, Com. ap. Schol. Arist. Av. 858, Φέρ' ἴδω, κιθαρῳδὸς τίς κάκιστος ἐγένετο; Ὁ Πεισίου Μέλης. μετὰ δὲ Μέλητα τίς; Ἔχ' ἀτρέμ', ἐγῷδα, Χαῖρις. Presently ἐκεῖνος = this last, as in Phaedr. 231 C, ὅσων ἂν ὕστερον ἐρασθῶσιν, ἐκείνους αὐτῶν περὶ πλείονος ποιήσονται, where see the note.

πρὸς τὸ βέλτιστον βλέπων] One MS. omits βλέπων, which Hirsch. brackets. Though not needed, the participle seems to me innocuous.

πρὸς τὸ ἥδιστον ; ἡνία γὰρ ᾄδων τοὺς θεατάς. ἀλλὰ δὴ
σκόπει· οὐχὶ ἥ τε κιθαρῳδικὴ δοκεῖ σοι πᾶσα καὶ ἡ τῶν
διθυράμβων ποίησις ἡδονῆς χάριν εὑρῆσθαι ;

ΚΑΛ. Ἔμοιγε.

ΣΩ. Τί δὲ δὴ ἡ σεμνὴ αὕτη καὶ θαυμαστή, ἡ τῆς B
τραγῳδίας ποίησις, ἐφ' ᾧ ἐσπούδακε ; πότερόν ἐστιν
αὐτῆς τὸ ἐπιχείρημα καὶ ἡ σπουδή, ὡς σοὶ δοκεῖ, χαρί-
ζεσθαι τοῖς θεαταῖς μόνον, ἢ καὶ διαμάχεσθαι, ἐάν τι
αὐτοῖς ἡδὺ μὲν ᾖ καὶ κεχαρισμένον, πονηρὸν δέ, ὅπως
τοῦτο μὲν μὴ ἐρεῖ, εἰ δέ τι τυγχάνει ἀηδὲς καὶ ὠφέλιμον,
τοῦτο δὲ καὶ λέξει καὶ ᾄσεται, ἐάν τε χαίρωσιν ἐάν τε μή ;
ποτέρως σοι δοκεῖ παρεσκευάσθαι ἡ τῶν τραγῳδιῶν
ποίησις ;

ΚΑΛ. Δῆλον δὴ τοῦτό γε, ὦ Σώκρατες, ὅτι πρὸς τὴν
ἡδονὴν μᾶλλον ὥρμηται καὶ τὸ χαρίζεσθαι τοῖς θεαταῖς. C

ΣΩ. Οὐκοῦν τὸ τοιοῦτον, ὦ Καλλίκλεις, ἔφαμεν νῦν δὴ
κολακείαν εἶναι.

ΚΑΛ. Πάνυ γε.

ΣΩ. Φέρε δή, εἴ τις περιέλοιτο τῆς ποιήσεως πάσης
τό τε μέλος καὶ τὸν ῥυθμὸν καὶ τὸ μέτρον, ἄλλο τι λόγοι
γίγνονται τὸ λειπόμενον ;

B. Τί δὲ δὴ ἡ σεμνὴ—ἐφ' ᾧ ἐσπούδακε]
The order is : τί δὲ δὴ (ἐστιν ἐκεῖνο)
ἐφ' ᾧ ἐσπούδακεν ἡ σεμνὴ καὶ θ. 'What
of that grave and august personage,
Tragedy—what, I say, is the object of
her ambition?' The repetition of ἡ is
thus illustrated by Stallb.: "E vulgari
ratione dicendum erat : τί δὲ δὴ ἡ σεμνὴ
αὕτη καὶ θαυμαστὴ ποίησις, ἡ τῆς τραγῳ-
δίας ; sc. ποίησις. Sed eodem modo
Herod. vii. 196 : ὁ ναυτικὸς ὁ τῶν βαρ-
βάρων στρατός. Plat. Symp. 213 E, τὴν
τούτου ταυτηνὶ τὴν θαυμαστὴν κεφαλήν,"
&c. The censure which follows is too
sweeping even from Plato's point of
view, for Euripides at any rate aimed at
a moral purpose of one sort or other, and
sacrificed to his zeal as an instructor much
of the popularity and much also of the
poetical beauty of his plays. As a
criticism on Sophocles and Aeschylus it
is, to modern apprehension, still more
deplorable. Compare, or rather con-
trast Phaedrus 268 c, a passage which

proves that Plato had a thorough per-
ception of poetic excellence, whenever it
suited him to forget his political theories.

εἰ δέ τι τυγχάνει—ὠφέλιμον] On
the omission of the participle see note
to Phaedrus 263 D. Hirsch., as usual,
inserts ὃν after ὠφέλιμον.

καὶ λέξει καὶ ᾄσεται] 'he will intro-
duce both in dialogue and in song.'

c. εἴ τις περιέλοιτο] 'if we strip any
kind of poetry of melody, rhythm, and
metre, the residue consists of speeches,
does it not?'. –where γίγνονται agrees
with the predicate, as freq. in Plato.
All the MSS. but one have ἄλλο τι ἤ,
but this is a case in which the con-
junction is better omitted. This follows
from the answer of Callicles—not οὐδὲν
ἄλλο, but ἀναγκή. For περιέλοιτο the
Schol. gives περιέλοι, and so Ar. Rhet. in
a passage copied from this : εἴ τις τῆς
ποιήσεως περιέλοι τὸ μέτρον καὶ τὸν
ῥυθμόν, δημηγορία δὴ τὸ λειπόμενόν ἐστιν,
Or. Plat. ii. p. 278. But Ast quotes

ΚΑΛ. Ἀνάγκη.

ΣΩ. Οὐκοῦν πρὸς πολὺν ὄχλον καὶ δῆμον οὗτοι λέγονται οἱ λόγοι.

ΚΑΛ. Φημί.

ΣΩ. Δημηγορία ἄρα τίς ἐστιν ἡ ποιητική.

ΚΑΛ. Φαίνεται.

D ΣΩ. Οὐκοῦν ῥητορικὴ δημηγορία ἂν εἴη. ἢ οὐ ῥητορεύειν δοκοῦσί σοι οἱ ποιηταὶ ἐν τοῖς θεάτροις ;

ΚΑΛ. Ἔμοιγε.

ΣΩ. Νῦν ἄρα ἡμεῖς εὑρήκαμεν ῥητορικήν τινα πρὸς δῆμον τοιοῦτον οἷον παίδων τε ὁμοῦ καὶ γυναικῶν καὶ ἀνδρῶν, καὶ δούλων καὶ ἐλευθέρων, ἣν οὐ πάνυ ἀγάμεθα· κολακικὴν γὰρ αὐτήν φαμεν εἶναι.

ΚΑΛ. Πάνυ γε.

LVIII. ΣΩ. Εἶεν. τί δὲ ἡ πρὸς τὸν Ἀθηναίων
E δῆμον ῥητορικὴ καὶ τοὺς ἄλλους τοὺς ἐν ταῖς πόλεσι δήμους τοὺς τῶν ἐλευθέρων ἀνδρῶν, τί ποτε ἡμῖν αὕτη ἐστί ; πότερόν σοι δοκοῦσι πρὸς τὸ βέλτιστον ἀεὶ λέγειν οἱ ῥήτορες, τούτου στοχαζόμενοι ὅπως οἱ πολῖται ὡς βέλτιστοι ἔσονται διὰ τοὺς αὑτῶν λόγους, ἢ καὶ οὗτοι πρὸς τὸ χαρίζεσθαι τοῖς πολίταις ὡρμημένοι, καὶ ἕνεκα τοῦ ἰδίου τοῦ αὑτῶν ὀλιγωροῦντες τοῦ κοινοῦ, ὥσπερ παισὶ

Xen. Cyr. viii. 1. 47, τὸ μὲν περιελέσθαι αὐτῶν τὰ ὅπλα καὶ ἀπολέμους ποιῆσαι ἀπεδοκίμασε.

D. ἢ οὐ ῥητορεύειν δοκοῦσι] Probably this was more true of the tragic poets of the fourth than of the fifth century. But the rhetorical tendency of Euripides is proverbial, and even in Sophocles there is much which seems to us to need apology on this score. But Socr. means the proposition to be absolute, in which case it becomes untrue; for 'persuasion' is not the end of tragic poetry as of rhetoric. Nor indeed is 'pleasure' the end, but rather a condition of its excellence. In the Laws the 'truest tragedy' is said to be the 'imitation of the noblest and best life' (817 B).

Νῦν ἄρα ἡμεῖς] 'So now between us we have discovered a species of rhetoric which addresses itself to a concourse of people comprising men, women, and children, both bond and free, and it is one we are far from admiring.' It follows from this that there was no restriction of age or sex in the admission to tragic spectacles. From the Laws, p. 658 D, we should infer that 'big boys' were allowed to witness comedies; but that women were excluded seems to follow from the classification of the audience in Arist. Pax 50, which includes only males.

κολακικὴν γὰρ αὐτήν φαμεν εἶναι] Tragedy, says the Schol., is a κολακεία, because it utters moral sentiments, and talks largely of justice, beauty, and goodness. Stript of its metres, it is a δημηγορία, for both are provocative of violent emotions (παθῶν ὑπερβαλλόντων κινητικαὶ ἀμφότεραι). Comp. Isocr. Evag. p. 191, ἣν γάρ τις τῶν ποιημάτων τῶν εὐδοκιμούντων τὰ μὲν ὀνόματα καὶ τὰς διανοίας καταλίπῃ, τὸ δὲ μέτρον διαλύσῃ, φανήσεται πολὺ καταδεέστερα τῆς δόξης ἣν νῦν ἔχομεν περὶ αὐτῶν.

προσομιλοῦσι τοῖς δήμοις, χαρίζεσθαι αὐτοῖς πειρώμενοι
μόνον, εἰ δέ γε βελτίους ἔσονται ἢ χείρους διὰ ταῦτ',
οὐδὲν φροντίζουσιν ;

| ΚΑΛ. Οὐχ ἁπλοῦν ἔτι τοῦτο ἐρωτᾷς· εἰσὶ μὲν γὰρ οἱ 503
κηδόμενοι τῶν πολιτῶν λέγουσιν ἃ λέγουσιν, εἰσὶ δὲ καὶ
οἵους σὺ λέγεις.

ΣΩ. Ἐξαρκεῖ. εἰ γὰρ καὶ τοῦτό ἐστι διπλοῦν, τὸ μὲν
ἕτερόν που τούτου κολακεία ἂν εἴη καὶ αἰσχρὰ δημηγορία,
τὸ δ' ἕτερον καλόν, τὸ παρασκευάζειν ὅπως ὡς βέλτισται
ἔσονται τῶν πολιτῶν αἱ ψυχαί, καὶ ἀεὶ διαμάχεσθαι
λέγοντα τὰ βέλτιστα, εἴτε ἡδίω εἴτε ἀηδέστερα ἔσται τοῖς
ἀκούουσιν. ἀλλ' οὐ πώποτε σὺ ταύτην εἶδες τὴν ῥητο- B
ρικήν· ἢ εἴ τινα ἔχεις τῶν ῥητόρων τοιοῦτον εἰπεῖν, τί
οὐχὶ καὶ ἐμοὶ αὐτὸν ἔφρασας τίς ἐστιν ;

ΚΑΛ. Ἀλλὰ μὰ Δί' οὐκ ἔχω ἔγωγέ σοι εἰπεῖν τῶν γε
νῦν ῥητόρων οὐδένα.

ΣΩ. Τί δέ ; τῶν παλαιῶν ἔχεις τινὰ εἰπεῖν δι' ὅντινα
αἰτίαν ἔχουσιν Ἀθηναῖοι βελτίους γεγονέναι, ἐπειδὴ ἐκεῖνος
ἤρξατο δημηγορεῖν, ἐν τῷ πρόσθεν χρόνῳ χείρους ὄντες ;
ἐγὼ μὲν γὰρ οὐκ οἶδα τίς ἐστιν οὗτος.

---

503. Οὐχ ἁπλοῦν ἔτι τοῦτο ἐρωτᾷς]
'To this question the answer is not
single as hitherto: there are speakers
who in what they say have a due regard
to the good of their fellow-citizens; and
there are also speakers such as you de-
scribe.' Early edd. have τοῦτο δ ἐρωτᾷς,
which Bekk. following Heind. corrected
from two MSS. The abbreviated con-
struction is neater, and of constant oc-
currence. Phileb. 29 σ, Τοῦτο μὲν οὐδ'
ἀποκρίσεως ἄξιον ἐρωτᾷς.

εἰ γὰρ καὶ τοῦτό ἐστι διπλοῦν] 'If
even this is double;' i. e. if rhetoric also
has two aspects, like that of which it is
a part. Socr. is thinking of his own
frequent "dichotomies," especially of
that which occurs in this dialogue, 464
B, where sophistic and rhetoric divide
between them the psychical branch of
κολακική. He does not absolutely deny
that there is a sound and good rhetoric,
but leaves the onus probandi to Callicles,
who owns that he knows not where to
look for such a rhetoric among the politi-
cians of the day, but reminds Socr. of the
four great statesmen of the past. This
gives occasion to Plato's celebrated attack
on the 'Quatuorviri,' which called forth
the elaborate apology of Aristides Rhetor.

B. τί οὐχὶ — ἔφρασας] Equiv. to
φράσον δ τι τάχιστα—οὐχ ἂν φθάνοις
φράζων ; Menex. 236 σ, τί οὖν οὐ διῆλθες ;
Eur. Heracl. 804, Κάπειτ' ἔλεξεν, ὦ
στρατηγ' ὃς Ἀργόθεν Ἥκεις, τί τῆνδε
γαῖαν οὐκ εἰσάμεν ; where see Elmsley's
note. Here transl. 'Pray lose no time
in telling his name.' καὶ ἐμοί, 'that I
may know as well as you.' Lat. 'Quin
mihi etiam quis sit indicas ?'

Ἀλλὰ μὰ Δί' οὐκ ἔχω] Aristophanes
makes a similar complaint: Ἡ δημαγωγία
γὰρ οὐ πρὸς μουσικοῦ Ἔτ' ἐστὶν ἀνδρὸς
οὐδὲ χρηστοῦ τοὺς τρόπους, Ἀλλ' εἰς
ἀμαθῆ καὶ βδελυρόν, Eq. 191. Comp.
Pax 680.

Τί δέ ; τῶν παλαιῶν κ.τ.λ.] 'Well, and
of the statesmen of the old time, is there
one you can name, by whom the Athe-
nians are alleged to have been made
better; the improvement dating from
his first appearance on the bema, before
which they were worse than they after-
wards became ?'

C　ΚΑΛ.　Τί δέ; Θεμιστοκλέα οὐκ ἀκούεις ἄνδρα ἀγαθὸν
γεγονότα καὶ Κίμωνα καὶ Μιλτιάδην καὶ Περικλέα τουτονὶ
τὸν νεωστὶ τετελευτηκότα, οὗ καὶ σὺ ἀκήκοας;

ΣΩ.　Εἰ ἔστι γε, ὦ Καλλίκλεις, ἣν πρότερον σὺ ἔλεγες
ἀρετήν, ἀληθής, τὸ τὰς ἐπιθυμίας ἀποπιμπλάναι καὶ τὰς
αὑτοῦ καὶ τὰς τῶν ἄλλων· εἰ δὲ μὴ τοῦτο, ἀλλ' ὅπερ ἐν τῷ
ὑστέρῳ λόγῳ ἠναγκάσθημεν ἡμεῖς ὁμολογεῖν, ὅτι αἱ μὲν
τῶν ἐπιθυμιῶν πληρούμεναι βελτίω ποιοῦσι τὸν ἄνθρωπον,
D ταύτας μὲν ἀποτελεῖν, αἱ δὲ χείρω, μή· τοῦτο δὲ τέχνη τις
εἶναι· τοιοῦτον ἄνδρα τούτων τινὰ γεγονέναι ἔχεις εἰπεῖν;

ΚΑΛ.　Οὐκ ἔχω ἔγωγε πῶς εἴπω.

---

c. τὸν νεωστὶ τετελευτηκότα] Athenaeus pounces upon this as a gross anachronism. He argues (v. 217 D) that if Archelaus is reigning at this time (supra, 470 D), Pericles has been long dead; and vice versâ, that if Pericles is but recently dead, Archelaus is not yet seated on the throne. Casaubon attempts to get out of the dilemma by insisting (valeat quantum) that the death of Pericles was comparatively recent 'respectu superiorum.' But two times are pretty distinctly indicated in the dialogue (compare sup. 473 E), and the liberty taken is by no means so great as in the Menexenus, where an event is alluded to which notoriously occurred thirteen years after the death of Socr. Nothing can be more true than the remark of Athenaeus, ὅτι πολλὰ ὁ Πλάτων παρὰ τοὺς χρόνους ἁμαρτάνει, nor any thing idler than his abuse of Plato on this account.

εἰ δὲ μὴ τοῦτο — μή] This passage loses its difficulty if we suppose ἀρετὴ ἀληθής ἐστιν repeated after αἱ δὲ χείρω, μή. 'But if this is not so, but that is true which we were forced to acknowledge later in the discussion, viz. that the fulfilment of those desires which we are the better for indulging, and the restraint of those which make us worse, is true virtue.' In the next clause, whether we read τοῦτο with the Bodl. or τούτου with the vulg., an apparent breach of syntax remains: τέχνη τις for τέχνην τινά. Hence Ast ingeniously proposed τοῦτο δὲ τέχνης εἶναι. He now assents to Stallb., who conceives Plato to have written as if for the preceding ἠναγκάσθημεν ἡμεῖς ὁμολογεῖν the words ὡμολογεῖτο ἡμῖν had occurred; and if the text is to stand, we

must suppose some such ellipsis. In any case there is no room for the coarse expedient of supposing "ὅτι followed by an infinitive," for in that case we must have found τέχνην τινά. Neither is δεῖν understood after ἀποτελεῖν, for we have here a scientific description of ἀρετή, not a mere moral maxim. Otherwise it would be better at once to replace δεῖν in the text, from which it might easily have dropped, 'absorbed' by the foregoing ΑΠΟΤΕΛΕΙΝ. But if any alteration were needed, I should prefer changing εἶναι for the oblique εἴη. In an ethical point of view the passage is noteworthy, as it presents in harmony two theories which are generally contrasted, the psychological and the utilitarian. Our actions are to be determined by a consideration of their consequences, but of these consequences those which affect the moral nature of ourselves or others are mainly to be kept in view. Observe also that development is to accompany restraint; the statesman is not only to curb the evil passions of the citizens, but also to foster their nobler impulses, such as the desire of knowledge, beauty, &c. This is the true statecraft; and tried by this standard Themistocles and his compeers are found wanting. They had not the skill to determine what desires were legitimate and what not, nor how to further the one and restrain the other: in a word, they were not τεχνικοὶ τούτων πέρι. This is the force of τοιοῦτον ἄνδρα in the next clause: we need not understand the question as an insinuation against the private characters, which were very various, of the great men enumerated.

LIX. ΣΩ. Ἀλλ' ἐὰν ζητῇς καλῶς, εὑρήσεις· ἴδωμεν δὴ οὑτωσὶν ἀτρέμα σκοπούμενοι εἴ τις τούτων τοιοῦτος γέγονε. φέρε γάρ, ὁ ἀγαθὸς ἀνὴρ καὶ ἐπὶ τὸ βέλτιστον λέγων ἃ ἂν λέγῃ, ἄλλο τι οὐκ εἰκῇ ἐρεῖ, ἀλλ' ἀποβλέπων Ε πρός τι; ὥσπερ καὶ οἱ ἄλλοι πάντες δημιουργοὶ βλέποντες πρὸς τὸ αὑτῶν ἔργον ἕκαστος οὐκ εἰκῇ ἐκλεγόμενος προσφέρει ἃ προσφέρει πρὸς τὸ ἔργον τὸ αὑτοῦ, ἀλλ' ὅπως ἂν εἶδός τι αὐτῷ σχῇ τοῦτο ὃ ἐργάζεται. οἷον εἰ βούλει ἰδεῖν τοὺς ζωγράφους, τοὺς οἰκοδόμους, τοὺς ναυπηγούς, τοὺς ἄλλους πάντας δημιουργούς, ὅντινα βούλει αὐτῶν, ὡς εἰς τάξιν τινὰ ἕκαστος ἕκαστον τίθησιν ὃ ἂν τιθῇ, καὶ προσαναγκάζει τὸ ἕτερον τῷ ἑτέρῳ πρέπον τε εἶναι καὶ ἁρμόττειν, ἕως | ἂν τὸ ἅπαν συστήσηται τεταγ- 504 μένον τε καὶ κεκοσμημένον πρᾶγμα, καὶ οἵ τε δὴ ἄλλοι δημιουργοὶ καὶ οὓς νῦν δὴ ἐλέγομεν, οἱ περὶ τὸ σῶμα παιδοτρίβαι τε καὶ ἰατροί, κοσμοῦσί που τὸ σῶμα καὶ συντάττουσιν. ὁμολογοῦμεν οὕτω τοῦτ' ἔχειν ἢ οὔ;

ΚΑΛ. Ἔστω τοῦτο οὕτως.

ΣΩ. Τάξεως ἄρα καὶ κόσμου τυχοῦσα οἰκία χρηστὴ ἂν εἴη, ἀταξίας δὲ μοχθηρά;

ΚΑΛ. Φημί.

ΣΩ. Οὐκοῦν καὶ πλοῖον ὡσαύτως;   Β

ΚΑΛ. Ναί.

D. οὑτωσὶν ἀτρέμα] The majority of codd. give οὑτωσὶ ἀτρέμα. So also Bekk. here and in p. 509 A, 510 E. But the ν ἐφελκ. is legitimate in οὑτωσὶν ἐκεινοσὶν and their cases ending in ς. See the reff. to the Greek Grammarians in Steph. Lex. iii. p. 408 D, ed. Dind., comparing ibid. v. pp. 2432. 2435. The idiom οὑτωσὶν ἀτρέμα has been illustrated in the note to 494 E. Here tr. 'quite at our ease.'

ὁ ἀγαθὸς ἀνὴρ καὶ ἐπὶ τὸ βέλτιστον λέγων] A true political rhetoric, it is urged, must follow the analogy of other arts. It must have a definite object, and select its means and instruments intelligently and with an eye to that object. The craftsman, whether painter, architect, or shipwright, seeks to fashion his materials according to a particular type or form; and his work is done

when he has so marshalled the parts that they constitute an orderly and consistent whole. In this order, when realized, consists the excellence of the work. In the human body such order or excellence is called health; in the soul it is virtue. But the soul is the matter on which the rhetorical statesman operates: for rhetoric, as defined in the Phaedrus, is a ψυχαγωγία διὰ λόγων, and the art Politic has already been pronounced to be a θεραπεία ψυχῆς, sup. 464 B. It is therefore the business of the ῥήτωρ or statesman (for present purposes the two being identical) to make his hearers sober, just, and generally virtuous; and that not only by direct encouragement, but by the restraints of law. With this entire passage compare Sophist. p. 228.

ΣΩ. Καὶ μὴν καὶ τὰ σώματά φαμεν τὰ ἡμέτερα;

ΚΑΛ. Πάνυ γε.

ΣΩ. Τί δ᾽ ἡ ψυχή; ἀταξίας τυχοῦσα ἔσται χρηστή, ἢ τάξεώς τε καὶ κόσμου τινός;

ΚΑΛ. Ἀνάγκη ἐκ τῶν πρόσθεν καὶ τοῦτο συνομολογεῖν.

ΣΩ. Τί οὖν ὄνομά ἐστιν ἐν τῷ σώματι τῷ ἐκ τῆς τάξεώς τε καὶ τοῦ κόσμου γιγνομένῳ;

ΚΑΛ. Ὑγίειαν καὶ ἰσχὺν ἴσως λέγεις.

ΣΩ. Ἔγωγε. τί δὲ αὖ τῷ ἐν τῇ ψυχῇ ἐγγιγνομένῳ C ἐκ τῆς τάξεως καὶ τοῦ κόσμου; πειρῶ εὑρεῖν καὶ εἰπεῖν ὥσπερ ἐκείνῳ τὸ ὄνομα.

ΚΑΛ. Τί δὲ οὐκ αὐτὸς λέγεις, ὦ Σώκρατες;

ΣΩ. Ἀλλ᾽ εἴ σοι ἥδιόν ἐστιν, ἐγὼ ἐρῶ. σὺ δέ, ἂν μέν σοι δοκῶ ἐγὼ καλῶς λέγειν, φάθι· εἰ δὲ μή, ἔλεγχε καὶ μὴ ἐπίτρεπε. ἐμοὶ γὰρ δοκεῖ ταῖς μὲν τοῦ σώματος τάξεσιν ὄνομα εἶναι ὑγιεινόν, ἐξ οὗ ἐν αὐτῷ ἡ ὑγίεια γίγνεται καὶ ἡ ἄλλη ἀρετὴ τοῦ σώματος. ἔστι ταῦτα ἢ οὐκ ἔστιν;

ΚΑΛ. Ἔστιν.

ΣΩ. Ταῖς δὲ τῆς ψυχῆς τάξεσι καὶ κοσμήσεσι νόμιμόν D τε καὶ νόμος, ὅθεν καὶ νόμιμοι γίγνονται καὶ κόσμιοι· ταῦτα δ᾽ ἐστι δικαιοσύνη τε καὶ σωφροσύνη. φὴς ἢ οὔ;

ΚΑΛ. Ἔστω.

LX. ΣΩ. Οὐκοῦν πρὸς ταῦτα βλέπων ὁ ῥήτωρ ἐκεῖνος, ὁ τεχνικός τε καὶ ἀγαθός, καὶ τοὺς λόγους προσοίσει ταῖς ψυχαῖς οὓς ἂν λέγῃ καὶ τὰς πράξεις ἁπάσας, καὶ δῶρον ἐάν τι διδῷ, δώσει, καὶ ἐάν τι ἀφαιρῆται,

---

504 C. εἰπεῖν ὥσπερ ἐκείνῳ τὸ ὄνομα] Crat. 385 D, καλεῖν ἑκάστῳ ὄνομα, where see the instances quoted by Heind. More freq. is ἐπί τινι.

ταῖς μὲν τοῦ σώματος τάξεσιν] The appliances for producing order in the body are called salutary or "sanitary," and the result of such means and appliances is health, and the general virtue or excellence of the body. So in the soul, right and law are the means, moral virtue the result. κοσμήσεις and τάξεις are here synonymous, and mean 'pro-

cesses which produce order,' 'arrangements,' 'ordinances.'

D. ταῦτα δ᾽ ἐστι] Not τὸ νόμιμόν τε καὶ νόμος, which are causes, but τὸ νόμιμον καὶ κόσμιον γεγονέναι, the result of law and regular government, is the same thing as temperance and justice.

δῶρον ἐάν τι διδῷ] This may have special reference to the well-known liberality of Cimon: or perhaps to the theoric allowances made to the Athenian demus by Pericles, who might very fairly have argued that the Athenians

ἀφαιρήσεται, πρὸς τοῦτο ἀεὶ τὸν νοῦν ἔχων, ὅπως ἂν
αὐτοῦ τοῖς πολίταις δικαιοσύνη μὲν ἐν ταῖς ψυχαῖς γίγνη- E
ται, ἀδικία δὲ ἀπαλλάττηται, καὶ σωφροσύνη μὲν ἐγγίγ-
νηται, ἀκολασία δὲ ἀπαλλάττηται, καὶ ἡ ἄλλη ἀρετὴ
ἐγγίγνηται, κακία δὲ ἀπίῃ. συγχωρεῖς ἢ οὔ ;

ΚΑΛ. Συγχωρῶ.

ΣΩ. Τί γὰρ ὄφελος, ὦ Καλλίκλεις, σώματί γε κά-
μνοντι καὶ μοχθηρῶς διακειμένῳ σιτία πολλὰ διδόναι καὶ
τὰ ἥδιστα ἢ ποτὰ ἢ ἄλλ᾽ ὁτιοῦν, ὃ μὴ ὀνήσει αὐτὸ ἔσθ᾽
ὅτε πλέον ἢ τοὐναντίον κατά γε τὸν δίκαιον λόγον καὶ
ἔλαττον ; ἔστι ταῦτα ;

| ΚΑΛ. Ἔστω.   505

ΣΩ. Οὐ γάρ, οἶμαι, λυσιτελεῖ μετὰ μοχθηρίας σώ-
ματος ζῆν ἀνθρώπῳ· ἀνάγκη γὰρ οὕτω καὶ ζῆν μοχθηρῶς.
ἢ οὐχ οὕτως ;

ΚΑΛ. Ναί.

ΣΩ. Οὐκοῦν καὶ τὰς ἐπιθυμίας ἀποπιμπλάναι, οἷον
πεινῶντα φαγεῖν ὅσον βούλεται ἢ διψῶντα πιεῖν, ὑγιαί-
νοντα μὲν ἐῶσιν οἱ ἰατροὶ ὡς τὰ πολλά, κάμνοντα δέ,
ὡς ἔπος εἰπεῖν, οὐδέποτ᾽ ἐῶσιν ἐμπίπλασθαι ὧν ἐπιθυμεῖ ;
συγχωρεῖς τοῦτό γε καὶ σύ ;

ΚΑΛ. Ἔγωγε.

ΣΩ. Περὶ δὲ ψυχήν, ὦ ἄριστε, οὐχ ὁ αὐτὸς τρόπος ; B
ἕως μὲν ἂν πονηρὰ ᾖ, ἀνόητός τε οὖσα καὶ ἀκόλαστος καὶ
ἄδικος καὶ ἀνόσιος, εἴργειν αὐτὴν δεῖ τῶν ἐπιθυμιῶν καὶ
μὴ ἐπιτρέπειν ἀλλ᾽ ἄττα ποιεῖν ἢ ἀφ᾽ ὧν βελτίων ἔσται ;
φῂς ἢ οὔ ;

ΚΑΛ. Φημί.

ΣΩ. Οὕτω γάρ που αὐτῇ ἄμεινον τῇ ψυχῇ ;

were, or ought to have been made better
by listening to the plays of Sophocles
and his brother-tragedians.

E. Τί γὰρ ὄφελος] The meaning
seems to be: 'What is the use of ad-
ministering to a diseased body a variety
of dishes, or the most delicious of drinks
or other compounds, when these will
frequently be of no more service to it
than abstinence and mortification (τοὐ-
ναντίον πολλῶν σιτίων κ.τ.λ.), nay,
rightly considered, will do it even less
good than abstinence ?' But there re-
mains a seeming asyndeton in the last
clause, which Heind. proposes to remove
by reading ἢ κατά γε τὸν δίκαιον λόγον
καὶ ἔλαττον: but Stallb. is possibly right
in defending the received text by the
analogy of such phrases as ὀλίγον καὶ
οὐδέν.

ΚΑΛ. Πάνυ γε.

ΣΩ. Οὐκοῦν τὸ εἴργειν ἐστὶν ἀφ᾽ ὧν ἐπιθυμεῖ κολάζειν ;

ΚΑΛ. Ναί.

c ΣΩ. Τὸ κολάζεσθαι ἄρα τῇ ψυχῇ ἄμεινόν ἐστιν ἢ ἡ ἀκολασία, ὥσπερ σὺ νῦν δὴ ᾤου.

ΚΑΛ. Οὐκ οἶδ᾽ ἄττα λέγεις, ὦ Σώκρατες, ἀλλ᾽ ἄλλον τινὰ ἐρώτα.

ΣΩ. Οὗτος ἀνὴρ οὐχ ὑπομένει ὠφελούμενος καὶ αὐτὸς τοῦτο πάσχων περὶ οὗ ὁ λόγος ἐστί, κολαζόμενος.

ΚΑΛ. Οὐδέ γέ μοι μέλει οὐδὲν ὧν σὺ λέγεις, καὶ ταῦτά σοι Γοργίου χάριν ἀπεκρινάμην.

ΣΩ. Εἶεν. τί οὖν δὴ ποιήσομεν ; μεταξὺ τὸν λόγον καταλύομεν ;

ΚΑΛ. Αὐτὸς γνώσει.

D ΣΩ. Ἀλλ᾽ οὐδὲ τοὺς μύθους φασὶ μεταξὺ θέμις εἶναι καταλείπειν, ἀλλ᾽ ἐπιθέντας κεφαλήν, ἵνα μὴ ἄνευ κεφα-

---

505 B. Οὐκοῦν τὸ εἴργειν] The order is, οὐκοῦν τὸ εἴργειν ἀφ᾽ ὧν ἐπιθυμεῖ κολάζειν ἐστίν : 'to restrain a man from gratifying his appetites is to chasten him, is it not ?' The seeming play upon the words κολάζεσθαι and ἀκολασία in the next question may be represented in English by 'chastisement' and 'unchasteness,' though the latter word denotes only one form of ἀκολασία. Punishment is treated by Plato as either exemplary or corrective, never as simply retributive, a view which he distinctly deprecates. See Legg. 934 A, οὐχ ἕνεκα τοῦ κακουργῆσαι (διδότω) τὴν δίκην, οὐ γὰρ τὸ γεγονὸς ἀγένητον ἔσται ποτέ, τοῦ δ᾽ εἰς τὸν αὖθις ἕνεκα χρόνον ἢ τὸ παράπαν μισῆσαι τὴν ἀδικίαν αὐτόν τε καὶ τοὺς ἰδόντας αὐτὸν δικαιούμενον, ἢ λωφῆσαι μέρη πολλὰ τῆς τοιαύτης ξυμφορᾶς. Comp. ibid. p. 854 B, and see note inf. p. 525 A.

C. Οὗτος ἀνήρ] "Behold a man who cannot bear to be improved, or to submit in his own person to that 'chastisement' which is the subject of our conversation." See above, 489 B, οὑτοσὶν ἀνὴρ οὐ παύσεται φλυαρῶν.

μεταξὺ τὸν λόγον καταλύομεν] 'Do we break off,' or 'are we to break off the dis-

cussion ?' Some MSS. have καταλύωμεν, but the pres. indic. is idiomatic, as in such phrases as τί; πῶς λέγομεν : Sup. 504, ὁμολογοῦμεν οὕτω τοῦτ᾽ ἔχειν ; inf. 513 C, λέγομέν τι πρὸς ταῦτα ;

Αὐτὸς γνώσει] 'You will judge for yourself,' i.e. 'that is your affair, not mine.' So Phileb. 12 A, ἐμοὶ μὲν πάντως νικᾶν ἡδονὴ δοκεῖ καὶ δόξει, σὺ δ᾽, ὦ Πρώταρχε, αὐτὸς γνώσει. Olymp., εἴ τι θέλεις ποίει, ἐμοὶ γὰρ οὐ μέλει.

D. Ἀλλ᾽ οὐδὲ τοὺς μύθους] 'Nay, they tell us we ought not to leave even tales half told, but ought first to fit them with a head, that our story may not walk abroad headless.' ἀκέφαλος μῦθος, a story 'without head or tail,' is a proverbial expression. So in the Laws, 752 A, quoted by Routh, οὔκουν δή που λέγων γε ἂν μῦθον ἀκέφαλον ἑκὼν καταλίποιμι· πλανώμενος γὰρ ἂν ἀπάντῃ τοιοῦτος ὢν ἄμορφος φαίνοιτο. Compare Phaedr. 264, δεῖν πάντα λόγον ὥσπερ ζῷον συνεστάναι . . . ὥστε μήτ᾽ ἀκέφαλον εἶναι μήτε ἄπουν κ.τ.λ. Phileb. 66 D, οὐδὲν λοιπὸν πλὴν ὥσπερ κεφαλὴν ἀποδοῦναι τοῖς εἰρημένοις.

μεταξὺ—καταλείπειν] Isocr. varies the phrase, Panath. § 27, ἀμελήσαντι τούτων καὶ μεταξὺ καταβαλόντι.

λῆς περιίῃ. ἀπόκριναι οὖν καὶ τὰ λοιπά, ἵνα ἡμῖν ὁ λόγος κεφαλὴν λάβῃ.

LXI. ΚΑΛ. Ὡς βίαιος εἶ, ὦ Σώκρατες. ἐὰν δὲ ἐμοὶ πείθῃ, ἐάσεις χαίρειν τοῦτον τὸν λόγον ἢ καὶ ἄλλῳ τῳ διαλέξει.

ΣΩ. Τίς οὖν ἄλλος ἐθέλει; μὴ γάρ τοι ἀτελῆ γε τὸν λόγον καταλίπωμεν.

ΚΑΛ. Αὐτὸς δὲ οὐκ ἂν δύναιο διελθεῖν τὸν λόγον, ἢ λέγων κατὰ σαυτὸν ἢ ἀποκρινόμενος σαυτῷ;

ΣΩ. Ἵνα μοι τὸ τοῦ Ἐπιχάρμου γένηται, ἃ πρὸ τοῦ E δύο ἄνδρες ἔλεγον, εἷς ὢν ἱκανὸς γένωμαι. ἀτὰρ κινδυνεύει ἀναγκαιότατον εἶναι οὕτως. εἰ μέντοι ποιήσομεν, οἶμαι ἔγωγε χρῆναι πάντας ἡμᾶς φιλονείκως ἔχειν πρὸς τὸ εἰδέναι τὸ ἀληθὲς τί ἐστι περὶ ὧν λέγομεν καὶ τί ψεῦδος· κοινὸν γὰρ ἀγαθὸν ἅπασι φανερὸν γενέσθαι αὐτό. δίειμι μὲν οὖν τῷ λόγῳ ἐγὼ ὡς ἄν μοι δοκῇ ἔχειν· | ἐὰν 506 δέ τῳ ὑμῶν μὴ τὰ ὄντα δοκῶ ὁμολογεῖν ἐμαυτῷ, χρὴ ἀντιλαμβάνεσθαι καὶ ἐλέγχειν. οὐδὲ γάρ τοι ἔγωγε εἰδὼς λέγω ἃ λέγω, ἀλλὰ ζητῶ κοινῇ μεθ᾽ ὑμῶν, ὥστε, ἄν τι φαίνηται λέγων ὁ ἀμφισβητῶν ἐμοί, ἐγὼ πρῶτος συγχωρήσομαι. λέγω μέντοι ταῦτα, εἰ δοκεῖ χρῆναι διαπερανθῆναι τὸν λόγον· εἰ δὲ μὴ βούλεσθε, ἐῶμεν δὴ χαίρειν καὶ ἀπίωμεν.

ΓΟΡ. Ἀλλ᾽ ἐμοὶ μὲν οὐ δοκεῖ, ὦ Σώκρατες, χρῆναί πω ἀπιέναι, ἀλλὰ διεξελθεῖν σε τὸν λόγον φαίνεται δέ B μοι καὶ τοῖς ἄλλοις δοκεῖν. βούλομαι γὰρ ἔγωγε καὶ αὐτὸς ἀκοῦσαί σου αὐτοῦ διιόντος τὰ ἐπίλοιπα.

E. τὸ τοῦ Ἐπιχάρμου] We have the line in full, Athen. vii. 808 c, ἐγὼ δὲ κατὰ τὸν σοφὸν Ἐπίχαρμον, μηδὲν ἀποκριναμένου τοῦ κυνός, Τὰ πρὸ τοῦ δύ᾽ ἄνδρες ἔλεγον εἷς ἐγὼν ἀποχρέω—where it may be well to mention that κύων is not a quadruped brought on the stage by Epicharmus, hut the Cynic Cynulcus, who is one of Athenaeus' Deipnosophists. Of the original purport of the line the account given by the Schol. is palpably an improvisation. The comedies attributed to Epicharmus contained philosophical dialogues, specimens of which have been preserved to us; and the line in question was possibly the first of a soliloquy immediately succeeding one of such discussions. The change of ἀποχρέω into an Attic equivalent is agreeable to Plato's frequent practice, as remarked on supra, 485 E.

506. ἄν τι φαίνηται] If there be anything in the objections of his opponent, says Socr., he will be the first to concede the point in dispute. For, as he has already informed the company, he is one of those τῶν ἡδέως μὲν ἂν ἐλεγχθέντων εἴ τι μὴ ἀληθὲς λέγοι, p. 458.

ΣΩ. Ἀλλὰ μὲν δή, ὦ Γοργία, καὶ αὐτὸς ἡδέως μὲν
ἂν Καλλικλεῖ τούτῳ ἔτι διελεγόμην, ἕως αὐτῷ τὴν τοῦ
Ἀμφίονος ἀπέδωκα ῥῆσιν ἀντὶ τῆς τοῦ Ζήθου· ἐπειδὴ
δὲ σύ, ὦ Καλλίκλεις, οὐκ ἐθέλεις συνδιαπερᾶναι τὸν
λόγον, ἀλλ' οὖν ἐμοῦ γε ἀκούων ἐπιλαμβάνου, ἐάν τί σοι
ο δοκῶ μὴ καλῶς λέγειν. καί με ἐὰν ἐξελέγξῃς, οὐκ ἀχθέ-
σομαί σοι ὥσπερ σὺ ἐμοί, ἀλλὰ μέγιστος εὐεργέτης παρ'
ἐμοὶ ἀναγεγράψει.

ΚΑΛ. Λέγε, ὦ 'γαθέ, αὐτὸς καὶ πέραινε.

LXII. ΣΩ. Ἄκουε δὴ ἐξ ἀρχῆς ἐμοῦ ἀναλαβόντος
τὸν λόγον. Ἆρα τὸ ἡδὺ καὶ τὸ ἀγαθὸν τὸ αὐτό ἐστιν;
Οὐ ταὐτόν, ὡς ἐγὼ καὶ Καλλικλῆς ὡμολογήσαμεν. Πό-
τερον δὲ τὸ ἡδὺ ἕνεκα τοῦ ἀγαθοῦ πρακτέον, ἢ τὸ ἀγαθὸν
ἕνεκα τοῦ ἡδέος; Τὸ ἡδὺ ἕνεκα τοῦ ἀγαθοῦ. Ἡδὺ δέ
D ἐστι τοῦτο οὗ παραγενομένου ἡδόμεθα, ἀγαθὸν δὲ οὗ
παρόντος ἀγαθοί ἐσμεν; Πάνυ γε. Ἀλλὰ μὴν ἀγαθοί γέ
ἐσμεν καὶ ἡμεῖς καὶ τἆλλα πάντα ὅσα ἀγαθά ἐστιν, ἀρε- *excelle
τῆς τινὸς παραγενομένης; Ἔμοιγε δοκεῖ ἀναγκαῖον εἶναι,
ὦ Καλλίκλεις. Ἀλλὰ μὲν δὴ ἥ γε ἀρετὴ ἑκάστου, καὶ
σκεύους καὶ σώματος καὶ ψυχῆς αὖ καὶ ζώου παντός, οὐχ
οὕτως εἰκῇ κάλλιστα παραγίγνεται, ἀλλὰ τάξει καὶ ὀρθό-

B. τὴν τοῦ Ἀμφίονος] 'The speech of
Zethus' is of course the plea for public
and active as distinguished from the
contemplative life—ὁ ἐν φιλοσοφίᾳ βίος,
sup. 485 E. Socr. had already in some
measure answered the arguments of
Callicles, hut his answer is not yet com-
plete. He has still much to explain: in
particular the causes which make it im-
possible for a righteous man to take
part in the administration of an un-
righteous polity, such as he considers
the Athenian to be. Here ἀπέδωκα has
its proper sense of paying a deht; giving
an equivalent for value received. Pre-
sently ἥτις ἑκάστῳ ἀποδέδοται = 'which
is the due of each,' in other words that
which is appropriate, or suitable to the
nature of any given subject.

C. οὐκ ἀχθέσομαι] The MSS. followed
hy all the edd. except Hirschig, give the
form ἀχθεσθήσομαι, which is elsewhere
substituted by copyists for the Attic
ἀχθέσομαι. So in Rep. x. 603 E, where
ἀχθέσομαι is now universally adopted.

D. Ἀλλὰ μὲν δὴ ἥ γε ἀρετὴ] This
passage, most important as determining
the scope of the entire dialogue, has
already been illustrated in the Prole-
gomena, p. viii. Those who delight in
parallelisms of ancient and modern
authors, will do well to compare Bp. But-
ler's justly celebrated Preface to his Ser-
mons. The "ground-idea" of his ethical
system will be seen to he rather Platonic
than, as he himself supposed, Stoical.
The 'conformity to nature' of the Stoics,
though he horrows the phrase, was some-
thing different from Butler's.

οὐχ οὕτως εἰκῇ] 'not by mere hap-
hazard.' So Alc. ii. 143 B, οὕτως εἰκῇ
ψέγειν. Ib. D. The Zürich reading οὐ
τῷ εἰκῇ, founded on some MSS., is also
admissible. Phileb. 28 D, τὴν τοῦ ἀλόγου
καὶ εἰκῇ δύναμιν. Tim. 34 C, μετέχοντες
τοῦ προστυχόντος καὶ εἰκῇ. One cod.
has οὗτοι, and so the 2nd Zür. ed. But
οὕτως is preserved in the Bodl, which
however, with others, omits οὐχ. The
following κάλλιστα is bracketed by

τητι καὶ τέχνῃ, ἥτις ἑκάστῳ ἀποδέδοται αὐτῶν. ἆρα ἔστι
ταῦτα ; Ἐγὼ μὲν γάρ φημι. Τάξει ἄρα τεταγμένον καὶ
κεκοσμημένον ἐστὶν ἡ ἀρετὴ ἑκάστου ; Φαίην ἂν ἔγωγε. Ε
Κόσμος τις ἄρα ἐγγενόμενος ἐν ἑκάστῳ ὁ ἑκάστου οἰκεῖος
ἀγαθὸν παρέχει ἕκαστον τῶν ὄντων ; Ἔμοιγε δοκεῖ. Καὶ
ψυχὴ ἄρα κόσμον ἔχουσα τὸν ἑαυτῆς ἀμείνων τῆς ἀκο-
σμήτου ; Ἀνάγκη. Ἀλλὰ μὴν ἥ γε κόσμον ἔχουσα
κοσμία ; Πῶς γὰρ οὐ μέλλει ; Ἡ δέ γε κοσμία σώφρων ;
| Πολλὴ ἀνάγκη. Ἡ ἄρα σώφρων ψυχὴ ἀγαθή. Ἐγὼ 507
μὲν οὐκ ἔχω παρὰ ταῦτα ἄλλα φάναι, ὦ φίλε Καλλίκλεις·
σὺ δ' εἰ ἔχεις, δίδασκε.

ΚΑΛ. Λέγ', ὦ 'γαθέ.

ΣΩ. Λέγω δὴ ὅτι, εἰ ἡ σώφρων ἀγαθή ἐστιν, ἡ τοὐ-

Hirschig, but is certainly no interpola-
tion. For, to say nothing of the pos-
sibility of the body's attaining health
by the operation of natural causes, Plato
in many passages admits the idea of a
spontaneous virtue in the soul bearing
the same relation to the conscious virtue
of the philosopher as in the region of the
intellect subsists between ὀρθὴ δόξα and
ἐπιστήμη. Thus in the Phaedo he speaks
of οἱ τὴν δημοτικήν τε καὶ πολιτικὴν
ἀρετὴν ἐπιτετηδευκότες, ἣν δὴ καλοῦσι
σωφροσύνην τε καὶ δικαιοσύνην, ἐξ ἔθους
τε καὶ μελέτης γεγονυῖαν ἄνευ φιλοσοφίας
τε καὶ νοῦ, 82 Α. The distinction is also
brought out in the Laws, i. p. 642 C,
where he allows the existence of a natural
goodness, produced αὐτοφυῶς θείᾳ μοίρᾳ.
Compare also a remarkable passage in
the Meno, 99 B—D. The qualification is
therefore introduced purposely, though
for obvious reasons not dwelt on.

Ε. Κόσμος—ἀγαθὸν παρέχει ἕκαστον
τῶν ὄντων] This idea is worked out
with greater completeness in the Philebus,
where the absolute good is found to
reside περὶ μέτρον καὶ τὸ μέτριον καὶ
καίριον, and to manifest itself in τὸ σύμ-
μετρον καὶ καλὸν καὶ τὸ τέλεον καὶ ἱκανόν,
p. 66 Α.

507. Ἡ ἄρα σώφρων ψυχὴ ἀγαθή] This
passage, taken together with the context,
clearly identifies σωφροσύνη with ἡ
σύμπασα ἀρετή. 'Temperance' is that
capital virtue which includes all others,
as courage, justice, and piety. It is, in
a word, the right state of the soul, in
which all the parts of our complex nature
are kept in due subordination, and so

organized as to form a harmonious whole.
This pre-eminence, as is well known,
is in the Republic assigned to δικαιο-
σύνη, the sister virtue ; Sophrosyne being
there relegated to a subordinate pro-
vince in the moral economy. But if
this theory is less mature than that in
the Republic, it is an advance upon the
speculations pursued in the Charmides,
where Socr. is made to arrive at the
merely negative conclusion that σωφρο-
σύνη is not a mode of ἐπιστήμη. This
has been taken to prove that when he
wrote the Charmides Plato was dis-
satisfied with the Socratic definitions of
the virtues, and was feeling his way to
some more satisfactory theory : a state of
mind of which, in my opinion, there are
indications in the Protagoras, at the end
of which dialogue Socrates stands self-
convicted of inconsistency.

εἰ ἡ σώφρων ἀγαθή] 'If the temperate
soul is (co-nomine) good, the soul which
is in a condition directly opposed to
temperance is evil. But this, as we
have seen, is none other than the in-
sensate and dissolute soul.' We cannot
in Eng. give the antithesis between
σώφρων and ἄφρων, which even in
Greek is a false one, for the true anti-
theta are ἄφρων and ἔμφρων. The force
of the imp. ἦν is nearly the same as in
the familiar formula τὸ δ' ἦν ἄρα, but it
retains more of its past signification.
In later writers the past sense seems to
disappear, and ἦν is used for ἐστί in
general propositions. Hence we may
explain the Aristotelian formula τὸ τί
ἦν εἶναι.

ναντίον τῇ σώφρονι πεπονθυῖα κακή ἐστιν. ἦν δὲ αὕτη
ἡ ἄφρων τε καὶ ἀκόλαστός ; Πάνυ γε. Καὶ μὴν ὅ γε
σώφρων τὰ προσήκοντα πράττοι ἂν καὶ περὶ θεοὺς καὶ
περὶ ἀνθρώπους ; οὐ γὰρ ἂν σωφρονοίη τὰ μὴ προσήκοντα
B πράττων· Ἀνάγκη ταῦτ᾽ εἶναι οὕτως. Καὶ μὴν περὶ μὲν
ἀνθρώπους τὰ προσήκοντα πράττων δίκαι᾽ ἂν πράττοι,
περὶ δὲ θεοὺς ὅσια· τὸν δὲ τὰ δίκαια καὶ ὅσια πράττοντα
ἀνάγκη δίκαιον καὶ ὅσιον εἶναι· Ἔστι ταῦτα. Καὶ μὲν
δὴ καὶ ἀνδρεῖόν γε ἀνάγκη ; οὐ γὰρ δὴ σώφρονος ἀνδρός

Καὶ μὴν ὅ γε σώφρων] This introduces
an idea quite foreign to our notion of
'temperance.' The σώφρων, the man of
orderly well-regulated mind, will not be
content with abstaining from evil : he
will be inclined to the performance of
all positive duties both towards men and
towards gods. σωφροσύνη is thus seen
to include conscientiousness, an idea
which associates itself much more natu-
rally with δικαιοσύνη. The theory of
Duties, it may be observed, which fills so
large a proportion of our modern treatises,
is very slightly touched by Plato and
Aristotle. The scholion of Olympiodorus
on this passage, though evidently much
blundered by the student who took it
down, is curious and worth quoting : ὁ
σώφρων καὶ δίκαιός ἐστι καὶ ἀνδρεῖος· ὁ
γὰρ ὑποτάττων τὰ χείρονα τοῖς κρείττοσι
καὶ μὴ ἐῶν ἡττᾶσθαι τὸν λόγον ὑπὸ τοῦ
θυμοῦ (read τῆς ἐπιθυμίας, coll. Rep. iv.
430 E), οὗτος ἀνδρεῖός ἐστιν. ἡ δὲ δικαιο-
σύνη ἔχει καὶ τὸ ὅσιον, θεῷ γὰρ ἀρέσκει ὁ
τοιοῦτος. "Thus," he continues, "the
different virtues are concurrent (συντρέ-
χουσιν ἀλλήλαις), and we are enabled to
solve the well-known ἀπορία with regard
to divine providence : viz. that if virtue is
sufficient for happiness (for αὐτάρκης ἡ
εὐδαιμονία πρὸς ἀρετήν read αὐτάρκης ἡ
ἀρετὴ πρὸς εὐδαιμονίαν), virtuous people
ought not to offer prayers and suppli-
cations to heaven, but rather to acquiesce
in their lot. To this we reply, that the
σώφρων, as before remarked, desires to
acquaint himself with the higher powers
and to give them pre-eminence : for this
is a duty of piety, and hence we are
bound to pray. For prayer is a sign
that we know the higher powers and
invoke their aid. So that prayer, through
its being pious, is included even in the
list of moral virtues." ὁσιότης, it will
be remembered, is added by Protagoras

to the received list of cardinal virtues,
Protag. p. 329 c.

οὐ γὰρ ἂν σωφρονοίη] 'He would not
deserve to be called temperate if he did
what he had no business to do.' This is,
to say the least, a very popular kind of
reasoning, and scarcely equal to sustain the
conclusion that the σώφρων, qua σώφρων,
will perform all his duties—all the things
that concern him. If Socr. had said μὴ
τὰ προσήκοντα πράττων, the syllogism
would have been good, though the premiss
might seem doubtful. But the parallelism
between the σώφρ. of this passage and the
δίκαιος of the Republic is kept up. For
the δίκαιος also is one ὃς τὰ αὑτοῦ πράτ-
τει, Rep. p. 433 B. In the immediate
sequel all the special virtues are subordi-
nated to σωφροσύνη, as in the Rep. to
δικαιοσύνη. Plato must have felt that
none of the popular terms were quite
adequate to express his own more com-
prehensive idea of Virtue as a state
or constitution of the inner man. For
it must be owned that some of the
functions of δικαιοσύνη, as described in
the larger dialogue, are more appropriate
to the sister virtue ; and the truth may
be that in each case he has selected the
one which best served his immediate
purpose. This union of εὐχέρεια in the
use of terms with elaborate clearness in
the elucidation of ideas is characteristic
of the author. See Theaet. 184 D, τὸ δ᾽
εὐχερὲς τῶν ὀνομάτων τε καὶ ῥημάτων
καὶ μὴ δι᾽ ἀκριβείας ἐξεταζόμενον τὰ μὲν
πολλὰ οὐκ ἀγεννές, ἀλλὰ μᾶλλον τὸ τού-
του ἐναντίον ἀνελεύθερον. There is a
palpable sneer at Plato in Isocrates, En-
com. Helenæ init., as one who καταγε-
γήρακε διεξιὼν ὡς ἀνδρία καὶ σοφία καὶ
δικαιοσύνη ταὐτόν ἐστι, καὶ ... μία ἐπι-
στήμη καθ᾽ ἁπάντων ἐστίν.

B. οὐ γὰρ δὴ σώφρονος—φεύγειν ἃ
μὴ προσήκει] Hence the δειλός is one

K 2

ἔστιν οὔτε διώκειν οὔτε φεύγειν ἃ μὴ προσήκει, ἀλλ' ἃ
δεῖ καὶ πράγματα καὶ ἀνθρώπους καὶ ἡδονὰς καὶ λύπας
φεύγειν καὶ διώκειν, καὶ ὑπομένοντα καρτερεῖν ὅπου δεῖ.
ὥστε πολλὴ ἀνάγκη, ὦ Καλλίκλεις, τὸν σώφρονα, ὥσπερ C
διήλθομεν, δίκαιον ὄντα καὶ ἀνδρεῖον καὶ ὅσιον ἀγαθὸν
ἄνδρα εἶναι τελέως, τὸν δὲ ἀγαθὸν εὖ τε καὶ καλῶς πράτ-
τειν ἃ ἂν πράττῃ, τὸν δ' εὖ πράττοντα μακάριόν τε καὶ
εὐδαίμονα εἶναι, τὸν δὲ πονηρὸν καὶ κακῶς πράττοντα
ἄθλιον. οὗτος δ' ἂν εἴη ὁ ἐναντίως ἔχων τῷ σώφρονι,
ὁ ἀκόλαστος, ὃν σὺ ἐπῄνεις.

LXIII. Ἐγὼ μὲν οὖν ταῦτα οὕτω τίθεμαι καί φημι
ταῦτα ἀληθῆ εἶναι. εἰ δὲ ἔστιν ἀληθῆ, τὸν βουλόμενον,
ὡς ἔοικεν, εὐδαίμονα εἶναι σωφροσύνην μὲν διωκτέον καὶ D
ἀσκητέον, ἀκολασίαν δὲ φευκτέον ὡς ἔχει ποδῶν ἕκαστος
ἡμῶν, καὶ παρασκευαστέον μάλιστα μὲν μηδὲν δεῖσθαι
τοῦ κολάζεσθαι, ἐὰν δὲ δεηθῇ ἢ αὐτὸς ἢ ἄλλος τις τῶν
οἰκείων, ἢ ἰδιώτης ἢ πόλις, ἐπιθετέον δίκην καὶ κολα-
στέον, εἰ μέλλει εὐδαίμων εἶναι. οὗτος ἔμοιγε δοκεῖ ὁ
σκοπὸς εἶναι, πρὸς ὃν βλέποντα δεῖ ζῆν, καὶ πάντα εἰς

ὃς τὰ μὴ προσήκοντα φεύγει τε καὶ διώκει.
The old Socratic definition would rather
be, ὃς οὐκ οἶδεν οὔθ' ἃ διωκτέον ἐστὶν
οὔθ' ἃ φευκτέον. Plato's includes both
the knowledge and the disposition (the
ἦθος as well as the ἐπιστήμη), and is
therefore more true to nature.

c. τὸν δ' εὖ πράττοντα μακάριον] This,
which seems a sophism founded on the
double sense of εὖ πράττειν, is in fact a
cherished paradox. It was a point of
honour with the Platonists to preface
their letters with the salutation εὖ πράτ-
τειν instead of the more usual χαίρειν.
Ep. iii. init., Πλάτων Διονυσίῳ χαί-
ρειν ἐπιστείλας ἆρ' ὀρθῶς ἂν τυγχάνοιμι
τῆς βελτίστης προσρήσεως· ἢ μᾶλλον
κατὰ τὴν ἐμὴν συνήθειαν γράφων εὖ
πράττειν, κ.τ.λ. Comp. Charm. p. 172
A, ὀρθότητος δὲ ἡγουμένης ἐν πάσῃ πράξει
ἀναγκαῖον καλῶς καὶ εὖ πράττειν τοὺς
οὕτω διακειμένους, τοὺς δ' εὖ πράττοντας
εὐδαίμονας εἶναι. So Alc. i. 116 B, ὅστις
καλῶς πράττει οὐχὶ καὶ εὖ πράττει· We
find a similar ambiguity in Arist. Eth.
N. vi. 2. 5.

D. οὗτος ἔμοιγε] 'This, as I think, is
the mark on which we should fix our
gaze through life; to that we should

bend all our powers and all the powers
of the state, and so act that Justice and
Temperance shall be our portion, as they
must be if we would be truly blest.' The
οὕτω πράττειν is illustrated by Phaedr.
253 B, ἀλλ' εἰς ὁμοιότητα αὐτοῖς καὶ τῷ
θεῷ ὃν ἂν τιμῶσι, πᾶσαν πάντως ὅ τι
μάλιστα πειρώμενοι ἄγειν οὕτω ποιοῦ-
σιν (equiv. to οὕτω ποιοῦσιν ὥστε ἄγειν).
Phaedr. 67 E, γελοῖον ἂν εἴη ἄνδρα παρα-
σκευάζονθ' ἑαυτὸν ἐν τῷ βίῳ ὅτι ἐγγυτάτω
ὄντα τοῦ τεθνάναι οὕτω ζῆν (= οὕτω
ζῆν ὥστε εἶναι). Presently ἀνήνυτον
κακόν (an evil of which there is no end
—a sort of 'vicious circle') is intended
to recall the simile of the Danaids with
their sieve, p. 493. Ast quotes Legg.
iv. 714 A, ψυχὴν ἔχουσα ἡδονῶν καὶ ἐπι-
θυμιῶν ὀρεγομένην καὶ πληροῦσθαι τούτων
δεομένην, στέγουσαν δὲ οὐδέν, ἀλλ' ἀνη-
νύτῳ καὶ ἀπλήστῳ πακῷ . . . ξυνεχο-
μένην. The 'brigand's life' is explained
in the immediate sequel as that of one
who by his excesses cuts himself off from
communion with gods and men, as an
outlaw does. Olymp., λῃστοῦ δὲ βίον ζῇ
ἐπειδὴ . . . τῶν ἀλλοτρίων ἐρᾷ· ἐπέρχεται
οὖν καὶ γυναιξὶ καὶ χρήμασι, λάθρα δὲ
ταῦτα ποιεῖ ὥσπερ λῃστής.

τοῦτο καὶ τὰ αὑτοῦ συντείνοντα καὶ τὰ τῆς πόλεως, ὅπως
δικαιοσύνη παρέσται καὶ σωφροσύνη τῷ μακαρίῳ μέλ-
E λοντι ἔσεσθαι, οὕτω πράττειν, οὐκ ἐπιθυμίας ἐῶντα ἀκο-
λάστους εἶναι καὶ ταύτας ἐπιχειροῦντα πληροῦν, ἀνήνυτον
κακόν, λῃστοῦ βίον ζῶντα. οὔτε γὰρ ἂν ἄλλῳ ἀνθρώπῳ
προσφιλὴς ἂν εἴη ὁ τοιοῦτος οὔτε θεῷ· κοινωνεῖν γὰρ
ἀδύνατος· ὅτῳ δὲ μὴ ἔνι κοινωνία, φιλία οὐκ ἂν εἴη.
φασὶ δ᾽ οἱ σοφοί, ὦ Καλλίκλεις, καὶ οὐρανὸν καὶ γῆν καὶ
508 θεοὺς καὶ ἀνθρώπους τὴν κοινωνίαν | συνέχειν καὶ φιλίαν
καὶ κοσμιότητα καὶ σωφροσύνην καὶ δικαιότητα, καὶ τὸ
ὅλον τοῦτο διὰ ταῦτα κόσμον καλοῦσιν, ὦ ἑταῖρε, οὐκ ἀκο-
σμίαν οὐδὲ ἀκολασίαν. σὺ δέ μοι δοκεῖς οὐ προσέχειν
τὸν νοῦν τούτοις, καὶ ταῦτα σοφὸς ὤν, ἀλλὰ λέληθέ σε ὅτι
ἡ ἰσότης ἡ γεωμετρικὴ καὶ ἐν θεοῖς καὶ ἐν ἀνθρώποις μέγα
δύναται. σὺ δὲ πλεονεξίαν οἴει δεῖν ἀσκεῖν· γεωμετρίας
γὰρ ἀμελεῖς. Εἶεν· ἢ ἐξελεγκτέος δὴ οὗτος ὁ λόγος ἡμῖν
B ἐστίν, ὡς οὐ δικαιοσύνης καὶ σωφροσύνης κτήσει εὐδαί-
μονές οἱ εὐδαίμονες, κακίας δὲ ἄθλιοι οἱ ἄθλιοι· ἢ εἰ οὗτος

E. οἱ σοφοί] According to Olymp. the Pythagoreans, and Empedocles, who said τὴν φιλίαν ἑνοῦν τὸν σφαῖρον. Comp. Emped. v. 94, Karst., Ἄλλοτε μὲν φιλότητι συναρχόμεν᾽ εἰς ἓν ἅπαντα, Ἄλλοτε δ᾽ αὖ δίχ᾽ ἕκαστα φορεύμενα νείκεος ἔχθει, with ibid. v. 59, Οὕτως ἁρμονίης πυκινῷ κρύφῳ ἐστήρικται Σφαῖρος κυκλοτερὴς μονίῃ περιηγέι γαίων. In the semi-Pythagorean system of Empedocles, Φιλία, φιλότης, Ἀφροδίτη represented the conservative principle of the universe (τὸ ὅλον, σφαῖρος), as Νεῖκος stood for the principle of change and dissolution. See Cic. de Amic. vii. The Pythagoreans, according to ancient tradition, first called the universe Κόσμος, and the word in that sense occurs in a frag. attributed to Philolaus ap. Stob. Ecl. Phys. p. 420, ἧς ὅδε ὁ κόσμος ἐξ αἰῶνος.

508. ἡ ἰσότης ἡ γεωμετρική] This 'geometric,' as distinguished from mere arithmetical equality (a = β); is what we call Equality of Ratio or Proportion (a : β :: γ : δ). Aristotle, in a well-known passage of the Nic. Ethics, defines "distributive justice" as the rendering to each citizen according to his merits, adding, ἔστιν ἄρα τὸ δίκαιον ἀνάλογόν τι ... καλοῦσι δὲ τὴν τοιαύτην

ἀναλογίαν γεωμετρικὴν οἱ μαθηματικοί, ἐν γὰρ τῇ γεωμετρικῇ συμβαίνει καὶ τὸ ὅλον πρὸς τὸ ὅλον ὅπερ ἑκάτερον πρὸς ἑκάτερον, B. v. 3, 8. So Olymp., ἰστέον ὅτι τρεῖς εἰσιν ἰσότητες, γεωμετρική, ἀριθμητική, ἁρμονική. καὶ ἡ μὲν γεωμετρικὴ ἰσότης ἐστίν, ὅταν ἀναλογία φυλάττηται ... ἰστέον δὲ ὅτι ἡ μὲν γεωμετρία πρὸς διανομὰς συμβάλλεται ... καὶ γὰρ στρατηγὸς λάφυρα διανέμων στρατιώταις οὐ πᾶσι τὸ αὐτὸ παρέχει ... καὶ ὁ ποιητὴς γοῦν φησιν· Ἐσθλὰ μὲν ἐσθλὸς ἔδυνε, χέρηα δὲ χείρονι δόσκεν (Il. xiv. 382). The idea is fully developed in the Laws, p. 757, where the legislator is taught to distinguish between simple and proportional equality, and to enforce the latter—τὴν δ᾽ ἀληθεστάτην καὶ ἀρίστην ἰσότητα οὐκέτι ῥᾴδιον παντὶ ἰδεῖν. Διὸ γὰρ δὴ κρίσις ἐστίν—τῷ μὲν γὰρ μείζονι πλείω τῷ δὲ ἐλάττονι σμικρότερα νέμει ... ἔστι γὰρ δὴ που καὶ τὸ πολιτικὸν ἡμῖν ἀεὶ τοῦτ᾽ αὐτὸ τὸ δίκαιον. Following this rule, Lycurgus, according to Plutarch, "expelled from Lacedaemon arithmetical equality, holding it to be democratic and levelling in principle, and introduced the geometric, as best suited to a temperate oligarchy and monarchy." Mor. p. 719 B.

ἀληθής ἐστι, σκεπτέον τί τα συμβαίνοντα. τὰ πρόσθεν
ἐκεῖνα, ὦ Καλλίκλεις, συμβαίνει πάντα, ἐφ' οἷς σύ με
ἤρου εἰ σπουδάζων λέγοιμι, λέγοντα ὅτι κατηγορητέον εἴη
καὶ αὐτοῦ καὶ υἱέος καὶ ἑταίρου, ἐάν τι ἀδικῇ, καὶ τῇ
ῥητορικῇ ἐπὶ τοῦτο χρηστέον. καὶ ἃ Πῶλον αἰσχύνῃ
ᾤου συγχωρεῖν, ἀληθῆ ἄρα ἦν, τὸ εἶναι τὸ ἀδικεῖν τοῦ
ἀδικεῖσθαι, ὅσῳπερ αἴσχιον, τοσούτῳ κάκιον· καὶ τὸν C
μέλλοντα ὀρθῶς ῥητορικὸν ἔσεσθαι δίκαιον ἄρα δεῖ εἶναι
καὶ ἐπιστήμονα τῶν δικαίων, ὃ αὖ Γοργίαν ἔφη Πῶλος δι'
αἰσχύνην ὁμολογῆσαι.

LXIV. Τούτων δὲ οὕτως ἐχόντων, σκεψώμεθα τί ποτ'
ἐστὶν ἃ σὺ ἐμοὶ ὀνειδίζεις, ἆρα καλῶς λέγεται ἢ οὔ, ὡς
ἄρα ἐγὼ οὐχ οἷός τ' εἰμὶ βοηθῆσαι οὔτε ἐμαυτῷ οὔτε τῶν
φίλων οὐδενὶ οὐδὲ τῶν οἰκείων, οὐδ' ἐκσῶσαι ἐκ τῶν
μεγίστων κινδύνων, εἰμὶ δὲ ἐπὶ τῷ βουλομένῳ ὥσπερ
οἱ ἄτιμοι τοῦ ἐθέλοντος, ἄν τε τύπτειν βούληται, τὸ D
νεανικὸν δὴ τοῦτο τοῦ σοῦ λόγου, ἐπὶ κόρρης, ἐάν τε
χρήματα ἀφαιρεῖσθαι, ἐάν τε ἐκβάλλειν ἐκ τῆς πόλεως,
ἐάν τε, τὸ ἔσχατον, ἀποκτεῖναι· καὶ οὕτω διακεῖσθαι πάν-
των δὴ αἴσχιστόν ἐστιν, ὡς ὁ σὸς λόγος. ὁ δὲ δὴ ἐμός,
ὅστις πολλάκις μὲν ἤδη εἴρηται, οὐδὲν δὲ κωλύει καὶ ἔτι
λέγεσθαι· οὔ φημι, ὦ Καλλίκλεις, τὸ τύπτεσθαι ἐπὶ κόρ-

B. τὸ ἀδικεῖν τοῦ ἀδικεῖσθαι] Among
the impugners of this splendid paradox
is Aristides Rhet., whose spirited but
wordy tirade is to be found, T. iii. p.103,
ed. Cant. In his Epist. ad Capitonem
(ibid. p. 533) he produces with great
glee a passage from the Laws (829 A)
which he conceives to be inconsistent
with the doctrine laid down in the
Gorgias.

c. καὶ τὸν μέλλοντα] This passage is
quoted with approbation by Quintilian,
ii. 15, 28.

ἃ σὺ ἐμοὶ ὀνειδίζεις] He refers to the
warning of Callicles, p. 486. Presently,
in εἰμὶ δ' ἐπὶ τῷ βουλομένῳ, ὥσπερ οἱ
ἄτιμοι τοῦ ἐθέλοντος, Hirsch. brackets
τοῦ ἐθέλοντος as an interpolation. But
the pleonasm is surely not unexampled.
The two phrases mean of course the same
thing—I am at the mercy, or in the power
of any one who chooses to molest me,
just as an outlaw is at the mercy of the

first comer—τοῦ πιόντος. Heind. quotes
Legg. iv. 707 Ε, πότερον ἐξ ἁπάσης
Κρήτης ὁ ἐθέλων . . . οὐ γάρ που τὸν
βουλόμενόν γε 'Ελλήνων συνάγετε: and
Stallb. a passage from Xen. Anab. i. 4,
ὅπως μήποτε ἔτι ἔσται ἐπὶ τῷ ἀδελφῷ.
Add Rep. v. 460 Α, τὸ πλῆθος τῶν γάμων
ἐπὶ τοῖς ἄρχουσι ποιήσομεν.

D. τὸ νεανικὸν δὴ τοῦτο] 'To quote
that spirited phrase of yours.' Callicles
had apologized for the roughness of the
expression: εἴ τι καὶ ἀγροικότερον εἰρῆ-
σθαι, ἔξεστιν ἐπὶ κόρρης τύπτοντά σε
κ.τ.λ., p. 486 C, where see the note. Socr.
softens down the ἄγροικον of Callicles
into νεανικόν, 'bold,' 'smart.' In apolo-
gizing for the vigour of his own lan-
guage, he presently adopts the stronger
epithet ἀγροικότερον, inf. 509 Α. νεανικόν
is one of those epithets which may imply
either praise or censure; and on that
account commends itself to an εἴρων
such as Socr. was.

ρης ἀδίκως αἴσχιστον εἶναι, οὐδέ γε τὸ τέμνεσθαι οὔτε
E τὸ σῶμα τὸ ἐμὸν οὔτε τὸ βαλλάντιον, ἀλλὰ τὸ τύπτειν
καὶ ἐμὲ καὶ τὰ ἐμὰ ἀδίκως καὶ τέμνειν καὶ αἴσχιον καὶ
κάκιον, καὶ κλέπτειν γε ἅμα καὶ ἀνδραποδίζεσθαι καὶ
τοιχωρυχεῖν καὶ συλλήβδην ὁτιοῦν ἀδικεῖν καὶ ἐμὲ καὶ τὰ
ἐμὰ τῷ ἀδικοῦντι καὶ κάκιον καὶ αἴσχιον εἶναι ἢ ἐμοὶ τῷ
ἀδικουμένῳ. ταῦτα ἡμῖν ἄνω ἐκεῖ ἐν τοῖς πρόσθε λόγοις
509 οὕτω φανέντα, ὡς ἐγὼ λέγω, κατέχεται καὶ δέδεται, | καὶ
εἰ ἀγροικότερόν τι εἰπεῖν ἐστί, σιδηροῖς καὶ ἀδαμαντίνοις
λόγοις, ὡς γοῦν ἂν δόξειεν οὑτωσίν, οὓς σὺ εἰ μὴ λύσεις
ἢ σοῦ τις νεανικώτερος, οὐχ οἷόν τε ἄλλως λέγοντα ἢ ὡς
ἐγὼ νῦν λέγω καλῶς λέγειν· ἐπεὶ ἔμοιγε ὁ αὐτὸς λόγος
ἐστὶν ἀεί, ὅτι ἐγὼ ταῦτα οὐκ οἶδα ὅπως ἔχει, ὅτι μέντοι
ὧν ἐγὼ ἐντετύχηκα, ὥσπερ νῦν, οὐδεὶς οἷός τ' ἐστὶν ἄλ-
λως λέγων μὴ οὐ καταγέλαστος εἶναι. ἐγὼ μὲν οὖν αὖ
τίθημι ταῦτα οὕτως ἔχειν. εἰ δὲ οὕτως ἔχει καὶ μέγιστον
B τῶν κακῶν ἐστιν ἡ ἀδικία τῷ ἀδικοῦντι καὶ ἔτι τούτου
μεῖζον μεγίστου ὄντος, εἰ οἷόν τε, τὸ ἀδικοῦντα μὴ διδόναι
δίκην, τίνα ἂν βοήθειαν μὴ δυνάμενος ἄνθρωπος βοηθεῖν
ἑαυτῷ καταγέλαστος ἂν τῇ ἀληθείᾳ εἴη; ἆρ' οὐ ταύτην
ἥτις ἀποτρέψει τὴν μεγίστην ἡμῶν βλάβην; ἀλλὰ πολλὴ
ἀνάγκη ταύτην εἶναι τὴν αἰσχίστην βοήθειαν μὴ δύνασθαι

E. ταῦτα ἡμῖν ἄνω] 'These state-
ments, which were before shown in the
course of our past discussion to be as I
say, are, however uncouth the expression
may sound (however harsh the meta-
phor), held firmly and tied fast by a
chain of argument strong as iron or as
adamant.' The expression ἄνω ἐκεῖ could
not have been introduced by way of
gloss upon the more usual ἐν τοῖς πρόσθε
λόγοις, as Hirsch., who brackets them,
would seem to imagine. The conclusion
Socr. has just drawn (ἐνθάδε) had been
shown ἐκεῖ, in another place, farther
back in the discussion, to follow from the
premisses. It is conceivable that ἐν τ.
πρ. λ. may have been added as a mar-
ginal explanation of ἄνω ἐκεῖ, as ἔμ-
προσθεν occasionally appears after νῦν δή
when it is not wanted: but on this I do
not insist, as the redundancy is not with-
out its rhetorical effect in the present
instance. πρόσθε for the vulg. πρόσθεν

occurs in the Bodl., and is retained by
Bekk. and Hirsch., though condemned
as un-Attic by Lobeck, Phryn. p. 284.
The constant occurrence of πρόσθε in the
comic poets, in places where the metre
forbids πρόσθεν, makes it unlikely that
it would grate on Athenian ears when
occurring in prose.

509. ὡς γοῦν ἂν δόξειεν οὑτωσίν] 'as
would seem, at any rate on a primâ
facie view:' that is, unless proved to be
otherwise.

B. πολλὴ ἀνάγκη ταύτην] 'It cannot
fail but that this is the power it is most
shameful to be without—the power of
rendering aid' &c. ταύτην ἑ. τὴν αἰσχίσ.
βοήθ. is put by 'attraction' for τοῦτο
εἶναι αἴσχιστον, μὴ δύνασθαι βοηθεῖν.
Properly it is not the βοήθεια but its
absence which is disgraceful—ἡ αἰσχίστη
ἀδυναμία τοῦ βοηθεῖν, as Heind. puts it.
The most disgraceful form of helpless-
ness is, not to be able, after wrong done,

ἐν βυθῷ γὰρ ἡ ἀλήθεια

βοηθεῖν μήτε αὑτῷ μήτε τοῖς αὑτοῦ φίλοις τε καὶ οἰκείοις,
δευτέραν δὲ τὴν τοῦ δευτέρου κακοῦ καὶ τρίτην τὴν τοῦ C
τρίτου καὶ τᾶλλα οὕτως, ὡς ἑκάστου κακοῦ μέγεθος πέφυκεν,
οὕτω καὶ κάλλος τοῦ δυνατὸν εἶναι ἐφ' ἕκαστα βοηθεῖν καὶ
αἰσχύνη τοῦ μή. ἆρα ἄλλως ἢ οὕτως ἔχει, ὦ Καλλίκλεις ;

ΚΑΛ.   Οὐκ ἄλλως.

LXV.   ΣΩ.   Δυοῖν οὖν ὄντοιν, τοῦ ἀδικεῖν τε καὶ
ἀδικεῖσθαι, μεῖζον μέν φαμεν κακὸν τὸ ἀδικεῖν, ἔλαττον
δὲ τὸ ἀδικεῖσθαι. τί οὖν ἂν παρασκευασάμενος ἄνθρωπος
βοηθήσειεν αὑτῷ, ὥστε ἀμφοτέρας τὰς ὠφελείας ταύτας
ἔχειν, τήν τε ἀπὸ τοῦ μὴ ἀδικεῖν καὶ τὴν ἀπὸ τοῦ μὴ D
ἀδικεῖσθαι ; πότερα δύναμιν ἢ βούλησιν ; ὧδε δὲ λέγω·
πότερον ἐὰν μὴ βούληται ἀδικεῖσθαι, οὐκ ἀδικήσεται, ἢ
ἐὰν δύναμιν παρασκευάσηται τοῦ μὴ ἀδικεῖσθαι, οὐκ
ἀδικήσεται ;

to render oneself up to justice: the second, not to be able to preserve oneself from doing wrong: the third, to be unable to defend self or friends from wrong done by others. This paradox of course must rest on the principle that punishment, and nothing besides punishment, has a medicinal effect upon the offender: which being granted, it follows that it is, if possible, worse for a man to 'continue in sin' by escaping punishment, than to sin in the first instance; and that if worse, it is more disgraceful. The fallacy seems to lie in the assumption that a man has no other means of purifying his soul from the taint of wickedness than that implied in the words διδόναι δίκην. For though διδόναι δίκην might admit the milder meaning of 'making amends' to the person injured, that is not Plato's meaning here. Again, it can by no means he conceded that the shame of not performing an act of heroic virtue is proportional to the glory of performing it, as the sequel would seem to imply. Shame and glory are rather in inverse than direct proportion in such cases: for it is never glorious to perform an act which it is very disgraceful to omit. No one, for instance, ever thought himself a hero for supporting his wife and family, or again, for abstaining from murder or theft. Nor does any stain rest on the Roman name, because Curtius alone dared to leap into the gulf. But the words κακόν and ἀγαθόν, as used in

this argument, referred to the effect of a man's conduct on his spiritual nature, and this is a matter to which the consideration of judicial penalties is in reality irrelevant. Plato's reasoning involves the principle of punishment 'pro salute animae,' which he avows in more places than one, but nowhere perhaps so distinctly as in the Laws, viii. 862 D, E. The 'medicinal' nature of punishment is recognized also by Arist. Eth. N. ii. 3, 4, (αἱ κολάσεις) ἰατρεῖαί τινές εἰσιν.

C. τί οὖν ἂν παρασκευασάμενος] A new question is here started: wrong-doing and wrong-suffering being evils, and wrong-doing a greater evil than wrong-suffering, how is a man to procure himself the advantage of exemption from either ? As regards the former it is argued that, inasmuch as no man does wrong willingly, his wrong-doing must be due to want of power, not to want of will to avoid it. He must therefore procure this power or art by instruction and exercise—by such discipline, we may suppose, as we find prescribed in the Republic. But to avoid suffering wrong there are but two methods possible: either a man must make himself absolute ruler in the state, or else he must make friends with those in power (inf. 510): and that can only be done by making himself like them (ibid. E). He who succeeds in doing this is safe; he who refuses is in jeopardy every hour.

ΚΑΛ. Δῆλον δὴ τοῦτό γε, ὅτι ἐὰν δύναμιν.

ΣΩ. Τί δὲ δὴ τοῦ ἀδικεῖν; πότερον ἐὰν μὴ βούληται ἀδικεῖν, ἱκανὸν τοῦτ' ἐστίν—οὐ γὰρ ἀδικήσει,—ἢ καὶ
Ε ἐπὶ τοῦτο δεῖ δύναμίν τινα καὶ τέχνην παρασκευάσασθαι, ὡς, ἐὰν μὴ μάθῃ αὐτὰ καὶ ἀσκήσῃ, ἀδικήσει; Τί οὐκ αὐτό .γέ μοι τοῦτο ἀπεκρίνω, ὦ Καλλίκλεις, πότερόν σοι δοκοῦμεν ὀρθῶς ἀναγκασθῆναι ὁμολογεῖν ἐν τοῖς ἔμπρο- σθεν λόγοις ἐγώ τε καὶ Πῶλος ἢ οὔ, ἡνίκα ὡμολογήσαμεν μηδένα βουλόμενον ἀδικεῖν, ἀλλ' ἄκοντας τοὺς ἀδικοῦντας πάντας ἀδικεῖν;

510 *ΚΑΛ.* Ἔστω σοι τοῦτο, ὦ. Σώκρατες, οὕτως, | ἵνα διαπεράνῃ τὸν λόγον.

ΣΩ. Καὶ ἐπὶ τοῦτο ἄρα, ὡς ἔοικε, παρασκευαστέον ἐστὶ δύναμίν τινα καὶ τέχνην, ὅπως μὴ ἀδικήσομεν.

ΚΑΛ. Πάνυ γε.

ΣΩ. Τίς οὖν ποτ' ἐστὶ τέχνη τῆς παρασκευῆς τοῦ μηδὲν ἀδικεῖσθαι ἢ ὡς ὀλίγιστα; σκέψαι εἰ σοὶ δοκεῖ ἥπερ ἐμοί. ἐμοὶ μὲν γὰρ δοκεῖ ἥδε· ἢ αὐτὸν ἄρχειν δεῖν ἐν τῇ πόλει ἢ καὶ τυραννεῖν, ἢ τῆς ὑπαρχούσης πολιτείας ἑταῖρον εἶναι.

Β *ΚΑΛ.* Ὁρᾷς, ὦ Σώκρατες, ὡς ἐγὼ ἕτοιμός εἰμι ἐπαι- νεῖν, ἄν τι καλῶς λέγῃς; τοῦτό μοι δοκεῖς πάνυ καλῶς εἰρηκέναι.

LXVI. ΣΩ. Σκόπει δὴ καὶ τόδε ἐάν σοι δοκῶ εὖ λέγειν. φίλος μοι δοκεῖ ἕκαστος ἑκάστῳ εἶναι ὡς οἷόν τε μάλιστα, ὅνπερ οἱ παλαιοί τε καὶ σοφοὶ λέγουσιν, ὁ ὅμοιος τῷ ὁμοίῳ. οὐ καὶ σοί;

Ε. μηδένα βουλόμενον ἀδικεῖν] Olymp., ἐνταῦθα ἀναφαίνεται Πλατωνικὸν δόγμα, τὸ λέγον ὅτι πάντα τὰ ἁμαρτήματα ἀκού- σιά ἐστιν ... καὶ ἔστι παράδοξον. The ἀπορίαι suggested by this paradox are discussed at length Legg. ix. 861 sqq.

510. διαπεράνῃ] The Bodl. and one other have διαπερανῇ. Edd. διαπερανῇς. The middle aor. is sufficiently common, and here, perhaps, better than the active.

Καὶ ἐπὶ τοῦτο — ὅπως μὴ ἀδική- σομεν] Codd. ἀδικήσωμεν, corr. Heind. The correction was indispensable. Such verbs as δρᾶν, σκοπεῖν, παρασκευάζειν, μηχανᾶσθαι, &c., are followed by ὅπως

with the fut., not with the conj. The reason is obvious: ὅπως in such a context retains its original sense 'quo- modo.' So inf. D, παρασκευάζειν ὅπως ὅ τι μάλιστα ὅμοιος ἔσται ἐκείνῳ. 513 A, ὅρα . . ὅπως μὴ πεισόμεθα, where the codd. give the solecistic form τεισώμεθα (for πάθωμεν).

Β. οἱ παλαιοί τε καὶ σοφοί] So in the Lysis this trite proverb is said to be found "in the writings of the very wise," who it would seem are οἱ περὶ Ὁμήρου. Od. xvii. 218, ὡς αἰεὶ τὸν ὅμοιον ἄγει θεὸς ὡς τὸν ὅμοιον. Aristotle gives a list of proverbs with this meaning. Rhet. i.

ΚΑΛ. Ἔμοιγε.

ΣΩ. Οὐκοῦν ὅπου τύραννός ἐστιν ἄρχων ἄγριος καὶ ἀπαίδευτος, εἴ τις τούτου ἐν τῇ πόλει πολὺ βελτίων εἴη, φοβοῖτο δήπου ἂν αὐτὸν ὁ τύραννος καὶ τούτῳ ἐξ ἅπαντος C τοῦ νοῦ οὐκ ἄν ποτε δύναιτο φίλος γενέσθαι;

ΚΑΛ. Ἔστι ταῦτα.

ΣΩ. Οὐδέ γε εἴ τις πολὺ φαυλότερος εἴη, οὐδ᾽ ἂν οὗτος· καταφρονοῖ γὰρ ἂν αὐτοῦ ὁ τύραννος καὶ οὐκ ἂν ποτε ὡς πρὸς φίλον σπουδάσειεν.

ΚΑΛ. Καὶ ταῦτ᾽ ἀληθῆ.

ΣΩ. Λείπεται δὴ ἐκεῖνος μόνος ἄξιος λόγου φίλος τῷ τοιούτῳ, ὃς ἂν ὁμοήθης ὤν, ταὐτὰ ψέγων καὶ ἐπαινῶν, ἐθέλῃ ἄρχεσθαι καὶ ὑποκεῖσθαι τῷ ἄρχοντι. οὗτος μέγα ἐν ταύτῃ τῇ πόλει δυνήσεται, τοῦτον οὐδεὶς χαίρων ἀδι- D κήσει. οὐχ οὕτως ἔχει;

ΚΑΛ. Ναί.

---

11. 25, ὡς ἧλιξ ἧλικα τέρπει, καὶ ὡς ἀεὶ τὸν ὅμοιον, καὶ ἔγνω δὲ θὴρ θῆρα, καὶ ἀεὶ κολοιὸς παρὰ κολοιόν. Bnt ‘birds’ of this ‘feather’ are heard in all languages.

Οὐκοῦν ὅπου τύραννος] These words have been supposed to contain a covert allusion to a passage in Plato's private history; his sojourn at the court of Dionysius I., and its disastrous termination. If this is so, this dialogue must have been composed after B.C. 388. But the epithet ἀπαίδευτος is hardly applicable to a man of such literary accomplishments as the elder Dionysius, who is moreover credited with σοφία by Plato himself, and contrasted in that respect with his successor, Ep. vii. 332 C, D. And in any case the supposition is gratuitous: for Plato had enjoyed ample opportunities of acquainting himself with the characteristics of the τύραννος even before he left Athens. See the same Epistle, p. 324 D.

C. καὶ τούτῳ ἐξ ἅ.] ‘And to him, the tyrant, he, the virtuous man, could never in his heart of hearts be a friend.’ That there is this change of subject in the sentence appears from the next ῥῆσις of Socr., where the implied predicate to οὗτος is οὐκ ἂν δύναιτο φ. γεν. Parallel instances are accumulated by Heind. and Stallb., the latter referring to Liv. i. 50,

“Ne id quidem ab Turno tulisse tacitum ferunt [sc. Tarquinium]; dixisse enim [h. e. Turnum] Nullam breviorem esse cognitionem” &c., where the student will find the notes in Drakenborch's ed. worth attention. In Greek a good instance is that in Rep. ii. p. 359 E, τούτου δὲ γενομένου ἀφανῆ αὐτὸν γενέσθαι (sc. τὸν Γύγην) τοῖς παρακαθημένοις, καὶ διαλέγεσθαι ὡς περὶ οἰχομένου (sc. τοὺς παρακαθημένους).

ὡς πρὸς φίλον σπουδάσειεν] As σπουδή denotes warmth, earnestness, σπουδάζειν πρός τινα (comp. Lat. ‘studere alicui’), signifies esteem, affection, or attachment. In Rep. iii. 408 C, we find πρὸς ὅν τις σπουδάζοι said of the attachment of an ἐραστής. The tyrant might amuse himself in the society of a man worse than himself, but could never feel for him the esteem and affection due to a friend.

οὗτος μέγα—τοῦτον οὐδεὶς] So Persius, Sat. ii. 37, “Hunc optent generum rex et regina, puellae Hunc rapiant, quicquid calcaverit hic rosa fiat.” Comp. the double ἐκεῖνος in Eur. Bacch. 243, ἐκεῖνος εἶναί φησι Διόνυσον θεόν, Ἐκεῖνος ἐν μηρῷ ποτ᾽ ἐῤῥάφθαι Διός, where the repetition implies contempt instead of honour. Presently ταύτῃ τῇ πόλει refers not to Athens, but to the πόλις ὅπου τύραννός ἐστιν ἄρχων κ.τ.λ. sup. B.

ΣΩ. Εἰ ἄρα τις ἐννοήσειεν ἐν ταύτῃ τῇ πόλει τῶν
νέων, Τίνα ἂν τρόπον ἐγὼ μέγα δυναίμην καὶ μηδείς με
ἀδικοίη, αὕτη, ὡς ἔοικεν, αὐτῷ ὁδός ἐστιν, εὐθὺς ἐκ νέου
ἐθίζειν αὐτὸν τοῖς αὐτοῖς χαίρειν καὶ ἄχθεσθαι τῷ δε-
σπότῃ, καὶ παρασκευάζειν ὅπως ὅ τι μάλιστα ὅμοιος ἔσται
ἐκείνῳ. οὐχ οὕτως ;

ΚΑΛ. Ναί.

E ΣΩ. Οὐκοῦν τούτῳ τὸ μὲν μὴ ἀδικεῖσθαι καὶ μέγα
δύνασθαι, ὡς ὁ ὑμέτερος λόγος, ἐν τῇ πόλει διαπεπράξεται.

ΚΑΛ. Πάνυ γε.

ΣΩ. Ἆρ' οὖν καὶ τὸ μὴ ἀδικεῖν ; ἢ πολλοῦ δεῖ, εἴπερ
ὅμοιος ἔσται τῷ ἄρχοντι ὄντι ἀδίκῳ καὶ παρὰ τούτῳ
μέγα δυνήσεται ; ἀλλ' οἶμαι ἔγωγε, πᾶν τοὐναντίον οὑτωσὶ
ἡ παρασκευὴ ἔσται αὐτῷ ἐπὶ τὸ οἵῳ τε εἶναι ὡς πλεῖστα
ἀδικεῖν καὶ ἀδικοῦντα μὴ διδόναι δίκην. ἢ γάρ ;

ΚΑΛ. Φαίνεται.

511 | ΣΩ. Οὐκοῦν τὸ μέγιστον αὐτῷ κακὸν ὑπάρξει, μο-
χθηρῷ ὄντι τὴν ψυχὴν καὶ λελωβημένῳ διὰ τὴν μίμησιν
τοῦ δεσπότου καὶ δύναμιν.

ΚΑΛ. Οὐκ οἶδ' ὅπῃ στρέφεις ἑκάστοτε τοὺς λόγους
ἄνω καὶ κάτω, ὦ Σώκρατες. ἢ οὐκ οἶσθα ὅτι οὗτος ὁ

E. ὡς ὁ ὑμέτερος λόγος] 'As you and
your friends would say.' This refers
especially to μέγα δύνασθαι, which Socr.
himself would of course refuse to pre-
dicate of the person described. Sup.
466 B, ἐλάχιστόν μοι δοκοῦσι τῶν ἐν
τῇ πόλει δύνασθαι οἱ ῥήτορες. But the
general doctrine that in order to rise in
a state it is necessary to share the spirit
or ἦθος which animates such state was a
commonplace both with philosophers
and orators. So Demosth. c. Androt.
p. 613 (§ 79), τὸν ὑπὲρ πόλεως πράτ-
τοντά τι δεῖ τὸ τῆς πόλεως ἦθος μιμεῖ-
σθαι. Compare Timocr. p. 753, where
the bright side of the Athenian ἦθος is
exhibited. Isocr. Nicocl. 21 A, τὸ τῆς
πόλεως ὅλης ἦθος ὁμοιοῦται τοῖς ἄρ-
χουσιν, is the converse of the proposition.
διαπεπράξεται] 'will have been
achieved;' i. e. after he has thus schooled
himself into sympathy with the ruling
powers, he, the aspirant just mentioned,
will have attained to the much-coveted

power and security from wrong. In the
Laws, viii. 829, we read, τὸ μὲν (μὴ
ἀδικεῖν) οὐ πάνυ χαλεπόν, τοῦ δὲ μὴ
ἀδικεῖσθαι κτήσασθαι δύναμιν παγχάλε-
πον, καὶ οὐκ ἔστιν αὐτὸ τελέως σχεῖν
ἄλλως ἢ τελέως γενόμενον ἀγαθόν. In
the sequel of this passage the principle
is applied to international relations, in a
manner not uninteresting to the citi-
zens of a non-intervening state.
οἵῳ τε εἶναι — καὶ ἀδικοῦντα] The
change of case is justified by 492 B,
ἐπεί γε οἷς ἐξ ἀρχῆς ὑπῆρξεν ἢ βασιλέων
υἱέσιν εἶναι ἢ αὐτοὺς τῇ φύσει ἱκανοὺς
κ.τ.λ. Of the MSS., however, one gives
οἷόν τε, and several ἀδικοῦντι. The same
variation is found 525 B, ἢ βελτίονι
γίγνεσθαι . . . ἢ παραδείγματι (al. παρά-
δειγμα) τοῖς ἄλλοις γίγνεσθαι.
511. ἢ οὐκ οἶσθα ὅτι] 'or do you need
to be told that our imitator will slay
your non-imitator, if he have a mind,
and will spoil his goods?' ὁ μιμούμενος
is transitive, though foolishly supposed to

μιμούμενος τὸν μὴ μιμούμενον ἐκεῖνον ἀποκτενεῖ, ἐὰν
βούληται, καὶ ἀφαιρήσεται τὰ ὄντα;

ΣΩ. Οἶδα, ὦ 'γαθὲ Καλλίκλεις, εἰ μὴ κωφός γ' εἰμί, Β
καὶ σοῦ ἀκούων καὶ Πώλου ἄρτι πολλάκις καὶ τῶν ἄλλων
ὀλίγου πάντων τῶν ἐν τῇ πόλει. ἀλλὰ καὶ σὺ ἐμοῦ ἄκουε,
ὅτι ἀποκτενεῖ μέν, ἂν βούληται, ἀλλὰ πονηρὸς ὢν καλὸν
κἀγαθὸν ὄντα.

ΚΑΛ. Οὐκοῦν τοῦτο δὴ καὶ τὸ ἀγανακτητόν;

ΣΩ. Οὐ νοῦν γε ἔχοντι, ὡς ὁ λόγος σημαίνει. ἢ οἴει
δεῖν τοῦτο παρασκευάζεσθαι ἄνθρωπον, ὡς πλεῖστον χρό-
νον ζῆν, καὶ μελετᾶν τὰς τέχνας ταύτας αἳ ἡμᾶς ἀεὶ ἐκ τῶν
κινδύνων σώζουσιν, ὥσπερ καὶ ἣν σὺ κελεύεις ἐμὲ μελετᾶν C
τὴν ῥητορικὴν τὴν ἐν τοῖς δικαστηρίοις διασώζουσαν;

ΚΑΛ. Ναὶ μὰ Δί' ὀρθῶς γέ σοι συμβουλεύων.

LXVII. ΣΩ. Τί δέ, ὦ βέλτιστε; ἢ καὶ ἡ τοῦ νεῖν
ἐπιστήμη σεμνή τίς σοι δοκεῖ εἶναι;

ΚΑΛ. Μὰ Δί' οὐκ ἔμοιγε.

ΣΩ. Καὶ μὴν σώζει γε καὶ αὐτὴ ἐκ θανάτου τοὺς
ἀνθρώπους, ὅταν εἰς τοιοῦτον ἐμπέσωσιν οὗ δεῖ ταύτης
τῆς ἐπιστήμης. εἰ δ' αὐτὴ σοι δοκεῖ σμικρὰ εἶναι, ἐγώ
σοι μείζονα ταύτης ἐρῶ, τὴν κυβερνητικήν, ἣ οὐ μόνον D
τὰς ψυχὰς σώζει ἀλλὰ καὶ τὰ σώματα καὶ τὰ χρήματα

---

be passive by Thomas Mag., in v. μιμοῦ-
μαι, as if it referred to τύραννος—the
person imitated. The imitator will
have this power, ἅτε μέγα δυνάμενος ἐν
τῇ πόλει.

B. Οὐκοῦν τοῦτο δή] Germ. Tr. "Ist
nun nicht eben das das Empörende?"
"And is not this the very thing that
makes one so indignant?" viz. that a
μοχθηρὸς should take the life of a καλὸς
κἀγαθός? This is the sense required in
order to give point to Socr.'s reply. The
'Irrisio' which Ast and Stallb. discover
is out of place here, for Callicles was
quite earnest in the warning he addressed
to Socr. Comp. 486 B, κατηγόρου τυχὼν
πάνυ φαύλου καὶ μοχθηροῦ, ἀποθάνοις ἄν,
εἰ βούλοιτο θανάτου σοι τιμᾶσθαι.

ἢ οἴει δεῖν τοῦτο] Socr. proceeds to
show, with an affectation of inductive
reasoning, that if forensic rhetoric has
the life-preserving power claimed for it,

it does not therefore follow that it is a
liberal or dignified art. Exaggerated as
this may seem, Plato's deliberate con-
victions pointed this way. Thus in the
Laws, his latest work, he says, "The
union of soul and body is in no wise a
better thing than their dissolution, as I
should say, and that with perfect serious-
ness." And accordingly he enjoins that
public honours be paid to Pluto every
twelfth month, adding, καὶ οὐ δυσχε-
ραντέον πολεμικοῖς ἀνθρώποις τὸν τοιοῦ-
τον θεόν, ἀλλὰ τιμητέον ὡς ὄντα ἀεὶ τῷ
τῶν ἀνθρώπων γένει ἄριστον, 828 C, D.

D. οὐ μόνον τὰς ψυχὰς σώζει] Olymp.,
ψυχὰς νῦν καλεῖ τὰς ζωάς. True, no
doubt; but what becomes of the anti-
thesis ἀλλὰ καὶ τὰ σώματα? This refers
to the 'bodies' of other members of the
passenger's family—παῖδας καὶ γυναῖκας
named presently after. The pilot's art
saves not only the lives of passengers,

ἐκ τῶν ἐσχάτων κινδύνων, ὥσπερ ἡ ῥητορική. καὶ αὕτη
μὲν προσεσταλμένη ἐστὶ καὶ κοσμία, καὶ οὐ σεμνύνεται
ἐσχηματισμένη ὡς ὑπερήφανόν τι διαπραττομένη, ἀλλὰ
ταὐτὰ διαπραξαμένη τῇ δικανικῇ, ἐὰν μὲν ἐξ Αἰγίνης δεῦρο
σώσῃ, οἶμαι δύ᾽ ὀβολοὺς ἐπράξατο, ἐὰν δὲ ἐξ Αἰγύπτου
ἢ ἐκ τοῦ Πόντου, ἐὰν πάμπολυ ταύτης τῆς μεγάλης εὐ-
E εργεσίας, σώσασ᾽ ἃ νῦν δὴ ἔλεγον, καὶ αὐτὸν καὶ παῖδας
καὶ χρήματα καὶ γυναῖκας, ἀποβιβάσασ᾽ εἰς τὸν λιμένα
δύο δραχμὰς ἐπράξατο, καὶ αὐτὸς ὁ ἔχων τὴν τέχνην καὶ
ταῦτα διαπραξάμενος ἐκβὰς παρὰ τὴν θάλατταν καὶ τὴν
ναῦν περιπατεῖ ἐν μετρίῳ σχήματι. λογίζεσθαι γάρ,
οἶμαι, ἐπίσταται ὅτι ἄδηλόν ἐστιν οὕστινάς τε ὠφέληκε
τῶν συμπλεόντων οὐκ ἐάσας καταποντωθῆναι καὶ οὕστινας
ἔβλαψεν, εἰδὼς ὅτι οὐδὲν αὐτοὺς βελτίους ἐξεβίβασεν ἢ
512 οἷοι | ἐνέβησαν, οὔτε τὰ σώματα οὔτε τὰς ψυχάς. λογίζε-
ται οὖν ὅτι οὐκ, εἰ μέν τις μεγάλοις καὶ ἀνιάτοις νοσή-

but the persons and chattels belonging
to them.

προσεσταλμένη] Said properly of a
close-fitting dress—vestis appressa cor-
pori—or of skin or other integument
which adheres tightly to the body.
Galen, προσστέλλεται τῷ χρωτὶ τὸ
δέρμα. Arist. Hist. An. 9, θριξ προσε-
σταλμένη. Hence in its applied sense
προσεστ. = plain, humble, modest.
συνεσταλμένος is used in nearly the
same manner, as Isocr. p. 280 D, συνε-
σταλμένην ἔχων τὴν διάνοιαν, ὥσπερ χρὴ
τοὺς εὖ φρονοῦντας. Opposed to ὀγκώδης
or ἐπαχθής.

οὐ σεμνύνεται ἐσχηματισμένη] 'She
does not plume herself on her perform-
ance, making believe that it is some
dazzling achievement.' Tim. Gl, σχη-
ματιζόμενος, προσποιούμενος. Phaedr.
255 Δ, οὐχ ὑπὸ σχηματιζομένου τοῦ
ἐρῶντος ἀλλ᾽ ἀληθῶς τοῦτο πεπονθότος.
Ach. Tat. p. 148, ἀκκίζῃ καὶ σχηματίζῃ
πρὸς ἀπόνοιαν. 'Your mincing and affec-
tation are intolerable.'

δύ᾽ ὀβολούς] This very modest fare
had been greatly increased in Lucian's
time. Navig. 15, ἐς Αἴγιναν ἐπὶ τὴν τῆς
Ἐνοδίας τελετὴν ... πάντες ἅμα οἱ φίλοι
τεττάρων ἕκαστος ὀβολῶν διεπλεύ-
σαμεν. Here, on the contrary, the two
oboli are paid for the entire party. See
Boeckh. Staatsh. i. p. 166, 2te Ausg.

ἐὰν πάμπολυ ταύτης τῆς μεγάλης εὐερ-
γεσίας] Supply πράττηται, and comp.
Eriphus, Com. ap. Athen. 84 B, τούτων
μὲν ὀβολόν, εἰ πολύ, τίθημι. Also Apol.
26 D, ἔξεστιν, εἰ πάνυ πολλοῦ, δραχμῆς
πριαμένοις κ.τ.λ. The utmost she ever
asks for this great service is two drachms,
for saving the good-man, his children,
his money, and his womankind. ἐν
μετρίῳ σχήματι, 'with unassuming car-
riage,' without pomp or parade. σχῆμα,
as Stallb. points out, is not 'vestitus,'
but 'habitus,' 'port,' 'bearing,' 'general
aspect.' So Soph. Ant., καὶ ζῇ τύραννον
σχῆμ᾽ ἔχων. Lucian, Timon, c. 54, οὗτος
ὁ τὸ σχῆμα εὐσταλής, καὶ κόσμιος τὸ
βάδισμα, καὶ σωφρονικὸς τὴν ἀναβολήν.

512. λογίζεται οὖν ὅτι οὐκ] The nega-
tive belongs properly to the second limb
of the sentence, τούτῳ δὲ βιωτέον ἐστί.
The meditative skipper cannot tolerate
the inconsistency of supposing that if a
man labouring under an incurable bodily
disease had better perish at sea and have
done with it, one whose soul is a mass
of vice and corruption ought to live
on, and will be greatly the better for
his preserver's exertions. Hirsch, un-
accountably brackets οὐκ, but Stallb.
properly compares 516 E, οὔκουν οἵ γε
ἀγαθοὶ ἡνίοχοι κατ᾽ ἀρχὰς μὲν οὐκ ἐκπίπ-
τουσιν ἐκ τῶν ζευγῶν, ἐπειδὰν δὲ θερα-
πεύσωσι τοὺς ἵππους ... τοτ᾽ ἐκπίπτουσι.

μασι κατὰ τὸ σῶμα συνεχόμενος μὴ ἀπεπνίγη, οὗτος μὲν
ἄθλιός ἐστιν ὅτι οὐκ ἀπέθανε, καὶ οὐδὲν ὑπ' αὐτοῦ ὠφέ-
ληται· εἰ δέ τις ἄρα ἐν τῷ τοῦ σώματος τιμιωτέρῳ, τῇ
ψυχῇ, πολλὰ νοσήματα ἔχει καὶ ἀνίατα, τούτῳ δὲ βιωτέον
ἐστὶ καὶ τοῦτον ὀνήσειεν, ἄν τε ἐκ θαλάττης ἄν τε ἐκ
δικαστηρίου ἄν τε ἄλλοθεν ὁποθενοῦν σώσῃ, ἀλλ' οἶδεν
ὅτι οὐκ ἄμεινόν ἐστι ζῆν τῷ μοχθηρῷ ἀνθρώπῳ· κακῶς B
γὰρ ἀνάγκη ἐστὶ ζῆν.

LXVIII. Διὰ ταῦτα οὐ νόμος ἐστὶ σεμνύνεσθαι τὸν
κυβερνήτην, καίπερ σώζοντα ἡμᾶς. οὐδέ γε, ὦ θαυμάσιε,
τὸν μηχανοποιόν, ὃς οὔτε στρατηγοῦ, μὴ ὅτι κυβερνήτου,
οὔτε ἄλλου οὐδενὸς ἐλάττω ἐνίοτε δύναται σώζειν· πόλεις
γὰρ ἔστιν ὅτε ὅλας σώζει. μή σοι δοκεῖ κατὰ τὸν δικα-
νικὸν εἶναι; καίτοι εἰ βούλοιτο λέγειν, ὦ Καλλίκλεις, ἅπερ
ὑμεῖς, σεμνύνων τὸ πρᾶγμα, καταχώσειεν ἂν ὑμᾶς τοῖς C
λόγοις, λέγων καὶ παρακαλῶν ἐπὶ τὸ δεῖν γίγνεσθαι μη-
χανοποιούς, ὡς οὐδὲν τἄλλά ἐστιν· ἱκανὸς γὰρ αὐτῷ ὁ
λόγος. ἀλλὰ σὺ οὐδὲν ἧττον αὐτοῦ καταφρονεῖς καὶ τῆς
τέχνης τῆς ἐκείνου, καὶ ὡς ἐν ὀνείδει ἀποκαλέσαις ἂν μη-

'We cannot suppose that skilful drivers, who are not thrown out when their team is raw, will he unable to keep their footing when driving well-broken steeds.' In τούτῳ δὲ βιωτέον ἐστὶ καὶ τοῦτον ὀνήσειεν, there is apparently a change from direct to ohlique, as Tim. 18 c, μηχανώμενος ὅπως μηδεὶς τὸ γεγενημένον γνώσοιτο, νομιοῦσι δὲ πάντες κ.τ.λ. Conversely Menex. 240 D, διδάσκαλοι ... γενόμενοι, ὅτι οὐκ ἄμαχος εἴη ἡ Περσῶν δύναμις, ἀλλὰ πᾶν πλῆθος ... ἀρετῇ ὑπείκει. So Stallh., but he translates ὀνήσειεν as if it were potential, 'juvari posse.' In which case we must read ὀνήσειεν ἄν, or ἂν ὀνήσειεν, as Heind. suggests. I am not aware of any certain instance in Attic prose of the omission of ἄν, where the so-called optative is evidently potential. That quoted in Heind.'s note is not in point, heing an ordinary case of oratio ohliqua. Rep. 352 c, quoted by Kühner (Jelf, Gr. Gr. § 426, Obs. 1), is equally wide of the mark, for there the ἄν is merely not repeated.

B. μή σοι δοκεῖ κατὰ τὸν δικανικὸν εἶναι] 'You would not think of bringing him, the engineer, down to the level

of a mere advocate?' Symp. 211 D, δ (sc. αὐτὸ τὸ καλὸν) ἐάν ποτε ἴδῃς, οὐ κατὰ χρυσίον τε καὶ ἐσθῆτα καὶ τοὺς καλοὺς παῖδας καὶ νεανίσκους δόξει σοι εἶναι.

c. ἱκανὸς γὰρ αὐτῷ ὁ λόγος] Germ. Tr. "denn an Gründen würde es ihm nicht fehlen." Better than Stallb.'s "Nam larga ei dicendi copia." λόγος is the theme or argument taken up by the supposed engineer, who will find plenty to say about it. We might say "his theme is a fruitful one." In the previous clause there is an apparent pleonasm, ἐπὶ τὸ δεῖν γίγνεσθαι for ἐπὶ τὸ γίγνεσθαι. Tr. 'arguing and preaching up the duty of becoming engineers —no other profession being worth any thing.'

ὡς ἐν ὀνείδει ἀποκαλέσαις ἄν] The comp. ἀποκαλεῖν generally implies the ὡς ἐν ὀνείδει, as Theaet. 168 D, χαριεντισμὸν ἀποκαλῶν. Demosth. F. L. p. 417, λογογράφους τοίνυν καὶ σοφιστὰς ἀποκαλῶν τοὺς ἄλλους καὶ ὑβρίζειν πειρώμενος, αὐτὸς ἐξελεγχθήσεται τούτοις ἂν ἔνοχος. So in Xenophon, Sophocles, Euripides. But in the spurious Sisyphus

χανοποιόν, καὶ τῷ υἱεῖ αὐτοῦ οὔτ᾽ ἂν δοῦναι θυγατέρα
ἐθέλοις, οὔτ᾽ ἂν αὐτὸς τῷ σαυτοῦ λαβεῖν τὴν ἐκείνου.
καίτοι ἐξ ὧν τὰ σαυτοῦ ἐπαινεῖς, τίνι δικαίῳ λόγῳ τοῦ
μηχανοποιοῦ καταφρονεῖς καὶ τῶν ἄλλων ὧν νῦν δὴ ἔλε-
D γον; οἶδ᾽ ὅτι φαίης ἂν βελτίων εἶναι καὶ ἐκ βελτιόνων.
τὸ δὲ βέλτιον εἰ μὴ ἔστιν ὃ ἐγὼ λέγω, ἀλλ᾽ αὐτὸ τοῦτ᾽
ἐστὶν ἀρετή, τὸ σώζειν αὐτὸν καὶ τὰ ἑαυτοῦ ὄντα ὁποῖός
τις ἔτυχε, καταγέλαστός σοι ὁ ψόγος γίγνεται καὶ μηχα-
νοποιοῦ καὶ ἰατροῦ καὶ τῶν ἄλλων τεχνῶν, ὅσαι τοῦ σώ-
ζειν ἕνεκα πεποίηνται. ἀλλ᾽, ὦ μακάριε, ὅρα μὴ ἄλλο τι
τὸ γενναῖον καὶ τὸ ἀγαθὸν ᾖ τοῦ σώζειν τε καὶ σώζεσθαι.
μὴ γὰρ τοῦτο μέν, τὸ ζῆν ὁποσονδὴ χρόνον, τόν γε ὡς
E ἀληθῶς ἄνδρα ἐατέον ἐστὶ καὶ οὐ φιλοψυχητέον, ἀλλὰ
ἐπιτρέψαντα περὶ τούτων τῷ θεῷ καὶ πιστεύσαντα ταῖς
γυναιξὶν ὅτι τὴν εἱμαρμένην οὐδ᾽ ἂν εἷς ἐκφύγοι, τὸ ἐπὶ

we have ἀποκαλοῦσιν εὐβούλους, and it
may be observed that in later Greek
generally, ἀποκ. is used in a neutral or
laudatory, as well as in the vituperative
sense, which is the only one noticed by
Dr. Donaldson, N. Crat. § 184, who ac-
counts in an ingenious manner for the
bad sense of the compound.

D. καταγέλαστός σοι ὁ ψόγος] Calli-
cles seems from the context to have
been a man of rank. A citizen of the
middle class would scarcely have dis-
dained to ally himself with a physician,
whatever he might think of a μηχανο-
ποιός. In Greece the medical profession
was esteemed 'liberal.' See Bekker's
Charicles, p. 281, Transl.

μὴ γὰρ τοῦτο μέν, τὸ ζῆν ὁποσονδὴ
χρόνον] 'For the question of living a
few years more or less is one, I appre-
hend, which he who is really and not in
name only a man, will do well to dismiss
from his thoughts.' An objection was
taken by Buttmann to the construction
μὴ—ἐστί, following μὴ ᾖ. He accord-
ingly proposed καὶ γὰρ τοῦτο μέν, but
afterwards recanted. The use of μὴ in-
terrogative or dubitative with the indic.
is recognized by grammarians. Alc. ii.
139 D, ὅρα μὴ οὐχ οὕτω ταῦτ᾽ ἔχει.
Soph. Trach. 551, ταῦτ᾽ οὖν φοβοῦμαι μὴ
πόσις μὲν, Ἡρακλῆς Ἐμὸς καλεῖται, τῆς
νεωτέρας δ᾽ ἀνήρ. Thuc. iii. 53, νῦν δὲ
φοβούμεθα μὴ ἀμφοτέρων ἡμαρτήκαμεν.
Isocr. ad Phil. p. 85 E, ἐξεπλάγησαν μὴ

διὰ τὸ γῆρας ἐξέστηκα τοῦ φρονεῖν (Bekk.
ἐξεστηκὼς ὤ). Theaet. 196 B, ἐνθυμοῦ
μή τι τότε γίγνεται ἄλλο, where see
Heind. In all these cases μὴ denotes
doubt or misgiving concerning the pre-
sent rather than fear for the future.
Hence the frequent use of μήποτε in
Aristotle, where an ἀπορία is suggested.
Eth. N. x. 1. 3, Μή ποτε δὲ οὐ καλῶς
τοῦτο λέγεται. From this the transition
to the later meaning 'perhaps' is very
easy. For ὁποσονδή the MSS. give
ὁποσον δέ or δεῖ, the former being re-
tained by the Zürich edd. The emen-
dation ἐὸν ἐατέον for ἐατέον may be passed
over in silence; but C. F. Hermann's
ἡδὺ μὲν τοῦτο τὸ ζῆν, ὁποσον δὲ χρ.
κ.τ.λ., deserves to be mentioned for its
curiosity. Stallb.'s μὴ γὰρ τοῦτο μέν, τὸ
ζῆν· ὁποσον δὲ χρόνον κ.τ.λ. appears to
me very lame. He interprets his text
thus: "noli enim putare istud quidem,
videlicet ut vivas, honestam atque bonam
esse: imo quamdiu (vivat) id eum, qui
vere vir sit, curare non oportet," &c.

E. πιστεύσαντα ταῖς γυναιξίν] Routh
appositely quotes Cic. N. D. i. 20,
"Quanti haec philosophia aestimanda
est, cui tanquam aniculis et his quidem
indoctis fato fieri videntur omnia." τὸ
ἐπὶ τούτῳ = 'in the next place.' "Ad-
verbii loco adhibetur τὸ ἐπὶ τούτῳ, τὸ
ἐπὶ τῷδε velut τὸ μετὰ τοῦτο. Apol.
27 B, ἀλλὰ τὸ ἐπὶ τούτῳ ἀποκρίναι, ἔσθ᾽
ὅστις etc." Heind.

τούτῳ σκεπτέον τίν' ἂν τρόπον τοῦτον ὃν μέλλοι χρόνον
βιῶναι ὡς ἄριστα βιῴη, ἆρα ἐξομοιῶν αὐτὸν τῇ πολιτείᾳ
ταύτῃ | ἐν ᾗ ἂν οἰκῇ, καὶ νῦν δὲ ἆρα δεῖ σὲ ὡς ὁμοιότατον 513
γίγνεσθαι τῷ δήμῳ τῷ Ἀθηναίων, εἰ μέλλεις τούτῳ προσ-
φιλὴς εἶναι καὶ μέγα δύνασθαι ἐν τῇ πόλει ; τοῦθ' ὅρα εἰ
σοὶ λυσιτελεῖ καὶ ἐμοί, ὅπως μή, ὦ δαιμόνιε, πεισόμεθα
ὅπερ φασὶ τὰς τὴν σελήνην καθαιρούσας, τὰς Θετταλίδας·
σὺν τοῖς φιλτάτοις ἡ αἵρεσις ἡμῖν ἔσται ταύτης τῆς δυνά-
μεως τῆς ἐν τῇ πόλει. εἰ δέ σοι οἴει ὀντωοῦν ἀνθρώπων
παραδώσειν τέχνην τινὰ τοιαύτην, ἥτις σε ποιήσει μέγα
δύνασθαι ἐν τῇ πόλει τῇδε ἀνόμοιον ὄντα τῇ πολιτείᾳ εἴτ' B
ἐπὶ τὸ βέλτιον εἴτ' ἐπὶ τὸ χεῖρον, ὡς ἐμοὶ δοκεῖ, οὐκ ὀρθῶς
βουλεύει, ὦ Καλλίκλεις· οὐ γὰρ μιμητὴν δεῖ εἶναι ἀλλ'
αὐτοφυῶς ὅμοιον τούτοις, εἰ μέλλεις τι γνήσιον ἀπεργά-
ζεσθαι εἰς φιλίαν τῷ Ἀθηναίων δήμῳ καὶ ναὶ μὰ Δία τῷ
Πυριλάμπους γε πρός. ὅστις οὖν σε τούτοις ὁμοιότατον

---

513. καὶ νῦν δὲ ἆρα δεῖ σέ] 'And
whether at the present time it is not
your special duty to make yourself as
like as possible to the Athenian demus,
if you would make friends with it, and
acquire great power and influence in the
state.' ἆρα = 'all things considered.'
The clause depends on σκεπτέον, as if
πότερον had followed with a finite verb,
instead of ἆρα with a participle.

ὅπως μὴ πεισόμεθα] So Heind. for the
soloecistic πεισόμεθα of earlier edd. The
emendation is confirmed by the Bodl.
Before ὅπως, ὅρα is virtually repeated,
and the following ἔσται is in apposition
with πεισόμεθα. 'See that we do not
suffer the supposed fate of those witches
of Thessaly who bring or try to bring
the moon down from the sky. See, I
mean, that the choice of that poli-
tical power we spoke of, do not cost us
all that we hold most dear.' The Comm.
quote Virg. Ecl. viii. 69, "Carmina vel
caelo possunt deducere Lunam." Arist.
Nub. 749, where Strepsiades proposes
to purchase a Thessalian hag possessed
of these accomplishments, for the pur-
pose of defrauding his creditors—for, as
he observes, εἰ μηκέτ' ἀνατέλλοι σελήνη
μηδαμοῦ, Οὐκ ἂν ἀποδοίην τοὺς τόκους.
Lucan (Phars. vi. 438 sqq.) describes
with his usual diffuseness the black arts
of the Thessalides. In particular see

line 499, "illis et sidera primum Prae-
cipiti deducta polo : Phoebeque serena
Non aliter, diris verborum obsessa vene-
nis, Palluit, et nigris terrenisque ignibus
arsit, Quam si fraterna prohiberet ima-
gine tellus." The superstition that the
exercise of supernatural influence is
dearly purchased by the adept has sur-
vived to modern times. It is expressed
in the Greek proverb (Paroemiogr. ii.
p. 417, Leutsch.), ἐπὶ σαυτῷ τὴν σελή-
νην καθέλκεις· ἐπὶ τῶν ἑαυτοῖς κακὰ
ἐπισπωμένων. αἱ γὰρ τὴν σελήνην καθελ-
κοῦσαι Θετταλίδες λέγονται τῶν ὀφθαλ-
μῶν καὶ τῶν ποδῶν στερίσκεσθαι. For
the idiom σὺν τοῖς φιλτάτοις, comp. Xen.
Cyr. iii. 1. 34, σὺν τῷ σῷ ἀγαθῷ τὰς
τιμωρίας ποιεῖσθαι. Stallb. quotes Hom.
Il. iv. 161, σύν τε μεγάλῳ ἀπέτισαν, Σὺν
σφῇσιν κεφαλῇσι, γυναιξί τε καὶ τεκέεσσι.

B. οὐ γὰρ μιμητὴν δεῖ εἶναι] 'It will
not do,' says Socr., 'merely to copy the
ways, whether of the Athenian Demus,
or the Demus of Pyrilampes; you must
be radically like them if you would make
any real progress in the affections either
of the former, or, by heaven, of the latter
either.' τούτοις refers to the Athenians:
the 'Demus of Pyrilampes' being an
after-thought. But it is difficult to render
the passage intelligibly without some
such prolepsis as that adopted in the
translation.

ἀπεργάσεται, οὗτός σε ποιήσει, ὡς ἐπιθυμεῖς πολιτικὸς
C εἶναι, πολιτικὸν καὶ ῥητορικόν· τῷ αὐτῶν γὰρ ἤθει λεγο-
μένων τῶν λόγων ἕκαστοι χαίρουσι, τῷ δὲ ἀλλοτρίῳ
ἄχθονται. εἰ μή τι σὺ ἄλλο λέγεις, ὦ φίλη κεφαλή.
Λέγομέν τι πρὸς ταῦτα, ὦ Καλλίκλεις ;

LXIX. ΚΑΛ. Οὐκ οἶδ' ὅντινά μοι τρόπον δοκεῖς εὖ
λέγειν, ὦ Σώκρατες. πέπονθα δὲ τὸ τῶν πολλῶν πάθος·
οὐ πάνυ σοι πείθομαι.

ΣΩ. Ὁ δήμου γὰρ ἔρως, ὦ Καλλίκλεις, ἐνὼν ἐν τῇ
D ψυχῇ τῇ σῇ ἀντιστατεῖ μοι· ἀλλ' ἐὰν πολλάκις ἴσως καὶ
βέλτιον ταὐτὰ ταῦτα διασκοπώμεθα, πεισθήσει. ἀνα-
μνήσθητι δ' οὖν, ὅτι δύο ἔφαμεν εἶναι τὰς παρασκευὰς ἐπὶ
τὸ ἕκαστον θεραπεύειν καὶ σῶμα καὶ ψυχήν, μίαν μὲν
πρὸς ἡδονὴν ὁμιλεῖν, τὴν ἑτέραν δὲ πρὸς τὸ βέλτιστον,
μὴ καταχαριζόμενον ἀλλὰ διαμαχόμενον. οὐ ταῦτα ἦν ἃ
τότε ὡριζόμεθα ;

ΚΑΛ. Πάνυ γε.

ΣΩ. Οὐκοῦν ἡ μὲν ἑτέρα, ἡ πρὸς ἡδονήν, ἀγεννὴς καὶ
οὐδὲν ἄλλο ἢ κολακεία τυγχάνει οὖσα. ἢ γάρ ;

ΚΑΛ. Ἔστω, εἰ βούλει, σοὶ οὕτως.

E ΣΩ. Ἡ δέ γε ἑτέρα, ὅπως ὡς βέλτιστον ἔσται τοῦτο,
εἴτε σῶμα τυγχάνει ὂν εἴτε ψυχή, ὃ θεραπεύομεν ;

ΚΑΛ. Πάνυ γε. ·

ΣΩ. Ἆρ' οὖν οὕτως ἐπιχειρητέον ἡμῖν ἐστὶ τῇ πόλει
καὶ τοῖς πολίταις θεραπεύειν, ὡς βελτίστους αὐτοὺς τοὺς

---

c. Λέγομέν τι] The more usual λέγο-
μεν is found in five codd. named by Bekk.
But the best give λέγομεν, which, as
Heind. remarks, is justified by the com-
mon formula ἢ πῶς λέγομεν ;

τὸ τῶν πολλῶν πάθος] An example of
this πάθος is found in the admission of
Meno, αὐτὸς ὅπερ οἱ πολλοὶ πέπονθα ;
τότε μέν μοι δοκοῦσι, τοτὲ δὲ οὔ, Men.
95 c. Compare the well-known passage
in Cicero, Tusc. Disp. i. 11, 24, "dum
lego assentior ; quum posui librum . . . .
assensio omnis illa elabitur :" the 'liber'
being the Phaedo of Plato.

D. ἐὰν πολλάκις ἴσως] "In Cod. Reg.
a manu recente superscriptum ἴσον."
Heind. This seems to have been done
on the supposition that ἐὰν πολλάκις

was used in the sense 'si forte,' and
that ἴσως καὶ βέλτιον ('equally well or
better') went together. But it is better
with Heind. to regard ἴσως as trans-
posed, as if we had found ἀλλ' ἴσως, ἐὰν
πολλάκις καὶ βέλτιον . . . διασκοπώμεθα,
πεισθήσει. For διασκοπώμεθα some codd.
have the un-Attic διασκεπτώμεθα.

δύο ἔφαμεν εἶναι τὰς παρασκευάς] See
p. 464 B foll.

E. ἐπιχειρητέον—θεραπεύειν] literally :
'ought we not so to set to work upon the
city and its citizens in order to their
tendance, as to try to make them as good
as they can be made ?' Here the inf.
θεραπεύειν is epexegetic, as in the passage
quoted by Stallb. from Rep. iii. 416,
ἐπιχειρῆσαι τοῖς προβάτοις κακουργεῖν.

πολίτας ποιοῦντας ; ἄνευ γὰρ δὴ τούτου, ὡς ἐν τοῖς ἔμ-
προσθεν εὑρίσκομεν, οὐδὲν ὄφελος ἄλλην εὐεργεσίαν
οὐδεμίαν προσφέρειν, ἐὰν | μὴ καλὴ κἀγαθὴ ἡ διάνοια ᾖ 514
τῶν μελλόντων ἢ χρήματα πολλὰ λαμβάνειν ἢ ἀρχήν
τινων ἢ ἄλλην δύναμιν ἡντινοῦν. θῶμεν οὕτως ἔχειν ;

ΚΑΛ. Πάνυ γε, εἴ σοι ἥδιον.

ΣΩ. Εἰ οὖν παρεκαλοῦμεν ἀλλήλους, ὦ Καλλίκλεις,
δημοσίᾳ πράξοντας τῶν πολιτικῶν πραγμάτων ἐπὶ τὰ
οἰκοδομικά, ἢ τειχῶν ἢ νεωρίων ἢ ἱερῶν ἐπὶ τὰ μέγιστα
οἰκοδομήματα, πότερον ἔδει ἂν ἡμᾶς σκέψασθαι ἡμᾶς
αὐτοὺς καὶ ἐξετάσαι, πρῶτον μὲν εἰ ἐπιστάμεθα τὴν τέχνην Β
ἢ οὐκ ἐπιστάμεθα, τὴν οἰκοδομικήν, καὶ παρὰ τοῦ ἐμά-
θομεν ; ἔδει ἂν ἢ οὔ ;

ΚΑΛ. Πάνυ γε.

ΣΩ. Οὐκοῦν δεύτερον αὖ τόδε, εἴ τι πώποτε οἰκοδό-
μημα ᾠκοδομήκαμεν ἰδίᾳ ἢ τῶν φίλων τινὶ ἢ ἡμέτερον
αὐτῶν, καὶ τοῦτο τὸ οἰκοδόμημα καλὸν ἢ αἰσχρόν ἐστι.
καὶ εἰ μὲν εὑρίσκομεν σκοπούμενοι διδασκάλους τε ἡμῶν
ἀγαθοὺς καὶ ἐλλογίμους γεγονότας καὶ οἰκοδομήματα
πολλὰ μὲν καὶ καλὰ μετὰ τῶν διδασκάλων ᾠκοδομημένα
ἡμῖν, πολλὰ δὲ καὶ ἴδια ἡμῶν, ἐπειδὴ τῶν διδασκάλων Ο
ἀπηλλάγημεν, οὕτω μὲν διακειμένων, νοῦν ἐχόντων ἦν ἂν
ἰέναι ἐπὶ τὰ δημόσια ἔργα· εἰ δὲ μήτε διδάσκαλον εἴχομεν

Comp. Phaedr. 242 B, καὶ νῦν αὖ δοκεῖς
αἴτιός μοι γεγενῆσθαι λόγῳ τινὶ ῥηθῆναι.

514. πράξοντας] I have given this on
the authority of a few codd. The best
seem to give πράξαντες. So Bodl.; but
according to Gaisford, "ο suprascriptum
a manu recente." πράξοντας is equiv. to
ὡς πράξοντας, as 521 B, κολακεύσοντα
ἄρα με παρακαλεῖς. Stallb. defends πρά-
ξαντες because it is equiv. to ἐπιχειρή-
σαντες πρᾶξαι. This I am unable to un-
derstand. Buttm. πράξοντες. For the
genitive πολιτικῶν πραγμάτων, comp.
Rep. iv. 445 D, κινήσειαν ἂν τῶν ἀξίων
λόγου νόμων τῆς πόλεως.

c. πολλὰ δὲ καὶ ἴδια ἡμῶν] "Dictum
ut ἡμέτερα αὐτῶν." Heind. Bekk.,
Stallb., and Hirsch. have ἰδίᾳ ὑφ' ἡμῶν,
the preposition occurring in but one MS.
ἰδίᾳ, though better supported, is inap-
propriate here. It is properly opposed

to δημοσίᾳ—'in a private' as distin-
guished from a public or official capacity.
But a work done under the eye of a
master (μετὰ διδασκάλων) may be done
ἰδίᾳ, though it is not ἴδιον τοῦ μαθητοῦ,
as an independent performance is.

οὕτω μὲν διακειμένων] 'If we had
fulfilled these conditions, we might with
prudence venture on the public works,
otherwise it were absurd to attempt
them.' After ἀνόητον ἦν the ἄν is
omitted. Soph. Oed. T. 255, οὐδ' εἰ γὰρ
ἦν τὸ πρᾶγμα μὴ θεήλατον, 'Ακάθαρτον
ὑμᾶς εἰκὸς ἦν οὕτως ἐᾶν. With this
idiom the Latin coincides: Ovid, Am.
i. 6. 34, "Solus eram, si non saevus
adesset Amor." Virg. Georg. ii. 132,
"Et, si non alium longe jactaret odorem,
Laurus erat." See instances from Plato
in Ast, Lex. P., p. 136.

ἡμῶν αὐτῶν ἐπιδεῖξαι οἰκοδομήματά τε ἢ μηδὲν ἢ πολλὰ
καὶ μηδενὸς ἄξια, οὕτω δὴ ἀνόητον ἦν δήπου ἐπιχειρεῖν
τοῖς δημοσίοις ἔργοις καὶ παρακαλεῖν ἀλλήλους ἐπ᾽ αὐτά.
φῶμεν ταῦτα ὀρθῶς λέγεσθαι ἢ οὔ;

D ΚΑΛ. Πάνυ γε.

LXX. ΣΩ. Οὐκοῦν οὕτω πάντα, τά τε ἄλλα, κἂν
εἰ ἐπιχειρήσαντες δημοσιεύειν παρεκαλοῦμεν ἀλλήλους ὡς
ἱκανοὶ ἰατροὶ ὄντες, ἐπεσκεψάμεθα δήπου ἂν ἐγώ τε σὲ
καὶ σὺ ἐμέ, Φέρε πρὸς θεῶν, αὐτὸς δὲ ὁ Σωκράτης πῶς
ἔχει τὸ σῶμα πρὸς ὑγίειαν; ἢ ἤδη τις ἄλλος διὰ Σωκρά-
την ἀπηλλάγη νόσου, ἢ δοῦλος ἢ ἐλεύθερος; Κἂν ἐγώ,
οἶμαι, περὶ σοῦ ἕτερα τοιαῦτα ἐσκόπουν. καὶ εἰ μὴ ηὑρί-
E σκομεν δι᾽ ἡμᾶς μηδένα βελτίω γεγονότα τὸ σῶμα, μήτε
τῶν ξένων μήτε τῶν ἀστῶν, μήτε ἄνδρα μήτε γυναῖκα,
πρὸς Διός, ὦ Καλλίκλεις, οὐ καταγέλαστον ἂν ἦν τῇ
ἀληθείᾳ εἰς τοσοῦτον ἀνοίας ἐλθεῖν ἀνθρώπους, ὥστε, πρὶν
ἰδιωτεύοντας πολλὰ μὲν ὅπως ἐτύχομεν ποιῆσαι, πολλὰ δὲ
κατορθῶσαι καὶ γυμνάσασθαι ἱκανῶς τὴν τέχνην, τὸ λεγό-
μενον δὴ τοῦτο, ἐν τῷ πίθῳ τὴν κεραμείαν ἐπιχειρεῖν
μανθάνειν, καὶ αὐτούς τε δημοσιεύειν ἐπιχειρεῖν καὶ ἄλλους
τοιούτους παρακαλεῖν; οὐκ ἀνόητόν σοι δοκεῖ ἂν εἶναι
οὕτω πράττειν;

ΚΑΛ. Ἔμοιγε.

515 ΣΩ. Νῦν δέ, | ὦ βέλτιστε ἀνδρῶν, ἐπειδὴ σὺ μὲν αὐ-
τὸς ἄρτι ἄρχει πράττειν τὰ τῆς πόλεως πράγματα, ἐμὲ
δὲ παρακαλεῖς καὶ ὀνειδίζεις ὅτι οὐ πράττω, οὐκ ἐπι-

D. δημοσιεύειν] See the note on p. 455
B. 'Before we set up for state-phy-
sicians,' says Socr., 'we ought to have
had considerable and successful private
practice, otherwise we shall be acting
like a potter's apprentice, who should
try his unpractised hand on a wine-jar,
instead of some smaller and less costly
vessel—we shall begin in fact where we
ought to have ended.'

ηὑρίσκομεν] The rare augmented form
has been replaced by Bekk., following
the Bodl. See L. Dindorf in Steph.
Lex. iii. col. 2420, who defends the
augment by reference to an inscription

dating from the 95th Olymp. Comp.
Elmsley on Heracl. 305, and see inf.
515 E.

E. ἐν τῷ πίθῳ τὴν κεραμείαν] This
proverb in effect answers to the adage,
"Fiat experimentum in corpore vili," and
to the Greek ἐν τῷ Καρὶ ὁ κίνδυνος.
See Laches 187 B. So taken by most
writers. See Paroemiogr. Gr. i. p. 73,
Leutsch., where an alternative explanation
is cited from Dicaearchus: τὴν μελέτην
ἐν τοῖς ὁμοίοις ποιεῖσθαι, ὡς κυβερνήτης
ἐπὶ τῆς νηὸς καὶ ἡνίοχος ἐπὶ τῶν ἵππων.
An instance of this application is given
in the note l. l.

σκεψόμεθα ἀλλήλους, Φέρε, Καλλικλῆς ἤδη τινὰ βελτίω
πεποίηκε τῶν πολιτῶν; ἔστιν ὅστις πρότερον πονηρὸς
ὤν, ἄδικός τε καὶ ἀκόλαστος καὶ ἄφρων, διὰ Καλλικλέα
καλός τε κἀγαθὸς γέγονεν, ἢ ξένος ἢ ἀστός, ἢ δοῦλος ἢ
ἐλεύθερος; Λέγε μοι, ἐάν τίς σε ταῦτα ἐξετάζῃ, ὦ Καλλί- Β
κλεις, τί ἐρεῖς; τίνα φήσεις βελτίω πεποιηκέναι ἄνθρωπον
τῇ συνουσίᾳ τῇ σῇ; Ὀκνεῖς ἀποκρίνασθαι, εἴπερ ἔστι τι
ἔργον σὸν ἔτι ἰδιωτεύοντος, πρὶν δημοσιεύειν ἐπιχειρεῖν;

ΚΑΛ. Φιλόνεικος εἶ, ὦ Σώκρατες.

LXXI. ΣΩ. Ἀλλ' οὐ φιλονεικίᾳ γε ἐρωτῶ, ἀλλ' ὡς
ἀληθῶς βουλόμενος εἰδέναι ὅντινά ποτε τρόπον οἴει δεῖν
πολιτεύεσθαι ἐν ἡμῖν, εἰ ἄλλου του ἄρα ἐπιμελήσει ἡμῖν Ο
ἐλθὼν ἐπὶ τὰ τῆς πόλεως πράγματα ἢ ὅπως ὅ τι βέλτιστοι
οἱ πολῖται ὦμεν. ἢ οὐ πολλάκις ἤδη ὡμολογήκαμεν
τοῦτο δεῖν πράττειν τὸν πολιτικὸν ἄνδρα; Ὡμολογήκαμεν
ἢ οὔ; ἀποκρίνου. Ὡμολογήκαμεν· ἐγὼ ὑπὲρ σοῦ ἀπο-
κρινοῦμαι. Εἰ τοίνυν τοῦτο δεῖ τὸν ἀγαθὸν ἄνδρα παρα-
σκευάζειν τῇ ἑαυτοῦ πόλει, νῦν μοι ἀναμνησθεὶς εἰπὲ περὶ
ἐκείνων τῶν ἀνδρῶν ὧν ὀλίγῳ πρότερον ἔλεγες, εἰ ἔτι σοι
δοκοῦσιν ἀγαθοὶ πολῖται γεγονέναι, Περικλῆς καὶ Κίμων D
καὶ Μιλτιάδης καὶ Θεμιστοκλῆς.

ΚΑΛ. Ἔμοιγε.

ΣΩ. Οὐκοῦν εἴπερ ἀγαθοί, δῆλον ὅτι ἕκαστος αὐτῶν
βελτίους ἐποίει τοὺς πολίτας ἀντὶ χειρόνων. ἐποίει ἢ οὔ;

ΚΑΛ. Ἐποίει.

ΣΩ. Οὐκοῦν ὅτε Περικλῆς ἤρχετο λέγειν ἐν τῷ δήμῳ,
χείρους ἦσαν οἱ Ἀθηναῖοι ἢ ὅτε τὰ τελευταῖα ἔλεγεν;

ΚΑΛ. Ἴσως.

ΣΩ. Οὐκ ἴσως δή, ὦ βέλτιστε, ἀλλ' ἀνάγκη ἐκ τῶν
ὡμολογημένων, εἴπερ ἀγαθός γ' ἦν ἐκεῖνος πολίτης. Ε

615 C. ὅπως ὅ τι βέλτιστοι οἱ πολῖται
ὦμεν] 'That we the citizens may be as
good as possible:' unless the οἱ be a
careless repetition of the last two letters
of βέλτιστοι.

D. Οὐκ ἴσως δή] So Legg. 965 C,
Οὐκ ἴσως ἀλλ' ὄντως. Bekk. retains
δεῖ, the reading of the best MSS., which
may perhaps be defended by Theaetet.

184 A, δεῖ δὲ οὐδέτερα, ἀλλὰ Θεαίτητον
ὃν κυεῖ περὶ ἐπιστήμης πειρᾶσθαι ἡμᾶς
τῇ μαιευτικῇ τέχνῃ ἀπολῦσαι. But
δεῖ and δή are not unfrequently con-
founded, as Phaedr. 261 A, τούτων δεῖ
τῶν λόγων, vulg. τούτων δή. In either
case we may translate: "There is no
room for a 'perhaps;' it follows neces-
sarily from the premises," &c.

ΚΑΛ. Τί οὖν δή ;

ΣΩ. Οὐδέν. ἀλλὰ τόδε μοι εἰπὲ ἐπὶ τούτῳ, εἰ λέγονται
Ἀθηναῖοι διὰ Περικλέα βελτίους γεγονέναι, ἢ πᾶν τοὐ-
ναντίον διαφθαρῆναι ὑπ᾿ ἐκείνου. ταυτὶ γὰρ ἔγωγε ἀκούω,
Περικλέα πεποιηκέναι Ἀθηναίους ἀργοὺς καὶ δειλοὺς καὶ
λάλους καὶ φιλαργύρους, εἰς μισθοφορίαν πρῶτον κατα-
στήσαντα.

ΚΑΛ. Τῶν τὰ ὦτα κατεαγότων ἀκούεις ταῦτα, ὦ Σώ-
κρατες.

ΣΩ. Ἀλλὰ τάδε οὐκέτι ἀκούω, ἀλλὰ οἶδα σαφῶς καὶ
ἐγὼ καὶ σύ, ὅτι τὸ μὲν πρῶτον ηὐδοκίμει Περικλῆς καὶ
οὐδεμίαν αἰσχρὰν δίκην κατεψηφίσαντο αὐτοῦ Ἀθηναῖοι,
ἡνίκα χείρους ἦσαν· ἐπειδὴ δὲ καλοὶ κἀγαθοὶ ἐγεγόνεσαν
516 | ὑπ᾿ αὐτοῦ, ἐπὶ τελευτῇ τοῦ βίου τοῦ Περικλέους, κλοπὴν
αὐτοῦ κατεψηφίσαντο, ὀλίγου δὲ καὶ θανάτου ἐτίμησαν,
δῆλον ὅτι ὡς πονηροῦ ὄντος.

E. λάλους] In the Ranae of Aristo-
phanes, Euripides claims the credit of
having made the Athenians garrulous:
Ἔπειτα τουτουσὶ λαλεῖν ἐδίδαξα. Αἴσχ.
Φημὶ κἀγώ. How Pericles can have
made the Athenians 'cowardly,' it is not
easy to understand. Aristides is justly
indignant at the imputation, and asks
with great force, τί λέγεις; δειλοὺς
Περικλῆς, ὦ θεοί, δειλούς; ὃς καὶ δημη-
γορῶν εὐθὺς ἐνθένδε ἤρξατο, Τῆς μὲν
γνώμης, ἔφη, τῆς αὐτῆς, ὦ Ἀθηναῖοι, ἀεὶ
ἔχομαι, μὴ εἴκειν Πελοποννησίοις, ὃ τίς
τῶν εἰς ἐκείνην τὴν ἡμέραν εἰσόταξ
εἰπεῖν ἐθάρρησεν; De Quatuorv. p. 136,
Jebb.

εἰς μισθοφορίαν—καταστήσαντα] Peri-
cles introduced the practice of paying
dicasts. Arist. Polit. ii. ad fin., τὰ δικα-
στήρια μισθόφορα κατέστησε Περικλῆς.
It was he also who persuaded the Athe-
nians to pay their soldiers, who had pre-
viously served at their own expense
(Boeckh. Staatsh. i. 377, 2te Ausg.). The
theoricon does not so properly come
under the head of μισθοφορία, but Plato
may have had it in view when he added
ἀργία to the vices which he supposes
Pericles to have fostered.

Τῶν τὰ ὦτα κατεαγότων] 'You hear
this from the men of bruised ears,' i. e.
from those who are addicted to pugilistic
exercises, a sign of Laconism. Protag.
342 B, ἐξηπατήκασι τοὺς ἐν ταῖς πόλεσι

Λακωνίζοντας, καὶ οἱ μὲν τὰ ὦτά τε κατά-
γνυνται μιμούμενοι αὐτούς, καὶ ἱμάντας
περιειλίττονται καὶ φιλογυμναστοῦσι καὶ
βραχείας ἀναβολὰς φοροῦσιν, ὡς δὴ τού-
τοις κρατοῦντας τῶν Ἑλλήνων τοὺς Λακε-
δαιμονίους. Theocr. xxii. 45, δεινὸς ἰδεῖν,
σκληραῖσι τεθλαγμένος οὔατα πυγμαῖς.
The affectation of Laconian manners,
ridiculed in the Protag., is however attri-
buted to Socrates himself by Aristoph.
Av. 1281, Ἑλακωνομάνουν ἅπαντες ἄν-
θρωποι τότε 'Εκόμων, ἐπείνων, ἐρρύπων,
ἐσωκράτων. Laconism was affected by
the oligarchs, whose prejudices Callicles
accuses Socr. of having adopted.

ηὐδοκίμει] So the Bodl. and Vat. 1.
Vulg. εὐδοκίμει.

ἐγεγόνεσαν] Found in the Bodl. &c.
γεγόνεσαν Bekk., Heind., Stallb., from
inferior MSS. But in Symp. 173 Β all
give παραγεγόναει.

516. κλοπὴν αὐτοῦ κατεψηφίσαντο]
Thucydides mentions only the fine, with-
out specifying the pretext under which
it was inflicted, ii. 65, οὐ μέντοι πρότερόν
γε οἱ ξύμπαντες ἐπαύσαντο ἐν ὀργῇ ἔχον-
τες αὐτὸν πρὶν ἐζημίωσαν χρήμασιν. Ὕστε-
ρον δὲ αὖθις οὐ πολλῷ, ὅπερ φιλεῖ ὅμιλος
ποιεῖν, στρατηγὸν εἵλοντο καὶ πάντα τὰ
χρήματα ἐπέτρεψαν. It would have been
fairer if Socr. had noticed the change of
feeling on the part of his countrymen,
and the handsome amends they made to
the statesman whom they had injured:

LXXII.   ΚΑΛ.   Τί οὖν ; τούτου ἕνεκα κακὸς ἦν Περικλῆς ;

ΣΩ.   Ὄνων γοῦν ἂν ἐπιμελητὴς καὶ ἵππων καὶ βοῶν τοιοῦτος ὢν κακὸς ἂν ἐδόκει εἶναι, εἰ παραλαβὼν μὴ λακτίζοντας [ἑαυτὸν] μηδὲ κυρίττοντας μηδὲ δάκνοντας ἀπέδειξε ταῦτα ἅπαντα ποιοῦντας δι᾽ ἀγριότητα. ἢ οὐ δοκεῖ σοι κακὸς εἶναι ἐπιμελητὴς ὁστισοῦν ὁτουοῦν ζώου, Β ὃς ἂν παραλαβὼν ἡμερώτερα ἀποδείξῃ ἀγριώτερα ἢ παρέλαβε ; Δοκεῖ ἢ οὔ ;

ΚΑΛ.   Πάνυ γε, ἵνα σοι χαρίσωμαι.

ΣΩ.   Καὶ τόδε τοίνυν μοι χάρισαι ἀποκρινάμενος, πότερον καὶ ὁ ἄνθρωπος ἓν τῶν ζώων ἐστὶν ἢ οὔ ;

ΚΑΛ.   Πῶς γὰρ οὔ ;

ΣΩ.   Οὐκοῦν ἀνθρώπων Περικλῆς ἐπεμέλετο ;

ΚΑΛ.   Ναί.

fairer also if he had made some allowance for the effect of unexampled calamity in disturbing their judgment. Meanwhile it is clear that Plato disbelieved the charge on which Pericles was condemned, else he would not have brought it forward in proof of the supposed deterioration of the Athenians under his government. I assume that Plato and Thucydides allude to the same charge, though Heind., and with him Stallb., suppose that the κλοπῆς δίκη is that in which Phidias had been implicated before the Peloponnesian war. But it does not appear that Pericles was condemned or even brought to trial on this charge. In fact, the malicious report that he "blew into a flame" the warlike passions of the Athenians, in order that they might be diverted from inquiring into his proceedings (Plut. Per. p. 169 F), coupled with the absence of any testimony as to the fact of the trial or its result, is a proof that it never took place : unless, indeed, we suppose that the old charge was revived on the occasion alluded to by Thucydides. But this we are nowhere told, and it is more probable that the pretext for the latter attack was misappropriation of money entrusted to him in his capacity of strategus (κλοπὴ δημοσία, Legg. 857 Β). This supposition is not inconsistent with the narrative of Plutarch, p. 171 D, E, and is even suggested by the emphatic words of Thucydides,

στρατηγὸν εἵλοντο καὶ πάντα τὰ χρήματα ἐπέτρεψαν. Lastly, Plato's phrase, ἐπὶ τελευτῇ τοῦ βίου, seems of itself to fix the date of the transaction. The words ὀλίγου δὲ καὶ θανάτου ἐτίμησαν may be an exaggeration, for they are not confirmed by the historians ; but with this possible abatement, there seems no reason to impeach the accuracy of Plato's story. The amount of the fine inflicted was very large : 15 talents according to the lowest, 50 and even 80 according to other estimates. See Grote, H. G. vi. p. 226, note (1). Boeckh. Staatsh. i. p. 506, who supposes that the larger sum represents the damages fixed by the accuser, the smaller those actually recovered.

Ὄνων γοῦν ἂν ἐπιμελητῆς] The same homely comparison is put in the mouth of Socr. by Xenophon, Mem. i. 2. 32, Εἶπέ που ὁ Σωκράτης ὅτι θαυμαστὸν οἱ δοκοίη εἶναι, εἴ τις, γενόμενος βοῶν ἀγέλης νομεὺς καὶ τὰς βοῦς ἐλάττους τε καὶ χείρους ποιῶν, μὴ ὁμολογοίη κακὸς βούκολος εἶναι, ἔτι δὲ θαυμαστότερον, εἴ τις, προστάτης γενόμενος πόλεως, καὶ ποιῶν τοὺς πολίτας ἐλάττους καὶ χείρους, μὴ αἰσχύνεται μηδ᾽ οἴεται κακὸς εἶναι προστάτης τῆς πόλεως. This is said in reference to the administration of the XXX.—After λακτίζοντας several MSS. insert ἑαυτόν, in which there is obviously an error. See later, p. 519 C. Others give αὐτούς, which is more tolerable, and Aristides Rhet. αὐτόν,

ΣΩ.　Τί οὖν; οὐκ ἔδει αὐτούς, ὡς ἄρτι ὡμολογοῦμεν, δικαιοτέρους γεγονέναι ἀντὶ ἀδικωτέρων ὑπ' ἐκείνου, εἴπερ
C ἐκεῖνος ἐπεμελεῖτο αὐτῶν ἀγαθὸς ὢν τὰ πολιτικά;

ΚΑΛ.　Πάνυ γε.

ΣΩ.　Οὐκοῦν οἵ γε δίκαιοι ἥμεροι ὡς ἔφη Ὅμηρος. σὺ δὲ τί φῄς; οὐχ οὕτως;

ΚΑΛ.　Ναί.

ΣΩ.　Ἀλλὰ μὴν ἀγριωτέρους γε αὐτοὺς ἀπέφηνεν ἢ οἵους παρέλαβε, καὶ ταῦτ' εἰς αὐτόν, ὃν ἥκιστ' ἂν ἐβούλετο.

ΚΑΛ.　Βούλει σοι ὁμολογήσω;

ΣΩ.　Εἰ δοκῶ γέ σοι ἀληθῆ λέγειν.

ΚΑΛ.　Ἔστω δὴ ταῦτα.

ΣΩ.　Οὐκοῦν εἴπερ ἀγριωτέρους, ἀδικωτέρους τε καὶ χείρους;

D ΚΑΛ.　Ἔστω.

ΣΩ.　Οὐκ ἄρ' ἀγαθὸς τὰ πολιτικὰ Περικλῆς ἦν ἐκ τούτου τοῦ λόγου.

ΚΑΛ.　Οὐ σύ γε φῄς.

ΣΩ.　Μὰ Δί' οὐδέ γε σὺ ἐξ ὧν ὡμολόγεις.　Πάλιν δὲ λέγε μοι περὶ Κίμωνος· οὐκ ἐξωστράκισαν αὐτὸν οὗτοι οὓς ἐθεράπευεν, ἵνα αὐτοῦ δέκα ἐτῶν μὴ ἀκούσειαν τῆς φωνῆς; καὶ Θεμιστοκλέα ταὐτὰ ταῦτα ἐποίησαν καὶ φυγῇ

---

c. ἥμεροι ὡς ἔφη Ὅμηρος] No such words of Homer are extant in our copies. The nearest approach to the sentiment is in the lines quoted by Routh from Od. vi. 120; ix. 175, Ἦ ῥ' οἵγ' ὑβρισταί τε καὶ ἄγριοι, οὐδὲ δίκαιοι, Ἠὲ φιλόξεινοι καὶ σφιν νόος ἐστὶ θεουδής.

εἰς αὐτόν, ὃν ἥκιστ' ἂν ἐβούλετο] For εἰς ὃν ἥκιστ' ἂν ἐβ. This ellipse Heind. justifies by p. 453 D, ἐπὶ τῶν αὐτῶν τεχνῶν λέγομεν ὧνπερ νῦν δή. Phaed. 76 D, ἐν τούτῳ ἀπόλλυμεν ᾧπερ καὶ λαμβάνομεν, where however the best MSS. give ἐν ᾧπερ. More to the purpose is Lysias adv. Andoc., p. 255, Reisk., ἔθυσεν ἐπὶ τῶν βωμῶν ὧν οὐκ ἐξῆν αὐτῷ.

D. οὐκ ἐξωστράκισαν αὐτόν] Cimon's ostracism took place B.C. 461. He was recalled at the instance of his rival Pericles, B.C. 456, more than five years before the completion of his term of exile: οὐδέπω πέντε ἐτῶν παρεληλυθότων, as we learn from a fragment of Theo-

pompus. Both his banishment and recall were owing to political causes; and Plato ought to have mentioned the reparation as well as the supposed injury, as Aristides has justly remarked, Quatuorv. p. 158. Comp. Grote, H. G. v. p. 443.

Θεμιστοκλέα — φυγῇ προσεζημίωσαν] This statement is quite correct, as the final sentence was passed during the ostracism of Themistocles. Thuc. i. 135, τοῦ δὲ Μηδισμοῦ τοῦ Παυσανίου Λακεδαιμόνιοι πρέσβεις πέμψαντες παρὰ τοὺς Ἀθηναίους ξυνεπῃτιῶντο καὶ τὸν Θεμιστοκλέα, ὡς εὕρισκον ἐκ τῶν περὶ Παυσανίαν ἐλέγχων, ἠξίουν τε τοῖς αὐτοῖς κολάζεσθαι αὐτόν. οἱ δὲ πεισθέντες (ἔτυχε γὰρ ὠστρακισμένος καὶ ἔχων δίαιταν μὲν ἐν Ἄργει, ἐπιφοιτῶν δὲ καὶ ἐς τὴν ἄλλην Πελοπόννησον) πέμπουσι μετὰ τῶν Λακεδαιμονίων ἑτοίμων ὄντων ξυνδιώκειν ἄνδρας οἷς εἴρητο ἄγειν ὅπου ἂν περιτύχωσιν, Thucydides adds, c. 138,

προσεζημίωσαν; Μιλτιάδην δὲ τὸν [ἐν] Μαραθῶνι εἰς τὸ
βάραθρον ἐμβαλεῖν ἐψηφίσαντο, καὶ εἰ μὴ διὰ τὸν πρύ- E

that he could not be publicly buried in Attica, ὡς ἐπὶ προδοσίᾳ φεύγων. With Plato, he omits to mention the heavier penalty of confiscation to which Themistocles as a traitor was subject, Plut. Them. c. 25. The language of Thucydides (ὡς εὕρισκον κ.τ.λ.) does not prove either his belief or disbelief in the truth of the charges alleged by the Lacedaemonians; but the flight of Themistocles and his friendly reception at the Persian court could not fail to convince the Athenian people of his guilt, and ought to be taken in justification of the second sentence.

τὸν [ἐν] Μαραθῶνι] I have bracketed the preposition, not being satisfied of its admissibility. The stereotyped formula is τὸν Μαραθῶνι, as may be seen from the following passages of Aristophanes, in some of which ἐν is excluded by the metre, while in not one is it required. Arist. Eq. 781, σὲ γὰρ ὃς Μήδοισι διεξιφίσω περὶ τῆς χώρας Μαραθῶνι, where the Ravenna Cod. inserts ἐν in violation of the metre. Ibid. 1334, καὶ τοῦ Μαραθῶνι τροπαίου (al. τοὐμμαραθῶνι). Ach. 696, 697. Vesp. 711. Thesm. 806, πρὸς ἐκείνην τὴν Μαραθῶνι. And such in the majority of cases is Plato's usage, according to the codd. Comp. Arist. Rh. l. l. p. 196, Μιλτιάδης πρῶτον Μαραθῶνι, καὶ Παυσανίας ὕστερον Πλαταιᾶσι: whence we see that Μαραθῶνι is in effect an adverb of place. On the other hand, no doubt rests on the reading τὴν ἐν Σαλαμῖνι in Arist. Eq. 785. And in Isocr. Philipp. p. 112, we find ἐκ δὲ τῆς Μαραθῶνι μάχης καὶ τῆς ἐν Σαλαμῖνι ναυμαχίας. But we sometimes find Σαλαμῖνι alone, as in Menex. 245, τὰ τρόπαια τά τε Μαραθῶνι καὶ Σαλαμῖνι καὶ Πλαταιαῖς—though more frequently ἐν Σ. or περὶ Σαλαμῖνα, where the battle is spoken of. So ἡ ἐν Ἀρτεμισίῳ, or περὶ Ἀρτεμίσιον ναυμαχία —never ἡ Ἀρτεμισίῳ, for an obvious reason. It would therefore be wrong to banish the preposition from all such formulae, as Cobet seems to recommend, Vv. Ll. p. 204. Hirschig has not scrupled in the present instance to cut the knot by proposing to expunge τὸν ἐν Μαραθῶνι as a gloss. But the words have considerable rhetorical force as 'augentia invidiam.'

εἰς τὸ βάραθρον ἐμβαλεῖν] The crime imputed to Miltiades was, that he had deceived and injured the Athenian people

by employing the forces entrusted to him in prosecuting a private quarrel. We find from Xen. Hell. i. 7. 20, that there was ψήφισμα Καννώνου ἰσχυρότατον, ὃ κελεύει, ἐάν τις τὸν τῶν Ἀθηναίων δῆμον ἀδικῇ, δεδεμένον ἀποδικεῖν ἐν τῷ δήμῳ· καὶ ἐὰν καταγνωσθῇ ἀδικεῖν, ἀποθανόντα ἐς τὸ βάραθρον ἐμβληθῆναι. The psephism of Cannonus was passed, no doubt, later than the time of Miltiades, but it refers to an existing punishment. There is, therefore, no antecedent improbability in the account given by Plato, though confirmed only by the Scholiast on Aristid. Rhet. p. 232, who says, ἠθέλησαν αὐτὸν κατακρημνίσαι. ὁ δὲ πρύτανις εἰσελθὼν ἐξῃτήσατο αὐτόν. According to Herod. vi. 136, the charge against Miltiades was capital: (Ξάνθιππος) θανάτου ὑπαγαγὼν ὑπὸ τὸν δῆμον Μιλτιάδεα ἐδίωκε τῆς Ἀθηναίων ἀπάτης ἕνεκα, a statement which by no means excludes the former. The Prytanis mentioned by Plato and the Schol. was doubtless the Epistates or Chairman for the day, who had the power of refusing to put an objectionable motion to the vote. Herodotus, it is true, gives the people the credit of refusing to allow Miltiades to be punished capitally. But their wishes may have been carried out by the Prytanis in the exercise of his lawful power; and Plato may be guilty of unfairness in imputing to the Athenians at large a sanguinary proposal emanating from a personal enemy of the accused. But more probably he only repeats a tradition of the anti-democratic clique in which he was brought up. The βάραθρον is explained as an ὄρυγμα (Tim. Lex. in v.), or χάσμα φρεατῶδες (Schol. Arist. Plut. 431), into which condemned malefactors, or more probably their bodies after execution, were thrown. The proposal would therefore, in the case of Miltiades, amount to a denial of the rites of sepulture. The Lacedaemonians, as we read in Thucydides i. 135, had designed to throw the dead body of Pausanias into the Caeadas (a pit or chasm corresponding to the βάραθρον at Athens), but afterwards relented and gave it burial. The Schol. on Aristides appears however to have thought that the Athenians, but for the Prytanis, would have had the victor of Marathon thrown down the pit alive (κατακρημνίσαι), and such may have been the practice in early and barbarous times.

τανιν, ἐνέπεσεν ἄν ; Καίτοι οὗτοι, εἰ ἦσαν ἄνδρες ἀγαθοί,
ὡς σὺ φῂς, οὐκ ἄν ποτε ταῦτα ἔπασχον. οὔκουν οἵ γε
ἀγαθοὶ ἡνίοχοι κατ' ἀρχὰς μὲν οὐκ ἐκπίπτουσιν ἐκ τῶν
ζευγῶν, ἐπειδὰν δὲ θεραπεύσωσι τοὺς ἵππους καὶ αὐτοὶ
ἀμείνους γένωνται ἡνίοχοι, τότ' ἐκπίπτουσιν. οὐκ ἔστι ταῦτ'
οὔτ' ἐν ἡνιοχείᾳ οὔτ' ἐν ἄλλῳ ἔργῳ οὐδενί. ἢ δοκεῖ σοι ;

ΚΑΛ. Οὐκ ἔμοιγε.

ΣΩ. Ἀληθεῖς ἄρα, ὡς ἔοικεν, οἱ ἔμπροσθεν λόγοι
517 ἦσαν, ὅτι οὐδένα ἡμεῖς | ἴσμεν ἄνδρα ἀγαθὸν γεγονότα τὰ
πολιτικὰ ἐν τῇδε τῇ πόλει. σὺ δὲ ὡμολόγεις τῶν γε νῦν
οὐδένα, τῶν μέντοι ἔμπροσθεν, καὶ προείλου τούτους τοὺς
ἄνδρας. οὗτοι δὲ ἀνεφάνησαν ἐξ ἴσου τοῖς νῦν ὄντες,
ὥστε, εἰ οὗτοι ῥήτορες ἦσαν, οὔτε τῇ ἀληθινῇ ῥητορικῇ
ἐχρῶντο—οὐ γὰρ ἂν ἐξέπεσον—οὔτε τῇ κολακικῇ.

LXXIII. ΚΑΛ. Ἀλλὰ μέντοι πολλοῦ γε δεῖ, ὦ Σώ-
Β κρατες, μή ποτέ τις τῶν νῦν ἔργα τοιαῦτα ἐργάσηται οἷα
τούτων ὃς βούλει εἴργασται.

ΣΩ. Ὦ δαιμόνιε, οὐδ' ἐγὼ ψέγω τούτους ὥς γε δια-
κόνους εἶναι πόλεως, ἀλλά μοι δοκοῦσι τῶν γε νῦν δια-

We are told by Pausanias, iv. 18. 4, that the Lacedaemonians thus punished their captives taken in one of the Messenian wars, and this sanguinary view of the uses of the barathrum seems to have found favour with scholiasts generally. Comp. Schol. Arist. Plut. 431, ἐν δὲ τῷ χάσματι τούτῳ ὑπῆρχον ὀγκίνοι, οἱ μὲν ἄνω οἱ δὲ κάτω. So the Schol. Arist. Eccles. 1089, in giving his version of the psephism of Cannonus, alters the words of Xenophon from ἀποθανόντα εἰς τὸ βάραθρον ἐμβληθῆναι to εἰς τὸ βάραθρον ἐμβληθέντα ἀποθανεῖν. But from a well-known passage in Plato's Republic (iv. 439 B) it appears to have been the practice to expose the bodies of criminals for some time after their execution. The executioner would afterwards probably throw the remains into the βάραθρον, if, as I suppose, that is the same thing with the ὄρυγμα, from which the functionary in question derived his euphemistic name of 'the man at the pit' (ὁ ἐπὶ τῷ ὀρύγματι), by which he is known to the orators. The Schol. on Plutus l. l. even states that the original barathrum was filled up by the Athenians in mythical

times. This amounts to saying that the punishment of κατακρήμνισις had long been obsolete at Athens.

Β. οὔκουν οἵ γε ἀγαθοὶ ἡνίοχοι] The force of the negative in this sentence is explained in the note to 512 A.

517. ὥστε εἰ οὗτοι ῥήτορες ἦσαν] The final cause of the true rhetoric is to make men better, that of the false to gratify their inclinations. But the statesmen in question had not attained either object, and therefore, if rhetors in either sense, they were not masters of their craft. Callicles is unable to evade the dilemma, but says, that, bad as they may have been, it will be long ere any of the statesmen of the day accomplish such feats as the worst of the four mentioned.

πολλοῦ γε δεῖ—μή ποτε] The usual construction of πολλοῦ δεῖ is with the infinitive, as the Comm. observe. Plato might have written οὐ μήποτε ἐργάσηται, πολλοῦ γε καὶ δεῖ, of which the construction in the text is a kind of abridgment. For ὃς βούλει, comp. Cratyl. p. 432, ἢ ὅστις βούλει ἄλλος ἀριθμός.

Β. ὥς γε διακόνους εἶναι] 'Viewed as

κονικώτεροι γεγονέναι καὶ μᾶλλον οἷοί τε ἐκπορίζειν τῇ
πόλει ὧν ἐπεθύμει. ἀλλὰ γὰρ μεταβιβάζειν τὰς ἐπιθυ-
μίας καὶ μὴ ἐπιτρέπειν, πείθοντες καὶ βιαζόμενοι ἐπὶ τοῦτο
ὅθεν ἔμελλον ἀμείνους ἔσεσθαι οἱ πολῖται, ὡς ἔπος εἰπεῖν,
οὐδὲν τούτων διέφερον ἐκεῖνοι· ὅπερ μόνον ἔργον ἐστὶν
ἀγαθοῦ πολίτου. ναῦς δὲ καὶ τείχη καὶ νεώρια καὶ ἄλλα C
πολλὰ τοιαῦτα καὶ ἐγώ σοι ὁμολογῶ δεινοτέρους εἶναι
ἐκείνους τούτων ἐκπορίζειν. Πρᾶγμα οὖν γελοῖον ποιοῦ-
μεν ἐγώ τε καὶ σὺ ἐν τοῖς λόγοις. ἐν παντὶ γὰρ τῷ χρόνῳ
ὃν διαλεγόμεθα οὐδὲν παυόμεθα εἰς τὸ αὐτὸ ἀεὶ περιφε-
ρόμενοι καὶ ἀγνοοῦντες ἀλλήλων ὅ τι λέγομεν. ἐγὼ γοῦν D
σε πολλάκις οἶμαι ὡμολογηκέναι καὶ ἐγνωκέναι ὡς ἄρα
διττὴ αὕτη τις ἡ πραγματεία ἐστὶ καὶ περὶ τὸ σῶμα καὶ
περὶ τὴν ψυχήν, καὶ ἡ μὲν ἑτέρα διακονική ἐστιν, ᾗ δυ-

servants of the state,' says Socr., 'I dis-
parage them no more than you do; on
the contrary, they seem to me to have
been more serviceable, certainly, than
their successors of the present day.'
Complaints of the falling off of the
public men succeeding Pericles occur in
the comic poets, Arist. Eq. 191. Eu-
polis, Δῆμοι, Fr. xiii. and xv. Mein. But
Plato probably intended the remark to
apply to the times in which he was him-
self writing, as well as to those in which
the dialogue is supposed to take place.
The idiom ὡς εἶναι is familiar. Herod.
ii. 135, μεγάλα ἐκτήσατο χρήματα, ὡς
ἂν εἶναι 'Ροδῶπιν, i.e. considering she
was but a hetaera.

ἀλλὰ γὰρ μεταβιβάζειν] 'But then in
the art of turning the desires of their
countrymen into other channels, instead
of giving them free course,—leading
them by persuasion or force to measures
likely to make them better,—in this the
men of old were little superior if at all
to our own contemporaries.' Aristides
has an ingenious argument to show that
the Athenians did gradually improve
under the auspices of the Four. Πῶς,
ὦ μακάριε; εἰ γάρ ἐστιν ἀληθὴς ὁ σὸς
λόγος ὡς Μιλτιάδην γε μικροῦ εἰς τὸ
βάραθρον ἐνέβαλον, πᾶν τοὐναντίον ἤδη
φαίνεται, ὁ μὲν Θεμιστοκλῆς ἀγριωτάτους
παραλαβὼν ἡμερωτέρους ποιήσας, τὸ γοῦν
ἐξοστρακισθῆναι, καὶ πρὸς γ', εἰ βούλει,
φυγῇ ζημιωθῆναι, κέρδος παρ' ἐκείνην τὴν
συμφοράν. πάλιν δ' ὁ Κίμων ἐξωστρακίσθη

μίν, φυγῇ δὲ οὐ προσεζημιώθη, ἀλλὰ καὶ
κατῆλθε πρὸ τοῦ χρόνου, οὕτως ἔτι πρᾳο-
τέροις οὗτος ἐχρήσατο. ὁ δ' αὖ Περικλῆς
ἔτι τούτου μετριώτερα δυστυχήσας κ.τ.λ.
Quatuorv. p. 284 (367, Dind.). It is
obviously quite untrue that Pericles had
no skill in bridling the passions of the
multitude, and the greatest sacrifice the
Athenians ever made was instigated by
Themistocles. In fact of all the four
Cimon alone seems to have been open to
the imputation of unduly flattering and
cajoling the populace. Pericles and
Themistocles lived quite as much as they
followed the tendencies of the public
mind.

c. Πρᾶγμα οὖν γελοῖον ποιοῦμεν] Socr.
here reminds Callicles that he had as-
sented to premisses of which he rejects
the logical conclusion: the premisses
being contained in the original dicho-
tomy of θεραπεία and κολακική (464 C,
and note), and the assumption that
statesmanship as vulgarly practised falls
under the psychical branch of the latter.
This admission Callicles wilfully forgets,
perpetually coming round again to his
own point of view, that of common sense
and the received opinion. In this pas-
sage κολακεία is softened down, or rather
generalized, into διακονία—ministration
—a somewhat less invidious word, but
equally available for Plato's purpose.
Comp. inf. 521 A, where διακονεῖν is
made equivalent to πρὸς χάριν ὁμιλεῖν,
and then to κολακεύειν.

νατὸν εἶναι ἐκπορίζειν, ἐὰν μὲν πεινῇ τὰ σώματα ἡμῶν,
σιτία, ἐὰν δὲ διψῇ, ποτά, ἐὰν δὲ ῥιγῷ, ἱμάτια, στρώματα,
ὑποδήματα, ἀλλ' ὧν ἔρχεται σώματα εἰς ἐπιθυμίαν. καὶ
Ε ἐξεπίτηδές σοι διὰ τῶν αὐτῶν εἰκόνων λέγω, ἵνα ῥᾷον
καταμάθῃς. τούτων γὰρ ποριστικὸν εἶναι ἢ κάπηλον ὄντα
ἢ ἔμπορον ἢ δημιουργόν του αὐτῶν τούτων, σιτοποιὸν ἢ
ὀψοποιὸν ἢ ὑφάντην ἢ σκυτοτόμον ἢ σκυτόδεψον, οὐδὲν
θαυμαστόν ἐστιν, ὄντα τοιοῦτον δόξαι καὶ αὐτῷ καὶ τοῖς
ἄλλοις θεραπευτὴν εἶναι σώματος, παντὶ τῷ μὴ εἰδότι ὅτι
ἔστι τις παρὰ ταύτας ἁπάσας τέχνη γυμναστική τε καὶ
ἰατρική, ἣ δὴ τῷ ὄντι ἐστὶ σώματος θεραπεία, ἥνπερ καὶ
προσήκει τούτων ἄρχειν πασῶν τῶν τεχνῶν καὶ χρῆσθαι
τοῖς τούτων ἔργοις διὰ τὸ εἰδέναι ὅ τι χρηστὸν καὶ πονη-
518 ρὸν τῶν σιτίων ἢ ποτῶν ἐστὶν εἰς ἀρετὴν | σώματος, τὰς
δ' ἄλλας πάσας ταύτας ἀγνοεῖν· διὸ δὴ καὶ ταύτας μὲν
δουλοπρεπεῖς τε καὶ διακονικὰς καὶ ἀνελευθέρους εἶναι
περὶ σώματος πραγματείαν, τὰς ἄλλας τέχνας· τὴν δὲ
γυμναστικὴν καὶ ἰατρικὴν κατὰ τὸ δίκαιον δεσποίνας

D. ἐὰν δὲ ῥιγῷ] Moeris (corrected by
Buttmann), 'Ριγῶν, 'Αττικῶς, ῥιγοῦν
κοινῶς. 'Ριγῷ 'Αττικῶς, ῥιγοῖ 'Ελληνικῶς.
This precept of the grammarians is fre-
quently but not always confirmed by the
codd. Its meaning is that ῥιγόω makes
ῥιγῶν instead of ῥιγοῦν in the infin., and
ῥιγῷ for ῥιγοῖ in the conj.; the opt.
ῥιγῴη being formed after the analogy of
other verbs in ow. Comp. Arist. Vesp.
446, ὥστε μὴ ῥιγῶν ἕκαστοτ'. Av. 935,
ἀλλά μοι ῥιγῶν δοκεῖς. But the com-
mon form ῥιγοῖ occurs in Phaed. 85 A,
and ῥιγοῦν in Rep. 440 c. These ought
probably to be corrected, as well as Arist.
Nub. 442, where the codd. have ῥιγοῦν,
Meineke ῥιγῶν. The form in ων is
Doric, and analogous to πεινῆν, διψῆν, &c.
Β. σκυτόδεψον] Schol. Olymp. p. 171,
ἀττικώτερον τὸ σκυλόδεψον, ἐπειδὴ τὰ
σκῦλα, ὅ ἐστι τὰ νεκρὰ σώματα καὶ δέρ-
ματα ἐψῶνται (sic). The forms σκυτοδέψης
and σκυλοδέψης are more common, but
τὸν σκυλόδεψον occurs in Demosth. c.
Aristog. p. 781. In the two best MSS.
σκυτόδεψον is accented as in the text;
all the others, followed by the edd.,
make the word oxytone. The reasoning
in the passage is explained by reference

to the earlier portion of the dialogue,
464 seq., in which the θεραπεῖαι of the
body and of the soul are classified, and
distinguished from the κολακεῖαι which
simulate them. But the argument is
vitiated by the confusion of arts which
minister to utility, such as those of
the ὑφάντης or ἔμπορος, with those of
which mere sensual indulgence is the
object. Statesmanship implies the power
of making provision for the physical
well-being, as well as for the mental
culture of the people; but this is quite
another thing from pandering to licen-
tious appetite, whether mental or cor-
poreal. But Socrates is made to identify
διακονία with κολακεία, wherein he is by
no means justified even on his own pre-
misses. It is, besides, very perverse to
represent Pericles, who reorganized the
Athenian commonwealth, as a mere διά-
κονος, even if we take that word in its
least contemptuous sense. He was at
any rate a νομοθέτης on a large scale,
and therefore, from Plato's point of view,
a παιδοτρίβης or ἰατρός of the soul, how-
ever bad his therapeutic may have ap-
peared to critics of aristocratic leanings.

εἶναι τούτων. ταῦτα οὖν ταῦτα ὅτι ἔστι καὶ περὶ ψυχήν,
τοτὲ μέν μοι δοκεῖς μανθάνειν, ὅτι λέγω, καὶ ὁμολογεῖς
ὡς εἰδὼς ὅ τι ἐγὼ λέγω· ἥκεις δὲ ὀλίγον ὕστερον λέγων
ὅτι ἄνθρωποι καλοὶ κἀγαθοὶ γεγόνασι πολῖται ἐν τῇ πόλει,
καὶ ἐπειδὰν ἐγὼ ἐρωτῶ οἵτινες, δοκεῖς μοι ὁμοιοτάτους Β
προτείνεσθαι ἀνθρώπους περὶ τὰ πολιτικά, ὥσπερ ἂν εἰ
περὶ τὰ γυμναστικὰ ἐμοῦ ἐρωτῶντος οἵτινες ἀγαθοὶ γεγό-
νασιν ἢ εἰσὶ σωμάτων θεραπευταί, ἔλεγές μοι πάνυ σπου-
δάζων, Θεαρίων ὁ ἀρτοκόπος καὶ Μίθαικος ὁ τὴν ὀψοποιίαν
συγγεγραφὼς τὴν Σικελικὴν καὶ Σάραβος ὁ κάπηλος, ὅτι
οὗτοι θαυμάσιοι γεγόνασι σωμάτων θεραπευταί, ὁ μὲν
ἄρτους θαυμαστοὺς παρασκευάζων, ὁ δὲ ὄψον, ὁ δὲ οἶνον. C

LXXIV. Ἴσως ἂν οὖν ἠγανάκτεις, εἴ σοι ἔλεγον ἐγὼ
ὅτι Ἄνθρωπε, ἐπαΐεις οὐδὲν περὶ γυμναστικῆς· διακόνους

---

518 B. Θεαρίων ὁ ἀρτοκόπος] Athens
was famous for the excellence of its
bread. Archestratus ap. Athen. p. 112 B,
τὸν δ᾽ εἰς ἀγορὰν ποιεύμενον ἄρτον Αἱ-
κλειναὶ παρέχουσι βροτοῖς κάλλιστον
Ἀθῆναι. The baker Thearion is men-
tioned by two comic poets, Antiphanes
and Aristophanes. Athen. ib. D, E, Ἀρι-
στοφάνης ἐν Γηρυτάδῃ καὶ Αἰολοσίκωνι
διὰ τούτων Ἥκω Θεαρίωνος ἀρτοπώλιον
Λιπὼν ἵν᾽ ἐστὶ κριβάνων ἑδώλια. So
Antiph. in Omphale l. l., ἄρτους—οὓς
δημόταις Θεαρίων ἔδειξε, whence we con-
clude that Thearion was an Athenian
citizen. The form ἀρτοκόπος is recog-
nized as more Attic than ἀρτοποιός,
Lobeck on Phryn. p. 222.

Μίθαικος ὁ τὴν ὀψοποιίαν συγγεγραφώς]
'Siculae dapes' were proverbial. Rep.
iii. 404 D, Συρακοσίαν δὲ ὦ φίλε τρά-
πεζαν καὶ Σικελικὴν ποικιλίαν ὄψου . . .
οὐκ αἰνεῖς. In Epist. vii. 326 B, Plato
speaks of the excessive luxury at the
court of Dionysius: βίος Ἰταλιωτικῶν
καὶ Συρακοσίων τραπεζῶν πλήρης. Comp.
Athen. p. 25 E, Σικελικὰς καὶ Συβαρι-
τικὰς καὶ Ἰταλικὰς τραπέζας, ἤδη δὲ καὶ
Χίας. Mithaecus, according to Maximus
Tyrius, Diss. vii., was a Syracusan, as
great in ὀψοποιία as Phidias in sculp-
ture. He was expelled from Sparta,
where he had begun to exercise his skill,
but welcomed by all other cities that
he visited. Possibly his was the first
cookery-book. It does not however seem
to have survived to the time of Athenaeus,
who would not have failed to quote,

had he known it. Of Sarambus, as the
copies have it, or Sărăbus, as the name
ought to be written and pronounced
(Σαραβικῶν κοπίδων συνομώνυμε, Achaeus
ap. Athen. p. 173 E), we learn from an-
other comic poet that he was a Plataean,
and his reputation one of the very few
things on which that small city could
plume itself. Posidippus, Fr. inc. iii.,
Meineke iv. p. 525. Jul. Poll. vii. 193,
explains the business of the κάπηλος to
have included the mixing of wines for
the table: κάπηλοι οὐ μόνον οἱ μετα-
βολεῖς, ἀλλὰ καὶ οἱ τὸν οἶνον κεραννύντες·
ὅθεν καὶ Σάραβον ὁ Πλάτων κάπηλον
ὠνόμασεν, ἐπαινῶν αὐτὸν ἐπ᾽ οἰνουργίᾳ
(for the vulg. Σαράβωνα). The true form
Σάραβος also lurks in a MS. reading of
Athen. 112 E, καὶ σάραμβος ὁ κάραβος
ὁ κάπηλος: doubtless a duplex lectio—
Σάραμβος (ἢ Σάραβος). From the γεγό-
νασι which follows, we may infer that
these three worthies were dead when the
Gorgias was written.

c. Ἴσως ἂν οὖν ἠγανάκτεις] 'Now, I
dare say you would have been indignant
if I had said, Friend, you know nothing
of Gymnastic; you tell me of fellows who
are mere ministers and caterers to the
desires, destitute of all sound and right
views concerning them,' i. e. concerning
the desires, and their fitness or unfitness
to be gratified. Comp. p. 501 B, ἥτις δὲ
ἢ βελτίων ἢ χείρων τῶν ἡδονῶν οὔτε
σκοπούμεναι οὔτε μέλον αὐταῖς ἄλλο ἢ
χαρίζεσθαι μόνον.

μοι λέγεις καὶ ἐπιθυμιῶν παρασκευαστὰς ἀνθρώπους, οὐκ
ἐπαΐοντας καλὸν κἀγαθὸν οὐδὲν περὶ αὐτῶν, οἵ, ἂν οὕτω
τύχωσιν, ἐμπλήσαντες καὶ παχύναντες τὰ σώματα τῶν
D ἀνθρώπων, ἐπαινούμενοι ὑπ᾽ αὐτῶν, προσαπολοῦσιν αὐτῶν
καὶ τὰς ἀρχαίας σάρκας. οἱ δ᾽ αὖ δι᾽ ἀπειρίαν οὐ τοὺς
ἑστιῶντας αἰτιάσονται τῶν νόσων αἰτίους εἶναι καὶ τῆς
ἀποβολῆς τῶν ἀρχαίων σαρκῶν, ἀλλ᾽ οἳ ἂν αὐτοῖς τύχωσι
τότε παρόντες καὶ συμβουλεύοντές τι, ὅταν δὴ αὐτοῖς ἥκῃ
ἡ τότε πλησμονὴ νόσον φέρουσα συχνῷ ὕστερον χρόνῳ,
ἅτε ἄνευ τοῦ ὑγιεινοῦ γεγονυῖα, τούτους αἰτιάσονται καὶ
ψέξουσι καὶ κακόν τι ποιήσουσιν, ἂν οἷοί τ᾽ ὦσι, τοὺς δὲ
προτέρους ἐκείνους καὶ αἰτίους τῶν κακῶν ἐγκωμιάσουσι.
E καὶ σὺ νῦν, ὦ Καλλίκλεις, ὁμοιότατον τούτῳ ἐργάζει·
ἐγκωμιάζεις ἀνθρώπους οἳ τούτους εἱστιάκασιν εὐωχοῦντες
ὧν ἐπεθύμουν. καί φασι μεγάλην τὴν πόλιν πεποιηκέναι
αὐτούς· ὅτι δὲ οἰδεῖ καὶ ὕπουλός ἐστι δι᾽ ἐκείνους τοὺς
519 παλαιούς, οὐκ αἰσθάνονται. | ἄνευ γὰρ σωφροσύνης καὶ
δικαιοσύνης λιμένων καὶ νεωρίων καὶ τειχῶν καὶ φόρων
καὶ τοιούτων φλυαριῶν ἐμπεπλήκασι τὴν πόλιν· ὅταν οὖν
ἔλθῃ ἡ καταβολὴ αὕτη τῆς ἀσθενείας, τοὺς τότε παρόντας
αἰτιάσονται συμβούλους, Θεμιστοκλέα δὲ καὶ Κίμωνα καὶ
Περικλέα ἐγκωμιάσουσι, τοὺς αἰτίους τῶν κακῶν· σοῦ δὲ

D. προσαπολοῦσιν αὐτῶν καὶ τὰς ἀρ-
χαίας σάρκας] These quacks will not
only add no new flesh to the bodies they
cram and pamper, but will eventually
cause them to lose the flesh they had.
They may grow fat for a time, but re-
pletion will bring in its train disease and
ultimate emaciation, having been effected
without regard to sanitary rules.

E. καί φασι μεγάλην τὴν πόλιν πεποιη-
κέναι αὐτούς] Comp. Thuc. ii. 65, ἐγένετο
ἐπ᾽ ἐκείνου μεγίστη. People pretend that
the statesmen of old have made Athens
great, not perceiving that she is tumid
from disease, and rotten at the core—all
in consequence of those men and their
measures. They have glutted the city
with all the appliances of material pro-
sperity, without teaching her to use them
temperately and righteously; and hence,
when the disease shall come to a head,
blame will be thrown on whoever shall

happen to be her advisers, instead of on
the true authors of her woe. ἡ καταβολὴ
αὕτη is the πλησμονὴ νόσον φέρουσα just
mentioned. καταβολή is a medical term
for the 'access' of a periodic or inter-
mitting fever, which leaves the patient
apparently well in the interval. The
metaphor is not uncommon. Thus De-
mosth. Philipp. iii. p. 118, in speaking
of the insidious approaches of the Mace-
donian power, says, ὅτι γε ὥσπερ περίοδος
ἢ καταβολὴ πυρετοῦ ἢ τινος ἄλλου κακοῦ
καὶ τῷ πάνυ πόρρω δοκοῦντι νῦν ἀφεστάναι
προσέρχεται, οὐδεὶς ἀγνοεῖ. Comp. Hipp.
Min. 372 E, νυνὶ δ᾽ ἐν τῷ πάροντί μοι
ὥσπερ καταβολὴ περιελήλυθε . . . σὺ οὖν
χάρισαι, καὶ μὴ φθονήσῃς ἰάσασθαι τὴν
ψυχήν μου. Socrates having said that he
was liable to vacillation—to hot and cold
fits of opinion—on a certain doubtful
question.

ἴσως ἐπιλήψονται, ἐὰν μὴ εὐλαβῇ, καὶ τοῦ ἐμοῦ ἑταίρου
Ἀλκιβιάδου, ὅταν καὶ τὰ ἀρχαῖα προσαπολλύωσι πρὸς
οἷς ἐκτήσαντο, οὐκ αἰτίων ὄντων τῶν κακῶν ἀλλ᾽ ἴσως Β
συναιτίων. καίτοι ἔγωγε ἀνόητον πρᾶγμα καὶ νῦν ὁρῶ
γιγνόμενον καὶ ἀκούω τῶν παλαιῶν ἀνδρῶν πέρι. αἰσ-
θάνομαι γάρ, ὅταν ἡ πόλις τινὰ τῶν πολιτικῶν ἀνδρῶν
μεταχειρίζηται ὡς ἀδικοῦντα, ἀγανακτούντων καὶ σχετλια-
ζόντων ὡς δεινὰ πάσχουσι· πολλὰ καὶ ἀγαθὰ τὴν πόλιν
πεποιηκότες ἄρα ἀδίκως ὑπ᾽ αὐτῆς ἀπόλλυνται, ὡς ὁ
τούτων λόγος. τὸ δὲ ὅλον ψεῦδός ἐστι. προστάτης γὰρ Ϲ
πόλεως οὐδ᾽ ἂν εἷς ποτὲ ἀδίκως ἀπόλοιτο ὑπ᾽ αὐτῆς τῆς
πόλεως ἧς προστατεῖ. κινδυνεύει γὰρ ταὐτὸν εἶναι, ὅσοι
τε πολιτικοὶ προσποιοῦνται εἶναι καὶ ὅσοι σοφισταί.
καὶ γὰρ οἱ σοφισταί, τἆλλα σοφοὶ ὄντες, τοῦτο ἄτοπον
ἐργάζονται πρᾶγμα· φάσκοντες γὰρ ἀρετῆς διδάσκαλοι

---

519. καὶ τοῦ ἐμοῦ ἑταίρου Ἀλκιβιάδου] This part of the prophecy was fulfilled, for the fall of Athens was very generally attributed to the rashness of Alcibiades in urging on the Sicilian expedition. The admirers of Pericles might justly complain of his being thus made responsible for a step the most directly opposed to his own policy. Thucyd. l. l. § 6 seq. The present passage seems to imply that Alcibiades was still in Athens. If this is so, and we assume 405 B.C. for the date of the conversation (473 E), Plato is guilty of an anachronism, for Alcibiades left the city for the last time B.C. 407. But he was probably aware of the inconsistency, and indifferent to it.

B. αἰσθάνομαι — λόγος] "When the state," says Socr., "deals with any of our public characters as wrong-doers, I hear of their being indignant and loudly lamenting the injustice they are made to suffer: 'So, after all our valuable services to the state, we are perishing unrighteously at her hands'—such is the language they hold." This version shows the force of ἄρα, which has its usual inferential sense, though placed somewhat late in the sentence. Of this however there are other examples. Symp. 199 A, ἀλλὰ γὰρ ἐγὼ οὐκ ᾔδη ἄρα τὸν τρόπον τοῦ ἐπαίνου. Ibid. 177 E, ταῦτα δὴ καὶ οἱ ἄλλοι πάντες ἄρα ξυνέφασαν. "But in this," proceeds Socr., "there is not one word of truth, for there can be no such thing as a ruler of a state perishing unrighteously at the hands of the state he rules. For I fancy the case is much the same with professed politicians as with professed sophists or teachers of wisdom. Such teachers, wise as they are in all other respects, are in one point guilty of gross absurdity: pretending to be teachers of virtue, they not unfrequently accuse their pupils of wrong-doing in withholding their fees," &c. This may be a fair 'argumentum ad hominem' against a sophist who should give out that virtue is capable of being taught, and that he can teach it; in fact, we know that it was a common taunt against such persons. See Isocr. c. Soph. § 4, 5, 6. No such boast however was made by Pericles or his successors; and the principle Socrates endeavours to establish is an extravagant paradox, quite unsupported by the analogy he alleges. 'To make men good' may be the final cause of statesmanship, but it is an end which in the nature of things can only be partially accomplished, even under the most favourable circumstances. In practice such professions are usually a cloak of tyranny, as Plato might have learned from the case of his relative Critias. His Sicilian experiences were probably not yet purchased.

εἶναι πολλάκις κατηγοροῦσι τῶν μαθητῶν ὡς ἀδικοῦσι
σφᾶς [αὐτούς,] τούς τε μισθοὺς ἀποστεροῦντες καὶ ἄλλην
D χάριν οὐκ ἀποδιδόντες, εὖ παθόντες ὑπ᾽ αὐτῶν. καὶ τούτου
τοῦ λόγου τί ἂν ἀλογώτερον εἴη πρᾶγμα, ἀνθρώπους ἀγα-
θοὺς καὶ δικαίους γενομένους, ἐξαιρεθέντας μὲν ἀδικίαν
ὑπὸ τοῦ διδασκάλου, σχόντας δὲ δικαιοσύνην, ἀδικεῖν
τούτῳ ᾧ οὐκ ἔχουσιν ; οὐ δοκεῖ σοι τοῦτο ἄτοπον εἶναι, ὦ
ἑταῖρε ; Ὡς ἀληθῶς δημηγορεῖν με ἠνάγκασας, ὦ Καλ-
λίκλεις, οὐκ ἐθέλων ἀποκρίνεσθαι.

LXXV. *ΚΑΛ.* Σὺ δ᾽ οὐκ ἂν οἷός τ᾽ εἴης λέγειν, εἰ
μή τίς σοι ἀποκρίνοιτο ;

E *ΣΩ.* Ἔοικά γε· νῦν γοῦν συχνοὺς τείνω τῶν λόγων,
ἐπειδή μοι οὐκ ἐθέλεις ἀποκρίνεσθαι. ἀλλ᾽, ὦ ᾽γαθέ, εἰπὲ
πρὸς φιλίου, οὐ δοκεῖ σοι ἄλογον εἶναι ἀγαθὸν φάσκοντα
πεποιηκέναι τινὰ μέμφεσθαι τούτῳ ὅτι ὑφ᾽ ἑαυτοῦ ἀγαθὸς
γεγονώς τε καὶ ὢν ἔπειτα πονηρός ἐστιν ;

ΚΑΛ. Ἔμοιγε δοκεῖ.

ΣΩ. Οὐκοῦν ἀκούεις τοιαῦτα λεγόντων τῶν φασκόν-
των παιδεύειν ἀνθρώπους εἰς ἀρετήν ;

520 | *ΚΑΛ.* Ἔγωγε. ἀλλὰ τί ἂν λέγοις ἀνθρώπων πέρι
οὐδενὸς ἀξίων ;

c. ὡς ἀδικοῦσι σφᾶς] I agree with
Bekker in thinking αὐτούς inadmissible.
ἀδικοῦσι σφᾶς αὐτούς would mean 'they,
the pupils, are wronging themselves,'
'ipsi se iujuria afficiunt.' The follow-
ing τούς easily explains the origin of the
error. See above 506 A ; also 520 B, ὡς
πονηρόν ἐστιν εἰς σφᾶς. A similar error
has been corrected in Xen. Hell. iii. 2. 6,
ἐπιστεῖλαι δὲ σφίσιν [αὐτοῖς] τοὺς ἐφό-
ρους.

D. ἀδικεῖν τούτῳ ᾧ οὐκ ἔχουσιν] In
Socratic language, ἀδικίᾳ οἱ ἀδικοῦντες
ἀδικοῦσιν.

Ὡς ἀληθῶς δημηγορεῖν] Callicles had
said, Ὦ Σώκρατες, δοκεῖς νεανιεύεσθαι ἐν
τοῖς λόγοις ὡς ἀληθῶς δημηγόρος ὤν.
Socrates quotes his words, and tells him
that his declamatory style is this time
compulsory. Callicles had the remedy
in his own hands ; he had but to answer
the questions proposed to him, and the
long harangue would be exchanged for
dialogue.

E. νῦν γοῦν—λόγων] Heind. quotes

Protag. 329 A, καὶ οἱ ῥήτορες οὕτω σμικρὰ
ἐρωτηθέντες δολιχὸν κατατείνουσι τοῦ
λόγου. But in his note on that passage,
he alleges that the cases are not parallel.
However this may be, the phrase συχ-
νοὺς τείνω τῶν λόγων is scarcely to he
distinguished from the ordinary συχνοὺς
τείνω τοὺς λόγους. 'It would seem,' says
Socr., 'that I *can* get on without such
assistance — for now, at any rate, the
speeches I make are prolix enough.'
"In sequentibus ἔπειτα πονηρός ἐστιν,
positum ἔπειτα pro ὅμως, usu frequentis-
simo." Heind.

520. ἀνθρώπων πέρι οὐδενὸς ἀξίων]
This is a good dramatic touch. Calli-
cles, an admirer of the pure rhetoricians,
adopts their tone of contempt for the
sophists, who professed to teach virtue.
See in particular the curious fragment of
Isocrates, κατὰ τῶν σοφιστῶν, in which
he describes those who make such pro-
fessions as λίαν ἀπερισκέπτως ἀλαζονευ-
μενοι—μόνον οὐκ ἀθανάτους ὑπισχνούμενοι
τοὺς συνόντας ποιήσειν, §§ 1, 4. In this

ΣΩ. Τί δ' ἂν περὶ ἐκείνων λέγοις οἳ φάσκοντες προε-
στάναι τῆς πόλεως καὶ ἐπιμελεῖσθαι ὅπως ὡς βελτίστη
ἔσται πάλιν αὐτῆς κατηγοροῦσιν, ὅταν τύχωσιν, ὡς πονη-
ροτάτης; οἴει τι διαφέρειν τούτους ἐκείνων; ταὐτόν, ὦ
μακάρι', ἐστὶ σοφιστὴς καὶ ῥήτωρ, ἢ ἐγγύς τι καὶ παρα-
πλήσιον, ὥσπερ ἐγὼ ἔλεγον πρὸς Πῶλον. σὺ δὲ δι' Β
ἄγνοιαν τὸ μὲν πάγκαλόν τι οἴει εἶναι, τὴν ῥητορικήν, τοῦ
δὲ καταφρονεῖς· τῇ δὲ ἀληθείᾳ κάλλιόν ἐστι σοφιστικὴ
ῥητορικῆς ὅσῳπερ νομοθετικὴ δικαστικῆς καὶ γυμναστικὴ
ἰατρικῆς. μόνοις δ' ἔγωγε καὶ ᾤμην τοῖς δημηγόροις τε
καὶ σοφισταῖς οὐκ ἐγχωρεῖν μέμφεσθαι τούτῳ τῷ πράγ-
ματι ὃ αὐτοὶ παιδεύουσιν, ὡς πονηρόν ἐστιν εἰς σφᾶς, ἢ
τῷ αὐτῷ λόγῳ τούτῳ ἅμα καὶ ἑαυτῶν κατηγορεῖν ὅτι οὐδὲν
ὠφελήκασιν οὕς φασιν ὠφελεῖν. οὐχ οὕτως ἔχει;　　　　C

ΚΑΛ. Πάνυ γε.

ΣΩ. Καὶ προέσθαι γε δήπου τὴν εὐεργεσίαν ἄνευ
μισθοῦ, ὡς τὸ εἰκός, μόνοις τούτοις ἐνεχώρει, εἴπερ ἀληθῆ
ἔλεγον. ἄλλην μὲν γὰρ εὐεργεσίαν τις εὐεργετηθείς, οἷον
ταχὺς γενόμενος διὰ παιδοτρίβην, ἴσως ἂν ἀποστερήσειε

Isocrates follows the traditions of his
master Gorgias, as appears from Menon,
p. 95 c. Socrates presently main-
tains that if a comparison be made be-
tween rhetoric and sophistic, the latter
must be preferred: just as legislation is
a higher art than dicastic, and the art
which keeps the body in health superior
to that which removes sickness. But
here again the analogy fails; for the
political rhetor (δημηγόρος) is on occa-
sion a νομοθέτης, and is not eo nomine
a pleader in the courts (δικαστικός): as
a public speaker, it is true, he may have
to rebuke as well as to exhort; but to
make that his principal or only duty is
surely perverse.

ὅταν τύχωσιν] 'when occasion serves,'
as when they are unjustly punished, os-
tracized, or the like.

B. τούτῳ τῷ πράγματι] Not exclusively
'the people,' as Ast puts it, but the peo-
ple in the case of the orators, their pupils
in that of the Sophists. πρᾶγμα and
χρῆμα are not unfrequently applied to
persons. Aristoph. Eccles. 441, γυναῖκα
δ' εἶναι πρᾶγμ' ἔφη νουβυστικόν. Eubu-
lus, fr. Chrys. ii. ap. Mein. iii. 260, κακὴ

γυνὴ Μήδεια, Πηνελόπεια δὲ Μέγα πρᾶγμα.
With a genitive, Criton 53 c, οὐκ οἴει
ἄσχημον φανεῖσθαι τὸ τοῦ Σωκράτους
πρᾶγμα.

c. Καὶ προέσθαι γε δήπου] Sophists
and public men, if their professions had
been worth any thing, could alone afford
to trust those whom they benefit. A
trainer would have less reason to com-
plain if his pupil, when he had learnt to
run fast, should refuse to pay him—
supposing he had left the question of
payment open, instead of stipulating for
a fee to be paid down as nearly as pos-
sible at the time of imparting the desired
accomplishment. προέσθαι—to trust a
customer, to leave the time or amount
of payment to his honour—occurs in
much the same sense, Legg. 849 E, ὁ δὲ
προέμενος ὡς πιστεύων, ἐάν τε κομίσηται
ἐάν τε μή, στεργέτω ὡς οὐκέτι δίκης
οὔσης τῶν τοιούτων πέρι συναλλάξεων.
Xen. Anab. vii. 7. 47, πιστεύω σε οὐκ
ἀνέξεσθαι τούς σοι προεμένους εὐεργεσίαν
ὁρῶντά σοι ἐγκαλοῦντας (sc. ὅτι οὐκ
ἀπέδωκας). Our modern honoraria an-
swer in theory to the suggestion in the
text.

τὴν χάριν, εἰ προοῖτο αὐτῷ ὁ παιδοτρίβης καὶ μὴ συν-
θέμενος αὐτῷ μισθὸν ὅ τι μάλιστα ἅμα μεταδιδοὺς τοῦ
D τάχους λαμβάνοι τὸ ἀργύριον· οὐ γὰρ τῇ βραδυτῆτι,
οἶμαι, ἀδικοῦσιν οἱ ἄνθρωποι, ἀλλ' ἀδικίᾳ. ἢ γάρ ;

ΚΑΛ. Ναί.

ΣΩ. Οὐκοῦν εἴ τις αὐτὸ τοῦτο ἀφαιρεῖ, τὴν ἀδικίαν,
οὐδὲν δεινὸν αὐτῷ μήποτε ἀδικηθῇ, ἀλλὰ μόνῳ ἀσφαλὲς
ταύτην τὴν εὐεργεσίαν προέσθαι, εἴπερ τῷ ὄντι δύναιτό
τις ἀγαθοὺς ποιεῖν. οὐχ οὕτως ;

ΚΑΛ. Φημί.

LXXVI. ΣΩ. Διὰ ταῦτ' ἄρα, ὡς ἔοικε, τὰς μὲν ἄλλας
συμβουλὰς συμβουλεύειν λαμβάνοντα ἀργύριον, οἷον
οἰκοδομίας πέρι ἢ τῶν ἄλλων τεχνῶν, οὐδὲν αἰσχρόν.

E   ΚΑΛ. Ἔοικέ γε.

ΣΩ. Περὶ δέ γε ταύτης τῆς πράξεως, ὅντιν' ἄν τις
τρόπον ὡς βέλτιστος εἴη καὶ ἄριστα τὴν αὑτοῦ οἰκίαν διοι-
κοῖ ἢ πόλιν, αἰσχρὸν νενόμισται μὴ φάναι συμβουλεύειν,
ἐὰν μή τις αὐτῷ ἀργύριον διδῷ. ἢ γάρ ;

ΚΑΛ. Ναί.

ΣΩ. Δῆλον γὰρ ὅτι τοῦτο αἴτιόν ἐστιν, ὅτι μόνη αὕτη
τῶν εὐεργεσιῶν τὸν εὖ παθόντα ἐπιθυμεῖν ποιεῖ ἀντ' εὖ
ποιεῖν, ὥστε καλὸν δοκεῖ τὸ σημεῖον εἶναι, εἰ εὖ ποιήσας
ταύτην τὴν εὐεργεσίαν ἀντ' εὖ πείσεται· εἰ δὲ μή, οὔ. ἔστι
ταῦτα οὕτως ἔχοντα ;

521 | ΚΑΛ. Ἔστιν.

ΣΩ. Ἐπὶ ποτέραν οὖν με παρακαλεῖς τὴν θεραπείαν

D. Οὐκοῦν εἴ τις] 'Whoever then
can remove injustice from the soul, need
be under no apprehension of ever being
wronged: for him alone it is safe to
bestow this boon unconditionally.' For
μόνῳ it would have been more cor-
rect to say μόνην. In the next clause
Socrates intimates scepticism as to the
reality of such pretensions. 'If indeed
there were any one capable of making
men good.' The Comm. speak of the
sophists Protagoras and Prodicus as the
objects of these satirical remarks. But
it is to be observed that Plato's con-
temporaries the Cynics made the same

profession, and to them the description
in Isocrates, κατὰ τῶν σοφιστῶν, § 4
seq., is applicable in all its features.
Doubtless also there were sophists un-
attached to any sect who followed the
example. The rhetors, who did not
teach virtue, consistently demanded pay-
ment in advance. This we gather from
Demosth. c. Lacritum, p. 938, together
with the information that the amount
of the fee was ten minae. Evenus the
Parian, an educator of the ethical school,
was content with five, Apol. 20 B. The
formula οὐδὲν δεινὸν μή occurs Apol.
28 B, οὐδὲν δ. μὴ ἐν ἐμοὶ στῇ.

τῆς πόλεως; διόρισόν μοι· τὴν τοῦ διαμάχεσθαι Ἀθη-
ναίοις ὅπως ὡς βέλτιστοι ἔσονται, ὡς ἰατρόν, ἢ ὡς δια-
κονήσοντα καὶ πρὸς χάριν ὁμιλήσοντα; Τἀληθῆ μοι
εἰπέ, ὦ Καλλίκλεις· δίκαιος γὰρ εἶ, ὥσπερ ἤρξω παρρη-
σιάζεσθαι πρὸς ἐμέ, διατελεῖν ἃ νοεῖς λέγων. καὶ νῦν εὖ
καὶ γενναίως εἰπέ.

ΚΑΛ.　Λέγω τοίνυν ὅτι ὡς διακονήσοντα.　　　　　　B

ΣΩ.　Κολακεύσοντα ἄρα με, ὦ γενναιότατε, παρακαλεῖς.

ΚΑΛ.　Εἴ σοι Μυσόν γε ἥδιον καλεῖν, ὦ Σώκρατες·
ὡς εἰ μὴ ταὐτά γε ποιήσεις—

ΣΩ.　Μὴ εἴπῃς ὃ πολλάκις εἴρηκας, ὅτι ἀποκτενεῖ με ὁ
βουλόμενος, ἵνα μὴ αὖ καὶ ἐγὼ εἴπω, ὅτι πονηρός γε ὢν ἀγα-
θὸν ὄντα· μηδ᾽ ὅτι ἀφαιρήσεται ἐάν τι ἔχω, ἵνα μὴ αὖ ἐγὼ
εἴπω ὅτι Ἀλλ᾽ ἀφελόμενος οὐχ ἕξει ὅ τι χρήσεται αὐτοῖς,　C
ἀλλ᾽ ὥσπερ με ἀδίκως ἀφείλετο, οὕτω καὶ λαβὼν ἀδίκως
χρήσεται· εἰ δὲ ἀδίκως, αἰσχρῶς· εἰ δὲ αἰσχρῶς, κακῶς.

LXXVII.　ΚΑΛ.　Ὡς μοι δοκεῖς, ὦ Σώκρατες, πι-

---

521. δίκαιος γὰρ εἶ, ὥσπερ ἤρξω] 'As
you spoke your mind freely from the
first, I have a right to expect you to be
consistent and to tell me now what you
really think.' In the next speech of
Socrates the construction κολακεύσοντα
παρακαλεῖν is rare, and many edd. pre-
fer ὡς κολακεύσοντα, which has no MS.
authority. But the sense is the same
whether we prefix ὡς or not. We may
say, for instance, indifferently, παρα-
καλεῖν εἰς κολάκευσιν, and παρακαλεῖν
ὡς εἰς κολάκευσιν, and so too, I conceive,
where the participle is used. See above,
514 A.

B. Εἴ σοι Μυσόν γε ἥδιον καλεῖν] The
Comm. have given themselves much
needless trouble with this passage, which
is perfectly clear when seen by the light
of the context. Socrates had asked Calli-
cles whether he would have him come for-
ward as the ἰατρός or as the διάκονος of the
Athenian people.—'As the διάκονος cer-
tainly.' 'In other words, as its flatterer.'
—'Yes,' answers Callicles, 'its flatterer,
if you prefer to use the most opprobrious
word you can think of. If you are too
proud to flatter—' you must take the
consequences. The prov. Μυσὸν καλεῖν
hangs together with Μυσῶν ἔσχατος,
Μυσῶν λεία. The Mysians, like the

Carians, were regarded as the refuse or
mankind. Hence Μυσὸν καλεῖν = to call
names. This the Greek interpreter Olym-
piodorus has understood, but it was hid-
den from all the edd. preceding Bekker.
It should be observed that the word κόλαξ
(later παράσιτος) is much more invidious
than our 'flatterer.' 'Toad-eater,' or even
'pander,' would better convey its force
to an English reader. (See Plaut. Am-
phitr. 1. 3. 17.) Compare also the de-
scription of the κόλαξ in Eupolis (κόλακες,
Fr. i.) with that of the παράσιτος in
Diodorus Com. (Ἐπίκληρος, Mein. iv.
543). Another comic poet records of
Socrates that starved as he was he never
stooped to be a κόλαξ—οὗτος μέντοι πεινῶν
οὕτως οὐπώποτ᾽ ἔτλη κολακεῦσαι, Ameip-
sias, Connus. Fr. i.

πονηρός γε ὢν ἀγαθὸν ὄντα] For the
full force of these words in the mouth of
Socrates, compare Apol. 30 D.

C. Ὡς μοι δοκεῖς] 'How confident you
seem that nothing of this kind will ever
happen to you—as if you dwelt apart
and were not liable to be dragged into
court—it may be by some wretch of the
vilest character.' Possibly Plato aimed
this at Meletus, who seems to have been
a bad man as well as an indifferent poet.
Mein. Com. Gr. ii. p. 1126.

στεύειν μηδ' ἂν ἐν τούτων παθεῖν, ὡς οἰκῶν ἐκποδὼν καὶ
οὐκ ἂν εἰσαχθεὶς εἰς δικαστήριον ὑπὸ πάνυ ἴσως μο-
χθηροῦ ἀνθρώπου καὶ φαύλου!

ΣΩ. Ἀνόητος ἄρα εἰμί, ὦ Καλλίκλεις, ὡς ἀληθῶς, εἰ
μὴ οἴομαι ἐν τῇδε τῇ πόλει ὁντινοῦν ἄν, ὅ τι τύχοι, τοῦτο
παθεῖν. τόδε μέντοι εὖ οἶδ' ὅτι, ἐάνπερ εἰσίω εἰς δικα-
D στήριον περὶ τούτων τινὸς κινδυνεύων ὧν σὺ λέγεις, πονη-
ρός τίς με ἔσται ὁ εἰσάγων· οὐδεὶς γὰρ ἂν χρηστὸς μὴ
ἀδικοῦντ' ἄνθρωπον εἰσαγάγοι. καὶ οὐδέν γε ἄτοπον εἰ
ἀποθάνοιμι. βούλει σοι εἴπω δι' ὅ τι ταῦτα προσ-
δοκῶ;

ΚΑΛ. Πάνυ γε.

ΣΩ. Οἶμαι μετ' ὀλίγων Ἀθηναίων, ἵνα μὴ εἴπω μόνος,
ἐπιχειρεῖν τῇ ὡς ἀληθῶς πολιτικῇ τέχνῃ καὶ πράττειν τὰ
πολιτικὰ μόνος τῶν νῦν. ἅτε οὖν οὐ πρὸς χάριν λέγων
τοὺς λόγους οὓς λέγω ἑκάστοτε, ἀλλὰ πρὸς τὸ βέλτιστον,
E οὐ πρὸς τὸ ἥδιστον, καὶ οὐκ ἐθέλων ποιεῖν ἃ σὺ παραι-
νεῖς, τὰ κομψὰ ταῦτα, οὐχ ἕξω ὅ τι λέγω ἐν τῷ δικα-
στηρίῳ. ὁ αὐτὸς δέ μοι ἥκει λόγος ὅνπερ πρὸς Πῶλον
ἔλεγον· κρινοῦμαι γὰρ ὡς ἐν παιδίοις ἰατρὸς ἂν κρίνοιτο
κατηγοροῦντος ὀψοποιοῦ. σκόπει γάρ, τί ἂν ἀπολογοῖτο
ὁ τοιοῦτος ἄνθρωπος ἐν τούτοις ληφθείς, εἰ αὐτοῦ κατη-
γοροῖ τις λέγων ὅτι Ὦ παῖδες, πολλὰ ὑμᾶς καὶ κακὰ ὅδε
εἴργασται ἀνὴρ καὶ αὐτούς, καὶ τοὺς νεωτάτους ὑμῶν
22 διαφθείρει τέμνων τε καὶ κάων, καὶ ἰσχναίνων | καὶ πνίγων
ἀπορεῖν ποιεῖ, πικρότατα πώματα διδοὺς καὶ πεινῆν καὶ
διψῆν ἀναγκάζων, οὐχ ὥσπερ ἐγὼ πολλὰ καὶ ἡδέα καὶ

D. περὶ τούτων τινὸς κινδυνεύων]
"Videlicet de capite et bonis: quae
ante commemoraverat Callicles." Stallb.

E. τὰ κομψὰ ταῦτα] We must sup-
pose this a quotation. Callicles had
adjured Socrates to abandon philosophy
—ἄλλοις τὰ κομψὰ ταῦτ' ἀφεὶς—and
Socrates retorts by calling the arts of
the rhetor τὰ κομψὰ ταῦτα. Sup. 486 c.
The next sentence is an amplification of
464 D. A philosopher in a court of
justice is like a physician accused by a
confectioner before a jury of school-boys.
ὀψοποιός stands of course for the rhetor

who accuses him.

522. πώματα] The codd. give πόματα,
some few πέμματα. Pors. on Hec. 392,
καὶ δὶς τόσον πῶμ' αἵματος γενήσεται.
"πόμ' MSS. et edd., sed haec forma
Atticis erat incognita. Quod hoc uno
argumento satis probatur. Multa sunt
loca in quibus metrum πῶμα flagitet;
nullum ubi πόμα postulet; pauca, ubi ad-
mittat." It may be added that the codd.
sometimes give πόμα where the metre
convicts them. Thus in Alexides Com.
πόματος is made to end a senarius, in a
frag. cited by Athenaeus, p. 28 E.

παντοδαπὰ εὐώχουν ὑμᾶς. τί ἂν οἴει ἐν τούτῳ τῷ κακῷ
ἀποληφθέντα ἰατρὸν ἔχειν εἰπεῖν ; ἢ εἰ εἴποι τὴν ἀλήθειαν,
ὅτι Ταῦτα πάντα ἐγὼ ἐποίουν, ὦ παῖδες, ὑγιεινῶς, πόσον
οἴει ἂν ἀναβοῆσαι τοὺς τοιούτους δικαστάς ; οὐ μέγα ;

ΚΑΛ. Ἴσως· οἴεσθαί γε χρή.

ΣΩ. Οὐκοῦν οἴει ἐν πάσῃ ἀπορίᾳ ἂν αὐτὸν ἔχεσθαι ὅ
τι χρὴ εἰπεῖν ; B

ΚΑΛ. Πάνυ γε.

LXXVIII. ΣΩ. Τοιοῦτον μέντοι καὶ ἐγὼ οἶδ᾽ ὅτι
πάθος πάθοιμι ἂν εἰσελθὼν εἰς δικαστήριον. οὔτε γὰρ
ἡδονὰς ἃς ἐκπεπόρικα ἔξω αὐτοῖς λέγειν, ἃς οὗτοι εὐεργ-
εσίας καὶ ὠφελείας νομίζουσιν, ἐγὼ δὲ οὔτε τοὺς πορί-
ζοντας ζηλῶ οὔτε οἷς πορίζεται· ἐάν τέ τίς με ἢ νεωτέ-
ρους φῇ διαφθείρειν ἀπορεῖν ποιοῦντα, ἢ τοὺς πρεσβυτέ-
ρους κακηγορεῖν λέγοντα πικροὺς λόγους ἢ ἰδίᾳ ἢ δημοσίᾳ,
οὔτε τὸ ἀληθὲς ἔξω εἰπεῖν, ὅτι Δικαίως πάντα ταῦτα ἐγὼ
λέγω, καὶ πράττω τὸ ὑμέτερον δὴ τοῦτο, ὦ ἄνδρες δικασταί, C
οὔτε ἄλλο οὐδέν. ὥστε ἴσως, ὅ τι ἂν τύχω, τοῦτο πείσομαι.

ΚΑΛ. Δοκεῖ οὖν σοι, ὦ Σώκρατες, καλῶς ἔχειν ἄν-
θρωπος ἐν πόλει οὕτω διακείμενος καὶ ἀδύνατος ὢν ἑαυτῷ
βοηθεῖν ;

τί ἂν οἴει—ἀποληφθέντα] 'What would
the physician find to say, think you,
under these desperate circumstances ?'
ἀποληφθ., shut off as it were from all aid
and sympathy—'driven into a corner,'
as we say. Menex. 243 c, ἀπειλημμένων
ἐν Μυτιλήνῃ τῶν νεῶν. Euthyd. 305 D,
ἐν δὲ τοῖς ἰδίοις λόγοις ὅταν ἀποληφθῶσιν,
ὑπὸ τῶν ἀμφὶ Εὐθύδημον κολούεσθαι—
said of a fluent rhetorician brought to
bay by a skilful controversialist.
πόσον οἴει] This rests on the authority
of a single MS. All the rest have
ὁπόσον, and so every ed. but Hirschig.
Several instances of the oblique for the
direct interrogation occur in Plato, if
the codd. are to be trusted ; as ὁπότερος,
Lysis 212 c, Euthyd. 271 A. ὁποῖος,
Alcib. i. 110 c. But in Charm. 170 B,
for ταύτῃ τῇ ἐπιστήμῃ ὅπως εἴσεται ;
the edd. now give πῶς on the strength
of one MS. The other instances are not
improbably neoterisms introduced by
copyists. No example has been adduced
from an Attic poet, where the oblique

form in the direct sense is required by
the metre, and till this is done the legi-
timacy of the usage may be doubted.
B. Τοιοῦτον μέντοι] Compare the ex-
ordium of the Apologia, where Socrates
disavows the δεινότης attributed to him
by his accusers.
ἀπορεῖν ποιοῦντα] He alludes of course
to the effect produced by his cross-ques-
tioning. This could not be made an
article of impeachment by his accusers,
but Socrates points to it in the Apol. as
one principal cause of his unpopularity,
p. 26. The Comm. quote Menon 79 E,
Theaet. 149 A.
C. πράττω τὸ ὑμέτερον δὴ τοῦτο]
'Herein I am acting in your interest,
not in my own.' Apol. 31 B, he makes
the same assertion : τῶν μὲν ἐμαυτοῦ
ἁπάντων ἠμεληκέναι . . . τὸ δ᾽ ὑμέτερον
πράττειν ἀεὶ . . . πείθοντα ἐπιμελεῖσθαι
ἀρετῆς. Similar is the expression, 455 C,
κἀμὲ νῦν νόμισον καὶ τὸ σὸν σπεύδειν.
After οὔτε ἄλλο οὐδέν supply of course
ἔξω εἰπεῖν.

ΣΩ. Εἰ ἐκεῖνό γε [ἐν] αὐτῷ ὑπάρχοι, ὦ Καλλίκλεις,
ὃ σὺ πολλάκις ὡμολόγησας· εἰ βεβοηθηκὼς εἴη αὐτῷ,
D μήτε περὶ ἀνθρώπους μήτε περὶ θεοὺς ἄδικον μηδὲν μήτε
εἰρηκὼς μήτε εἰργασμένος. αὕτη γάρ τις βοήθεια ἑαυτῷ
πολλάκις ἡμῖν ὡμολόγηται κρατίστη εἶναι. εἰ μὲν οὖν
ἐμέ τις ἐξελέγχοι ταύτην τὴν βοήθειαν ἀδύνατον ὄντα
ἐμαυτῷ καὶ ἄλλῳ βοηθεῖν, αἰσχυνοίμην ἂν καὶ ἐν πολλοῖς
καὶ ἐν ὀλίγοις ἐξελεγχόμενος καὶ μόνος ὑπὸ μόνου, καὶ εἰ
διὰ ταύτην τὴν ἀδυναμίαν ἀποθνήσκοιμι, ἀγανακτοίην ἄν.
εἰ δὲ κολακικῆς ῥητορικῆς ἐνδείᾳ τελευτῴην ἔγωγε, εὖ
E οἶδα ὅτι ῥᾳδίως ἴδοις ἄν με φέροντα τὸν θάνατον. αὐτὸ
μὲν γὰρ τὸ ἀποθνήσκειν οὐδεὶς φοβεῖται, ὅστις μὴ παν-
τάπασιν ἀλόγιστός τε καὶ ἄνανδρός ἐστι, τὸ δὲ ἀδικεῖν
φοβεῖται· πολλῶν γὰρ ἀδικημάτων γέμοντα τὴν ψυχὴν εἰς
Ἅιδου ἀφικέσθαι πάντων ἔσχατον κακῶν ἐστίν. εἰ δὲ
βούλει, σοὶ ἐγώ, ὡς τοῦτο οὕτως ἔχει, ἐθέλω λόγον λέξαι.

ΚΑΛ. Ἀλλ' ἐπείπερ γε καὶ τἆλλα ἐπέρανας, καὶ τοῦτο
πέρανον.

523 LXXIX. | ΣΩ. Ἄκουε δή, φασί, μάλα καλοῦ λόγου,

Εἰ ἐκεῖνό γε [ἐν] αὐτῷ ὑπάρχοι] The
omission of ἐν is suggested by Heind.
Stallb. defends the prep. on the insuffi-
cient plea that ὑπάρχοι has the force of
ἐνείη. The phrase ὑπάρχειν τινί seems
invariable. "I think it would be well
with him if he stood on that vantage-
ground which you have frequently ac-
knowledged in the course of our argu-
ment. I mean if he had 'helped himself'
by abstinence from injustice to men and
gods, whether in word or deed. For this
is a kind of self-help which we have more
than once allowed to be of all the best."
With βοήθεια ἑαυτῷ comp. Apol. 30 A,
τὴν ἐμὴν τῷ θεῷ ὑπηρεσίαν. Ib. D, περὶ
τὴν τοῦ θεοῦ δόσιν ὑμῖν.

D. ἀγανακτοίην ἄν] In the Apology,
after his condemnation, he says, τὸ μὲν
μὴ ἀγανακτεῖν, ὦ ἄνδρες Ἀθηναῖοι, ἐπὶ
τούτῳ τῷ γεγονότι, ὅτι μου κατεψη-
φίσασθε, ἄλλα τέ μοι πολλὰ ξυμβάλλεται,
καὶ οὐκ ἀνέλπιστόν μοι γέγονε τὸ γεγο-
νὸς τοῦτο, 35 E.

E. αὐτὸ μὲν γὰρ τὸ ἀποθνήσκειν] Apol.
28 B, οὐ καλῶς λέγεις, εἰ οἴει δεῖν κίν-
δυνον ὑπολογίζεσθαι τοῦ ζῆν ἢ τεθνάναι
ἄνδρα ὅτου τι καὶ σμικρὸν ὄφελος κ.τ.λ.

523. Ἄκουε δή, φασί, μάλα καλοῦ
λόγου] Here, as in the Republic, after
he has proved that, irrespectively of con-
sequences, Justice is better than In-
justice, Socrates adds a mythical account
of the rewards of the righteous and the
punishments of the wicked after death.
This in the Republic he prefaces by the
apologetic remark, that to dwell on the
subject of rewards is free (ἀνεπίφθονον)
only to those who have shown on inde-
pendent grounds the superiority of suf-
fering virtue to prosperous wickedness,
the thesis which it was the professed
object of that dialogue to defend, x. 612.
In the Gorgias he has a different audi-
ence to deal with, and therefore makes
no apology for thus shifting his ground.
Still it is surprising to find him ex-
pressing his belief in the myths he is
about to relate: ὡς ἀληθῆ γὰρ ὄντα σοι
λέξω ἃ μέλλω λέγειν. What however
Plato meant to convey, we may see in
Phaed. 114 D, where, after a recital dif-
fering from that of the Gorgias in its
scenery and accessories, he adds, τὸ μὲν
οὖν ταῦτα διισχυρίσασθαι οὕτως ἔχειν ὡς
ἐγὼ διελήλυθα, οὐ πρέπει νοῦν ἔχοντι

ὃν σὺ μὲν ἡγήσει μῦθον, ὡς ἐγῷμαι, ἐγὼ δὲ λόγον·
ὡς ἀληθῆ γὰρ ὄντα σοι λέξω ἃ μέλλω λέγειν. Ὥσπερ γὰρ
Ὅμηρος λέγει, διενείμαντο τὴν ἀρχὴν ὁ Ζεὺς καὶ ὁ Πο-
σειδῶν καὶ ὁ Πλούτων, ἐπειδὴ παρὰ τοῦ πατρὸς παρέ-
λαβον. ἦν οὖν νόμος ὅδε περὶ ἀνθρώπων ἐπὶ Κρόνου,
καὶ ἀεὶ καὶ νῦν ἔτι ἔστιν ἐν θεοῖς, τῶν ἀνθρώπων τὸν
μὲν δικαίως τὸν βίον διελθόντα καὶ ὁσίως, ἐπειδὰν τε-
λευτήσῃ, εἰς μακάρων νήσους ἀπιόντα οἰκεῖν ἐν πάσῃ B
εὐδαιμονίᾳ ἐκτὸς κακῶν, τὸν δὲ ἀδίκως καὶ ἀθέως εἰς
τὸ τῆς τίσεώς τε καὶ δίκης δεσμωτήριον, ὃ δὴ τάρταρον
καλοῦσιν, ἰέναι. τούτων δὲ δικασταὶ ἐπὶ Κρόνου καὶ ἔτι
νεωστὶ τοῦ Διὸς τὴν ἀρχὴν ἔχοντος ζῶντες ἦσαν ζώντων,
ἐκείνῃ τῇ ἡμέρᾳ δικάζοντες ᾗ μέλλοιεν τελευτᾶν. κακῶς
οὖν αἱ δίκαι ἐκρίνοντο· ὅ τε οὖν Πλούτων καὶ οἱ ἐπιμε-
ληταὶ οἱ ἐκ μακάρων νήσων ἰόντες ἔλεγον πρὸς τὸν Δία

ἀνδρί, ὅτι μέντοι ἢ ταῦτ' ἐστὶν ἢ τοιαῦτ'
ἅττα περὶ τὰς ψυχὰς ἡμῶν καὶ τὰς οἰκή-
σεις, ἐπεί περ ἀθάνατόν γε ἡ ψυχὴ φαί-
νεται οὖσα, τοῦτο καὶ πρέπειν μοι δοκεῖ
καὶ ἄξιον κινδυνεῦσαι οἰομένῳ οὕτως ἔχειν.
And with this passage agree others, in
which Plato gives us hints of what he
intends by his mythical narrations. It
may be observed that of the three myths
referred to, that in the present dialogue
is much the simplest, and least removed
from the accepted popular mythology.
This difference may be due to considera-
tions of dramatic propriety; but it is
not easy to believe that Plato would
have written the recital in the Gorgias
after those in the Phaedo and Republic
were before the world. The passage
from Ἄκουε δὴ to ἀπ' ἀλλήλοιν, 524 B,
is quoted by Plutarch in the Consolatio
ad Apolloninm, c. 36; the entire myth
by Eusebius in the Praeparatio Evang.
xii. p. 577, and by Theodoret, Graec.
Affect. Cur. For φασί Plut. has φησί.
But φασί refers to the conventional
beginning Ἄκουε δὴ, which recurs in
Tim. 20 D. So Arist. Equit. 1014,
Ἄκουε δὴ νῦν καὶ πρόσεχε τὸν νοῦν ἐμοί.
The words following are given by Plut.
in a slightly different order: ὃν σὺ μὲν
ἡγήσῃ, ὡς ἐγὼ οἶμαι, μῦθον. ἐγῷμαι, for
the vulg. ἐγὼ οἶμαι, is restored from
Euseb. and Theodor.
Ὥσπερ γὰρ Ὅμηρος λέγει] In the
15th Book of the Iliad, 186 fol., Τρεῖς

γάρ τ' ἐκ Κρόνου εἰμὲν ἀδελφεοὶ οὓς
τέκετο Ῥέα, Ζεὺς καὶ ἐγὼ τρίτατος δ'
Ἀΐδης ἐνέροισιν ἀνάσσων, Τριχθὰ δὲ
πάντα δέδασται, ἕκαστος δ' ἔμμορε τιμῆς.
B. τούτων δὲ δικασταί] 'These, in the
reign of Cronus and even in the early
days of Zeus, were tried while yet alive
by living judges, who judged them the
very day on which it was their fate to die.'
Plutarch has οἱ δικασταί, which is clearly
wrong. For κακῶς οὖν κ.τ.λ. he gives
ἔπειτα αἱ δίκαι πως οὐ καλῶς ἐκρίνοντο.
" In Aegypto, referente Diodoro, i. c. 92,
judicia de mortuis ad sepulturae diem
haberi solita sunt. Et multa Orpheus,
si modo verum narraverint Aegyptii, ex
hac regione transtulit in Graecorum
fabulas. Hinc igitur originem suam
traxisse poterat commentum istud."
Routh. Without putting faith in the
veracity of the Aegyptians, we may think
it probable that Plato was indebted for
this and other features of his story to
the Orphic poets.
οἱ ἐπιμελ̆ηταὶ οἱ ἐκ μ. ν.] The second
οἱ is supplied from Plutarch. Without
it Pluto would be represented as coming
from the same region as the 'overseers
of the Isles of the Blest.' Presently for
φοιτῶσιν σφιν Plut. has φ. σφίσιν, which
is much more usual in prose. But in
mythical narrative we sometimes find
these semi-poetical forms. ἑκατέρωσε
means, of course, 'to either place,' to that
of reward and to that of punishment.

C ὅτι φοιτῷέν σφιν ἄνθρωποι ἑκατέρωσε ἀνάξιοι. εἶπεν οὖν
ὁ Ζεύς, 'Ἀλλ' ἐγώ, ἔφη, παύσω τοῦτο γιγνόμενον. νῦν
μὲν γὰρ κακῶς αἱ δίκαι δικάζονται. ἀμπεχόμενοι γάρ,
ἔφη, οἱ κρινόμενοι κρίνονται· ζῶντες γὰρ κρίνονται. πολ-
λοὶ οὖν, ἦ δ' ὅς, ψυχὰς πονηρὰς ἔχοντες ἠμφιεσμένοι εἰσὶ
σώματά τε καλὰ καὶ γένη καὶ πλούτους, καί, ἐπειδὰν ἡ
κρίσις ᾖ, ἔρχονται αὐτοῖς πολλοὶ μάρτυρες, μαρτυρήσοντες
ὡς δικαίως βεβιώκασιν. οἱ οὖν δικασταὶ ὑπό τε τούτων
D ἐκπλήττονται, καὶ ἅμα καὶ αὐτοὶ ἀμπεχόμενοι δικάζουσι,
πρὸ τῆς ψυχῆς τῆς αὐτῶν ὀφθαλμοὺς καὶ ὦτα καὶ ὅλον τὸ
σῶμα προκεκαλυμμένοι. ταῦτα δὴ αὐτοῖς πάντα ἐπί-
προσθεν γίγνεται, καὶ τὰ αὐτῶν ἀμφιέσματα καὶ τὰ τῶν
κρινομένων. πρῶτον μὲν οὖν, ἔφη, παυστέον ἐστὶ προ-
ειδότας αὐτοὺς τὸν θάνατον· νῦν γὰρ προΐσασι. τοῦτο
μὲν οὖν καὶ δὴ εἴρηται τῷ Προμηθεῖ ὅπως ἂν παύσῃ
E αὐτῶν. ἔπειτα γυμνοὺς κριτέον ἁπάντων τούτων· τεθ-
νεῶτας γὰρ δεῖ κρίνεσθαι. καὶ τὸν κριτὴν δεῖ γυμνὸν
εἶναι, τεθνεῶτα, αὐτῇ τῇ ψυχῇ αὐτὴν τὴν ψυχὴν θεωροῦντα
ἐξαίφνης ἀποθανόντος ἑκάστου, ἔρημον πάντων τῶν συγ-
γενῶν καὶ καταλιπόντα ἐπὶ τῆς γῆς πάντα ἐκεῖνον τὸν
κόσμον, ἵνα δικαία ἡ κρίσις ᾖ. ἐγὼ μὲν οὖν ταῦτα ἐγνω-
κὼς πρότερος ἢ ὑμεῖς ἐποιησάμην δικαστὰς υἱεῖς ἐμαυτοῦ,
524 δύο μὲν ἐκ τῆς Ἀσίας, Μίνω τε καὶ Ῥαδάμανθυν, | ἕνα δὲ

D. ἐπίπροσθεν] Plut. ἐπιπρόσθησις, a
word found in Aristotle, but unknown to
Plato. ἐπίπροσθεν has nearly the sense
of ἐμποδών, as Legg. i. 648 D, τὸ τῆς
αἰσχύνης ἐπίπροσθεν ποιούμενος.

καὶ δὴ εἴρηται τῷ Προμηθεῖ—αὐτῶν]
'This power orders have already been
given to Prometheus that he cause to
cease in them'—'this power of theirs
he has had orders to suppress.' Prome-
theus as the giver of foresight could also
take it away, according to a received
principle in Greek theology. Plato may
also have remembered the line in the
Prometheus 248, θνητούς γ' ἔπαυσα μὴ
προδέρκεσθαι μόρον, i. e. as he explains,
by making them hope against hope:
τυφλὰς ἐν αὐτοῖς ἐλπίδας κατῴκισα. For
αὐτῶν, the reading of the best codd., some
give αὐτόν, others αὐτὸ αὐτῷ, whence
Steph. αὐτὸ αὐτῶν. But the construction

of the genitive is usual enough, though
it seems to have perplexed transcribers.

E. δύο μὲν ἐκ τῆς Ἀσίας] Both Minos
and Rhadamanthys were born in Crete,
which we must therefore understand
Plato to class with the Asiatic islands.
According to the perhaps interpolated
passage in the Iliad, xiv. 322, they were
sons of Jupiter and Europa, the daughter
of Phoenix. Plato's contemporaries seem
to have recognized only two capital divi-
sions of the earth's surface. Isocr. Paneg.
p. 78, τῆς γῆς ἁπάσης τῆς ὑπὸ τῷ κόσμῳ
κειμένης δίχα τετμημένης, καὶ τῆς μὲν
Ἀσίας τῆς δ' Εὐρώπης καλουμένης. Aegypt
and Libya were according to this division
parts of Asia; but I know no passage
except that in the text where Crete is so
represented. Olympiodorus indeed says,
ἐπειδὴ κατὰ τοὺς γεωγράφους τοὺς διαι-
ροῦντας εἰς δύο τὴν καθ' ἡμᾶς οἰκουμένην

ἐκ τῆς Εὐρώπης, Αἰακόν· οὗτοι οὖν ἐπειδὰν τελευτήσωσι,
δικάσουσιν ἐν τῷ λειμῶνι, ἐν τῇ τριόδῳ ἐξ ἧς φέρετον τὼ
ὁδώ, ἡ μὲν εἰς μακάρων νήσους, ἡ δ' εἰς τάρταρον. καὶ
τοὺς μὲν ἐκ τῆς Ἀσίας Ῥαδάμανθυς κρινεῖ, τοὺς δὲ ἐκ τῆς
Εὐρώπης Αἰακός· Μίνῳ δὲ πρεσβεῖα δώσω, ἐπιδιακρίνειν,
ἐὰν ἀπορῆτόν τι τὼ ἑτέρω, ἵνα ὡς δικαιοτάτη ἡ κρίσις ᾖ
περὶ τῆς πορείας τοῖς ἀνθρώποις.

LXXX. Ταῦτ' ἔστιν, ὦ Καλλίκλεις, ἃ ἐγὼ ἀκηκοὼς
πιστεύω ἀληθῆ εἶναι· καὶ ἐκ τούτων τῶν λόγων τοιόνδε Β
τι λογίζομαι συμβαίνειν. Ὁ θάνατος τυγχάνει ὤν, ὡς ἐμοὶ
δοκεῖ, οὐδὲν ἄλλο ἢ δυοῖν πραγμάτοιν διάλυσις, τῆς ψυχῆς
καὶ τοῦ σώματος, ἀπ' ἀλλήλοιν. ἐπειδὰν δὲ διαλυθῆτον
ἄρα ἀπ' ἀλλήλοιν, οὐ πολὺ ἧττον ἑκάτερον αὐτοῖν ἔχει τὴν
ἕξιν τὴν αὑτοῦ ἥνπερ καὶ ὅτε ἔζη ὁ ἄνθρωπος, τό τε σῶμα
τὴν φύσιν τὴν αὑτοῦ καὶ τὰ θεραπεύματα καὶ τὰ παθή-
ματα, ἔνδηλα πάντα. οἷον εἴ τινος μέγα ἦν τὸ σῶμα
φύσει ἢ τροφῇ ἢ ἀμφότερα ζῶντος, τούτου καὶ ἐπειδὰν C

εἰς Ἀσίαν καὶ Εὐρώπην, καὶ ἡ Λιβύη καὶ
ἡ Κρήτη τῆς Ἀσίας εὑρίσκετο, but he
gives no authority for this statement,
nor for the stranger one that Rhada-
manthys Λίβυς ἦν.

524. ἐν τῷ λειμῶνι, ἐν τῇ τριόδῳ] The
topography of the corresponding scene
in the Republic is slightly different. The
ghosts are there brought εἰς τόπον τινὰ
δαιμόνιον, ἐν ᾧ τῆς τε γῆς δύ' ἐστὶ
χάσματα ἐχομένω ἀλλήλοιν, καὶ τοῦ οὐ-
ρανοῦ αὖ ἐν τῷ ἄνω ἄλλα καταντικρύ.
The λειμών is in the spurious Axiochus
converted into πεδίον ἀληθείας, con-
cerning which see note to Phaedrus
248 B. For τριόδῳ comp. Virg. Aen. vi.
540.

Μίνῳ δὲ πρεσβεῖα δώσω] Minos enjoys
this precedence as Διὸς μεγάλου ὀαριστής,
Od. xix. 179. See the Minos, p. 319 seq.
Of Rhadamanthys it is said, Ῥαδάμανθυς
δὲ ἀγαθὸς μὲν ἦν ἀνήρ, ἐπεπαίδευτο μέντοι
οὐχ ὅλην τὴν βασιλικὴν τέχνην, ἀλλ'
ὑπηρεσίαν τῇ βασιλικῇ, ὅσον ἐπιστατεῖν
ἐν τοῖς δικαστηρίοις. ὅθεν καὶ δικαστὴς
ἀγαθὸς ἐλέχθη εἶναι· νομοφύλακι γὰρ
αὐτῷ ἐχρῆτο ὁ Μίνως κατὰ τὸ ἄστυ.
Ib. 320 B. Minos is accordingly made a
'judge of appeal' in doubtful cases. In
the Apol. 41 A, Socrates adds to the
three the name of an Attic hero Tripto-
lemus, whose duty it would be to try
departed Athenians.

B. ἐπειδὰν δὲ διαλυθῆτον ἄρα] 'And
when accordingly they are separated the
one from the other, each retains with
little alteration the condition it had while
the person lived; the body preserving its
natural characteristics, and the results of
training or accident all still traceable upon
it—for instance,' &c. The apodosis to τε
seems to be forgotten, but is represented
by ταυτὸν δή μοι δοκεῖ inf. D. παθήματα
denotes the effects of impressions from
without, θεραπεύματα those of self-treat-
ment, whether in reference to health or
appearance.

C. ἢ ἀμφότερα] 'or in both ways.'
This adverbial use of ἀμφότερα is illus-
trated by Heind. on Charm. 303 D
(where however ἀμφοτέροις is found in
nearly all the codd.). Laches 187 A,
πείθωμεν ἢ δώροις ἢ χάρισιν ἢ ἀμφότερα.
See above 477 D, ἀνίᾳ—ἢ βλάβῃ—ἢ
ἀμφότερα. Different but analogous is the
Homeric usage with ἀμφότερον. Od. xiv.
505, Ἀμφότερον, φιλότητί καὶ αἰδοῖ φωτὸς
ἐῆος. Comp. Il. iii. 179. οὐδέτερα and
ὁπότερα, as Stallb. remarks, are used in
the same manner, Theaet. 184 A, Gorg.
469 A.

ἀποθάνῃ ὁ νεκρὸς μέγας· καὶ εἰ παχύς, παχὺς καὶ ἀπο-
θανόντος, καὶ τἆλλα οὕτως. καὶ εἰ αὖ ἐπετήδευε κομᾶν,
κομήτης τούτου καὶ ὁ νεκρός. μαστιγίας αὖ εἴ τις ἦν καὶ
ἴχνη εἶχε τῶν πληγῶν οὐλὰς ἐν τῷ σώματι ἢ ὑπὸ μαστί-
γων ἢ ἄλλων τραυμάτων ζῶν, καὶ τεθνεῶτος τὸ σῶμα
ἔστιν ἰδεῖν ταῦτα ἔχον. κατεαγότα τε εἴ του ἦν μέλη ἢ
διεστραμμένα ζῶντος, καὶ τεθνεῶτος ταὐτὰ ταῦτα ἔνδηλα.

D ἑνὶ δὲ λόγῳ, οἷος εἶναι παρεσκεύαστο τὸ σῶμα ζῶν, ἔνδηλα
ταῦτα καὶ τελευτήσαντος ἢ πάντα ἢ τὰ πολλὰ ἐπί τινα
χρόνον. ταὐτὸν δή μοι δοκεῖ τοῦτ᾽ ἄρα καὶ περὶ τὴν
ψυχὴν εἶναι, ὦ Καλλίκλεις· ἔνδηλα πάντα ἐστὶν ἐν τῇ
ψυχῇ, ἐπειδὰν γυμνωθῇ τοῦ σώματος, τά τε τῆς φύσεως
καὶ τὰ παθήματα ἃ διὰ τὴν ἐπιτήδευσιν ἑκάστου πράγ-
ματος ἔσχεν ἐν τῇ ψυχῇ ὁ ἄνθρωπος. Ἐπειδὰν οὖν ἀφί-
κωνται παρὰ τὸν δικαστήν, οἱ μὲν ἐκ τῆς Ἀσίας παρὰ
E τὸν Ῥαδάμανθυν, ὁ Ῥαδάμανθυς ἐκείνους ἐπιστήσας
θεᾶται ἑκάστου τὴν ψυχήν, οὐκ εἰδὼς ὅτου ἐστίν, ἀλλὰ
πολλάκις τοῦ μεγάλου βασιλέως ἐπιλαβόμενος ἢ ἄλλου
ὁτουοῦν βασιλέως ἢ δυνάστου κατεῖδεν οὐδὲν ὑγιὲς ὂν τῆς
ψυχῆς, ἀλλὰ διαμεμαστιγωμένην καὶ οὐλῶν μεστὴν ὑπὸ
525 ἐπιορκιῶν καὶ ἀδικίας, ἃ | ἑκάστῳ ἡ πρᾶξις αὐτοῦ ἐξω-
μόρξατο εἰς τὴν ψυχήν, καὶ πάντα σκολιὰ ὑπὸ ψεύδους
καὶ ἀλαζονείας καὶ οὐδὲν εὐθὺ διὰ τὸ ἄνευ ἀληθείας
τεθράφθαι· καὶ ὑπὸ ἐξουσίας καὶ τρυφῆς καὶ ὕβρεως καὶ
ἀκρατίας τῶν πράξεων ἀσυμμετρίας τε καὶ αἰσχρότητος

μαστιγίας αὖ] 'Once more, if he was
some wretched gaol-bird who bore traces
of the blows he had received when alive,
whether inflicted with the lash or other-
wise, in the shape of scars upon his
body.' μαστιγίας answers to 'knight
of the post.' Germ. 'Galgenstrick.'

E. ἐκείνους ἐπιστήσας] 'Rhadaman-
thys causes them, the spirits from Asia,
to confront him (has them up before
him), and inspects each one separately,'
&c. κατεῖδεν οὐδὲν ὑγιὲς ὄν—'he finds
there is no soundness in it—that it is
seamed all over and covered with scars,
the effect of perjuries and wrong-doing
—the foul traces left upon the soul of
each man by his past conduct.' Pre-

sently we have ἀκρατίας, an old form.
Euseb. ἀκρατείας, perhaps rightly, for
this seems the favourite form in Plato,
who nowhere uses ἀκρασία, which is com-
mon in later Attic. See Lobeck, Phryn.
p. 525. With this picture of a mind
diseased may be compared the image of
the battered and weedy sea-god, Repub.
x. 611 c. Also the well-known passage
in Tacit. Ann. vi. 6, "Neque frustra
praestantissimus sapientiae firmare soli-
tus est, si recludantur tyrannorum men-
tes, posse adspici laniatus et ictus;
quando, ut corpora verberibus, ita sae-
vitia, libidine, malis consultis, animus
dilaceretur."

γέμουσαν τὴν ψυχὴν εἶδεν. ἰδὼν δὲ ἀτίμως ταύτην ἀπέ-
πεμψεν εὐθὺ τῆς φρουρᾶς, οἳ μέλλει ἐλθοῦσα ἀνατλῆναι
τὰ προσήκοντα πάθη.

LXXXI. Προσήκει δὲ παντὶ τῷ ἐν τιμωρίᾳ ὄντι, ὑπ'
ἄλλου ὀρθῶς τιμωρουμένῳ, ἢ βελτίονι γίγνεσθαι καὶ ὀνί- Β
νασθαι ἢ παραδείγματι τοῖς ἄλλοις γίγνεσθαι, ἵνα ἄλλοι
ὁρῶντες πάσχοντα ἃ ἂν πάσχῃ φοβούμενοι βελτίους
γίγνωνται. εἰσὶ δὲ οἱ μὲν ὠφελούμενοί τε καὶ δίκην
διδόντες ὑπὸ θεῶν τε καὶ ἀνθρώπων οὗτοι οἳ ἂν ἰάσιμα
ἁμαρτήματα ἁμάρτωσιν· ὅμως δὲ δι' ἀλγηδόνων καὶ
ὀδυνῶν γίγνεται αὐτοῖς ἡ ὠφέλεια καὶ ἐνθάδε καὶ ἐν
Ἅιδου· οὐ γὰρ οἷόν τε ἄλλως ἀδικίας ἀπαλλάττεσθαι. οἳ C
δ' ἂν τὰ ἔσχατα ἀδικήσωσι καὶ διὰ τοιαῦτα ἀδικήματα
ἀνίατοι γένωνται, ἐκ τούτων τὰ παραδείγματα γίγνεται,
καὶ οὗτοι αὐτοὶ μὲν οὐκέτι ὀνίνανται οὐδέν, ἅτε ἀνίατοι
ὄντες, ἄλλοι δὲ ὀνίνανται οἱ τούτους ὁρῶντες διὰ τὰς ἁμαρ-
τίας τὰ μέγιστα καὶ ὀδυνηρότατα καὶ φοβερώτατα πάθη
πάσχοντας τὸν ἀεὶ χρόνον, ἀτεχνῶς παραδείγματα ἀνηρ-

---

525. εὐθὺ τῆς φρουρᾶς] 'straight to
the place of custody.' Olympiodorus,
and, according to Ast, the Cod. Vind. 1
have εὐθύς, a v. l. not noticed by Bekk.
The distinction is familiar.   Phryn. Ecl.
p. 144. Εὐθύ· πολλοὶ ἀντὶ τοῦ εὐθύς.
διαφέρει δέ· τὸ μὲν γὰρ τόπου ἐστίν·
εὐθὺ Ἀθηνῶν, τὸ δὲ χρόνου. He ought
rather to have said φορᾶς or μεταβολῆς
τόπου ἐστίν.   Lysia, init., ἐπορευόμην ἐξ
Ἀκαδημίας εὐθὺ Λυκείου. εὐθύς is very
frequently topical, as Thuc. vi. 96, χωρίου
... ὑπὲρ τῆς πόλεως εὐθὺς κειμένου,
where εὐθύ would have been incorrect.
On the other hand, most of tho passages
in which εὐθύς is put for εὐθύ either
have been or may easily he corrected.
Perhaps the only certain instance of this
kind is the well-known line, Eur. Hipp.
1197, τὴν εὐθὺς Ἄργους κἀπιδαυρίας ὁδόν.
φρουρά for δεσμωτήριον or δικαιωτήριον
occurs Phaedr. 62 Β.

Προσήκει δὲ παντὶ τῷ ἐν τιμ. ὄντι]
Plato recognizes no other uses of punish-
ment than the corrective and the ex-
emplary.   See note to 505 Β, and com-
pare Critias init., δίκη δὲ ὀρθὴ τὸν πλημ-
μελοῦντα ἐμμελῆ ποιεῖν. The same was
the opinion of Protagoras, if we may
draw that inference from its occurrence

in the speech, Protag. 324 Α, εἰ ἐθέλεις
ἐννοῆσαι τὸ κολάζειν, ὦ Σώκρατες, τοὺς
ἀδικοῦντας τί ποτε δύναται, αὐτό σε
διδάξει, ὅτι οἵ γε ἄνθρωποι ἡγοῦνται παρα-
σκευαστὸν εἶναι ἀρετήν. οὐδεὶς γὰρ κολά-
ζει τοὺς ἀδικοῦντας πρὸς τούτῳ τὸν νοῦν
ἔχων καὶ τούτου ἕνεκα, ὅτι ἠδίκησεν,
ὅστις μὴ ὥσπερ θηρίον ἀλογίστως τιμω-
ρεῖται· ὁ δὲ μετὰ λόγου ἐπιχειρῶν κολά-
ζειν οὐ τοῦ παρεληλυθότος ἕνεκα ἀδική-
ματος τιμωρεῖται—οὐ γὰρ ἂν τό γε πραχ-
θὲν ἀγένητον θείη—ἀλλὰ τοῦ μέλλοντος
χάριν, ἵνα μὴ αὖθις ἀδικήσῃ μήτε αὐτὸς
οὗτος μήτε ἄλλος ὁ τοῦτον ἰδὼν κολασ-
θέντα. And this is the view which seems
to have commended itself to the civilized
Greek mind generally.   The notion of
'satisfaction' shows itself however in
some of the details of the myths at the
end of the Republic, 615 Β.

Β. ἁμάρτωσιν] Three codd., according
to Bekk., give the solec. ἁμαρτήσωσιν.

οὐ γὰρ οἷόν τε ἄλλως] This and similar
passages in Plato doubtless laid the
foundation of the theological idea of a
purgatory, which seems to have been
alien from the native Hebrew mind.

c. ἀτεχνῶς] As usual, the particle
apologizes for a strong expression. 'Lite-
rally hung up as warnings in that dun-

τημένους ἐκεῖ ἐν Ἅιδου ἐν τῷ δεσμωτηρίῳ, τοῖς ἀεὶ τῶν
D ἀδίκων ἀφικνουμένοις θεάματα καὶ νουθετήματα. ὧν ἐγώ
φημι ἕνα καὶ Ἀρχέλαον ἔσεσθαι, εἰ ἀληθῆ λέγει Πῶλος,
καὶ ἄλλον ὅστις ἂν τοιοῦτος τύραννος ᾖ. οἶμαι δὲ καὶ
τοὺς πολλοὺς εἶναι τούτων τῶν παραδειγμάτων ἐκ τυράν-
νων καὶ βασιλέων καὶ δυναστῶν καὶ τὰ τῶν πόλεων πραξ-
άντων γεγονότας· οὗτοι γὰρ διὰ τὴν ἐξουσίαν μέγιστα
καὶ ἀνοσιώτατα ἁμαρτήματα ἁμαρτάνουσι. μαρτυρεῖ δὲ
τούτοις καὶ Ὅμηρος· βασιλέας γὰρ καὶ δυνάστας ἐκεῖνος
E πεποίηκε τοὺς ἐν Ἅιδου τὸν ἀεὶ χρόνον τιμωρουμένους,
Τάνταλον καὶ Σίσυφον καὶ Τιτυόν. Θερσίτην δέ, καὶ εἴ
τις ἄλλος πονηρὸς ἦν ἰδιώτης, οὐδεὶς πεποίηκε μεγάλαις
τιμωρίαις συνεχόμενον ὡς ἀνίατον· οὐ γάρ, οἶμαι, ἐξῆν
αὐτῷ· διὸ καὶ εὐδαιμονέστερος ἦν ἢ οἷς ἐξῆν. ἀλλὰ γάρ,
ὦ Καλλίκλεις, ἐκ τῶν δυναμένων εἰσὶ καὶ οἱ σφόδρα πονη-
526 ροὶ | γιγνόμενοι ἄνθρωποι· οὐδὲν μὴν κωλύει καὶ ἐν τού-
τοις ἀγαθοὺς ἄνδρας ἐγγίγνεσθαι, καὶ σφόδρα γε ἄξιον
ἄγασθαι τῶν γιγνομένων· χαλεπὸν γάρ, ὦ Καλλίκλεις,
καὶ πολλοῦ ἐπαίνου ἄξιον ἐν μεγάλῃ ἐξουσίᾳ τοῦ ἀδικεῖν
γενόμενον δικαίως διαβιῶναι. ὀλίγοι δὲ γίγνονται οἱ
τοιοῦτοι· ἐπεὶ καὶ ἐνθάδε καὶ ἄλλοθι γεγόνασιν, οἶμαι δὲ
καὶ ἔσονται καλοὶ κἀγαθοὶ ταύτην τὴν ἀρετὴν τὴν τοῦ
B δικαίως διαχειρίζειν ἃ ἄν τις ἐπιτρέπῃ· εἷς δὲ καὶ πάνυ
ἐλλόγιμος γέγονε καὶ εἰς τοὺς ἄλλους Ἕλληνας, Ἀρι-
στείδης ὁ Λυσιμάχου. οἱ δὲ πολλοί, ὦ ἄριστε, κακοὶ
γίγνονται τῶν δυναστῶν.

geon down in Hades.' Olympiodorus
refuses to take τὸν ἀεὶ χρόνον literally,
and understands by the words the μέγας
ἐνιαυτός, or period in which the heavenly
bodies recover their relative position:
τοσαῦτα ἔτη κολάζεται ὅσα ἀρκεῖ πρὸς
τὴν συναποκατάστασιν. Comp. Phaedr.
256 B.

D. Ἀρχέλαον] So in the similar myths,
Rep. x., Ἀρδιαῖος ὁ μέγας is mentioned
by name as one of the hopelessly lost,
615 c. Kings and potentates, temporal
and spiritual, occupy prominent places
in the Judgment-pieces of the Catholic
painters, as particularly in those of Fra
Angelico.

E. οὐ γὰρ—ἐξῆν αὐτῷ] We must un-
derstand μεγάλα ἁμαρτήματα ἁμαρτάνειν.
Whatever may have been the animus of
Thersites, his power, fortunately for him-
self, was limited by reason of his low
estate.

526 B. Ἀριστείδης ὁ Λυσιμάχου] On
this passage Olymp. makes the following
curious remark : ὅτι δὲ καὶ αὐτὸς (ὁ Ἀρι-
στείδης) οὐκ ἦν εἰς ἄκρον πολιτικὸς δῆλον,
ὅτι καὶ κακῶς ἔπαθε, καὶ ὅτι ἡ κωμῳδία
φησὶ περὶ αὐτοῦ, ὅτι ἐπὶ Ἀριστείδου
δίκαιον οὐδὲν οὐδαμοῦ γέγονε νεώτ-
τιον. The comic line is omitted in
Meineke's collection. The poet seems to
have meant that, righteous as Aristides

LXXXII.   Ὅπερ οὖν ἔλεγον, ἐπειδὰν ὁ Ῥαδάμανθυς
ἐκεῖνος τοιοῦτόν τινα λάβῃ, ἄλλο μὲν περὶ αὐτοῦ οὐκ οἶδεν
οὐδέν, οὔθ᾽ ὅστις οὔθ᾽ ὧντινων, ὅτι δὲ πονηρός τις· καὶ
τοῦτο κατιδὼν ἀπέπεμψεν εἰς τάρταρον, ἐπισημηνάμενος,
ἐάν τε ἰάσιμος ἐάν τε ἀνίατος δοκῇ εἶναι· ὁ δὲ ἐκεῖσε
ἀφικόμενος τὰ προσήκοντα πάσχει.   ἐνίοτε δ᾽ ἄλλην εἰσι- C
δὼν ὁσίως βεβιωκυῖαν καὶ μετ᾽ ἀληθείας, ἀνδρὸς ἰδιώτου
ἢ ἄλλου τινός, μάλιστα μέν, ἔγωγέ φημι, ὦ Καλλίκλεις,
φιλοσόφου τὰ αὐτοῦ πράξαντος καὶ οὐ πολυπραγμονή-
σαντος ἐν τῷ βίῳ, ἠγάσθη τε καὶ ἐς μακάρων νήσους
ἀπέπεμψε.   ταὐτὰ ταῦτα καὶ ὁ Αἰακός.   ἑκάτερος δὲ τού-
των ῥάβδον ἔχων δικάζει.   ὁ δὲ Μίνως ἐπισκοπῶν κάθηται
μόνος ἔχων χρυσοῦν σκῆπτρον, ὥς φησιν Ὀδυσσεὺς ὁ
Ὁμήρου ἰδεῖν αὐτὸν   D

χρύσεον σκῆπτρον ἔχοντα, θεμιστεύοντα νέκυσσιν.

Ἐγὼ μὲν οὖν, ὦ Καλλίκλεις, ὑπὸ τούτων τῶν λόγων
πέπεισμαι, καὶ σκοπῶ ὅπως ἀποφανοῦμαι τῷ κριτῇ ὡς
ὑγιεστάτην τὴν ψυχήν.   χαίρειν οὖν ἐάσας τὰς τιμὰς τὰς
τῶν πολλῶν ἀνθρώπων, τὴν ἀλήθειαν σκοπῶν πειρά-
σομαι τῷ ὄντι ὡς ἂν δύνωμαι βέλτιστος ὢν καὶ ζῆν καὶ

may have been, his example was not
followed by the youth of his generation.
ἐπισημηνάμενος, ἐάν τε] 'denoting by
a mark whether he may think him
curable or incurable;' i. e. distinguish-
ing the curable from the hopeless cases
by separate marks.   A similar detail
occurs in the Rep. l. l. p. 614 C, τοὺς
δικαστὰς . . . τοὺς μὲν δικαίους κελεύειν
πορεύεσθαι τὴν εἰς δεξίαν . . . σημεῖα
περιάψαντες τῶν δεδικασμένων ἐν τῷ
πρόσθεν· τοὺς δὲ ἀδίκους τὴν εἰς ἀρι-
στέραν . . . ἔχοντας καὶ τούτους ἐν τῷ
ὄπισθεν σημεῖα πάντων ὃν ἔπραξαν.

C. ἰδιώτου — τὰ αὐτοῦ πράξαντος]
Readers of the Republic are aware that
a special meaning is there given to the
phrase 'to mind one's own business.'
B. iv. p. 433 A, ὅτι γε τὸ τὰ αὐτοῦ
πράττειν καὶ μὴ πολυπραγμονεῖν δικαιο-
σύνη ἐστί, καὶ τοῦτο ἄλλων τε πολλῶν
ἀκηκόαμεν καὶ αὐτοὶ πολλάκις εἰρήκαμεν.
The righteous man acts always in con-
formity with the law of his nature,
which subordinates appetite and passion
to reason.   He therefore in the truest

sense τὰ αὐτοῦ πράττει.   But here Plato
may use the phrase to denote the sin-
gle-minded devotion to his calling which
distinguished Socrates.   Comp. Apol.
31 E, where, after pointing out the
causes which made it impossible for him
to take part in public affairs, he adds,
ἀναγκαῖόν ἐστι τὸν τῷ ὄντι μαχούμενον
ὑπὲρ τοῦ δικαίου καὶ εἰ μέλλει ὀλίγον
χρόνον σωθήσεσθαι, ἰδιωτεύειν ἀλλὰ μὴ
δημοσιεύειν.

ἑκάτερος—νέκυσσιν] This passage Ast
and Heind. agree in thinking an inter-
polation, but, as it seems to me, on quite
insufficient grounds.   The quotation is
from the Odyssey, xi. 569.

D. σκοπῶ ὅπως ἀποφανοῦμαι] 'I study
how I shall present my soul to the
judge's eye in the healthiest possible
condition.'   ἀποφ. as a middle transitive
is extremely common; not so as a middle
neuter.   Hence the folly of the old in-
terpolation ἔχων, inserted before τὴν
ψυχήν, as if ἀποφανοῦμαι were used for
φανοῦμαι.

Ε ἐπειδὰν ἀποθνήσκω ἀποθνήσκειν. παρακαλῶ δὲ καὶ τοὺς ἄλλους πάντας ἀνθρώπους, καθ᾽ ὅσον δύναμαι, καὶ δὴ καὶ σὲ ἀντιπαρακαλῶ ἐπὶ τοῦτον τὸν βίον καὶ τὸν ἀγῶνα τοῦτον, ὃν ἐγώ φημι ἀντὶ πάντων τῶν ἐνθάδε ἀγώνων εἶναι, καὶ ὀνειδίζω σοι ὅτι οὐχ οἷός τ᾽ ἔσει σαυτῷ βοηθῆσαι, ὅταν ἡ δίκη σοι ᾖ καὶ ἡ κρίσις ἣν νῦν δὴ ἐγὼ ἔλεγον, ἀλλὰ ἐλθὼν παρὰ τὸν δικαστὴν τὸν τῆς Αἰγίνης υἱόν, 527 ἐπειδάν σου | ἐπιλαβόμενος ἄγῃ, χασμήσει καὶ ἰλιγγιάσεις οὐδὲν ἧττον ἢ ἐγὼ ἐνθάδε σὺ ἐκεῖ, καί σε ἴσως τυπτήσει τις καὶ ἐπὶ κόρρης ἀτίμως καὶ πάντως προπηλακιεῖ.

Τάχα δ᾽ οὖν ταῦτα μῦθός σοι δοκεῖ λέγεσθαι, ὥσπερ γραός, καὶ καταφρονεῖς αὐτῶν. καὶ οὐδέν γ᾽ ἂν ἦν θαυμαστὸν καταφρονεῖν τούτων, εἴ πη ζητοῦντες εἴχομεν αὐτῶν βελτίω καὶ ἀληθέστερα εὑρεῖν· νῦν δὲ ὁρᾷς ὅτι τρεῖς ὄντες ὑμεῖς, οἵπερ σοφώτατοί ἐστε τῶν νῦν Ἑλλήνων, σύ τε καὶ Β Πῶλος καὶ Γοργίας, οὐκ ἔχετε ἀποδεῖξαι ὡς δεῖ ἄλλον τινὰ βίον ζῆν ἢ τοῦτον ὅσπερ καὶ ἐκεῖσε φαίνεται συμφέρων, ἀλλ᾽ ἐν τοσούτοις λόγοις τῶν ἄλλων ἐλεγχομένων μόνος οὗτος ἠρεμεῖ ὁ λόγος, ὡς εὐλαβητέον ἐστὶ τὸ ἀδικεῖν μᾶλλον ἢ τὸ ἀδικεῖσθαι, καὶ παντὸς μᾶλλον ἀνδρὶ μελετητέον οὐ τὸ δοκεῖν εἶναι ἀγαθὸν ἀλλὰ τὸ εἶναι, καὶ ἰδίᾳ καὶ δημοσίᾳ· ἐὰν δέ τις κατά τι κακὸς γίγνηται, κολαστέος ἐστί, καὶ τοῦτο δεύτερον ἀγαθὸν μετὰ τὸ εἶναι C δίκαιον, τὸ γίγνεσθαι καὶ κολαζόμενον διδόναι δίκην·

E. ἀντιπαρακαλῶ] Callicles had exhorted Socrates to the rhetorico-political life, p. 521 A. Socrates replies by an invitation to a life of self-culture in preparation for a contest which, as he affirms, outweighs in importance all the contests of the dicastery.

527. χασμήσει καὶ ἰλιγγιάσεις] 'Before that tribunal you shall gasp and be ready to swoon, even as I might before a human court.' In the next clause Heind. suspects ἐπὶ κόρρης, and Cobet καὶ and ἀτίμως, Vv. Ll. p. 341. It is true that a blow ἐπὶ κόρρης of itself implies ἀτίμωσις, but to object to so slight a redundancy seems to me hypercritical. The καί is supplied from the best MSS. It would in strictness have come before τυπτήσει, but the transposition is far

from unprecedented. Socrates here retorts upon Callicles his own words, ἰλιγγιῴης ἂν καὶ χασμῷο οὐκ ἔχων ὅ τι εἴποις, 486 B. τὸν δὲ τοιοῦτον, εἴ τι καὶ ἀγροικότερον εἰρῆσθαι, ἔξεστιν ἐπὶ κόρρης τύπτοντα μὴ διδόναι δίκην, ib. C. With the entire passage compare Theaet. 175 D, where the rhetorician is represented as suffering in a similar manner in presence of the philosopher.

B. ἐκεῖσε] 'in the other world, when we get there.' Presently ἠρεμεῖ = 'stands its ground,' 'remains unshaken.' ἠρεμεῖν is in other dialogues opposed to ῥεῖν or κινεῖσθαι, and equiv. to ἑστάναι. Soph. 248 E, τὴν οὐσίαν . . . κινεῖσθαι διὰ τὸ πάσχειν, ὃ δή φαμεν οὐκ ἂν γενέσθαι περὶ τὸ ἠρεμοῦν.

καὶ πᾶσαν κολακείαν καὶ τὴν περὶ ἑαυτὸν καὶ τὴν περὶ
τοὺς ἄλλους, καὶ περὶ ὀλίγους καὶ περὶ πολλούς, φευκτέον·
καὶ τῇ ῥητορικῇ οὕτω χρηστέον, ἐπὶ τὸ δίκαιον ἀεί, καὶ τῇ
ἄλλῃ πάσῃ πράξει.

LXXXIII. Ἐμοὶ οὖν πειθόμενος ἀκολούθησον ἐν-
ταῦθα, οἷ ἀφικόμενος εὐδαιμονήσεις καὶ ζῶν καὶ τελευ-
τήσας, ὡς ὁ λόγος σημαίνει. καὶ ἔασόν τινά σου κατα-
φρονῆσαι ὡς ἀνοήτου καὶ προπηλακίσαι, ἐὰν βούληται,
καὶ ναὶ μὰ Δία σύ γε θαρρῶν πατάξαι τὴν ἄτιμον ταύτην D
πληγήν· οὐδὲν γὰρ δεινὸν πείσει, ἐὰν τῷ ὄντι ᾖς καλὸς
κἀγαθός, ἀσκῶν ἀρετήν. κἄπειτα οὕτω κοινῇ ἀσκή-
σαντες, τότε ἤδη, ἐὰν δοκῇ χρῆναι, ἐπιθησόμεθα τοῖς
πολιτικοῖς, ἢ ὁποῖον ἄν τι ἡμῖν δοκῇ, τότε βουλευσόμεθα,
βελτίους ὄντες βουλεύεσθαι ἢ νῦν. αἰσχρὸν γὰρ ἔχοντάς
γε ὡς νῦν φαινόμεθα ἔχειν, ἔπειτα νεανιεύεσθαι ὡς τι
ὄντας, οἷς οὐδέποτε ταὐτὰ δοκεῖ περὶ τῶν αὐτῶν, καὶ
ταῦτα περὶ τῶν μεγίστων· εἰς τοσοῦτον ἥκομεν ἀπαι- E
δευσίας. ὥσπερ οὖν ἡγεμόνι τῷ λόγῳ χρησώμεθα τῷ
νῦν παραφανέντι, ὃς ἡμῖν σημαίνει ὅτι οὗτος ὁ τρόπος
ἄριστος τοῦ βίου, καὶ τὴν δικαιοσύνην καὶ τὴν ἄλλην
ἀρετὴν ἀσκοῦντας καὶ ζῆν καὶ τεθνάναι. τούτῳ οὖν ἑπώ-
μεθα, καὶ τοὺς ἄλλους παρακαλῶμεν, μὴ ἐκείνῳ ᾧ σὺ
πιστεύων ἐμὲ παρακαλεῖς· ἔστι γὰρ οὐδενὸς ἄξιος, ὦ Καλ-
λίκλεις.

c. ἀκολούθησον ἐνταῦθα] 'Go with me
in pursuit of that which when attained
will secure your well-being in either
state of existence.' ἐνταῦθα with verbs
implying motion is very common in
Plato, e. g. ἐνταῦθα ἐληλύθαμεν, Rep. iv.
445 B.

D. καὶ ναὶ μὰ Δία σύ γε] 'Nay, fear
not to let him inflict upon you that
last indignity, the blow with the open
palm.' ἔασον must of course be supplied
before πατάξαι. The proposed πατάξαι,
'let yourself be struck,' is a mere
barbarism introduced by Stephen on
next to no authority, and was properly
expelled from the text by Routh, though

afterwards patronized by Van Heusde.
The latter quotes, in illustration of τὴν
ἄτιμον πληγήν, Lucian Necyom. p. 481,
κατὰ κόρρης παιόμενος, ὥσπερ τῶν ἀνδρα-
πόδων τὰ ἀτιμότατα: with which we
may compare Plato's language in p. 508
C, εἰμὶ ἐπὶ τῷ βουλομένῳ, ὥσπερ οἱ
ἄτιμοι, . . . ἄν τε τύπτειν βούληται . . .
ἐπὶ κόρρης. Readers of the Midias will
remember the blow ἐπὶ κόρρης which
Alcibiades inflicted upon Taureas, De-
mosth. p. 562. Add Chrysostom on S.
Matth. v. 39, καὶ ἐνταῦθα τὴν μάλιστα
δοκοῦσαν εἶναι πληγὴν ἐπονείδι-
στον, τὴν ἐπὶ σιαγόνος, καὶ πολλὴν
ἔχουσαν τὴν ὕβριν τέθεικε.

APPENDIX.

THE FRAGMENTS OF GORGIAS.

THE fragments of Gorgias have been collected by his biographer Foss, by Spengel in his Artium Scriptores, and by Mullach, in the second volume of his Fragmenta Philosophorum Graecorum. Few as these are, enough remains to enable us to form a judgment of the truth of Plato's representations of his style, both in the Phaedrus and in the elaborate imitation contained in the Symposium. The most considerable by far, and in every way the most important of these fragments, is preserved in the Scholia to the treatise περὶ ἰδεῶν of the Greek rhetorician Hermogenes[1]. This writer (who lived in the time of Hadrian), in his chapter περὶ σεμνότητος, after citing with measured praise certain bold Demosthenic metaphors, contrasts with them an instance of counterfeit sublimity taken from a speech of Gorgias, whom however he does not name: παράδειγμα τούτου Δημοσθενικὸν οὐκ ἂν λάβοις, οὐδὲ γάρ ἐστι. παρὰ δὲ τοῖς ὑποξύλοις τουτοισὶ σοφισταῖς πάμπολλα εὕροις ἄν. τάφους τε γὰρ ἐμψύχους[2] τοὺς γῦπας λέγουσιν, ὥπερ εἰσὶ μάλιστα ἄξιοι, καὶ ἄλλα τοιαῦτα ψυχρεύονται πάμπολλα. In a later passage, too, he censures "Polus and Gorgias and Menon" for their pompous and pretentious way of writing: φαίνεται δὲ λόγος δεινός, οὐκ ὢν τοιοῦτος . . ὁ τῶν σοφιστῶν, λέγω τῶν περὶ Πῶλον καὶ Γοργίαν καὶ Μένωνα κ.τ.λ. (περὶ ἰδ. β΄.). On this his annotator Planudes remarks: Διονύσιος ἐν τῷ δευτέρῳ περὶ χαρακτήρων περὶ Γοργίου τάδε φησίν, ὅτι τῆς ἰδέας τῶν αὐτοῦ λόγων τοιοῦτος ὁ χαρακτήρ· ἐγκωμιάζει δὲ τοὺς ἐν πολέμῳ ἀριστεύσαντας τῶν Ἀθηναίων. "Τί γὰρ ἀπῆν τοῖς ἀνδράσι τούτοις ὧν δεῖ ἀνδράσι προσ- "εῖναι; τί δὲ καὶ προσῆν ὧν οὐ δεῖ προσεῖναι; εἰπεῖν δυναίμην ἃ βού- "λομαι, βουλοίμην δὲ ἃ δεῖ, λαθὼν μὲν τὴν θείαν νέμεσιν, φυγὼν δὲ τὸν

---

[1] Rhetores Graeci, ed. Walz. iii. pp. 226, 362, compared with v. p. 548.

[2] The author of the treatise περὶ ὕψους, c. iii. 2, attributes the metaphor to Gorgias.

" ἀνθρώπινον φθόνον. Οὗτοι γὰρ ἐκέκτηντο ἔνθεον μὲν τὴν ἀρετήν,
" ἀνθρώπινον δὲ τὸ θνητόν· πολλὰ μὲν δὴ τὸ † παρὸν³† ἐπιεικὲς τοῦ αὐθάδους
" δικαίου προκρίνοντες, πολλὰ δὲ νόμου ἀκριβείας λόγων ὀρθότητα, τοῦτο
" νομίζοντες θειότατον καὶ κοινότατον νόμον, τὸ δέον ἐν τῷ δέοντι καὶ
" λέγειν καὶ σιγᾶν καὶ ποιεῖν⁴, καὶ δισσὰ ἀσκήσαντες μάλιστα ὧν δεῖ,
" γνώμην ⸰καὶ ῥώμην⸰⁵, τὴν μὲν βουλεύοντες τὴν δ' ἀποτελοῦντες, θερά-
" ποντες μὲν τῶν ἀδίκως δυστυχούντων, κολασταὶ δὲ τῶν ἀδίκως εὐτυχούντων,
" αὐθάδεις πρὸς τὸ συμφέρον, εὐόργητοι πρὸς τὸ πρέπον, τῷ φρονίμῳ τῆς
" γνώμης παύοντες τὸ ἄφρον ⸰τῆς ῥώμης⸰⁶, ὑβρισταὶ εἰς ὑβριστάς, κόσμιοι εἰς
" τοὺς κοσμίους, ἄφοβοι εἰς τοὺς ἀφόβους, δεινοὶ ἐν τοῖς δεινοῖς. μαρτυρίας
" δὲ τούτων τρόπαια ἐστήσαντο τῶν πολεμίων, Διὸς μὲν ἀγάλματα⁷, τούτων
" δὲ ἀναθήματα, οὐκ ἄπειροι οὔτε ἐμφύτου Ἄρεος, οὔτε νομίμων ἐρώτων,
" οὔτε ἐνοπλίου ἔριδος, οὔτε φιλοκάλου εἰρήνης, σεμνοὶ μὲν πρὸς τοὺς θεοὺς
" τῷ δικαίῳ, ὅσιοι δὲ πρὸς τοὺς τοκέας τῇ θεραπείᾳ, δίκαιοι πρὸς τοὺς ἀστοὺς
" τῷ ἴσῳ, εὐσεβεῖς δὲ πρὸς τοὺς φίλους τῇ πίστει· τοιγαροῦν αὐτῶν
" ἀποθανόντων ὁ πόθος οὐ συναπέθανεν, ἀλλ' ἀθάνατος ἐν †οὐκ† ἀσωμάτοις⁸
" σώμασι ζῇ οὐ ζώντων." Σεμνὰς γὰρ ἐνταῦθα συμφορήσας λέξεις ὁ
Γοργίας ἐννοίας ἐπιπολαιοτέρας ἐξαγγέλλει, τοῖς τε παρίσοις καὶ ὁμοιο-
τελεύτοις καὶ ὁμοιοκατάρκτοις καλλωπίζων διόλου προσκόρως⁹ τὸν λόγον.

In reading this fragment of the Epitaphius (probably its per-
oration), we are disposed to concur on the whole in the censure of
the Scholiast, echoing that of Hermogenes. The ideas are, with some
exceptions, 'superficial,' the assonances tedious, and the sacrifice of
sense to sound, perspicuity to point, manifest throughout. Yet

---

³ παρόν obviously is corrupt. The easiest remedy, so far as the letters go, would
be to substitute πρᾶον, and this was suggested by Spengel and adopted by the
Zürich edd. rightly, as I think. Mullach adopts the ingenious conjecture of Foss,
παριόν ('indulgent,' 'yielding'), which gives an apt sense, though I should like to
see another example of this adjectival use of the active participle. The perf.
παρειμένον would give nearly the same sense, and is more accordant with usage.

⁴ Here, in order to create a second antithesis, Sauppe has introduced into the text
the words καὶ ἐᾶν, and that, or something equivalent, seems to be required. Perhaps
καὶ ποιεῖν καὶ μὴ ποιεῖν.

⁵ καὶ ῥώμην. These words do not occur in the codd., but were introduced, not
without necessity, by Foss. The antithesis of γνώμη and ῥώμη occurs Aristoph. Av.
637.

⁶ τῆς ῥώμης, introduced into the text by Sauppe.

⁷ Διὸς μὲν ἀγάλματα. Comp. Eurip. Phoen. 1473, ὡς δ' ἐνικῶμεν μάχῃ, Οἱ μὲν
Διὸς τρόπαιον ἵστασαν βρέτας. Heraclid. 936, βρέτας Διὸς τροπαίου καλλίνικον
ἵστασαν.

⁸ So 3 codd. Al. ἀθ. οὐκ ἐν ἀθανάτοις. Ald. οὐκ ἐν ἀσωμάτοις. If we read as in
the text, the οὐκ ἀσώματα σώματα must refer to the ἀγάλματα named above. Walz
prefers ἀ. ἐν οὐκ ἀθανάτοις σώμασιν, the meaning of which escapes me. ἐν ἀσωμάτοις
σώμασιν was proposed by Hermann, which, though enigmatical, is perhaps best of
all. I should refer it to their "bodiless forms" still haunting the minds of the
survivors.

⁹ So Walz. Al. πρὸς κόρον. But the adverb is found in Hermogenes, who
also frequently uses προσκορής, as does Aristotle in the Rhet.

there runs through the whole a certain loftiness of sentiment which seems to take Gorgias out of the category of "gingerbread sophists[1]" to which Hermogenes condemns him. Some of the antitheses, as those of ἐπιεικές and δίκαιον, νόμος and λόγος, are true, and were possibly new: and though others are little more than verbal, the same may be said of many of the antithetic clauses which stud the earlier speeches in Thucydides. We can well understand that the historian should have incurred the blame of 'Gorgiasm' at the hands of the ancient critics: and it seems probable that the funeral oration which he puts in the mouth of Pericles, admirable as it is, may have owed some part of its spirit, as well as its style, to the earlier effort of Gorgias[2]. And though there can be no comparison between the sparkling ingenuity of the Sicilian rhetorician, and the vivid and penetrating intellect of the historian—that "philosopher not of the schools"—it is something to have aided in the formation of a style like that of Thucydides, which was itself the model of that of the first of Attic orators. In general there can be little doubt that the excesses of the early rhetoricians, like those of the euphuistic writers of the time of Elizabeth, tended both to refine and invigorate the language of prose, and to render it a more adequate vehicle of thought than it had hitherto been[3].

It should further be observed that this fragment enables us without hesitation to condemn as spurious the two entire, or nearly entire speeches which under the name of Gorgias used to stand in editions of the Oratores Attici, beginning with the Aldine[4], under the titles Παλαμήδους ἀπολογία, and Ἑλένης ἐγκώμιον. Of these the former has none of the peculiarities of Gorgias' style[5]: the second, though abounding in alliterations, verbal antitheses, and other characteristics of the Sicilian school, has little or nothing of the pomp and splendour of the author of the fragment. Neither is mentioned as a work of Gorgias by any ancient writer, and the absence of such notice in the Helenae Encomium of Isocrates[6] has been

---

[1] ὑποξύλοις. Hermog. ubi supra. Literally "plated" as opposed to solid metal; "tinsel," or, more exactly, "Brummagem" would be the English equivalent.

[2] See Dionys. Halic. de Lysia, p. 458, Reiske. Philostratus, Epist. 13, Κριτίας δὲ καὶ Θουκυδίδης οὐκ ἀγνοοῦνται τὸ μεγαλόγνωμον καὶ τὴν ὀφρὺν παρ' αὐτοῦ κεκτημένοι, μεταποιοῦντες δὲ αὐτὸ εἰς τὸ οἰκεῖον ὁ μὲν ὑπ' εὐγλωττίας, ὁ δὲ ὑπὸ ῥώμης.

[3] See on this subject some judicious remarks of Mure, Critical Hist. iv. p. 121.

[4] They are given in the Zürich edition, p. 132, but not however as genuine.

[5] Nor even of his dialect, for it is written in new Attic, the Encomium Helenae affecting the old forms.

[6] Isocrates refers to a declaimer on the subject, whom he does not name; but it has been sagaciously inferred from the tone of the passage that it refers to a then living writer, who cannot however have been the author of the declamation attributed to Gorgias, which is written in old Attic. It is curious that in the same speech Gorgias is referred to by name as the author of the well-known work περὶ τοῦ μὴ ὄντος, and this is a proof that Isocrates would not have scrupled to name the author of the speech, had he been Gorgias.

taken as evidence that there was no work of Gorgias bearing that title.

Another fragment of the Epitaphius is preserved by Philostratus, from whom we learn that it was delivered in Athens—

"Τὰ μὲν κατὰ τῶν βαρβάρων τρόπαια ὕμνους ἀπαιτεῖ, τὰ δὲ κατὰ τῶν Ἑλλήνων θρήνους¹."

He had harped on the same string in his Olympicus, where he endeavours to persuade the Greeks "ἆθλα ποιεῖσθαι τῶν ὅπλων μὴ τὰς ἀλλήλων πόλεις, ἀλλὰ τὴν τῶν βαρβάρων χώραν." Ibid.   This was a favourite theme of Isocrates, and probably a common-place in the rhetorical schools.

A Pythicus of Gorgias is also mentioned by Philostratus, with the fabulous addition that on the altar or pedestal from which he spoke, a golden statue of the orator was set up ἐν τῷ τοῦ Πυθίου ἱερῷ.

Aristotle, Rhet. iii. 14. 11, quotes the initial clause of his ἐγκώμιον εἰς Ἠλείους· "Ἦλις πόλις εὐδαίμων," at the same time censuring the speaker for rushing in medias res, without any prelusive sparring (οὐδὲν προεξαγκωνίσας).

From another passage of the Rhetoric we may infer the existence of a fourth panegyric oration, "in praise of Achilles," from which however Aristotle gives us no extract.   It resembled, he tells us, the epideictic speeches of Isocrates, in the complimentary episodes with which it abounded (τῷ ἐπεισοδιοῦν ἐπαίνοις).   A fragment preserved by the Scholiast on Iliad iv. 450 may have belonged to this speech : ἀνεμίσγοντο δὲ λίταις ἀπειλαὶ καὶ εὐχαῖς οἰμωγαί.

Whether Gorgias, like his countrymen Tisias and Polus, wrote a τέχνη, or formal treatise on rhetoric, has been disputed⁸; but there can be no doubt that the precept recorded by the Scholiast on Gorg. 348 is a genuine fragment from some written work of his, whether strictly a τέχνη or not, "(δεῖ) τὰς σπουδὰς τῶν ἀντιδίκων γέλωτι ἐκλύειν, τὰ δὲ γελοῖα ταῖς σπουδαῖς ἐκκρούειν," and it is to this doubtless that Aristotle refers in the Rhetoric, iii. 18. 7, δεῖν ἔφη Γοργίας τὴν μὲν σπουδὴν κ.τ.λ.   The remark is one which could not have been made by an ordinary man, and the sentence is too nicely balanced for a more colloquial dictum.

The definition of rhetoric given by a Scholiast on the Στάσεις of Hermogenes⁹, under the title Ὅρος ῥητορικῆς κατὰ Γοργίαν, is evidently

---

⁷ It is difficult to imagine that this sentiment can have been introduced with propriety into a speech in honour of Athenians who had died fighting against Peloponnesians ; yet we do not hear of Gorgias visiting Athens before the year 427 ; for the statement that Pericles was his disciple is probably a late fable. Possibly the fragment may have belonged to the speech next mentioned, and Philostratus' memory may have failed him.

⁸ See note on Phaedrus, 261 c.

⁹ Rhet. Gr., ed. Walz., t. vii. p. 33.

only a compilation from the Platonic dialogue (comp. 450 E, 455), though it is given by the Zürich editors as an extract from Gorgias' τέχνη.

The remaining fragments it is impossible with certainty to refer to any one speech or treatise in particular. Some of them were doubtless taken from his writings, but others, and those not the least characteristic of the man, seem to have been orally delivered, probably in conversation. Of the former class one has already been quoted : 1. γῦπες ἔμψυχοι τάφοι—a metaphor which shocked the taste of Hermogenes, and drew forth, as we have seen, a malediction upon its author.

2. Longinus, or whoever was the writer of the well-known treatise on the Sublime, quotes a similar metaphor of Gorgias: Ξέρξης ὁ τῶν Περσῶν Ζεύς. This does not appear to our modern taste either very 'ridiculous,' or particularly revolting : though we may accede to the remark that it and the foregoing are rather "high-flown than lofty[1]."

3. Other more or less violently metaphorical phrases are quoted by Aristotle, Rhetoric iii. 3. 4, οἷον Γοργίας "χλωρὰ καὶ ἄναιμα[2] τὰ πράγματα· σὺ δὲ ταῦτα αἰσχρῶς μὲν ἔσπειρας, κακῶς δὲ ἐθέρισας." These he condemns because they are "too grand and tragic," the former also because "obscure and far-fetched." To us the metaphor of reaping and sowing is a more common-place, and it is used by Plato in the Phaedrus without offence. But "pallid and bloodless affairs" is a phrase which would need apology even from a modern.

4. In the same chapter of the Rhetoric, Gorgias is censured for using extraordinary compounds : τὰ δὲ ψυχρὰ . . γίγνεται κατὰ τὴν λέξιν ἐν . . τοῖς διπλοῖς ὀνόμασιν . . . ὡς Γοργίας ὠνόμαζε, "πτωχόμουσος· κόλαξ," "ἐπιορκήσαντας καὶ κατευορκήσαντας."

5. In the Convivium of Xenophon (c. 2. 21) we are presented with what Socrates calls a Γοργίειον ῥῆμα—ἢν δὲ ἡμῖν οἱ παῖδες μικραῖς κύλιξι πυκνὰ ἐπιψακάζωσιν, where the last word, or possibly the last two, may be assigned to Gorgias.

On the whole, the charges of tumour, affectation, and "frigidity" may be taken as 'proven' against the Sicilian rhetor; though the less fastidious taste of the moderns, accustomed to use unconsciously phrases which to an Attic ear would have appeared startling meta-

---

[1] π. ὕψους, c. iii. 2, τὰ τοῦ Λεοντίνου Γοργίου γελᾶται, γράφοντος, Ξέρξης ὁ τῶν Περσῶν Ζεύς, καί, γῦπες ἔμψυχοι τάφοι . . ὄντα οὐχ ὑψηλὰ ἀλλὰ μετέωρα.

[2] Vulg. and Bkk. ἔναιμα. But ἄναιμα is well supported, and cannot but be right.

[3] This can hardly mean 'arm an dichterischer Begabung,' as Rost and Palm explain. Liddell and Scott give with greater probability "living (or rather starving) by his wits." It might also mean, "one whom poverty inspires" (cui ingeni largitor Venter). Wit and poverty are the backneyed attributes of the Greek parasite, and in a comic poet the epithet would probably have been thought happy. A similar compound, πτωχαλάζων, is quoted from Phrynichus com. (Meineke, C. G. ii. p. 582). Foss, not too happily, changes κόλαξ into κορνξ. De Gorg. p. 53.

phors, may sometimes disagree with that of the ancient critics.
There is, however, a passage of Aristotle in which he seems to
compare the grandiloquence of Gorgias with that of Plato in the
more poetical parts of the Phaedrus, defending both as 'ironical[4].'
We can discover no trace of irony in the inflated passage recorded
by the Scholiast: and we should be at some loss to account for
Aristotle's phrase, but for an amusing instance which he has happily
preserved for us in the same chapter of his Rhetoric in which he
censures the tragic pomp of the Sicilian school and its founder.

6. Τὸ δὲ Γοργίου εἰς χελιδόνα, ἐπεὶ κατ' αὐτοῦ πετομένη ἀφῆκε τὸ
περίττωμα, ἄριστα τῶν τραγικῶν· εἶπε γὰρ "Αἰσχρόν γε, ὦ Φιλο-
μήλα[5]." ὄρνιθι μὲν γάρ, εἰ ἐποίησεν οὐκ αἰσχρόν, παρθένῳ δὲ αἰσχρόν.
εὖ οὖν ἐλοιδόρησεν εἰπὼν ὃ ἦν, ἀλλ' οὐχ ὃ ἐστιν[6]. That Gorgias had a
sense of humour appears even from Plato, and will appear in sayings
hereafter to be quoted; but we may conclude from the Aristotelian
passage that whatever gift of pleasantry he may have possessed,
whether ironical or otherwise, he reserved for conversational use.

7. Γοργίας μὲν οὖν ὁ Λεοντῖνος, τὰ μὲν ἴσως ἀπορῶν τὰ δ' εἰρωνευόμενος
ἔφη, καθάπερ ὅλμους εἶναι τοὺς ὑπὸ τῶν ὁλμοποιῶν πεποιημένους, οὕτω
καὶ Λαρισαίους τοὺς ὑπὸ τῶν δημιουργῶν πεποιημένους· εἶναι γάρ τινας
Λαρισοποιούς.   Arist. Pol. iii. c. 1.

This saying has been understood as a reflection on the undue
facility with which strangers obtained the franchise at Larisa.
Whether in its original form it was spoken or written we have no
means of determining; but it seems to have been called forth by
some political arrangement which fell under its author's notice
during his long sojourn in Thessaly[7].

---

[4] Rhet. iii. 7. 11. After observing that poetical language is admissible in
oratory when the speaker has succeeded in raising his audience to the proper pitch
of passion or enthusiasm, he adds : ἢ δὴ οὕτω δεῖ, ἢ μετ' εἰρωνείας, ὅπερ Γοργίας
ἐποίει καὶ τὰ ἐν τῷ Φαίδρῳ.

[5] What poet first transposed the names of Procne and Philomela is not quite
certain. In all Greek authors, so far as I know, 'Philomel' is the name of the
swallow, and Procne of the nightingale (Arist. Aves 665). The Latins generally
reverse this: but Varro de L. L. and Virg. Ecl. vi. 81 adhere to the Greek version
of the story.

[6] The same story is told, but less neatly, by Plutarch, Sympos. viii. 7. 4.

[7] The conjecture suggests itself, that more may have been meant by Gorgias.
From the passages presently to be quoted it is clear that he shrunk from, or was
incapable of, wide ethical generalizations. This dictum about Larisa and its insti-
tutions may have been intended as a scoffingly evasive answer to a question in
political science, What constitutes a citizen?—a question which Aristotle takes so
much pains to answer. The conjecture that there may be a play on the two words
σαρισοποιός and Λαρισοποιός is not improbable; in my opinion, less so than the
notion propounded by Schneider, that the ambiguity lies in the twofold sense of
Λαρισαῖος, which may mean either a Larisaean man or Larisaean kettle, in which
case it would be necessary to substitute Λαρισαιοποιούς in the text of Aristotle.
See Anthol. Pal. vi. 305, τὰς Λαρισαίως κυτογάστορας ἐψητῆρας. But it seems
unlikely that Λαρισαῖος without a substantive would have suggested any other
notion than that of a man of Larisa.

8. Besides his rhetorical course of instruction, Gorgias seems to have entertained his Thessalian admirers with ethical discussion. As he disowns the imputation of professing to "make men better," these lucubrations were probably of a purely speculative or perhaps sceptical character. The question, What is virtue? raised originally in Attica, had apparently troubled the grosser wits of the Thessalian landowners, one of whom is represented as answering it in the sense if not the words of Gorgias[8], and of course as failing to defend his thesis when subjected to a course of Socratic cross-questioning. Aristotle, who seems to have had a better opinion of Gorgias' understanding than of his taste, gives us the following account of the philosopheme in question : καθόλου γὰρ οἱ λέγοντες ἐξαπατῶσιν ἑαυτούς, ὅτι τὸ εὖ ἔχειν τὴν ψυχὴν ἀρετή, ἢ τὸ ὀρθοπραγεῖν, ἤ τι τῶν τοιούτων. πολὺ γὰρ ἄμεινον λέγουσιν οἱ ἐξαριθμοῦντες τὰς ἀρετάς, ὥσπερ Γοργίας, τῶν οὕτως ὁριζομένων.

Waiving the question of the consistency of this opinion with Aristotle's treatment of Virtue in the Ethics, we may observe that the passage obviously refers to an opinion advanced by Gorgias' admiring disciple Meno in the dialogue bearing his name. The context proves that Plato intends to criticize the master rather than the pupil[9], and independently of this circumstance it is plain that the ἐξαρίθμησις τῶν ἀρετῶν which Aristotle commends is that given in the Meno, viz. an enumeration of the different virtues corresponding to differences of sex, age, and condition—καθ᾽ ἑκάστην γὰρ τῶν πράξεων καὶ τῶν ἡλικιῶν πρὸς ἕκαστον ἔργον ἑκάστῳ ἡμῶν ἡ ἀρετή ἐστιν[1]. It seems probable, though it cannot perhaps be proved, that Gorgias denied the possibility of any more general definition, such as that which Socrates professes to seek[2]: or it may be that he felt the same difficulty in apprehending the nature of Definition which Plato elsewhere attributes to many of his speakers, and here in particular to Meno. However this may be, Virtue, according to Gorgias, amounts to much the same thing as Efficiency—a defensible and not un-Socratic view of the matter. In what work these speculations were contained is a question we have no means of determining : but whatever may have been its title, to it probably belonged the two apophthegms which follow.

[8] See Meno, p. 71 E foll.
[9] Meno, 71 D, ἂν φαῇς σὺ μὲν εἰδὼς καὶ Γοργίας.
[1] In these concluding words we seem to perceive the hand of the master. Compare with the repetition, ἑκάστην—ἕκαστον—ἑκάστῳ, the language of Polus, p. 448 c, especially ἄλλοι—ἄλλων—ἄλλως, τῶν δὲ ἀρίστων—ἄριστοι.
[2] Gorgias, we know, ridiculed the pretensions of Protagoras and other sophists who professed to teach Virtue. Possibly therefore this treatise of his contained a proof of the thesis ὅτι οὐ διδακτὸν ἡ ἀρετή, and as part of that proof he may have insisted that there is no general conception answering to the word, but that there are as many separate virtues as there are classes of human beings and departments of human activity.

9. Ἡμῖν δὲ κομψότερος⁸ μὲν ὁ Γοργίας φαίνεται, κελεύων μὴ τὸ εἶδος ἀλλὰ τὴν δόξαν εἶναι πολλοῖς γνώριμον τῆς γυναικός. Plutarch, Mulierum Virtutes, c. 1; Moralia, p. 242 ε.

10. Οὐ γὰρ ἁπλῶς ἀληθὲς ὃ λέγει Γοργίας· ἔλεγε δέ τὸ μὲν εἶναι ἀφανὲς μὴ τυχὸν τοῦ δοκεῖν, τὸ δὲ δοκεῖν ἀσθενές, μὴ τυχὸν τοῦ εἶναι. Proclus, Schol. in Hesiodi Opp. l. 758 (Gaisford, Poet. Min. iii. p. 340).

This is probably a literal quotation, and may have been a continuation of the foregoing. To the same treatise we may not improbably refer—

15. Ὁ μὲν γὰρ φίλος οὐχ, ὥσπερ ἀπεφαίνετο Γοργίας, αὐτῷ μὲν ἀξιώσει τὰ δίκαια τὸν φίλον ὑπουργεῖν, ἐκείνῳ δ' αὐτὸς ὑπηρετήσει πολλὰ καὶ τῶν μὴ δικαίων. Plutarch, Mor. p. 64 c.

This maxim, more generous than just, may have occurred in the description of "The Virtue of a Friend;" but though in substance doubtless a true quotation, the phraseology has probably been altered. It is far less easy to admit the genuineness of the following fragment, omitted, whether by oversight or design, in Mullach's Fragmenta :—

16. Γοργίας ὁ ῥήτωρ ἔλεγε τοὺς φιλοσοφίας μὲν ἀμελοῦντας περὶ δὲ τὰ ἐγκύκλια μαθήματα γινομένους ὁμοίους εἶναι τοῖς μνηστῆρσιν, οἳ τὴν Πηνελόπην ἐθέλοντες ταῖς θεραπαινίσιν αὐτῆς ἐμίγνυντο. ὁ αὐτὸς τοὺς ῥήτορας ἔφη ὁμοίους εἶναι βατράχοις· τοὺς μὲν γὰρ ἐν ὕδατι κελαδεῖν, τοὺς δὲ ἐν τῇ γῇ. (In Spengel's Artt. Scriptores, p. 70 note, from an inedited Munich MS.) The former of these dicta, if not too witty, is too wise for its reputed author, being rather in the manner of Plato than of Gorgias, to whom it seems an anachronism to attribute the distinction of supreme and ancillary sciences. The word ἐγκύκλιος, in the sense here given to it, is also of later date⁴; and it is difficult to believe that the author of the sceptical or rather nihilistic treatise περὶ τοῦ μὴ ὄντος can have

---

³ 'Finer,' that is to say, than an opinion of Thucydides just referred to by Plutarch : ὁ μὲν γάρ, ἧς ἂν ἐλάχιστος ᾖ παρὰ τοῖς ἐκτὸς ψόγου πέρι ἢ ἐπαίνου λόγος, ἀρίστην ἀποφαίνεται· καθάπερ τὸ σῶμα καὶ τοὔνομα τῆς ἀγαθῆς γυναικὸς οἰόμενος δεῖν κατάκλειστον εἶναι καὶ ἀνέξοδον. The words of Thucydides, ii. 45, are not repeated, but his meaning is fairly given. So probably in regard of the citation from Gorgias.

⁴ First so used by Aristotle, as Eth. N. i. 5 (3), where Michelet observes : "Philosophia Aristotelis temporibus reliquis a scientiis nondum distinguebatur ; quamobrem ii ipsi, qui proprie philosophi neque erant neque fieri cupiebant, philosophicas materias docebantur, sed aliter ac philosophantes, nempe eo modo, quo vulgi auribus et intellectui accommodatae erant. Illae scientiae quibus omnes Graeci imbuebantur, qui πεπαιδευμένοι esse vellent, nominabantur λόγοι ἐξωτερικοί, ἐγκύκλιοι, ἐν κοινῷ γενόμενοι, ἐκδεδομένοι, τὰ ἔξω μαθήματα, quibus opponuntur λόγοι κατὰ φιλοσοφίαν." ἐγκύκλ. μαθήματα were therefore those sciences or parts of sciences which entered into the ordinary curriculum of liberal instruction—'popular' as opposed to 'exact.'

thought thus highly of philosophy. Still less can we believe that he would have disparaged the practitioners of his own art, as he is made to do in the second quotation.

17. Ἔτι τοίνυν Γοργίας μὲν ὁ Λεοντῖνός φησι, τὸν Κίμωνα τὰ χρήματα κτᾶσθαι μὲν ὡς χρῷτο, χρῆσθαι δὲ ὡς τιμῷτο. Plut. Cim. c. 10. This fragment, which has every note of genuineness, may possibly have come from the Epitaphius, as Mullach supposes.

The dicta which follow, though not fragments from his writings, illustrate the personal character of Gorgias in an interesting manner.

18. Three sayings are preserved, which, whether written or only spoken, are not improbably authentic[5]. Gorgias is said to have been the author of a phrase adopted by Aristophanes : ἐν τῶν (Αἰσχύλου) δραμάτων μεστὸν Ἄρεως εἶναι, τοὺς ἔπτα ἐπὶ Θήβας. Plut. Sympos. vii. 10. 2. In a similar vein is the following : Γοργίας τὴν τραγῳδίαν εἶπεν ἀπάτην, ἣν ὅ τε ἀπατήσας δικαιότερος τοῦ μὴ ἀπατήσαντος, καὶ ὁ ἀπατηθεὶς σοφώτερος τοῦ μὴ ἀπατηθέντος. Ib. de Audiendis Poetis, c. 1.

Πόσῳ τούτων βελτίων Γοργίας ὁ Λεοντῖνος περὶ οὗ φησιν ὁ αὐτὸς Κλέαρχος ἐν τῷ ὀγδόῳ τῶν βίων, ὅτι διὰ τὸ σωφρόνως ζῆν σχεδὸν ὀγδοήκοντα ἔτη τῷ φρονεῖν συνεβίωσε. καὶ ἐπεί τις αὐτὸν ἤρετο τίνι διαίτῃ χρώμενος οὕτως ἐμμελῶς καὶ μετὰ αἰσθήσεως τοσοῦτον χρόνον ζήσειεν, Οὐδὲν πώποτε, εἶπεν, ἡδονῆς ἕνεκεν πράξας. Δημήτριος δὲ ὁ Βυζάντιος ἐν τετάρτῳ περὶ ποιημάτων "Γοργίας, φησίν, ὁ Λεοντῖνος ἐρωτηθεὶς τί αὐτῷ γέγονεν αἴτιον τοῦ βιῶσαι πλείω τῶν ἑκατὸν ἐτῶν, ἔφη, Τὸ μηδὲν πώποτε ἑτέρου ἕνεκεν πεποιηκέναι." Ib. de Gloria Athen. c. 5.

Of these replies the first two need no comment, but the third is more obscure. The French translation, "Jamais je n'ai rien fait par complaisance pour autrui (contre ma santé)," is countenanced by a passage of Lucian which seems a paraphrase rather than a quotation : ὃν (sc. Γοργίαν) φασὶν ἐρωτηθέντα τὴν αἰτίαν τοῦ μακροῦ γήρως καὶ ὑγιεινοῦ ἐν πάσαις ταῖς αἰσθήσεσιν, εἰπεῖν διὰ τὸ μηδέποτε συμπεριενεχθῆναι ταῖς ἄλλων εὐωχίαις. Macrob. c. 23. Meineke however takes the words ἑτέρου ἕνεκεν in their most general sense, as an avowal of mere selfishness, which he thinks it incredible that Gorgias should have made. He therefore (Philologus xiii. p. 242) proposes to read, διὰ τὸ μηδὲν πώποτε ἐντέρου ἕνεκεν πεποιηκέναι—"er habe nie *der sinnlichen Lust* gedient." The word ἔντερον is once used by Archilochus[6] in an indelicate sense, but the emendation is not justified

[5] It is quite possible that they may have formed part of the celebrated Epitaphius, in which they might have found a place as easily as in Plutarch's treatise de Gloria Athenicnsium. The words ὡς Γοργίας φησίν, in the latter passage, rather imply that the dictum came from a written work.

[6] Frag. Lyr. 141 Bergk.

by the passage adduced, nor, it seems to me, is it necessary to alter the text, if we accept the interpretation above given[7]. A critic in the Rhenish Museum for 1860, p. 624, censures Meineke for his bad taste, thinking that the reply of Gorgias really contains a playful admission of his habitual "Egoismus," though exaggerated for the sake of effect. But neither Meineke nor his opponent has noticed the illustrative passage of Lucian, where the word συμπεριενεχθῆναι[8] bears out the "par complaisance" of the French interpreter.

A different version of the same reply is given in Stobaeus, Anthol. 101. 21, Γοργίας ἐρωτηθεὶς ποίᾳ διαίτῃ χρώμενος εἰς μακρὸν γῆρας ἦλθεν· Οὐδὲν οὐδέποτε, ἔφη, πρὸς ἡδονὴν οὔτε φαγὼν οὔτε δράσας. Also in Valerius Maximus, viii. 13, "Gorgias Leontinus . . cum centesimum et septimum ageret annum, interrogatus ' quapropter tam diu vellet in vita remanere:' 'Quia nihil,' inquit, 'habeo, quod senectutem meam accusem.'" Equally characteristic of the man were his last words—

19. Γοργίας ὁ Λεοντῖνος ἐπὶ τέρματι ὢν τοῦ βίου, ὑπ' ἀσθενείας καταληφθείς, κατ' ὀλίγον εἰς ὕπνον ὑπολισθάνων ἔκειτο· ἐπεὶ δέ τις αὐτὸν τῶν ἐπιτηδείων ἤρετο τί πράττοι, ὁ Γοργίας ἀπεκρίνατο· Ἤδη με ὁ ὕπνος ἄρχεται παρακατατίθεσθαι τἀδελφῷ. Stob. Anth. 118. 23, from Aelian, V. H. ii. 35.

20. The following is given on the authority of Arsenius[9], who certainly did not invent it: ὁ αὐτὸς (sc. Γοργίας) ἤδη γηραιὸς ὑπάρχων, ἐρωτηθεὶς εἰ ἡδέως ἀποθνήσκοι, ἥκιστα, εἶπεν, ὥσπερ δὲ ἐκ σαπροῦ καὶ ῥέοντος συνοικίου ἀσμένως ἀπαλλάττομαι.

The treatise of Gorgias περὶ τοῦ μὴ ὄντος, though it is important in a history of philosophy, as a kind of reductio ad absurdum of the Eleatic method, is preserved to us only in epitome. For that reason, and because it throws no light on the personal or purely literary characteristics of its author, and is therefore of no direct use to a student of this dialogue, I have thought better to omit it. The best edition of the Aristotelian critique is, so far as I know, that of Mullach in the first volume of his "Fragmenta Philosophorum" in Didot's series.

---

[7] Another conjecture, γαστέρος ἕνεκα, is approved by Zeller, Ph. d. Gr. i. p. 737, note (5).

[8] "Comiter se dare, alicui morigerum esse," Budaeus, quoted in Steph. Lex. s. v. συμπεριφέρειν. συμπεριφέρεσθαι is frequently used in this sense of "going with the multitude," but only in late writers.

[9] In the "Praeclara Dicta Philosophorum," an early-printed and once well-known compilation by a Greek Archbishop, son of Michael Apostolius, a Byzantine refugee of the fifteenth century.

THE END.

INDEX I.

A.

ἀγαθόν = ὠφέλιμον, 57.
ἀγανακτητός, 140.
ἤγασθαι, construction, 8.
ἀγγεῖα τετρημένα καὶ σαθρά, 100.
ἀγορὰ πλήθουσα, 46.
ἀδιάφορα, theory of, 43.
ἀδικεῖν τοῦ ἀδικεῖσθαι . . . κάκιον, 134.
—— μέγιστον τῶν κακῶν, 46.
ἀδικεῖσθαι αἱρετώτερον ἢ ἀδικεῖν, ib.
ἀδικήσομεν, not ἀδικήσωμεν, 137.
ἀδικίαν ἐξαιρεῖσθαι, 159.
ἄδικος—ἄθλιος, 50.
ἀεί, insertion of, 28.
— force of, 63.
ἀθάνατος ἔσται πονηρὸς ὤν, 70.
αἰσθάνομαι—σου—ὅτι—οὐ δυναμένου, 72.
αἰσχίστη βοήθεια, 135.
ἀκκίζεσθαι, ἀκκισμός, 108.
Ἀκκώ, ib.
ἀκρασία, unplatonic, 169.
ἀκράτεια preferred to ἀκρατία, ib.
ἀκροᾶσθαι used as ὑπακούειν, 87.
ἄλλο τι . . . . 20, 48, 51, 60, 71, 90, 104.
ἄλλοτι οὐκ, 124.
ἄλλος, idiomatic use of, 4, 55.
Ἀλφιτώ, 108.
ἀμόθεν γέ ποθεν for ἄλλοθεν γ. π., 96.
ἀμοῦ, ἀμόθεν, ἀμῇ, ἀμῶς, aspirated in Attic, ib.
ἀμώητος, 98.
Ἀμφίονος ῥῆσις, 129.
ἀμφισβητεῖν, 68.
ἀμφότερα, adverbial use of, 64, 168.
ἀμφότερον, Homeric usage of, ib.
ἅν, omission of, 95.
ἄν not omitted with potential, 142.
— omitted after ἤν, 146.

VOL. II.

ἀναγκάζειν, 52.
ἀναγκαῖος, construction of, 8.
ἀναθέσθαι, 31.
ἀναίτητος, 77.
ἀναλαβεῖν τὸν λόγον, 129.
ἀναλίσκῃ, not ἀναλίσκηται, 70.
ἀναρμοστεῖν, 73.
ἀνασταυροῦσθαι, 55.
ἀνέδην οὕτω, 103.
ἄνει for ἄγει? 78.
ἀνεῖναι, 96.
ἀναφαίνεσθαι, 77.
ἀνήνυτον κακόν, 132.
ἀνόητον πρᾶγμα, 158.
ἀνομολογούμενος = inconsistent, 103.
ἀντιλαμβάνεσθαι, 128.
ἀντιπαρακαλῶ, 173.
ἀντιστατεῖν, 145.
ἀντίστροφος, 36.
ἀντιτιθέναι, 31.
ἀπαγωγὴ εἰς ἀδύνατον, 104.
ἀπαλλάττηται, passive, 126.
ἀπέδωκα, sense of, 129.
ἀπεκρίθη, inadmissible in Attic, 5.
ἀπιστία, 99.
ἁπλῶς οὕτως, 44.
ἀπὸ σοῦ ἀρξάμενος, 50.
ἀποδεικνύναι, 150.
ἀποδειλιᾶν, 69.
ἀποδίδοσθαι, 130.
ἀποκαλεῖν, generally implies reproach, but not always in later Greek, 142.
ἀποκρύπτεσθαι, transitive, 69.
ἀπολαβών used adverbially, 105.
ἀπολείπεσθαι, 164.
ἀπολύει, ἀπόλλυσι, 106.
ἀποπιμπλάναι, 94.
ἀποσείεσθαι, 77.
ἀποτείνειν, 39.
ἀποφαίνεσθαι, transitive, 40, 172.
ἀποφοιτᾶν, 89.

O

ἀποχρέω, 128.
ἄρα, 98, 144, 158.
—— for γὰρ αὖ, reading from Olympiodorus, 19.
—— placed late in sentence, 158.
ἆρα, 10.
—— in the middle of the sentence, 53, 61.
ἆρ' οὖν οὐχ, 88.
ἀρετή, according to Callicles, 95, 96.
—— defined, 129.
ἀρετὴ δημοτική, 130.
ἀρετὴ τοῦ σώματος, 67, 125.
ἀριθμητική, 12, 17.
'Αριστοκράτης ὁ Σκελλίου, 52.
ἀρτοκόπος more Attic than ἀρτοποιός, 156.
ἄρχεσθαι, with accus. of cognate signification, 7.
ἀρχήν = "in the first instance," and with neg., "not at all," 66.
ἄρχοντα ἑαυτοῦ, 93.
ἀσκέπτως ἔχων, 118.
ἀταξία, 125.
ἀτέχνως, 92, 118.
ἀτεχνῶς, 92, 170.
—————— ἄτιμον, 83.
—————— δημηγόρος, 102.
ἄτιμος πληγῇ, 174.
ἄτοπον ἐργάζονται πρᾶγμα, 158.
ἄττα, 107.
ἀτυχήσαις, not ἀποτυχήσαις, 31.
ἀτυχῶ, with genitive, ib.
αὐλητική, 119.
—————— in Philebus, not to be altered, ib.
αὐτίκα, "for instance," 53.
—————— πρῶτον, ib.
αὐτόθεν, 49.
αὐτοῖς for ἀλλήλοις, 38.
αὐτόν = ultro, 25.
αὐτὸς γνώσει, 127.
αὐτούς interpolated, 159.
αὐτοφυῶς ὅμοιον, 144.
αὑτῶν, 93.
αὑτῶν, construction of, 167.
ἀχθέσομαι, not ἀχθεσθήσομαι, 129.

B.

βαλλάντιον, 135.
βάραθρον, 152.
βασανίζειν, 84.
βάσανος, 86.
βεβαιώσωμαι παρὰ σοῦ, ib.
βλὰξ ἀπὸ τοῦ μαλακοῦ, ib.

βοήθεια ἑαυτῷ, 165.
βουλεύειν, 56.
βουλεύμασι and βουλήμασι, interchanged in codd., 72.
βούλησις τοῦ τέλους, 42.
βούλομαι, distinction of from δοκεῖ μοι, viii, 40.
βουλομένῳ σοί ἐστιν, 6.

Γ.

γάρ, in apodosi after parenthesis, 18.
γέ, in exclamation, 42.
γίγνεσθαι, 149.
γίγνεται = συμβαίνει, 105.
γνήσιον τι ἀπεργάζεσθαι εἰς φιλίαν, 144.
γοητεύειν, 77.
Γοργίειον ῥῆμα, 179.
γυμνασίον = school of philosophy, 100.
γυμναστική, 37.
γυναικομῖμος, 82.
γῦπες ἔμψυχοι τάφοι, 179.

Δ.

δαιμονᾶν, not δαιμονιᾶν, 102.
δέδεται ... σιδηροῖς καὶ ἀδαμαντίνοις λόγοις, 135.
δεῖ and δὴ confounded, 148.
δεῖν, ellipse of, 53.
—————— pleonasm of, 142.
δεινότης attributed to Socrates, 164.
δή used ironically, 116.
δηλοῖ, 76, 99.
δῆλον ὅτι, 86, 149.
δῆλος, construction of, 6.
δημηγορεῖν, 73, 159.
δημηγορία ... ἡ ποιητική, 121.
δημηγορικός, 74.
δημηγόρος, 73.
δημιουργός and ἰδιώτης, distinction between, 20.
δημοκρατικὸς ἀνήρ, in the Republic, x.
—————— Callicles, a specimen of, ib.
δημοσιεύειν and ἰδιωτεύειν, distinction between, 20, 147, 148.
διακονία identified with κολακεία, 155.
διακωμῳδεῖν, 33.
διαπεραίνεσθαι, 18.
διαπεράνῃ, not ῇς, 137.
διαπεπράξεται, 139.
διαπρέπειν, whether transitive, 82.

καὶ ἐγὼ μανθάνω, corrected, 106.
— πού, interpolated, 16.
κακία = νόσος, 63.
κακίαν, not ἀδικίαν, 66.
κακόν = βλαβερόν, 57.
κικουργεῖς ἐν τοῖς λόγοις, 74.
καλλώπισμα, 95.
καλόν, τό, 59.
κάπηλος, business of, 156.
καρκώ = Μορμώ, 108.
κᾆτα and κἄπειτα for εἶτα and ἔπειτα, 23.
καταβολή, a medical term, 157.
καταδεδυκώς, 82.
καταθέσθαι = συναινέσαι, 118.
κατακρημνίσαι, 152.
κατακρήμνισις, punishment of, 153.
καταλύομεν, not καταλύωμεν, 127.
καταπιττοῦσθαι, 55.
καταποντοῦσθαι, 141.
κατασκευὴ σώματος, 63.
————— χρημάτων, ib.
κατά τινα εἶναι, 142.
καταχώσειεν ἂν τοῖς λόγοις, ib.
κατεαγέναι, with genitive, 47.
————— τὴν κεφαλήν, ib.
————— τὰ ὦτα, 149.
κατεπᾴδειν, 77.
κατύπιν ἑορτῆς ἥκομεν, 3.
κεκτήσομαι and κτήσομαι distinguished, 41.
κεφαλαῖον, 102.
κιθαριστικὴ ἡ ἐν τοῖς ἀγῶσιν, 119.
κιναίδων βίος, 102.
κινδυνεύειν, 158.
κλοπὴν καταψηφίζεσθαι, 149.
κνῆσθαι, not κνᾶσθαι, 102.
κνησιᾶν, ib.
κνησιῷ or κνησιῴη, not κνησιοῖ, ib.
κολάζεσθαι ἄμεινον ἢ ἀκολασία, 127.
κολακεία, 37, 120, 122, 145.
————— softened into διακονία, 154.
κολακεύσοντα παρακαλεῖν, 162.
κολακευτική, 36.
κολακική, applied to tragedy, 121.
κόλαξ, 162.
κομμοῦν, etymology of, 38.
κομμώτης, ib.
κομμωτική, 37.
κομμωτικὸν κάλλος, applied to Isocrates, 38.
κομμωτρία, ib.
κόσκινον, 99.
κοσμήσις, 125.
κυβερνητική, 140.
κυρίττειν, 150.
κυρουμένων = διαπραττομένων, 12.

κυροῦν and κυροῦσθαι distinguished, 12.
κύρωσις, 10.
κυψέλη ἐν ὠσί, 71.

Λ.

λάλος, 149.
λαμπρός, 81.
Λαρισσοποιός, 180.
λέγομεν, not λέγωμεν, 145.
λειότης, 38.
ληρήματα, 84.
λήσετε διαφθαρέντες, 85.
λῃστοῦ βίος, 133.
λιθῶντας, not λιθιῶντας, 102.
λυποῖτο λύπας, 100.
λωβᾶσθαι τὴν ψυχήν, 139.
λῷστε Πῶλε, 42.

M.

μ and β, interchange of, 86.
μά, or οὐ μά, 89.
— τόν, 41.
———— κύνα, 30.
———— τὸν Αἰγυπτίων θεόν, 73.
μαγγανεία, μαγγανεύμα, μάγγανον, 77.
μαθήσεται, or μαθήσεσθαι, 27.
μακρὰ τείχη, 21.
μάλη, used in singular only, 46.
Μαραθῶνι, 152.
μαστιγίας, 169.
μέγα δύνασθαι, 139, 144.
μέλον, put absolutely, 118.
μέντοι, 9.
———— position of, 40.
———— in apodosi to μέν, an Attic usage, 54.
μεταξὺ καταλείπειν, 127.
μεταστρέψαντες, 22.
μετατιθέναι, 99.
μέχρι ὅποι, 85.
μή prohib. with subj. present, 117.
μή—ἐστί, 143.
μή interrogative, 142.
— interrogative or dubitative with indicative, 143.
μὴ οὐ with conjunctive, 109.
μηδέ preferred to οὐδέ, 66.
μηδὲ κτῆσις, ib.
μηδείς in interrogation, 139.
μηδέτερα, 43.
μήποτε, use of in Aristotle, 143.

παρέχειν ἰατρῷ, 60.
———— μύσαντα . . . ἰατρῷ, 69.
παρέχων τῷ λόγῳ, 60.
παριών, 176.
παρόν, ib.
πειθώ, 17.
πεινῆν, 101.
πεισόμεθα, not πεισώμεθα, 144.
πειστικός, not πιστικός, 19.
πεισώμεθα, solec. reading, 137.
περαίνεσθαι, passive, 18.
περί interpolated, instances of, 91.
περὶ τίνα and περὶ τίνων distinguished,
   ib.
περιαιρεῖσθαι, 120.
περιτμήματα applied to dialectics, 109.
πεττευτική, 11.
πιθανός used passively, 98.
πιστικός, ib.
πίστις ψευδὴς καὶ ἀληθής, 18.
πλάττειν . . . νόμους, 76.
———— . . . πάλιν, ib.
πλέον ἔχειν, 90.
πληροῦντα, Stephen corr. πληροῦν,
   101.
πολεμίων = πολεμικῶν, 83.
πολέμου καὶ μάχης, 3.
πολιτείας ἑταῖρος, 137.
πολιτική, division of, 37.
πολιτικός equivalent to ἠθικός in later
   Platonists, ii.
πολλὴ ῥαστώνη, 26.
πολλοῦ δεῖ, construction of with μή
   and conj., 153.
ποριστικός, 155.
πόρρω τῆς ἡλικίας, 79.
———— φιλοσοφίας ἐλαύνειν, 83.
πόσον, not ὁπόσον, 164.
πρᾶγμα applied to persons, 160.
πραγματεῖαι = παρασκευαί, 118.
πράξοντας equivalent to ὡς πράξοντας,
   146.
πρᾷον corr. for παρόν, 176.
πρεσβύτης γενόμενος, interpolated, 39.
πρὸ λόγου, 27.
προβάλλετε, 4.
προδιδάσκειν equivalent to διδάσκειν,
   89.
———————— and προμανθάνειν correla-
   tive, ib.
προέσθαι, 160.
———————— εὐεργεσίαν, ib.
πρὸς ἡδονὴν ὥρμηται, 120.
——— λόγον, λόγου, 27.
——— φιλίου, 115.
προσαπολοῦσιν τὰς ἀρχαίας σάρκας,
   157.

προσεσταλμένος, 141.
προσζημιοῦν, 152.
πρόσθε for πρόσθεν, 135.
προσκορής, 176.
προσκόρως, ib.
"προύσκεπτο pro προύσκέπτετο resti-
   tuendum Thucydidi," 61.
πτωχόμουσος κόλαξ, 179.
Πυθοῖ rather than ἐν Πυθοῖ, 52.
πῶμα preferred to πόμα, 163.
πῶς γὰρ οὔ, 62.

P.

ῥήματα θηρεύω, 90.
ῥήματι ἁμαρτάνειν, 88.
ῥητορεύειν, 121.
ῥητορική, 37.
———— definition of, 33.
———— limits of, 26.
———— ἀντίστροφος ὀψοποιίας, 39.
———— κολακείας μόριον, ib.
———— πειθοῦς δημιουργός, 15.
———— πολιτικῆς μορίου εἴδωλον, 35.
———— ψυχαγωγία, 15.
ῥητορικὸν δίκαιον . . . δεῖ εἶναι καὶ ἐπι-
   στήμονα τῶν δικαίων, 134.
ῥητορικός—δίκαιος, 28.
ῥιγῷ, Ἀττικῶς, ῥιγοῖ, Ἑλληνικῶς }
ῥιγῶν, Ἀττικῶς, ῥιγοῦν κοινῶς } 155.

Σ.

Σαλαμῖνι alone, or with ἐν, 152.
Σάραβος ὁ κάπηλος, 156.
Σικελός, rather than Σικελικός, 98.
———— κομψὸς ἀνήρ, ib.
σιτοποιός, 155.
σκέπτομαι, σκέπτω, barbarisms, 61.
σκεπτόμεθα occurs in text of Laches,
   ib.
σκεπτομένω occurs in Alcibiades, ii,
   ib.
σκολιόν, 13.
σκοπὸν καθιστάσθαι, 58.
——— στήσασθαι, not πρὸς σκοπὸν
   στήσασθαι, ib.
σκοπῶ, tenses of, used by Attic writers,
   61.
σκυτοδέψης—σκυλοδέψης, 155.
σκυτόδεψος—σκυλόδεψος, ib.
σμῆν, 102.
σοφιστὴς καὶ ῥήτωρ ταὐτόν, 160.
σοφιστική, 37.
σοφιστικὴ ῥητορικῆς κάλλιον, 160.

Φ.

φιλίη, φιλότης, Ἀφροδίτη, Νεῖκος,
meaning of in Empedocles, 193.
φιλόνεικος εἶ, 148.
φλυαρεῖς ἔχων, 91.
φορτικός, 74.
φρουρά for δεσμωτήριον, 170.

X.

χαραδριός, 101.
———— in Babrius a singing bird,
ib.
χαραδριοῦ βίος, ib.
χασμᾶσθαι, 83.
χειρούργημα, 10.
χειρῶν νόμος, 78.
χλωρὰ καὶ ἄναιμα τὰ πράγματα, 179.
χρῆμα applied to persons, 160.
χρηματιστική comp. with δίκη and
ἰατρική, 65.
χρυσῆν ψυχήν, 84.

Ψ.

ψελλίζεσθαι, 81.
ψῆν, 102.
ψῆφον θέσθαι, not καταθέσθαι, 118.
ψωρᾶν, 102.
ψωρῶντας better than ψωριῶντας, ib.

Ω.

ὦ φίλη κεφαλή, 145.
ὦν for ὧς, 96.
ὡς for ἤ after comparative, a bar-
barism, ib.
ὡς—ἄν with optative, 16.
— ἂν δόξειεν οὑτωσίν, 135.
———— εἶναι, 154.
ὡς γ' ἐμοὶ δοκεῖν, 74.
— γε διακόνους εἶναι, 153.
ὡς ἔπος εἰπεῖν, 10, 11, 118, 154.
— ἔχει ποδῶν, 132.
ὡσαύτως οὕτω, 29.
ὥσπερ ἂν εἰ, 67.
———— αὐτίκα, 75.

INDEX II.

A.

Aegina, fare to Athens from, 141.

Alcibiades, 158.

———— year of his death, 73.

———— II., the, spuriousness of, 5, 49, 61.

———— by some falsely attributed to Xenophon, 49.

Alexis, comic poet, cited, 38.

Alliteration, 95.

Anachronism in Gorgias, 73.

Anachronisms in Plato, 48, 158.

Anacoluthia, 14, 15.

Analogy, false, in Gorgias, 160.

Anaxagoras, 39.

Andron, 85.

Antisthenes characterized, vi.

Anytus, though μοχθηρός not φαῦλος, 83.

Aorist, force of, 122.

Apollo Pythius, sanctuary of, 52.

Apologia, the, 164, 165, 172.

Aposiopesis, 41.

Apuleius, xvi.

Archelaus, 123, 171.

———— reign of, 48.

———— υἱὸς Σιμίκης, 49.

———— entertained Euripides, ib.

———— his talent extolled by Thucydides, ib.

———— his history, particulars of, found only in Plato, 48.

———— Ionic philosopher, Socrates' early training under, 74.

Archilochus, fragment of, variously cited, 75.

Aristides, 171.

———— Rhetor, 122.

———— Rhetor, cited, 34, 36, 38, 134, 149, 151, 154.

Aristophanes, Ecclesiazusae, said to ridicule the Platonic Commonwealth, xx.

Aristotle, cited, 42.

———— on the unity of virtue, ix.

———— Soph. Elench., 74.

———— Ethics, 84.

Arithmetic, among the Greeks, 12.

———— specimen of, in Theaetetus, ib.

Arithmetical equality distinguished from geometric, 133.

Arnold on Thucydides, cited, 52.

Arsenius, cited, 184.

Art, decorative and rhetorical, 38.

Arts and sciences, subordination of to an ethical law, peculiar to Gorgias, 117.

Arts, useful, confused with those which aim at pleasure only, 155.

———— higher and lower, ib.

Article, omitted, 112.

Ast, corrected, 75.

———— cited, 170.

Asyndeton, 51, 72, 76.

Athenaeus, cited, 97.

———— refuted, 48, 123.

———— value of his accusations of Plato, 49, 123.

———— emended, 156.

Athenian people, justification of, 152.

Athens, famous for good bread, 156.

Attraction, 135.

Augment, doubtful, 61.

Auletic, disliked by Plato, 119.

Axiochus, the, interpolation in, 3.

———— cited, 56.

www.ingramcontent.com/pod-product-compliance
Lightning Source LLC
Chambersburg PA
CBHW022001050726
47498CB00006BA/2199